탐욕사회와
기독교정신

R. H. Tawney(1912-1914), Private Manuscript

R. H. Tawney(1921), Acquisitive society, New York: Harcourt, Baace & company

R. H. Tawney(1930), The Protestant Ethic and the Spirit of Capitalism with a foreword by R, H. Tawney, Max Weber·Talcott parsons(1930), The Protestant Ethic and the Spirit of Capitalism, New York: Charles Scribnesr's Sons, London: George Allen & Unwin Ltd.

R. H. Tawney(1946), We mean freedom, The Review of Politics, Vol.8, No.2(Apr., 1946), pp. 223-239.

탐욕사회와 기독교정신

러처드 헨리 토니 지음 | 정홍섭 옮김

도서출판

좁쌀한알

Contents

1.

비망록(1912-1914)

Private Manuscript(1912-1914)

편집자 서문

J. M. 윈터 · D. M. 조슬린

    R. H. 토니는 깊은 기독교 신앙과 강력한 감성의 소유자였는데, 그 감성의 힘뿐만 아니라 정신과 기질이 내다보는 것, 그리고 그가 지닌 이상이 도달한 곳을 비망록, 즉 1912년에서 1914년까지 맨체스터에서 쓴 일기에서만큼 완전히 보여주는 저작은 찾아볼 수 없다. 이 문서는 사회주의자이자 학자로서 토니가 한평생의 작업을 뒷받침한 가설들을 담은 독특한 기록이다. 여기서 그는 역사에 대한 관심의 원형, 그리고 맹아 형태의 수많은 주장을 개략적으로 보여주는데, 훗날 이것들을 세 권의 가장 영향력 있는 저서에서 발전시킨다. 『탐욕사회The Acquisitive Society』(1921), 『기독교와 자본주의의 발흥Religion and the Rise of Capitalism』(1926), 『평등Equality』(1931)은 분명히 제1차 세계대전 이전에 쓴 이 기록에서 배태된 것이다.

    동시대의 일기 가운데 비망록과 견줄 만한 것은 없다. 비어트리스 웹

Beatrice Webb의 일기는 노동운동의 쟁점과 인물에 관한 귀중한 기록이지만, 주기적으로 형이상학을 감행하기조차 하는 사색적 문장들은 문체와 목적 면에서 토니의 이 기록과 다른 것이었다. 비어트리스 웹은 자신이 말하고자 하는 바가 후세대들의 관심의 대상이 될 것이라는 굳은 믿음으로 미래의 독자를 위해 일기를 썼다. 실제로 일기를 편집하고, 자신이 기대하는 독자들에게 도움이 될 만한 안내의 주석과 논평을 일기에 덧붙이면서 1918년의 아주 많은 시간을 보냈다. 반면 비망록은 출판을 위해 쓰이지 않았다. 이것은 무엇보다도 사적인 문서이며, 토니가 서신이나 다른 글에서 동시대인들에게 털어놓거나 공유할 마음이, 설령 있었다 할지라도 거의 없었던 자기만의 관심 사항을 기록한 것이다.

토니는 이 일기에서 자신의 기독교 신앙의 내면세계를 탐구하는 데 몰두하면서 외떨어진 사람으로 나타난다. 하지만 비망록의 무정형의 착상과 특유의 구조는 지적 일관성과 박력을 크게 더해준다. 만일 있었다면 십중팔구 그의 종교적 사고방식을 공유하지 않는 사람들로 이루어졌을 독자가 없었기 때문에, 토니는 훗날의 저작에 비할 수 없는 명료하고 간결한 문체로 이 일기를 쓸 수 있었다. 그가 이후에 쓴 산문 특유의 정교하고 우아한 반어법의 취향을 보여주는, 복잡한 암시나 수사의 무거움이 이 일기에는 없다. 그보다는 자기 안의 양심의 목소리라 부른 것과 대화하면서 직접적이면서도 자기를 의식하지 않는 태도로 일기를 썼다. 초기에 쓴 일기 가운데 한 대목에서 토니는 왜 하필 이 시기에 이렇게 특별한 형식으로 일기를 쓰기 시작했는지 알 수 있게 해주는 실마리를 주었다. 1912년 10월 26일에 그는 이렇게 썼다.

성장의 비결은 자기를 내려놓는 것에 있는데, 도덕 문제에서만큼이나 지성

의 문제에서도 그러하다. 누군가 어떤 분야에서든 진지한 과학적 작업을
하고자 한다면, 객관적으로 되어 자신의 기호와 편애를 억누르고, 자기 안
에서 말을 거는 이성의 목소리를 들으려 애써야 한다.

비망록은 그 이성의 목소리 또는 토니의 용어로 말하자면 기독교적 도
덕성의 목소리를 분명히 표현하고, 역사와 사회에 관한 비평가로서 수행
한 평생 작업의 원칙을 구축하는 데에 그 목소리가 인도하는 길을 따르
고자 한 결과물이었다.

32세가 되는 1912년까지 토니는 저자이자 교사인 자신의 직업에
서 어느 정도 안정감과 만족감을 누릴 수 있었다.[1] 옥스퍼드대학 베일리
얼 칼리지를 졸업하고 토인비 홀[2]에서 일한 뒤로, 노동자교육협회W.E.A.:
Worker's Educational Association에서 자신의 정치적·학문적 관심과 도덕
적 헌신을 효과적으로 결합하는 방법을 찾을 수 있을 만큼 다행스러운
시절을 보냈다. 제1차 세계대전 발발 전 몇 해 동안에는 맨체스터에서 살

---

1 세부의 전기적 사실들은 아래의 자료에서 찾아볼 수 있다.
  T. S. 애슈턴(Ashton), 「리처드 헨리 토니 1880-1962」, *Proceedings of the British
  Academy*(1962), pp.461-82; J. R. 윌리엄스(Williams), R. M. 티트머스(Titmuss),
  F. J. 피셔(Fisher), 『R. H. 토니: 몇 사람이 그린 초상화(R. H. Tawney: A Portrait
  by Several Hands)』(1960); J. M. 윈터(Winter), 「R. H. 토니의 초기 정치사상(R. H.
  Tawney's early political thought)」, *Past and Present*, 1970.5, pp.71-96(이하에서 '역
  주' 표시가 없는 각주는 모두 토니 비망록의 편집자 주이다-옮긴이).

2 [역주] 토인비 홀(Toynbee Hall): 1884년에 설립된 영국의 인보관(settlement house),
  즉 인보(隣保) 사업과 빈민 구제를 목적으로 세운 단체를 말한다. 토인비 홀은 런던
  의 빈민 지역에 자리 잡아 '선교활동의 전초기지'로서의 구실을 수행했으며, 부유한
  사람들이 그들의 사상, 가치, 그리고 사회적 기술 등을 가난한 사람들에게 전수하
  기도 했다.

았는데, 1908년에 개설될 때부터 관계를 맺어왔던 다양한 대학의 개별 지도 수업을 하기 위해 랭커셔와 포터리즈의 지역들을 다닐 수 있었다. 비망록이 보여주듯이, 그의 친구와 동료 가운데 많은 사람이 W.E.A.의 학생이자 동료 교사였다.[3] 토니는 이때 맨체스터대학의 경제사 교수인 조지 언윈에게 마음이 이끌린 학생들 모임에도 함께할 수 있었다. 언윈 개인의 영향력은, 그의 사후인 1927년에 출간된 논문집에 토니가 부친 서문의 회고에서 중심으로 인정받는다.

1912년에 토니는 런던정경대학LSE의 부속기관이 되어 빈곤과 빈곤 관련 산업 문제의 연구를 수행하도록 설립된 라탄 타타 재단Ratan Tata Foundation의 감독자로도 임명되어 있었다. 그의 첫 번째 프로젝트는 제대로 조직화되지 않은 업종에 최저임금 비율을 고정하는 임금위원회[4]를 설치한 입법의 효과를 검토하는 것이었다. 이와 더불어 1912년 봄에 일기를 쓰기 시작할 때, 그는 최초의 제대로 된 역사 연구인 『16세기의 농업 문제 The Agrarian Problem in the Sixteenth Century』를 막 완성한 상태였다. 그의 '진지한 과학적 연구'에 도입했고 이후로도 지속적으로 도입할 전제들뿐

---

3 토니가 대학 교육을 노동계급으로 확장하는 데 기여한 바에 관해서는 W.E.A.가 모든 개별 지도 수업의 목록을 해마다 기록해서 출간한 『올바른 길(Highway)』, 그리고 대학과 '일하는 사람들의 고등교육'의 관계에 관한, 대학과 노동계급 대표자 합동 위원회의 보고서였던 「옥스퍼드와 노동계급 교육(Oxford and Working-class Education)」(1908)을 보라. 비망록에서 언급되는 이 위원회의 구성원 가운데에는, 크라이스트처치의 주임 사제 T. B. 스트롱(Strong) 베일리얼 칼리지의 A. L. 스미스(Smith), 그리고 세인트존스 칼리지의 시드니 볼(Sidney Ball)이 있다. 1908년 롱턴(Longton)과 로치데일(Rochdale)에 있었던 토니의 수업에 대한 두 가지의 아첨성 언급이 교육 확장의 잠재 가치의 증거로 이 보고서에서 인용된다.

4 [역주] 임금위원회(trade board): 영국에서 1909년에 설립된 노사 및 공익 대표 3자로 구성된 위원회.

12

만 아니라 미래 연구의 방향에 관해서도 숙고할 시간이 도래한 것이었다.

토니가 자신의 정치적·역사적 개념들을 검토하지 않을 수 없는 이유 가운데에는 동시대의 사건들도 있었다. 1911년과 1912년 동안 1889~90년 이래 영국에서 일어난 것 가운데 가장 큰 노동쟁의가 잇달아 일어났다. 처음에는 부두 노동자, 다음에는 철도 노동자, 그다음에는 광부들이 차례로 파업을 했는데, 그들의 행동은 그 당시 사람들이 '노동불안'이라고 이름 붙인 불만족의 일부인 것으로 보였다. 우연하게도, 토니가 비망록을 쓴 첫째 날에 공격적인 조합 지도자 톰 맨Tom Mann이, 2주 전에 끝낸 전국 탄광 파업 동안 폭동을 선동하는 글을 쓴 것 때문에 체포되었다. 1912년 3월에 솔포드에서 맨은 맨체스터에 군대가 나타난 것을 규탄하고 군인들이 파업 참가자들에게 발포하지 말 것을 촉구했었다. 이러한 호소문을 배포한 것으로 그는 6개월의 징역형을 언도받았다. 어떤 의미에서 맨의 행동과 그 결과는, 노동조합 운동에서 새로워진 투쟁 정신과, 당시 이 파업들이 지배 집단에게서 불러일으킨 두려움과 불안의 반응을 모두 상징했다. 1912년 중반이 되었을 때, 사실이 그랬듯 파업 활동의 절정이 지나갔다고 결론지을 만한 이유가 거의 없었다. 그때 훨씬 더 가능성이 높아 보인 것은 산업 분규의 지속과 강화, 그리고 그것이 불가피하게 낳는 고통과 곤란이었다.[5]

---

5 노동불안에 관해서는 다음의 저작을 보라.
E. H. 펠프스 브라운(Phelps Brown), 『영국 산업 관계의 성장(The Growth of British Industrial Relations)』(1959); G. 데인저필드(Dangerfield), 『자유로운 영국의 이상한 죽음(The Strange Death of Liberal England)』(1936); H. 펠링(Pelling), 『대중 정치와 후기 빅토리아 시대의 영국 사회(Popular Politics and Society in Late Victorian Britain)』의 9장(1968); W. H. B. 코트(Court), 『역사 속의 궁핍과 선택(Scarcity and Choice in History)』(Cambridge, 1970)의 2장.

노동불안의 원인과 결과는 제1차 세계대전 전 몇 년의 정치적이고 사회적인 문제들을 심각하게 본 토니를 비롯한 모든 사람의 주의를 집중시킨 절박한 의문이었다. 특히 사회주의자들은 새로운 상황을 고려하지 않을 수 없다고 느꼈다. 또한 이때 많은 이가 자신들의 정치적 이상과 전술을 검토하고 필요하다면 변경해야 한다는 요구를 받아들였다.

 비어트리스와 시드니 웹은 제1차 세계대전 발발 전에 사회주의 사상의 수정의 중요성을 인정한 최초의 사람들 가운데 두 인물이었다. 그래서 1913년에《신정치인New Statesman》이라는 신문을 창간하기 위해 '사회주의란 무엇인가?'라는 제목의 논문들을 잇달아 썼다. 이에 더해 페이비언협회를 통해 산업 통제에 관한 조사위원회를 조직하여 노동불안에 의해 전면에 부각된 문제들, 즉 생산과 노동자 통제의 관계에 관한 문제에 상대적으로 조용했던 페이비언협회 회원들의 성향을 고치고자 했다. 이 논문과 보고서들은 웹 부부의 집산주의[6] 또는 국가사회주의 사상을 드러내고 있는데, 이것이 토니를 비롯한 영국의 모든 사회주의자들의 관점과 결별하는 요점으로 작용했다.

 웹 부부의 사상에 이미 적대적인 사람들은 파업의 물결 속에서 낡은 페이비언의 방법과 이론이 실패했다는 자신들의 관점이 옳았으며, 따라서 사회주의 전략에서 신선한 접근이 절박하게 요구된다는 것을 확인하게 되었다. 이 문제를 해결하고자 한 집단이 길드사회주의자들이었는데, 이들은 웹 부부, 그리고 정치적 행동을 강조하는 모든 사람들의 관점을 단호히 거부했다. 그 대신에 그들은 투쟁적 산업 행동 정책을 옹호했는데,

---

6 [역주] 집산주의(collectivism): 토지·공장·철도·광산 따위의 중요한 생산수단을 국유화하여 정부의 관리 아래 두고 집중 통제하는 것을 이상으로 하는 사상.

이것이 소비자를 대표하는 국가와, 생산자를 대표할 '길드'라 불리는 직업 단체 속에서 국민과 산업의 노선 위에 조직되는 노동조합 사이의, 경제를 통제하는 동반자 관계로 이어질 것이라고 믿었다. 그들의 목표는, 국가에 대한 숭배는 배제하면서 집산주의를 추구하는 부분과, 정치적 권위를 완전히 부정하지는 않으면서 노동조합주의의 사상을 추구하는 부분으로 구성된, 혼종의 입장을 발전시키는 것이었다.

토니는 이때 길드사회주의에 찬동하지 않았지만,[7] 낡은 페이비언 이론은 시대에 뒤처진 것이어서 심각한 수정이 필요하다는 데에는 동의했다. 1906년 이래로 페이비언협회에, 그리고 1909년 이래로 독립노동당 Independent Labour Party에 수동적으로 가입된 상태였지만, 토니는 의회 사회주의의 전술과 전반적 전략을 깊이 회의했다는 사실이 제1차 세계대전 전의 일기에 분명히 나타난다.

R. H. 토니의 비망록을 읽어야 하는 이유는, 영국 사회주의 사상을 이렇게 노동불안의 직접적 결과로 재평가하는 데에 있다. 토니의 논평과 반

---

7 『탐욕사회』의 몇몇 부분에는 제1차 세계대전 이후에 토니가 특정한 길드사회주의 사상을 받아들인다는 점이 나타난다. 1920년대 초 토니가 행한 한 연설 가운데 이 부분도 보라.
"우리의 [경제] 재조직화가 진보일지 반동일지는 우리가 현 상황을 얼마나 명료하게 분석하는지, 그리고 우리가 현 상황에 어떤 계획을 가지고 대처하는지에 달려 있습니다. 정통 길드사회주의는 아닐지언정, 그리고 확실히 그 주창자들 중 일부에 대해서는 동의하지 않을지언정, 나는 전자와 후자 두 가지 면 모두에서 길드사회주의를 환영합니다. (…) 따라서 나는 무엇보다도 정체 상태와 정부의 통제라는 우회로에 놓인 10년 전 상태로부터 빈곤의 경감뿐만 아니라 기능 없는 재산의 이론에 대한 공격을 목적으로 삼는 사회주의 전통의 주류로 영국 사회주의를 옮겨놓는다는 점 때문에 길드사회주의를 환영합니다."
「여러 행사에서 행한 연설(Speeches on various occasions)」, 『토니 문서(Tawney Papers)』, 영국 정치경제학 도서관, 런던정경대학.

성은 그가 동시대 사회주의자들과 많은 기본 전제들을 공유했음을 보여준다. 그들이 공유한 것은, 당시 파업에서 광범한 부문의 조직된 노동계급이 강한 불만을 폭발하고 있었음에도 노동운동은 파행하고, 당시의 주된 지적 과제였던바 일관된 정치철학이 부재하는 가운데 방침과 지도력이 결여되어 있는 한, 노동운동이 파행 상태 그대로일 수밖에 없다는 믿음이었다.

　제1차 세계대전 전의 그러한 노력에 토니가 기여한 바는 완전치는 않았어도 독특한 것이었다. 비망록에서 간결하게 진술되는 기독교 신앙과 이상주의적 전망에 기초하여 토니는 페이비언협회 '창단 멤버들'과 길드주의자들의 관점 모두와 근본적으로 불화하는 사회주의의 원칙을 세웠다. 토니는 이 당시 학계의 이론도 받아들일 수 없었는데, 그들 역시 정치나 산업의 구조와 행정 문제에 집착한다고 생각했기 때문이다. 따라서 그들 모두는 토니가 근본적이라고 생각하는 것, 즉 어떤 수준의 제도상의 변화도 인간이 모든 단체에 도입하는 전제들이 우선 변화하는 데에 기초하지 않는 한 피상적이라는 것을 간과했다. 인간의 일상생활의 행동을 인도하는, 도덕관념과 행동 기준상의 그러한 변화가 없다고 생각했기 때문에, 토니는 미래의 사회조직 형태와 무관하게 당대의 지배와 착취의 형태가 다시 나타나게 될 것이라고 예언했다. 그러한 정신적 변화가 어떻게 생길지가 전전戰前의 글에서는 전혀 분명하지 않았지만, 그가 평생을 교육작업에 헌신한 것은 적어도 그 문제에 대한 응답이었다.

　비망록은 토니가 자신의 사회사상 비평의 기저를 이루는 전제들을 똑같이 경제사 연구에 도입한 방식을 보여주기도 한다. 두 경우 모두에서 주된 관심은, 그가 믿기에 인간이 부의 생산을 조직하기 위해 하는 시도와 항상 동반된 윤리상의 딜레마를 참고하여 경제문제에 관한 논의를 심화

16

하는 것이었다.

이렇게 역사를 도덕철학의 한 분야로 보는 것이 토니가 쓴 글의 가장 두드러진 특색 가운데 하나이다. 이것이 그가 공부하기로 마음먹은 주제와 연구에서 추구한 공격의 각도를 결정했다. 이 점이 그의 관심사를 공유한 세대에 그의 작업이 끼친 강력한 충격뿐만 아니라, 무엇보다도 객관성에 가치를 두면서 현재에 관심의 초점을 두면 왜곡을 초래하게 된다고 보는 학자들이 왜 토니의 연구를 인정하지 않는지를[8] 설명해주기도 한다. 오늘날 『16세기의 농업 문제』 서문에서 토니가 다음과 같이 말한 확신에 찬동할 사람은 거의 없다.

> 내가 보기에 경제사에서 최상위의 관심사는, 정치인의 행동뿐만 아니라 평범한 개인과 계급에게도 영향을 끼치고, 어떤 편향된 이론도 전혀 의식하지 않는 사람들에게도 아마 영향을 끼치는, 사회적 방편에 관해 어렴풋하게 표현되는 그 방편의 전제조건들이 발전하는 데 경제사가 제공하는 실마리에 있는 것 같다.[9]

비망록에서 앨프레드 마셜Alfred Martial이라는 이름과 동일시하는바, 즉 경제문제는 과학적 객관성을 가지고 접근해야 한다는 입장에 토니만큼 적대하는 생각을 공유할 사람은 훨씬 더 적을 것이다. 도덕적 판단 행위를 역사가의 중심 임무로 본 토니의 태도보다 더 기피 대상이 되는 것

---

8 이러한 입장을 보여주는 격렬한 말로는, G. R. 엘튼(Elton) 교수의 취임 강연 「과거의 미래(The Future of the Past)」(Cambridge, 1969)를 보라.

9 『16세기의 농업 문제(The Agrarian Problem in the Sixteenth Century)』(1912), p.vii.

은 없다.

토니의 작업과 사상의 본질적 통일성은 비망록의 목적을 낳은 상황 속에 결국 반영되어 있다. 일기의 마지막 날짜는 1914년 12월 28일로 되어 있는데, 이것은 토니가 이등병으로 영국 군대에 복무하기 위해 자원한 지 한 달쯤 뒤였으나 현역 입대를 신고하기 전이었다. 입대 결정은 그의 종교적·정치적 믿음과 완전히 일치했다. 토니의 전쟁은 애초에 독일의 벨기에 침공 기간과 같은 특정 시기에 국가로 인격화된 사상들 사이의 싸움이었다. 독일은 그래서 다름 아니라 그 정신이 아주 전염성이 있어서 위험하고 반대해야 하는 정치적 악의 상징이 되었다. 따라서 프로이센 군국주의에 대한 무장 저항은, 토니가 영국 산업사회에서 매우 반감을 느꼈고 평생을 통해 이런저런 방법으로 맞서 싸우고자 한 기계적 억압과 착취에 맞서는, 또 다른 차원의 싸움을 계속하는 것이었다.

연합군의 대의명분에 헌신할 것을 일단 결심하자, 자신의 작업이 중단되는 것과 앞으로 있을지 모르는 위험은 상대적으로 중요치 않게 보였다. 토니가 믿는 바로는, 평화 시에 기독교인이 당대의 화급한 사회적 문제를 해결하는 데 앞장서는 위치에 있다면, 마찬가지로 전쟁 동안에도 기독교인이 있어야 할 곳은 전선前線과 진중陣中이었다. 그래서 이러한 신념을 품고 토니는 전장으로 달려갔다. 18개월 뒤에 프랑스에서 솜Somme 전투 첫 날, 토니는 심각한 부상을 당했다. 한동안 병상에서의 회복과 자신의 시련의 결과에 관해 성찰의 시간을 가진 뒤에 비망록에서 윤곽을 잡았던 정치·역사 연구로 점차 돌아왔다.

토니의 신념 구조는 전쟁과 그 후유증의 시련을 견디는 데 충분할 만큼 강했다. 토니는 다른 아주 많은 사회주의자들이 이 당시에 겪은 부적절한 희망이나 잘못된 기대의 결과였던 환멸과 침잠을 거의 경험하지 않았다. 새로운 시대의 조짐으로 보였던 공산주의에 장난삼아 손을 대지도 않았다. 전쟁 후에 이념의 방향을 다시 잡을 필요도 없었는데, 자신의 근본 입장이 흔들리지 않은 채로 유지되었기 때문이다. 따라서 토니가 제1차 세계대전 후에 비망록을 계속 쓰지 않은 것은 놀라운 일이 아니다.

그러나 또 다른 차원에서 토니의 전쟁 경험은 무언가를 형성하는 힘이 있었다. 실제로 하나의 목소리를 지닌 국가가 물질 자원과 인간 자원을 정당한 대의명분에 투여했다는 사실이, 그에게 전쟁이 영국의 정치와 사회의 문제들의 내적 발전을 긍정적인 방향으로 변화시켰다는 확신을 주었다. 토니는 국가의 전쟁 동원에서 인간이 모든 것을 도덕적이고 물질적으로 개선하기 위해 함께하는 미래의 안정된 사회의 희미한 윤곽을 보았다. 연합군의 대의명분이 처음 몇 달 동안 발생시킨 이 정신적 통일은 토니가 제도적 행동에 필요한 전제조건이라고 정의한 것을 충족했다. 그는, 모든 정치적 연합은 본래 기계적 조직이어서, 그것과 관계없이 그 외부에 존재하면서 성장하는 사상에 의해 활기를 얻을 때에만 효과적으로 움직일 수 있다고 믿었다. 이에 따라 전쟁 동안 자신의 전술적 관점을 정리했고 재구성된 노동당 안에서 적극적으로 일하기 시작했다.

토니는 1918년의 '정략 선거'[10]에서 로치데일의 독립노동당 후보로 나섰지만 실패했다. 그의 재능은 새롭게 만들어진 교육자문위원회에서 당 교육정책의 주요 입안자로 활동하는 데 아마도 더 잘 어울리는 것이었다.

영국 국교회의 개혁이, 토니가 비망록에서 제기하고 전쟁의 마지막 두어 해 동안 관심을 기울인 또 다른 주제였다. 1916년에 전쟁 부상에서 몸을 회복하면서 옥스퍼드 주교인 찰스 고어Charles Gore, 그리고 다른 수많

---

10 [역주] 정략 선거(khaki election): 전시와 같은 비상시를 이용하여 실시하는 선거.

은 저명한 성직자들과 함께 2년 뒤에 「기독교와 산업 문제Christianity and Industrial Problems」로 출간될 보고서를 준비했다. 토니가 전쟁 전에 일기에서 제기한 주장 가운데 많은 것의 확장된 형태를 이 유명한 문서에서 찾아볼 수 있다. 동시에 그는 당시 세인트 제임스 칼리지의 학장으로 재직하던 동기생 친구인 윌리엄 템플William Temple과 함께 럭비 스쿨Rugby School과 베일리얼 칼리지에서 '생명과 자유 운동'을 조직했는데, 이 운동은 전쟁이 끝났을 때 영국 국교회가 사회적 삶을 바람직하게 재구축하는 데 기여할 수 있도록 교회의 행동의 자유를 보장하는 데 집중되었다.

휴전 뒤의 10년 동안 토니는 비망록에서 최초로 정식화되었던 사상 가운데 많은 것을 계속해서 발전시켰다. 1919년에 석탄 산업에 관한 생키위원회의 구성원으로 한 경험으로 경제적 특권에 관한 비판을 심화할 수 있었는데, 이것은 당시에 다양한 팸플릿과 《히버트 저널Hibbert Journal》에 게재된 한 논문에서 상술되었고, 이 글들은 나중에 『탐욕사회』에서 확장된 형태로 발표되었다. 1922년에는 런던 킹스 칼리지의 스콧 홀란드 기념 강연회Scott Holland Memorial Lectures에서 강연을 했는데, 10년 전에 비망록의 앞부분에서 말로 나타낸 단순한 의문 속에 본래 있었던 가능성을 "나는 과연 청교도주의가 경제문제에 대한 특별한 태도를 창출한 것인지 궁금하다"는 막스 베버의 도움말은 없는 채로 이 강연을 통해 발전시켰다. 4년 뒤에 이 강연은 『기독교와 자본주의의 발흥』으로 출간되었다. 이 책이 영국의 사회사상과 역사관에 끼친 영향은 심대했다.[11] 3년 뒤에 토니

---

11 예컨대 『역사 속의 궁핍과 선택』의 17–18쪽에 실린 감동적 에세이 「불안 시대 속의 성장(Growing up in an age of anxiety)」에서 코트 교수가 한 말을 보라.
"이렇게 먼 시간의 거리를 둔 시점에, 그를 모르거나 그의 책이 쓰였을 당시에 그 책을 읽지 않은 사람들에게, 20세기에 리처드 헨리 토니가 학문과 정치 면에서 취

는 할리 스튜어트 강연회Halley Stuart Lectures에 초대되어 '불평등의 종교'
와 그 결과로 생기는 신분 관계가 자본주의를 유지하고 영속화하는 것에
관한 자신의 전전의 생각을 더 확장해서 설명할 기회를 얻었다. 『평등』이
2년 뒤에 나타났을 때, 비망록에서 그 밑그림이 보인바 토니가 영국 사회
사상에 독창적으로 기여한 작업이 완성된 것이었다.

1970년 8월 18일
케임브리지 펨브룩 칼리지에서

한 특출한 입장을 이해할 수 있게 하는 것은 어려운 일이다. (⋯) 토니는 역사가로
서 정치와 철학 사이에서 중도의 입장을 차지했다. 이 때문에 그는 무언가 결심을
하고자 하는 젊은이들에게 매우 흥미로운 인물이 되었다. (⋯) 그러나 20세기 후
반의 평온함 속에서도, 특히 어떤 사람이 나처럼 사회에 비판적인 경향이 있었다
면, 토니의 책[『기독교와 자본주의의 발흥』]을 읽고 그의 주장의 힘에 감명 받는
일이 여전히 가능했다. 내 경우에 그 영향이란, 나로 하여금 처음으로 역사 연구
를 하는 것을 진지하게 생각해보도록 만든 것이었다.”
　실제로 토니의 영향력이 해로운 것이라고 생각하는 역사가들조차도 그의 저작
이 미친 충격을 부정하지는 않는다.

비망록(본문)

이 노트를 발견하신 분은

맨체스터 C-on-M¹² 셰익스피어가 24번지,

R. H. 토니에게 돌려주시기 바랍니다.

사적인 물건입니다.

---

12 촐턴-온-메들록(Chorlton-on-Medlock).

1912년

4월 19일.

J. 엘킨[13](롱턴, 핸리, 스토크의 수업이 W.E.A.와 연계되어야 한다는 제안에 관해): 저는 이 제안을 지지하고 싶습니다. 이 단체는 특히 경제학과 산업의 역사 수업에서 노동자 교육을 아주 많이 하게 될 것이고, 노동자들은 자기네의(원문 그대로임)[14] 관점이 관심을 받게끔 해야 합니다. 우리는 이 사람들 중 몇몇이 산업의 역사를 어떻게 가르치는지 압니다. 정부는 민중을 친절하게 배려하려고 항상 변화해왔지만, 민중이 자기네의 잘못 때문에 가난하다고 말이지요. 우리는 옥스퍼드의 수업에서 이렇게 이야기한다고 들었습니다. 사실은 수백 년 동안 노동자들은 사회의 희생자였으니, 우리는 노동자 교육이 노동자들에게 그 사실을 깨닫게 하는 종류의 것이 꼭

---

13 존 엘킨(John Elkin): 토니의 롱턴 개별 지도 수업의 광부 학생.

14 [역주] 'their'로 써야 할 것을 'there'로 썼음을 편집자가 지적한 것.

되게끔 해야 합니다. (정확히 이렇게 말한 것이 아니라 말의 내용이 이러함.)

나: 여러분 중 누구든 『그런 것 같다Seems so!』[15]를 읽었나요? 그 책의 주된 생각은 노동계급이 부자의 간섭, 즉 조사자, 방문자 기타 등등의 자격으로 노동자들의 일에 개입하는 것을 싫어한다는 사실 같습니다.

E. 홉슨[16]: 노동자들은 방문 간호사들이 처음에 이곳에 왔을 때, 특히 그 사람들이 독신 여성일 때 아주 싫었습니다. 그렇지만 지금은 그 사람들을 환영하는 것 같아요. 그건 습관의 문제입니다. 하지만 불만은 조사나 그 밖의 것들이 모든 사람에게 똑같이 압박감을 주지는 않는다는 점입니다. 아무 조사자도 집 안으로 들어가지는 않아요. 길 위에서 끝내지요. 제가 초등학교에 다닐 때는 하루 수업을 통째로 빼먹어도, 무단 결석자를 조사하는 교사는 슬쩍 들러보기만 했지요. 중·고등학교에 가니까 이 문제를 아무도 신경 쓰지 않았어요. 사람들은 그 조사가 한 계급에게만 적용되고 다른 계급에게는 해당되지 않기 때문에 그런 종류의 간섭을 싫어합니다.

엘킨: 그게 바로 그 사람들이 생각하기에 우리처럼 무식한 사람들은 반드시 그래야 한다고 살게 만드는 방식입니다.

4월 20일. 노동불안의 원인이 무엇일까?

하티(Harte, ?)[17]: "임금을 더 받습니다. 물가도 올랐습니다. 보어전쟁 때

---

15 스티븐 레이놀즈(Stephen Reynolds)·봅과 톰 울리(Bob and Tom Wooley), 『그런 것 같다! 노동계급의 정치관(Seems so! A Working-Class View of Politics)』(1912).

16 E. 홉슨(Hobson): 토니의 롱턴 개별 지도 수업의 탄광 계량 담당자 학생.

17 이 이름은 텍스트에서 불분명하다. 아마도 「경제 과학과 사회 진화」(*Economic Review*, xxi, 1911.4, pp.175-86)의 필자인 A. E. 하티(Harte)인 듯하다.

문에 1파운드의 구매력이 4실링[18] 떨어졌어요. 이제까지 이러한 상황의 압박이 계속해서 심해졌기 때문에 사람들이 그것을 깨닫기 시작했습니다."

"하지만 물가는 1896년 이래로 계속해서 오르고 있습니다."

"그렇습니다. 그렇지만 이윤은 임금 상승 없이 엄청나게 올랐고, 노동자들은 그것을 알아채기 시작했어요. 그러고는 톰 맨의 영향력이 있어왔습니다. 그 사람의 인품은 노동자 군중을 5,000명 모아서 한 사람처럼 행동하게 만들 수 있어요. 문제의 한 가지 원인은, 기업을 운영하는 사람들이 노동자들에게 충분히 관심을 기울이지 않는다는 점입니다. 라일리[19](회사)의 경우를 보세요. 이 업계를 아는 사람은 누구든 이 업체에서 낭비가 있다는 것을 볼 수 있었습니다. 이 회사는 업무 수행 방식을 이해하지 못했습니다. 그렇지만 그 사람들은 주식과 배당으로 하는 도박을 하느라고 돈이 쪼들렸고, 그래서 임금을 삭감했어요."

"섬유 산업 논쟁의 진실은 무엇이었나요?"

"문제는 다른 라일리에서도 발생했습니다. 그 친구는 지역 방직공 조합 위원회에 있었어요. 재직하던 회사와 계속 문제가 있었지요. 솜씨가 좋지 않은 방직공이었는데, 회사는 그 친구에게 방직기 4대가 아닌 3대를 맡든지 회사를 그만두라고 했습니다. 결국 그 친구는 회사를 떠났고, 조합에서 눈속임 보수를 주었다고 주장했습니다. 조합은 그 친구가 형편없는 방직공이라는 이유로 그 주장을 묵살했어요."

"모든 사람을 조합에 가입시키기 위해 공장 파업을 하는 것이 현명한

---

18 [역주] 실링(shilling): 영국에서 1971년까지 사용되던 주화. 구 화폐제도에서 12펜스에 해당했고 20실링이 1파운드였음.

19 아마도 맨체스터의 면직물 제조업체 A. Riley & Co. Ltd를 말하는 듯하다.

정책일까요?"

"때로는 그렇습니다. 방직공들은 지난번 논쟁에서 이기지 못했습니다. 하지만 패배를 당하지는 않았어요. 고용자들은 사람을 선발할 때 절대적인 자유 재량권을 가져야 한다고 주장하면서 논쟁을 시작했습니다. 나중에는 그 주장을 철회했습니다."

또 다른 발언자: "어려움은 회사와 노동자 사이의 거래에 평등이 없다는 데에 있습니다. 회사는 자기 자본의 이익을 잃는다고 주장하고, 노동자는 굶주리고 있기 때문에 기다릴 수가 없다고 주장합니다."

계급 윤리는 가장 기이한 것이다. 노동자가 애초에 좋은 생산도구라는 생각은 상류계급의 뿌리 깊은 가정이다. 노동자는 이 관점에 의해, 즉 바라고 있거나 바라야 하는 것은 삶이 아니라 일이라는 가정에 의해 재단된다. 노동자가 누리는 가장 사소한 호사도, 현대의 기준에서 볼 때 전혀 부유하지 않을지라도 작은 쾌락과 사치를 억제할 것을 꿈도 꾸지 않는 사람들에게 비난을 받는다. '노동자'가 왜 극장이나 책이나 자신을 위한 시간을 찾는가? 자기 아이들을 교육하는 것도 이와 똑같이 취급된다. L.E.A.[20]는 중등교육에 돈을 쓰기 위해 초등학교에 들어가는 돈을 아낀다. 교육청에서는, 중등학교에서 아이 1명당 공간이 17평방피트(약 0.48평-이하 모두 옮긴이가 병기함), 초등학교에서는 11평방피트(약 0.31평)가 되어야 한다고 규정하고 있지만, 랭커셔에는 그 면적이 8평방피트(약 0.22평)밖에 안 되는 학교가 많다. 모든 중등학교에는 최소 4에이커(약

---

20 [역주] L.E.A.: Local Education Authority. 지방 교육청. 영국 지방정부의 교육 담당 부서.

4,900평)의 운동장이 있어야 한다. 그러나 많은 초등학교에서는 1/4에이커(약 306평)이면 충분하다고들 생각한다. 노동자는 엄격한 내핍 생활을 해야 한다고들 생각한다. 노동자가 조금이라도 방종한 생활을 하면 곤경에 빠지는 것은 '자기 잘못'이라는 말을 듣고, 따라서 그 노동자에게는 동정심을 갖지 않는다. 노동자는 살고자 하는 사람이 아니라 전기나 가스처럼 시장에서 구입하는 동력으로 간주된다. 그래서 오랫동안 노동자는 이러한 태도를 스스로 묵인해왔다. 새로운 사실은, 이제 노동자는 단지 노동하는 것이 아니라 살고자 한다는 것이다.

4월 21일.

사회 개혁에 대한 중간계급과 상류계급의 관점이란, 노동자가 **일**을 더 잘하도록 하기 위해 노동자의 **생활**을 통제하는 것이 바로 사회 개혁이라는 것이다. 경제 개혁에 대한 노동계급의 관점은, 노동자가 삶의 가능성을 가질 수 있도록 그 개혁이 노동자의 일을 통제해야 한다는 것이다. 그래서 노동자들에게 면허 개혁, 보험 법안 등등은 첫 단추부터 잘못 꿰는 처사로 보인다. 노동자들은 이렇게 말한다. "우리에게 공정한 기회를 달라. 그러면 이 모든 것[협잡?]이 불필요할 것이다."

책 집필 계획 - '경제의 특권과 경제의 자유'

1장. 모든 유럽 나라에서 19세기는 두 가지 요구, 즉 (a) 경제 자유의 요구 (b) 특권 폐지의 요구와 함께 시작되었다. 그래서
① 프랑스에서는 이것이 프랑스혁명의 특징이었다.
　루소: 봉건적 특권의 폐지 등등.

② 프로이센에서는 절대주의 정부가 세부 문제들에서 이와 똑같은 면에 매진했다.

③ 이것은 영국의 급진주의적 개인주의 운동의 기조였다.

2장. 이러한 이상이 '실제로' 작동한 것.

3장. 이러한 이상에 대한 환멸. 현대인의 불만족은 프랑스혁명에 선행한 불만족과의 유사점과 대조되는 점을 동시에 보여준다. 이 불만족은 빈곤 때문이라고 종종 이야기되지만, 그 때문만은 아니다.

4장. 세부 사례들 (a) 자유와 노예제

5장. 세부 사례들 (b) 특권

4월 29일.

(하원 의원) G. 랜스버리.[21] 노동당이 젊은이들을 영입해서 훈련시켜야 한다는 내 말에 대해 이렇게 말했다.

"나는 전혀 동의하지 않습니다. 나는 젊은이들을 그들의 일에서 떼어내게 되지 않을까 아주 많이 우려스럽습니다. 젊은이들은 우수하고 '지적인' 경향이 있습니다. 나는 젊은이들이 선전과 그 밖의 일들을 여가 없이 하는 것이 어렵다는 사실을 알고 있습니다. 그렇지만 그 일하고 씨름해서 어쨌든 끝까지 해내야 합니다. 나는 우리 당에서 '지적'이기만 한 사람들은 그 일에 적합지 않다고 생각합니다. 나는 개인 당원이 더 많은 주도권

---

21 조지 랜스버리(George Lansbury): 당시 보우와 브롬리의 노동당 하원 의원으로, 여성 참정권을 주장하기 위해 의원직을 사임해서 1912년에 의원직을 잃었다. 그 전에는 1905년부터 1909년까지 빈민 구제법 추진위원으로서 소수파 보고서에 서명했다. 토니와 같은 종교적 관점을 가지고 있었고, 신앙 부흥 운동자의 열성으로 글을 쓰고 말을 했다.

을 갖는 것이 훨씬 더 유익하다고 확신합니다. 현재 과격파는 항상 "관리들은 뭐라고 말하는가?"라고 묻습니다. 아니면 샌더스[22]를 봅시다. 훌륭한 동료입니다. 하지만 재기가 발랄해서 해외 여러 대학에 유학차 파견되었고, 사람들은 샌더스가 일을 어떻게 진행해야 하는지를 안다고 자처하는 것으로 느끼지 않을 수 없습니다. 바넷[23]은 젊은 노동자들을 성직자로 훈련시키는 것이 현명한 일일지 의견을 묻는 회문을 최근에 돌렸습니다. 웹과 나는 아니라고 말했습니다."

파업은 선한 일을 많이 했다. 우리는 잠이 들고 있었는데 파업이 우리를 깨웠다. 그러나 하원에서는 노동당이 도움이 되었는데, 윈스턴 처칠이 내무성에 있을 때 한 일[24]을 맥케나가 하지 못하게 했기 때문이다. 올해는 내내 놀라운 한 해였다. 나는 불안의 원인이 주로 길모퉁이 설교가 결국 영향을 끼친다는 사실에 있다고 생각한다. 또한 로이드 조지[25]의 연설이

---

22 W. S. 샌더스(Sanders): 페이비언 사회주의자로 1914~20년에 페이비언협회 사무국장이었음.

23 S. A. 바넷(Barnett): 1884년에서 1906년까지 토인비 홀의 관리인이었고, 여기서 수많은 졸업생이 다양한 형태의 사회사업에 진출할 수 있도록 안내했다. 토니를 아동 소풍 기금(Children's Country Holiday Fund)에 배치했고, 여기서 토니는 미래의 아내이자 토니의 베일리얼 동기생이고 캐넌 바넷의 제자 중 또 한 사람인 윌리엄 베버리지(William Beveridge)의 여동생 지넷 베버리지(Jeanette Beveridge)를 만났다. 토니는 바넷 사후인 1919년에 그의 아내 데임 헨리에타 옥타비아 바넷(Dame Henrietta Octavia Barnett)이 출간한 『캐넌 바넷: 그의 삶, 일, 그리고 친구들(Canon Barnett: His Life, Work, and Friends)』에 바넷의 교육 사상에 관한 한 장을 기고했다.

24 처칠은 1911년 파업에 영향을 받아 도시 지역에 군대를 배치했다.

25 [역주] 로이드 조지(David Lloyd George, 1863-1945): 제1차 세계대전 후반기에 영국 정치를 지배한 정치인. 1890년 카나번 선거구의 보궐선거에서 승리하여 의회에 진출한 이래로 55년 동안 의석을 지켰다. 자유당이 1895년 선거 이후 10년을

불안에 기여했다고 말하는 점에서는 토리당이 옳다. 사회주의자 연설가에게 관심을 두지 않는 사람은 재무부 장관[26]의 언변에 넘어간 것이다.

5월 4일.

우리가 부의 분배에 대한 지적 탐구에 착수하기 전에 답해야 할 경제학의 두 가지 기본 질문이 있다. 첫째, 사람들이 가난한 나라에서 불충분한 자연 자원이 빈곤에 얼마나 큰 원인이 될까? 한 사람의 농부는 주어진 경작지에서 일정량 이상의 농작물을 얻을 수 없고, 하나의 민족은 주어진 영역의 땅에서 일정량 이상의 농작물을 얻을 수 없다. 이것은 인구와 생산력에 대한 고찰을 필요로 한다.

둘째 문제는 이런 것이다. 지난 100년 동안 인간의 자연 지배력은 꾸준히 증가해왔다. 이 지배력이 만들어낸 자원 증가가 입법과 사회제도와 무관하게 모든 계급의 재산의 증가로 얼마나 많이 귀결되고 있는가? 즉, 자연이 인간의 노력에 호응하여 더 많은 것을 되돌려주는 것만을 통해 빈곤과 사회적 불평등이 저절로 바로잡히는 경향이 있는가?

5월 6일.

상류계급과 노동계급의 입장 차이는 다음과 같이 요약할 수 있다. 상류계급은 지역사회에서 자신들이 가장 잘 교육받았고, 일을 안 해도 되니 가장 여유가 많기 때문에 법을 만든다고 생각한다. 노동계급은 상류계급

야당으로 있는 동안 정열적 웅변술과 능력을 통해 자유당 급진파의 기수가 되었다. 자유당 집권 후 재무부 장관이 되었고, 제1차 세계대전 와중에 총리가 되었다. 전후에는 중도 노선을 따랐으며, 아일랜드를 독립시켰다.

26 [역주] 재무부 장관: 로이드 조지를 말한다.

이 법을 만드는 권력을 가지고 있기 때문에 교양이 있고, 지적이며, 여유가 많다고 생각한다.

현대 정치는 힘과 이익의 조작에 관심을 둔다. 현대사회는 도덕적 이상의 부재 때문에 병들어 있다. 정치에 의해 이것을 치유하려고 노력하는 것은 굶주림으로 죽어가거나 나쁜 공기에 중독된 사람에게 외과 실험을 하는 것과 같다.

책 집필 계획.

I. 오늘날 불안의 원인은 경제의 불안, 정당 정치의 불안일 뿐만 아니라 도덕의 불안이기도 하다. 이 불안은 (a) 노동자들 자신의 태도로써, (b) 동정적인 부자들의 태도로써, (c) 문학과 철학의 어조로써, (d) 우리 자신의 마음가짐을 살펴봄으로써 나타난다. 이 불안의 뿌리는 (a) 외적 사회제도가 사람들이 옳다고 느끼는 것과 모순되는 것처럼 보인다는 것, (b) 사람들은 이 외적 제도가 (좋지 않은 수확과 같이) 자연에 원인이 있는 행위가 아니라 인간의 행위 탓이어서 변화될 수 있다고 믿는 것에 있다. 개인의 행동 습관이 그 자신의 내면의 양심과 모순될 때 그 개인이 고통을 겪는 것과(폭스, 번연) 마찬가지로 객관적 제도가 당대의 최선의 이상을 짓밟으면, 사회 역시 고통을 받는다. 이 문제는 (a) 우리 개개인의 죄의식을 심화하고, (b) 우리의 도덕을 객관적으로 볼 수 있게 한다.

II. 현존하는 법과 경제의 질서가 어떤 점에서 우리의 도덕의식을 짓밟는가? 여러 가지 답이 있다. (a) 수많은 개인의 빈곤. 그러나 이 답은 만족스럽지 않다. 빈곤은 반드시 견딜 수 없는 것은 아니다. 그리고 실제로 사정은 훨씬 더 나쁘다. (b) 불안감. 이것은 우리를 한계점에 더 가까운 곳으로 데려가고, 도덕적이고 심리적인 진실을 접하게 한다. 그러나 이것은 불의에 대한 감각을 설명해주지 못한다. 농민은 불안해하지만, 사회제도가 아닌 날씨를 저주한다. (c) 단순한 계급적 질시. 그러나 이것은 전혀 사실이 아니다.

Ⅲ. 노동자들이 현대 산업을 향해 하는 비난은 본질적으로 모든 시대에 노예제에 대해 가해진 비난이다. 즉, 오늘날의 제도 아래에서는 인간이 목적이 아닌 수단으로 이용된다는 것이다.

5월 27일.

나는 다양한 사람들에게 사회불안의 원인이 무엇이냐고 물었다. 샘 스미스[27]는 이렇게 말했다.

"그건 주로 본보기의 문제입니다. 사람들은 첫걸음 내딛기를 주저합니다. 일반적으로 전에 파업에 참가해본 적이 없기 때문에 실제보다 훨씬 더 고통스러울 거라고 생각하지요. 일단 첫걸음을 떼고 나면, 다른 사람들도 그 본보기의 힘으로 따라갑니다."

노섬벌랜드[28]의 광부: "사람들은 인간 사회가 유연하다는 걸 알게 됐습니다. 진화 사상을 알게 됐어요. 하지만 사회제도가 왜 자신들의 바람에 맞춰지지 않는지 보지 않는 겁니다."

---

27 1910~11년에 러스킨 장학생이었고, 1912년에는 러스킨 칼리지의 입학 안내인이자 사무부국장이었다.

28 [역주] 노섬벌랜드(Northumberland): 잉글랜드 북동부의 주.

6월 3일.

어떤 선출된 인간 집단도 경제의 진보를 자극하는 일을 할 수 없는 것은 기업 경영의 책임이 전적으로 자신의 어깨에 놓여 있다고 느끼고, 자신이 바라는 대로 산업을 조직할 수 있는, 강력한 의지를 지니고 있고, 문제에 통달해 있고, 정력적인 개인이 그런 일을 할 수 없는 것과 마찬가지라는 취지로, (내 생각에는 1907년 《경제 저널Economic Journal》에서[29]) 마셜이 한 괜찮은 말. 베이컨과 스트래퍼드[30]와 로드[31]도 이와 아주 똑같이 생각했다. 그런데 어떤 의미에서는 그들이 옳았다. 우리는 18세기 정치를 경험하면서 세습 군주제에 대한 경솔한 개입의 대가를 치렀다. 또한 이와 다름없이 우리 산업의 로드들과 스트래퍼드들의 목을 치면, 지금은 국민 생활의 대부분 영역이 완전히 정치의 외부에 존재한다는 사실 덕분에 제한되어 있는 정치적 독직과 부조리를 우리는 아마도 한 세기쯤 참고 견뎌야 할 것이다. 그러나 "청교도혁명이 가치 있는 것이었나?"라는 질문을 받는

---

29 앨프레드 마셜, 「경제적 기사도의 사회적 가능성(The social possibilities of economic chivalry)」(*Economic Journal*, xvii, 1907.3, pp.7–29). 마셜은 이렇게 썼다. "기사처럼 지도력을 열망하는 어떤 독재자가 스스로 위험을 감수하면서 어떤 사업 실험에 착수할 때, 자기 폐 속으로 끌어당기는, 기운을 북돋우는 신선한 바람을 꽤 괜찮게 대체할 만한 것은, 발견되지 않았거나 발견되지 않을 듯하다."(17쪽) 토니는 다음 구절 때문에도 틀림없이 기분이 상했다. "그러나 나는 집산주의적 통제가 이제까지 자유로운 기업의 영역을 상당히 축소할 정도로 확대된 것만큼 빠르게 관료주의적 방법의 압박이 물질적 부의 발생뿐만 아니라 인간 본성 가운데 이러한 많은 더 높은 자질들, 사회적 노력의 주된 목표가 되어야 하는바 그 자질들의 강화를 해칠 것이라고 확신한다."(17–18쪽)

30 [역주] 스트래퍼드(Thomas Wentworth, 1st earl of Strafford, 1593–1641): 국왕 찰스 1세의 주요 고문으로 국왕의 통치권을 강화하려다 의회에서 탄핵받아 처형당했다.

31 [역주] 로드(William Laud, 1573–1645): 17세기 영국성공회의 성직자로, 찰스 1세의 측근이었지만 국회에 의해 전쟁 책임을 지고 처형되었다.

다면, 품위 있는 영국인치고 "그렇다"고 답하지 않을 사람은 거의 없다. 또한 내가, 새로운 체제가 전통을 만들어내기도 전에 한 세대 동안의 무질서와 비효율을 무릅쓰고, 오늘날 우리 대부분을 지배하는 소수로 이루어진 경제 독재 집단economic oligarchy을 퇴위시키는 것이 현명한 것인지 질문을 받는다면, 나는 "그렇다. 그것도 가치 있는 일이다"라고 답할 것이다. 모든 경험은 내가 보기에 사람들은 또는 어쨌든 영국 사람들은 효율성을 자유의 대체물로 받아들이지 않을 것임을 증명한다.

6월 10일.

산업 문제는 도덕 문제, 즉 하나의 공동체로서 일정한 행위의 방침들을 배척하고 다른 방침들을 찬성하는 법을 배우는 문제다.[32] 이것을 헛소리라고 치부할 수도 있다. 그러나 구체적인 예를 한 가지 들어보자. 오늘날 영국의 모든 사람이 노예제를 비난한다. 영국의 모든 사람이 노예로부터 수입을 얻은 사람은 무언가 수치스러운 일을 한 것이라고 느낄 것이다. 문명의 시계에서 벗어나 있을 때조차도 사람은 노예무역으로 돈을 벌거나 노예노동을 쓴 것은 자신으로서는 할 수 없었던 일이어서, 만일 그랬다면 다시는 고개를 빳빳이 들고 다닐 수 없었을 거라고 느낄 것이다. 그런데 노예제에 대한 이러한 반감은, 잘 살펴보면 인간이 자신의 노예들을 친절

---

32 토니는 1912년 6월에 리즈에서 '현대 정치사상의 몇 갈래'에 관한 하계 강습을 했는데, 여기서 이 말에 관한 영감을 받았을 것이다. 한 해 전에도 그는 옥스퍼드에서 비슷한 강좌를 맡았다. 러셀 L. 존스가 쓴 「한 대학의 침공(The invasion of a university)」(Highway, Ⅲ, n.25, 1911.8, 173). "버컨헤드, 버밍엄과 스윈턴, 벨파스트, 런던과 롱턴은 바로 지금, 윤리의 가르침을 위한 통합 센터에 대한 요구 문제를 놓고 토니와 한판 싸움을 벌이고 있다."

하게 대하느냐 아니냐와 아주 무관한 것이다. 노예 소유자가 아무리 친절하다 할지라도, 그리고 그 사람이 수많은 영국 기업가들보다 훨씬 더 친절하다 할지라도 가장 심오한 인간적 정서, 즉 인간이 사물로 취급받는 것은 법률로 금한다는 정서를 격분시키는 것이기 때문에 비난받는다. 지금 우리가, 이 감정이 아주 오래된 것일지라도 현실에 적용된 것은 아주 현대에 들어와서라는 사실, 즉 1800년도에는 노예제를 잘못된 것으로 보지 않은 사람들이 엄청나게 많았다는 사실을 지적할 필요는 없다. 이와 똑같은 정서가 왜 현대 산업의 가장 두드러진 특징인 부도덕에 대해서는 생겨나지 말아야 하는가? 보통의 품위 있는 영국인이 사람을 자기 재산으로 삼기 위해 사고파는 것을 수치스럽게 느낀다면, 고용자들은 소처럼 집 안에 틀어박혀 있으면서 어린아이들의 노동을 착취하고, 임금을 깎기 위해 미조직 노동자를 이용해먹고, 큰 이윤을 얻는 것이 수치스러운 일이라고 왜 느끼지 말아야 하는가? 그러나 비난받아야 할 사람은 고용자만이 아니다. 우리 모두가 비난받아야 한다. 우리는 다른 사람들을 억압해서 만들어지는 배당금을 받아내는 것을 잘못이라고 생각하지 않는다. 그리고 이 문제는 다음과 같은 점으로 귀결되는데, 무엇보다도 우리는 다른 사람들을 **사람 그 자체**가 아닌 **도구**로, **목적**이 아닌 **수단**[33]으로 이용하는 것을 잘못으로 보지 않는다. 그러나 이것은 물론 노예제의 본질이다. 그렇다면 우리가 법률상의 올바르지 않음에서 실용적인 어쩔 수 없음으로, 사람을 재산으로 삼는 것에서 사람의 노동을 재산으로 삼는 것으로 우리의 노예제 개념을 확대하고, 우리가 전자에 대해 그런 것처럼 후자에 대

33 [역주] 원문에는 강조 표시가 없으나, 문맥상 이 말도 강조를 해주는 것이 맞을 것 같다.

해서도 똑같이 도덕적 혐오감을 느끼는 것이 가능하지 않은 것일까? 내가 보기에는 이것이 오늘날에 관한 근본 물음이다. 우리의 사회적 분열을 낳는 것은 빈곤뿐만 아니라 도덕적 잘못에 관한 의식, 인간의 신성성에 대한 잔학 행위이기도 하기 때문이다. 이것이 바로 수많은 사람들이 파업에 의해 모든 것을 잃고 얻는 것은 없으면서도, 소수의 사람들에게 정의가 행해지도록 하기 위해 파업을 하는 이유이다.

내가 보기에는 사회 개혁자들 중 한쪽 진영 전체가 완전히 잘못된 방향으로 가버렸다. 그들은 고통을 경감하고, 망가진 것을 땜질하고, 고장난 것을 재활용하는 데 골몰하고 있다. 이 모든 것이 좋고 필요하다. 그러나 그것은 노동계급의 마음을 늘 끌 만한 사회문제도 정책도 아니다. 그들이 예외적으로 불운하지 않다면 그들이 바라는 것은 안심과 기회이고, 살면서 겪는 예외적 불행에서 도움을 받는 것이 아니라 독립되고 공정하게 유복한 삶을 살 수 있는 공정한 기회이다. 매일의 식이요법이 불건강한 사람들에게 아편 약이나 흥분제를 주는 것은 소용없는 일이다. 일반적 관계들이 불공평하다고 느껴지는 사회에 대해 구호물자 방안을 마련하는 것은 소용없는 일이다.

현대의 빈곤과 이전 시대들의 빈곤 사이에는 이런 차이가 있다. 16세기에 사람은 현대의 기준에 따를 때 가난했다 할지라도 자신의 삶의 기본 조건들을 통제한다는 의미에서는 독립될 수 있었다. 오늘날 독립이란 값비싼 사치다. 대중에게 빈곤은 자신의 일의 조건들이, 그리고 그에 따르는 자신의 삶의 조건들 또한 다른 누군가에 의해 결정된다는 것을 뜻한다.

모든 품위 있는 사람들은 마음속으로는 보수주의자인데, 인간 사이의 친분, 성실함, 애정, 한 사람의 인격을 나타내고, 정신이 쉬는 둥지이자 더 넓고 풍요로운 땅의 비전을 보는 일종의 망루가 되기도 하는, 인간과 인간 사이의 경건한 유대를 보존하고 싶어 한다는 의미에서 그렇다. 모든 품위 있는 사람들은 마치 삶 그 자체 이외의 삶의 어떤 목적이 있는 듯이 '공리성'이라는 기준으로 무언가를 시도하는 신조를 거부한다. 노동계급을 혁명적으로 만드는 것은, 현대의 경제 조건들이 이러한 비물질적 미덕과 경건한 행위를 증기 롤러로 끊임없이 밀어버리면서 면화 값이 싸지게 하기 위해 가정을 해체하고, 덕망 있는 사람들을 '쓸모없다'는 이유로 쓰레기 더미 위로 내던지고, '당장의 상업적 유용성 때문에' 아이들을 이용해먹는데, 이 모든 것을 물질적 진보의 이름으로 자행한다는 사실에 있다! 그들은 국가가 개입해서 인간의 애정을 금융시장에 대한 자기네의 영향력을 가지고 판단하는 이 무법의 파괴자들을 제압해주기를 바란다. 노동자의 집, 재산, 가족을 '보존'하기를 바란다. 진보가 '통계로 표현될 수 있는 변화'에 있다고 믿지 않는다. 그저 '우리가 당신들에게 돈을 좀 더 주겠다. 우리는 여전히 낡은 기준으로 성공을 측정할 것이다. 그러나 우리는 당신들에게 그것을 좀 더 허용할 것이다'라는 말로 시작하는 어떤 정치적 신조도 그들의 마음을 얻을 수 없을 것이다. 노동운동에서 고귀한 것은 정확히 이런 점이다. 즉, 많은 노동자들이 그러하듯 어떤 사람이 어떤 대의명분에 자기 개인의 성공을 희생하면, 사람들은 그를 망상에 사로잡힌 바보라고 생각하지 않는다. 그의 신념이 사실은 자신들의 신념이라는 것을 인정한다. 하지만 우리가 자주 보듯이 그들 중 어떤 사람들은 "너는 그렇게 해서 무엇을 얻지?"라고 물으며 냉소하는데, 이는 얼마나 비극적인가? 그 사람들은 인간의 영혼이 돈에 바쳐지는 것을 아주 자주 보았기 때문에 개인적 이득 이외의 다른 어떤 행동 동기도 더는 믿지 않는다.

나이가 들수록 나를 매혹시키는 것 중 하나는 대학생일 적에 내가 비웃곤 한, 종교적 교조의 기이한 진실과 미묘함이다. 우리가 도달한 선함이란, 검은 역청 속에 박혀 있어서 우리가 밤낮으로 바로 세우지 않으면 계속해서 그 속으로 미끄러져 들어가는 기둥들 위에 지은 집이라는 것, 이것이 바로 '원죄'라는 것이다. 또한 '은총'은 우리 안의 사악함은 의지로 극복되지 않는 것이고 우리는 날마다 살아가며 이 사실을 배우지만, 나는 날마다 그 사악함을 적어도 망각한다는 사실에 있다. 독실한 사람들은 은총이 우리로 하여금 죄를 이기게 해준다고 말한다. 우리에게 벌어지는 일이라고 생각되는 것은 이런 것이다. 우리가 고약한 성미를 극복하려고 노력하는 한 전혀 성공하지 못한다. 적어도 나는 못 한다. 고약한 성미는 본바탕일 뿐이다. 그러나 그 노력의 긴장을 풀어주면, 말하자면 스스로 납작 엎드려서 무슨 힘이 되었든 그것에 몸을 맡기고 그것이 하고 싶은 대로 내버려두면 의식적으로 노력하지 않아도 마음이 평온해지고 부드러워진다. 사실 '은총'은 '의지'가 할 수 없는 것을 한다. 가치 있는 모든 발견은 아주 오래된 것들이다.

다음 이야기는 실제로 있었던 일이다(나는 이 이야기를 1912년 6월 13일에 카트라이트[34]에게 들었고, 카트라이트는 A. D. 린제이[35]에게 들었는데, 린제이는 발언자가 한 말을 직접 들은 것이었다). 린제이는 개별 지도반에서 온 학생들

---

34 E. S. 카트라이트(Cartwright): 옥스퍼드의 W.E.A. 교사이자 스토크 지역 교육 간사.
35 당시 수업 교사이자 베일리얼 칼리지의 조윗(Jowett) 철학 강사.
   [역주] 조윗(Benjamin Jowett, 1817~1893): 옥스퍼드 베일리얼 칼리지의 학장을 역임한 신학자·성공회 성직자·고전 연구가이자 대학 행정 개혁가. 플라톤과 투키디데스를 번역했다.

이 묵을 크라이스트 처치 칼리지의 거처에 관해 스트롱[36]과 크라이스트 처치의 관리자 중 한 사람인 메이저[37]의 자문역을 맡고 있었다. 메이저는 이렇게 말했다.

"나는 전혀 승인할 수 없습니다. 도대체 일이 어떻게 되어가는지 모르겠네요. 요전 날 저의 집사 앞으로 온 편지를 봤는데, 겉봉의 그 친구 이름 뒤에 '씨(Esqre[38])'라고 쓰여 있더군요. 나는 그 친구에게 이렇게 말했어요. '존, 아무개 '씨'라고 쓴 편지나 받고 어쩌자는 건가? 앞으로는 호칭을 제대로 쓴 편지를 받기를 바라겠네.'"

사람들은 다른 데에서와 마찬가지로 옥스퍼드의 경제문제에서도 겉만 번드르르하지 아주 염치가 없는 것으로 보인다. 카트라이트는 허버트슨의 지리학부에 있는 자기 사무실에 직원을 두기를 원했다. 허버트슨[39]에게 고용된 한 청년이 지원했다. 그 청년은 열여덟 살이고, 혼자 된 어머니를 부양하고 있고, 한 주에 11실링 3펜스를 받는다! 허버트슨은 린제이와

---

36 T. B. 스트롱(Strong): 1901년부터 1920년까지 크라이스트 처치 칼리지의 학생처장이자 옥스퍼드대학의 경계를 넘어서는 교육 확장과 『옥스퍼드와 노동계급 교육』의 출간(1908)을 위한 특별 상임위원회의 의장. 옥스퍼드와 W.E.A.의 출범에 관한 토니의 관점을 알기 위해서는 다음과 같은 일련의 논문을 참조하라. 《웨스트민스터 가제트》 1906년 2월 15~17일, 23~4일과 3월 2~3일, 10일에 실린 「대학과 국민(the university and the nation)」, 서명 발표한 「람다(Lambda)」, 그리고 1907년 8월 16일에 《모닝 포스트》에 실린 미서명 논문 「학교와 학자, '노동과 문화(Schools and scholars "Labour and culture")」. E. 모건 여사가 친절하게도 우리에게 이 논문들에 관심을 가질 수 있게 해준다.

37 아마도 당시 옥스퍼드 크라이스트 칼리지의 식품 조달 담당자인 메이저 A. K. 슬레서일 것이다.

38 [역주] Esqre: esquire. …님, …씨(편지의 수취인 성명 뒤에 붙이는 경칭으로 공문서 이외에서는 보통 Esq., Esqr. 따위로 줄임).

39 A. J. 허버트슨(Herbertson): 옥스퍼드대학의 지리학 교수.

카트라이트에게 불만을 늘어놓고 있는데, 마치 그 청년이 자기의 노예이고 11실링 3펜스보다 더 많이 받으려면 자기의 허락을 받아야 하는 듯이 행세하면서, 카트라이트가 자기의 고용인 중 하나가 자기를 떠나도록 꾀고 있다고 부총장에게 항의를 하겠다며 으름장을 놓고 있다!

그러나 우리가 어떤 염치없는 사회적 실험을 해서는 안 되는지 여부에 관한 의문을 촉구할 때, 그 촉구는 가난하면서도 염치없는 사람들을 향한 것이라기보다 여가가 있고, 자신의 능력을 발전시킬 기회를 가져왔으며, 국가의 목표가 어떤 고귀한 목적을 향한 것으로 보이고 사람들이 공통의 도덕적 이상을 가지는 데서 나오는 조화 속에서 평화롭게 사는, 인간 삶의 최상의 순간들이 있다는 사실을 깨닫는 법을 역사로부터 배운 사람들을 향한 것이다. 나는 그들이 오늘날의 많은 사람들의 비참함에 관해서가 아니라 모든 사람이 자기 안에서 찾기에 다른 사람에게도 있다는 것을 아는 기쁨과 에너지의 가능성에 관해 생각해주기를 요청하고 싶다. 전 세계에서 (…)[40] 사이에 벌어지는 큰 싸움이 있다는 사실을 곰곰이 생각해보자.

다른 모든 국가들은 절대주의 시대를 지나고 있었던 17세기에 영국은 헌법으로 보호되는 자유를 옹호했다. ('영국은 의회를 보유하는 마지막 나라이다. 지금 의회가 사멸하게 하지 마라.') 20세기에 우리가 경제의 자유의 의미를 세계에 가르칠 수 없을까? 우리가 그것을 시도하는 것이 세계에 갚아

---

40 이 단락은 문맥이 완성되지 못했다. 글씨 위에 줄을 살짝 그어서 지웠으나 꽤 알아볼 만하다.

야 할 빚이다. 왜냐하면 우리가 자본주의 산업의 도덕적 미로로 세계를 이끌었기 때문이다.

6월 22일.

미래의 삶에서는 인간이 자연을 완전히 지배하여 그때까지 꿈꿔보지 못한 힘과 지복을 획득할 것이라는 가정 위에서 유토피아를 건설하는 사람들은 심각한 오류를 범하는 것이다. 그들은 잘못을 저지른다기보다 상황을 더 악화시키는 것이다. 방향을 엉뚱하게 잡는 것이다. 문제의 핵심을 헛짚는 것일 뿐이다. 그들은 자기네가 헛짚는 표적이 무엇인지 볼 수조차 없다. 자기네가 찾는 것을 찾을 수 없을 뿐만 아니라 찾는 것이 찾을 만한 가치가 없는 것이라는 사실을 알 수도 없다. 사회복지에서 가장 중요한 것이 사회의 물질적 환경이고, 그 환경을 놀라운 정도로 변화시키는 힘은 잘 사는 힘과 같은 것이라는 개념에 의존하는 사회철학 전체는 인간의 모든 경험에 분명히 위배되는 것이어서 토론할 가치조차 없는 것이다. 이러한 사상은 1750년 이래 경제사의 전체 과정에 의해 조작되었다. 이 시기 동안 만일 1750년에 예언되었더라면, 우리는 하루 2시간의 노동으로 우리의 의식주를 해결할 것이고, 사하라 사막을 내해로 바꿀 것이며, 공중에 새로운 문명을 건설하게 될 것이라고 우리에게 말하는 오늘날의 유토피아들보다 조금도 덜 과장되게 보이지 않았을, 자연에 대한 지배력의 발전이 있었다. 그러나 나는 대중의 삶이 1750년 당시보다 더 부유하고 다양하다는 것을 부정하지 않지만, 그들이 삶에 더 만족한다는 것은 단호히 부정한다. 나는 어느 정도 확신을 가지고, 오늘날만큼 현존하는 사회질서가 아주 많은 지적이고 존경받을 만한 시민들에 의해 아주 많이 불만족스러운 것으로 생각된 시대는 매우 보기 드물었다고 주장한다. 도덕적 불만의 이러한 증가는 물자의 전례 없는 증가와 동시에 일어났다. 그 결론은 무엇인가? '사회체제를 만족시키는 것'이라고 부를 수 있는 것은 아주 대부분 물질적 환경과 무관하다는 것이다. 물질적 환경만으로는 사회체제를 만족시키지 못하는데, 이 두 가지는 **같은 재료로** 만드는 것이 아니기 때문이다. 우리는 수백만의 사람을 만들기 위해 한 사람에 한 사람을 더하는 것만으로는 좋은 사회를 얻을 수 없다. 사회문제는 **양**이 아닌 **몫**의 문제이고, 부의 **총량**이 아닌 사회체제의 **도덕적 정의**의 문제다.

이것은 나를 또 다른 중요한 사실로 이끈다. 우리가 물질적 행복의 확산만으로 평화롭고도 만족스러운 사회의 실현을 추구할 수 없다면, 어디서 그것을 찾아야 할까? 나는 '오직 인간의 양심에 의한 것으로 승인되는 삶의 규칙에서'라고 답한다. 이것은 가난한 사회도 아주 행복하고 만족스러운 사회가 될 수 있다는 말이다. 부유한 사회도 아주 불행하고 불만족스러운 사회가 될 수 있는데, 행복과 만족의 발생은 필요한 것을 만족시키는 인간의 힘에서가 아니라 도덕적으로 승인하거나 만족하면서 사회에서의 자신의 위치와 동료들의 위치를 바라볼 수 있는 인간의 힘에서 찾아볼 수 있기 때문이다. 중세에 영국은 가난했는데, 믿을 수 없을 만큼 가난했고, 아일랜드의 소작농만큼이나 가난했다. 굶기를 밥 먹듯이 했다. 4월과 5월에는 비도 오지 않았는데, 이 날씨는 지금 우리의 9월과 10월 같았을 것이다. 그러나 (내가 믿기로는) 아주 행복하고 만족스러운 삶이었다. 왜냐고? 당시의 사회질서가 당대인 대부분의 양심을 거스르는 것이 아니었기 때문이다. 대부분의 현대의 예언가들, 유토피아적 이상주의자들, 사회주의자들에 대한 지금의 내 불만은 이런 것이다. 즉, 그들은 우리에게 **왜** 우리가 현재의 사회질서를 찬성하지 않는지, 또는 **어떻게** 우리가 인간의 양심이 만족을 찾을 수 있는 사회질서를 만들 수 있는지 전혀 말하지 않는다. 그들은 빈곤의 원인과 그것을 어떻게 해결할 것인지를 우리에게 말한다. 그들은 우리가 빈곤을 해결했을 때 스스로에게 더 만족하게 되리라는 어떤 확신도 우리에게 주지 않는다.

6월 30일.

우리가 살면서 하는 가장 큰 실수는 우리가 욕망하는 특정 대상들을 **낚아채는** 것이다. 우리는 그것을 획득할 기회가 다시 오지 않을까 봐, 그리고 영원히 그것 없이 지낼까 봐 두려워하며 이것 또는 저것을 움켜잡는다. 그러나 우리의 행복이 이런 또는 저런 것을 소유하는 것과 연관되어 있는 것처럼 보이는 사실 그 자체가, 행복을 가능케 하는 내면의 평화가 부재함을 보여준다. 우리는 너무나 걱정에 휩싸여서 우리의 운명이 움직여갈 방향을 선택하지 못하고, 우리 자신의 본성의 위대함을 과소평가해서 여기서 주저앉혀지거나 저기서 꺾이면 그 본성이 스스로 펼쳐나갈 길을 찾지 못할 것이라고 생각한다. 우리가 우리 모두의 내면에 존재하는 부를 자각한다면, 우리가 대단히 귀중하게 여기는 소유물, 즉 성공, 칭찬, 좋은 평판, 업적, 그리고 이보다 훨씬 더 많은 물질적 행복의 10분의 9를 남들에게 나누어줄 수 있을 만큼 우리 모두 여유가 생길 것이다. 그 자체의 본성과 성장의 법칙에 의해서만 모든 인간은 날마다 새로운 보물의 세계로 들어간다. 그러나 그 보물을 알아보는 것은 우리의 손이 그것을 계속해서 낚아채는[원문 그대로임] 능력에 달려 있는데, 우리가 보는 얼마 안 되는 진주 목걸이를 움켜쥐느라 서두르는 경우가 너무나 많아서, 흩어져 있는 그 '사소한 물건'이 아닌 진짜 보물의 부를 보여주는 데 필요한 빛을 우리 스스로 파괴한다. 사람은 욕망하기를 그칠 때까지는 즐길 수 없는데, 욕망은 영혼을 흐리기 때문이다. 또한 우리가 우리 스스로에게는 바라는 것을 획득하면서 만족을 얻은 것처럼 보일지라도, 우리에게 더 넓은 세상을 보여주는 창들 가운데 하나를 우리가 닫아버린 일이 너무나 많았다. 우리는 자신이 두르고 있는 다이아몬드가 납유리로 만든 것이라는 사실을 보여주지 않기 위해 그 빛을 고의로 차단하는 사람들과 같다. 이 말은 우울하게 들린다. 사실 그것은 낙관주의이다. 이것은 '네가 가진 것을 내던져버리는 걸 두려워하지 마라'라는 것을 뜻한다. 당신이 그것을 던져버릴 수 있다면, 그것은 실제로는 당신 것이 아니다. 또한 당신이 그것을 던져버린다면 당신 안의, 당신보다 위대한 것은 무엇이든 그 자리에 무언가를 만들어놓을 것이라고 확신할 수 있다. 당신이라는 나무의 가지치기를 하는 것을 두려워하지 마라. 미래를 신뢰하고 위험을 무릅쓰라. 경제 문제에서와 마찬가지로 도덕 문제에서도 경솔한 사람이란 '깊이 생각하지 않는 사람'이다.

    7월 9일.
    런던에서 온 어떤 기관사: "저는 지난여름 철도 파업에 열심히 참여했습니다. 파업을 시작했을 때, 우리는 이전과 같거나 이전보다 나쁘지 않은 일자리를 약속받았어요. 곧바로 저는 일자리로 돌아갔고, 다른 곳에 배치되었는데 (최고 등급, 특급인) 4호 기관차에서 쫓겨나서 3호 기관차를 배정받았고, 경영진은 그때부터 비조합원들을 훈련시켜서 그 자리에 다른 사람들을 앉혔어요. 그 변화 때문에 저는 주당 12에서 18실링을 덜 받습니다. 그런데 그게 '경영'의 문제여서 조정위원회는 경영 문제를 다룰 수가 없게 되어 있고, 노동시간과 임금만을 다룰 수 있습니다. 우리는 임금

위원회[41]를 통해 가이 그라넷[42] 경에게 탄원할 수 있습니다. 그분은 의심할 바 없이 이 문제를 공정하게 대할 겁니다. 그렇지만 모든 임원이 우리를 적대합니다."

7월 10일.

리버풀에서 온 식자공: "실직이 이루어지는 방식을 제가 겪은 두 가지 사례로 말씀드리겠습니다. 저는 두 번의 위기를 겪었어요. 첫 번째는 라이노타이프[43]의 도입이었지요. 제가 일한 (신문) 회사에서는 기계 11대를 들여오고 30명(?)쯤 내보냈어요. 그중의 일부는 다른 곳에서 상근 일자리를 얻었고, 몇몇 사람은 임시직 노동자로 전락했습니다. 일전에 그중 한 사람을 만났지요. 그 사람은 그 뒤에 줄곧 한 신문사 사무실에서 자질구레한 인쇄 일을 해왔었지요. 두 번째 위기는 헤럴드와 (또 다른 신문사의) 합병 때문에 왔습니다. 합병 전에 헤럴드는 일하기에 아주 좋은 직장이었어요. 직원들은 주급 3파운드를 받았고, 스스로 알아서 일하면 되었지요. 합병이 이루어지자 약 100(?)명이 곧바로 짐을 쌌습니다. 주주들은 합병으로 아주 큰 이익을 보았지요. 이 신문사는 그 이후로 많은 배당금을 지불했어요. 쫓겨난 사람들 중 많은 이들이 신세를 망쳤고 임시직 노동자가 되었습니다. 나이가 많은 사람들 가운데 일부가 집으로 돌아가서 6개월 안에 죽었습니다. 의사들은 다양한 이유를 댔지요. 하지만 저는 그 이유를

---

41 [역주] 임금위원회(Trade Board): 앞의 각주 4번 참조.
42 1906년부터 미들랜드 철도회사의 사장으로 있으면서 1907년의 철도 분쟁 조정 계획의 수립을 도왔는데, 이 계획의 와해가 1911년 철도 파업의 직접적 원인이 되었다.
43 [역주] 라이노타이프(linotype): 과거 신문 인쇄에 쓰이던 식자기.

알아요. 그건 '합병'이에요. 합병은 온 나라에서, 모든 직종에서 진행되고 있어요. 부는 집중되고 있고, 생산력은 증가했지만, 민중은 더 가난해지고 있습니다."

사람들은 종종 노동조합주의 또는 노동자를 보호하는 입법의 효과가 고용자를 장려하기보다 약화시키는 것처럼 말한다. 그러나 이것이 반드시 사실인 것은 아니다. 노동조합이 전혀 없는 업종에서 벌어지는 일이란, 고용자 계급이 이례적으로 고압적이고, 압제적이며, 무책임한 사고방식을 갖고 있고, 이것은 그들 자신에게도 극히 좋지 않을 뿐만 아니라 매우 반사회적인 독단과 방자함을 조장한다는 것이다. 그들은 그들이 원하는 대로 노동과 관계를 설정할 것이고, 몇 년 동안에 이 일을 마치고 나면 그들이 원하는 대로 지역사회와 관계를 설정할 것이다. 이때 경영자와 종업원들servants이 그들의 태도를 알아챘다. 그들은 엄격함과 왕따시키기로, 그리고 임금노동자 사이에 나타나는 모든 독립의 징후와 조직화 시도의 탄압으로 우세를 점한다. 노동자들은 '종servants'으로 간주되기 때문에 파업을 벌이면 그것은 '불충', '반역', '배신'이라고 이야기된다. 현재 이러한 낙인찍기야말로 공공의 위협이다. 이것은 국민의 도덕성의 목소리 전체를 낮춘다. 이것은 대다수 국민이 '생산의' 도구라고 생각하도록 부추긴다. 이것은 상류계급의 부인네와 심지어 아이들까지도 오만방자하고 배려할 줄 모르고 법을 무시하게 만든다. 우리가 부자들에게 명심하도록 만들 필요가 있는 첫 번째 교훈들 가운데 하나는 그들이 일반 국민의 종이 되도록 **훈육되어야** 한다는 점이다. 우리는 지주와 고용자가 있어야 할 곳은 **일자리**, 즉 **사무실**이라는 사상을 회복해야 한다.

7월 21일.

자유Liberty의 근본 이상은 힘Power이다. 자기 자신의 삶의 조건을 통제할 수 있는 힘이다. 이것이 국가와 경미한 제재에 의해 부과되는 제한의 제거로 생각되느냐(개인주의), 아니면 제한의 부과로 생각되느냐(집산주의)는 사람들이 놓인 시기와 그들의 계급을 둘러싼 경제적·정치적 상황에 달린 문제다. 인간이 종교의 자유에 관해 실제로 도움이 될 만한 개념에 도달하는 데 150년과 두 번의 혁명이 필요했다. 우리가 경제의 자유라는 이상을 생각해내는 데에도 그만큼의 시간이 필요할 수 있다.

7월.

카슬포드Castleford의 탄광 기관사인 드류가 탄광 분규에 적극 가담하여 해고되었다. 그는 다른 탄광 일자리에 지원했다. 친구인 그 탄광의 사무직원이 드류가 일했던 회사에서 온 편지를 그에게 보여주었는데, 드류는 이 구역의 어떤 회사에도 고용되어서는 안 된다는 요구를 담은 것이었다.

7월 26일.

런던에서 온 식자공: "저는 같은 주형에 큰 것과 작은 것 두 가지 종류의 활자 열을 배치하는 발명을 한 사람을 알고 있습니다. 그 라이노타이프는 미국과 독일에 있는 회사들에 합병된 한 회사의 재산입니다. 그는 자신의 발명품을 그 회사에 처분할 수밖에 없었어요. 회사는 그 값으로 그에게 몇 파운드를 주었습니다. 지금 그 회사는 자기네가 설치해주는 그 라이노타이프 기계 값으로 모든 사업체에서 50파운드를 받습니다."

7월 28일.

무리스[44]가 최저임금법이 쓸데없다는 것을 보여주는 이야기를 들려주었다.

"제가 아는 두 형제가 어느 탄광의 어느 '곳'에서 일했어요. 거기는 비정상이었어요. 온통 비열한 짓들이었어요. 한 주는 두 형제가 임금을 못받았어요. 형제는 회사에 문의했고, 최저임금법에 따라서 보상을 받았지요. 그다음 주에 다시 문의했어요. 회사는 임금 지급을 거부하면서 이렇게 말할 뿐이었어요. '거기가 싫으면, 너희 대신 거기서 일할 사람들 많아.' 3주 동안 두 형제는 임금 없이 일했어요."

7월 31일~8월 1일.

웹 부인: "사회주의의 본래 이상은 무엇일까요? 내 부모와 선량하고 지적인 사람들의 이상은 우리가 성공하는 것이었습니다. 그들은 성공이 우리 자신에게 가장 좋은 것일 뿐만 아니라 세상에도 가장 좋은 것이라고 정말로 생각했습니다. 사회주의의 본질은 성공이라는 이상을 서비스라는 이상으로 대체하는 것이었다고 나는 생각합니다."

시드니 웹, 노동당이 다수당이 될 것을 기대하는지 묻는 데 답하여: "아니요, 그리고 나는 그것이 바람직할 것이라고 확신하지 못합니다. 일정 수의 노동당 의원은 매우 유용합니다. 하지만 그렇다고 해서 하원이 주로 노동당 의원으로 이루어져야 하는 건 아닙니다."

---

44 아마도 토니의 스토크 지역 개별 지도 수업의 학생인 J. B. 무리스(Moories)일 것이다.

같은 사람의 말: "임금을 아주 많이 올리는 것은 가능하지 않을 수 있습니다. 그러나 지역사회가 공적 공급에 의해 모든 시대의 유산을 자기 손아귀에 쥐고 있는 옥스퍼드 칼리지 선임 연구원의 삶만큼 보통 노동자의 삶을 부유하고 재미나게 만들지 말아야 할 이유는 없습니다.

같은 사람의 말: "우리는 항상 밑바닥 계층의 300만 혹은 400만을 제거하기만 하면 사회문제가 거의 해결될 것이라고 말합니다."

8월 12일.

사회문제에 접근하는 적절한 방법은 어째서 아주 많은 선한 사람들이 오늘날 우리의 사회질서의 본질에 관해, 그리고 사회질서에 대한 우리의 의무에 관해 아주 다른 결론에 이르는가를 묻는 것이다. 삶을 올바르게 정돈하고자 하는 바람은 모든 사람들에게 존재한다. 그런데 어째서 날마다 선한 사람들이, 똑같이 선한 사람들에게 사악하다고 생각되는 일을 하고 있을까? 이런 일은 항상 그렇게 있어왔고, 이런 차이는 사람들의 다양함이 더 풍요로운 통일성을 만들어내는 정치적 견해의 차이일 뿐이라고 말할 수도 있다. 하지만 불행하게도 이것은 사실이 아니다. 한 국가에는 언제나 다양한 집단과 정당이 있을 수밖에 없다는 것, 다양한 전통, 정신적 태도와 경험이 서로 자른 정치적 원칙을 낳는다는 것, 그리고 그러한 다양성의 존재는 선택 가능한 폭넓은 범위의 의견을 제공함으로써 국민적 지혜의 최상의 보장이라는 것은 정확히 맞는 말이다. 그러나 인간이 서로 다른 수단을 쓰는 것이 불가피하고 아주 바람직한 반면, 목적을 달리하는 것은 환영할 만한 일이 아니다. 정치적 견해의 다양성은 이롭다. 행위의 근본 문제에 관한 기준의 다양성은 그렇지 않은데, 그것은 정당들을 분열시킬 뿐만 아니라 사회생활을 독살하고, 어떤 사람은 불의에 냉소하며 밥벌이를 하게 만드는 반면, 또 다른 사람은 자기 이웃의 불평에 귀를 틀어막기 때문이다. 통일성은, 요컨대 인간의 일상생활과 관련된 모든 문제에서 바람직하지만, 모두가 똑같은 것을 믿고 똑같은 방식으로 행동해야 한다는 뜻에서가 아니라 어떤 사람도 다른 사람이 믿는 바가 오로지 이기적 관심의 명령에 따른 것이라고 가정하지 말아야 한다는 뜻에서이다. 자신의 행동을 스스로 못마땅하게 생각하는 사람은 자신의 행동에 도덕적 명분이 있다는 사실을 알 수 있다. 오늘날 경제생활에 결여되어 있는 것이 바로 이 도덕적 명분이다. 의견 차이를 불화와 냉소로 만드는 것이 바로 이 도덕적 명분의 결여이다.

8월 27일.

우리의 통치자들은 베이컨의 다음과 같은 말을 기억해야 한다.

"유다와 이삭의 축복은 결코 합쳐질 수 없으니, 이는 같은 국민이나 국가가 사자의 새끼이면서 짐을 진 당나귀일 수 없는 것과 마찬가지다."[45]

9월 4일.

경제생활에서 어떤 도덕 기준을 찾을 필요에 관해 깊이 생각하면, 아마

---

45 「국가와 신분의 참된 위대함에 관하여(Of the True Greatness of Kingdoms and Estates)」, 『베이컨의 수상록(Bacon's Essays)』(제임스 맥닐 편, 1959), 85쪽. 『급진적 전통(The Radical Tradition)』(리타 힌덴 편, 1964)에 「노동자의 아이들을 제자리에 두어라(Keep the workers' children in their place)」로 재출간된 논문 「학교에서의 프로이센주의(Prussianism in the schools)」(*Daily News*, 1918.2.14)의 끝에서 토니는 이 말을 또 인용한다.

도 세계가 자발적 빈곤과 금욕이라는 이상으로 돌아가야 할 것이라고, 부를 좋지 않은 것으로 의심하고 적은 것에 만족하는 사람들의 극기를 이상화해야 한다고, 실은 영국 같은 국가는 더 거칠고 빈약한 음식에 만족하도록 생활 기준을 자발적으로 낮추어야 한다고, 요컨대 우리는 위대한 산업사회이기를 멈추고 스위스나 덴마크의 삶을 삶으로써 자본주의 산업의 도덕적·경제적 악에서 벗어나야 한다고 생각하고 싶어진다. 나는 이런 관념을 오직 버리기 위해 언급한다. 우리가 축적한 힘과 자원을 버리거나, 그렇게 경제적 잠재력을 낮추는 것은 파국을 보게 될 것이니, 일부러 제국을 붕괴시키는 것은 신의 뜻일 수 없다. 우리는 우리의 경제 상태를 그저 포기해서는 그 상태에서 회복될 수 없다.

남는 대안은 무엇일까? 현존하는 산업 체제의 실상은 전 세계 독재 정부의 실상과 같다. 그것은 효율적이고, 수고를 덜어주며, 책임이 소수에게 있다. 위원회에 자문을 구하는 것은 어리석은 짓일 수 없다. 유능한 개인에게 책임을 전혀 부과하지 않는 것의 효과에 대한 마셜의 말(《경제 저널》, 1907, 11쪽)[46]은 찰스 1세에게 '법의 모든 규칙으로부터 자유롭고 그 책임을 면제' 받으며 통치할 수 있는 권한을 부여했을 스트래퍼드에게 제시했어야 할 법한 실상을 정확히 보여준다.

9월 9일.
W. H. B.[47]: "부유한 사람들은 대체로 노동계급 사람들보다 높은 수준

---

46 6월 3일자의 주석을 보라.

47 W. H. B.(Beveridge): 토니의 처남, 『실업, 산업의 한 문제(Unemployment, A Problem of Industry)』(1909)의 저자이자 노동 거래 문제를 책임지는 영국 상무부의 관리. 훗날 베버리지 경이 되었다.

의 품성과 능력을 보여주는데, 충분한 시간이 지나면 더 잘 사는 혈통이 꼭대기로 올라가는 경향이 있었기 때문이다. 좋은 혈통은 영구히 억눌려 있지는 않는다. 그 가계는 여러 세대에 걸친 사회 변화 과정에서 높은 위치로 밀고 올라가기 때문에 상류계급은 대체로 더 잘 사는 계급이다."

이러한 관점이 사회사의 실제 사실과 얼마나 일치할까? 토지제도를 보자. '더 좋은 혈통들'은 노르만 정복 때에 추측건대 지배자가 되었고, '더 나쁜 혈통들'은 (대부분) 농노가 되었다. 무슨 의미로 '더 좋은'과 '더 나쁜'이라는 말을 쓰는가? 15세기에는 소작농 계급이 부유하게 성장했지만 16세기에는 몰락하고 거의 쫓겨나 그 자리를 대지주가 차지했다. 경제사가가 말하는 이러한 변화의 이유는 아주 단순하다. 토지를 이용하는 새롭고도 아주 이익을 많이 내는 방법이 전통적 농업 제도보다 상류계급(지주와 상인)에게 더 많은 이익을 주었고, 그들은 거의 무소불위의 정치권력을 가지고 있었기 때문에 무엇이든 자기네 마음대로 할 수 있었고, 그 결과 대부분의 소작농 계급이 가난하게 되었다는 것이다. 그러나 상류계급은 '더 좋은 혈통'이었기 때문에 넓은 정원을 만들고 목초지를 두르는 울타리를 만들어서 엄청난 재산을 모을 수 있었고, 1450년까지는 부유했지만 1450년 이후로는 '더 나쁜 혈통'이 되었다고 주장할 수는 없다.

다시 1688년부터 1832년까지 영국은 (국내 문제에서는) 주로 상류 지주계층의 이해관계에 따라 통치되었고, 1832년 이후로는 주로 상업 계급의 이해관계에 따라 통치되었으며, 개인이 신분 상승할 수 있는 기회를 잡는 것은 대부분 정치체제에 의해 결정되었다. 1688년의 토지 귀족의 승리, 1832년의 중간계급의 승리는 모두 '더 좋은 혈통'의 승리였고, (예를 들면) 1760년에 '더 좋은 혈통'이 사회의 최상층에 오를 가능성은 정치권력이 어떤 특정 계급의 손에 집중되어 있었다는 사실과 결코 무관했다고 주장하기는 확실히 어렵다.

게다가 '더 좋은 혈통'은 아마도 자신들의 노력을 통해 위로 올라간다. 그들은 (내가 그 주장을 이해하는 바로는) 실력에 의해 최상층에 이른다. 그러나 그 노력에는 정치적 선동도 포함되어 있지 않을까? 또한 그 자체가 대부분 정치권력의 결과인 가난과 불리한 경제적·사회적 조건들이 실력을 억압하는 데 영향을 미치지 않을까?

마침내 어느 날에 우리는 더 좋은 혈통이 완결되어 전면에 나서는 상태까지 사회가 발전한 모습을 상상할 수 있을까? 이 이론을 주장하는 사람들은 대개 지금 바로 이 순간에 상류계급이 더 좋은 혈통들로 구성되어 있는 것처럼 말한다. 그러나 상류계급이 항상 좋은 혈통들로 구성돼왔을까? (만일 그렇다면 200년 전에 통치한 사람들과 다른 현재의 통치 계급들은 단지 그들이 다르다는 이유만으로 반드시 더 나쁘게 보일 것이다.) 그렇지 않다면 더 좋은 혈통들이 필연적으로 최상층이 되는 이러한 행복한 사회 상태는 언제 이룩되었을까?

(처음부터 끝까지 나는 '더 좋은 혈통'이라는 말이 애매한 말이 아니라는 가정에 관해 논하고 있음을 알 수 있을 것이다.)

만일 '혈통'이 유일하게 중요한 것이라면, 어떤 일련의 경제 조건에서는 번성하는 '혈통'이 어떻게 또 다른 경제 조건에서는 (예컨대 수직기로 베를 짜는 사람이나 토지를 소유한 소농처럼) 영락하게 되는 것일까?

9월 16일.

다음과 같은 책들을 쓸 필요가 있다.

① 1549년의 농민 반란에 관한 설명. 러셀의 책[48]은 괜찮은 편이다. 그러나 서머싯의 농업 정책에 관한 공문서 보관소의 많은 자료가 있어야 하는데, 그는 그것을 이용하지 않았다.

② 수평파[49]와 디거파[50]에 관한 특별한 언급을 담은, 영연방 시대의 사회정책 연구서. 구치[51]는 정부 당국에 관해서는 알았지만,[52] 경제 상태에 관해서는 몰랐다(고 생각된다). 나는 이 두 가지 운동의 기원을 거슬러 올라가서 그 이전의 농업의 변화를 살펴보는 것이 가능할지 의심스럽다. 베른슈타인의 책[53]을 살펴보아야 한다.

③ '자유방임주의Laissez-faire' 개념의 발흥과 발전과 16세기 국가 정책으로부터의 전환. 나는 청교도주의가 경제문제에 대해 무엇이든 특별한 태도를 만들어냈는지 궁금하다. 슐체-케페르니츠[54]가 이에 관해 언급을 좀 한 것으로 알고 있다.[55]

48　F. W. 러셀(Russell) 『노퍽에서의 켈트의 반란(Kelt's Rbellion in Norfolk)』(1859).

49　[역주] 수평파(Levellers): 청교도혁명 당시의 의회파로서 헌법의 개선·평등한 권리·교회와 정치의 분리를 주장함.

50　[역주] 디거파(Diggers): 1649~50년 영국에서 토지의 균등 분배를 주장한 집단.

51　[역주] 구치(George Peabody Gooch, 1873-1968): 영국의 역사가.

52　G. P. 구치, 『17세기 민주주의 개념사(The History of Democratic Ideas in the Seventeenth Century)』(Cambridge, 1898).

53　에두아르트 베른슈타인(Eduard Bernstein), 『17세기 영국혁명 기간의 공산주의와 사회민주주의의 경향(Kommunistische und demokratisch-sozialistische Strömungen während der englischen Revolution des 17 Jahrhunderts)』(Stuttgart, 1895).

54　[역주] 슐체-게페르니츠(Gerhart von Schulze-Gaevernitz, 1864-1943): 폴란드 태생의 독일 경제학자.

55　게르하르트 폰 슐체-게페르니츠, 『대영제국과 10세기 초의 영국 자유무역 (Britischer Imperialismus und enlischer Freihandel zu Beginn des zwanzigsten

④ 1629~40년 의회 해산 시기 정부의 경제정책.

⑤ 19세기 자유주의의 지적 선조들 - 경제문제에서 (③을 보라).

9월 18일.

나는 인간 삶의 개선이 관계되어 있는 한 사회학이라는 이름으로 통용되는 엄청난 양의 사상과 토론이 거의 무가치한 것이라고 생각하는 경향이 있는데, 사회학이 진실이 아니어서도 아니고 사회학이 다루는 문제들이 중요치 않아서도 아니라 인간이 지닌 제도들이 낳을 법한 결과와 경향에 관한 다소간 순이론적인 정보 그 자체가 그 제도들을 개선할 것 같지 않기 때문이다. 사회의 개선에 필요한 것은 인간이 자신의 행위가 낳을 수 있는 결과에 관한 심오한 정보를 갖는 것이 아니라 옳고 그름에 관해 날카로운 감각을 갖는 것, '옳고 그름'이라는 개념은 기업의 관계처럼 그 적용이 매우 불편한 곳에서의 관계를 포함하여 삶의 모든 관계에 적용된다는 점을 깨닫는 것이다. 더 많은 지식이 확실히 필요하다. 그러나 우리에게 훨씬 더 필요한 것은 우리가 지닌 지식에 따라서 행동하는 성향이다. 그런데 나는 사회학자들이 당장의 의무가 아니라 먼 훗날의 결과에 관심을 집중하고, 죄악의 자리에 불편을 앉히고 양심의 자리에 사회복지

Jahrhunderts)』(Leipzig, 1906). 그 뒤에 그의 관점을 서술한 것으로는 그의 『민주주의와 기독교(Democracy and Religion)』(1930)를 참조할 것.

"경제문제에서 칼뱅주의는 자본주의 혁명의 길을 열어젖혔다. 예를 들면 칼뱅은, 그리고 이 사실은 그의 시대에 있었던 경제적 변화에서 중요한데, 많은 경우에 대부는 채권자보다 채무자에게 더 이익이 있다고 설명하면서 대부에 대한 이윤 금지를 폐기했다. 그래서 칼뱅과 뉴잉글랜드의 그의 추종자들은 칼뱅주 대의명분의 사실상의 주인공이 되었고, 계급 사이의 분열, 그리고 심지어는 노예제를 촉진했다." 토니의 전전 글에서는 막스 베버가 언급되지 않는다.

를 앉혀, 사람들이 파멸의 도시를 불쌍한 죄인이라고 느껴 거기서 탈출하는 대신 미래에 가능한 것들에 투기를 하면서 오늘날의 책임을 회피하도록 만드는 것에 불만을 갖는 성향이 있다.

지금 나는 사회적 행위와 반응 행위의 윤곽을 그리는 데 적용되는 이 모든 지적 활동을 불평하는 것이 아니다. 내가 분명히 말하고자 하는 핵심은 특정한 경우에 우리의 행동은 그러한 지적 활동과 아주 거의 무관하고, 또한 항상 무관해야 하며, 따라서 사회생활의 개선을 향한 첫걸음은 엄격한 도덕 기준에 의해 우리의 사회적 행동을 평가해야 한다는 점이다. 나는, 이단처럼 들리겠지만 우리가 옳다고 아는 특정 종류의 행위가 있고 그르다고 아는 다른 특정의 행위가 있다고 감히 말한다. 우리는 어떤 사람이 마치 자신의 행동이 이웃들에게 미치는 영향이 자신과 관계가 없는 것처럼 사는 것이 그르다는 것을 안다. 우리는 어떤 사람이 만일 그가 아무 데도 매이지 않은 사람이라면 받아들이지 않을 요구액을 다른 사람에게서 억지로 뜯어내기 위해 그 사람의 약점을 이용하는 것이 그르다는 것을 안다. 이러한 지식이 기독교 국가의 공유 재산이라고 나는 역설한다. 이 지식이 무엇에 근거한 것인지를 묻는다면, 나는 그것이 서유럽의 모든 주요 국가들의 삶의 경험에 기초해 있고, 그것의 타당성은 이 명제들이 일반적 형태로 진술될 때 아무도 실제로 감히 부정하려 들지 않는다는 사실이 보여준다고 답한다. 그뿐 아니라 그 지식의 타당성은 그것을 무시했을 때의 결과에 결국 달려 있다고 나는 생각하지만, 실제로 아무도 그 타당성을 증명하기 위해 그것을 무시할 때의 결과에 호소하는 것이 필요하다고 생각하지 않는다. 좋다. 그럼 사회학자의 임무는 무엇일까? 그것은 바로 이렇게 보편적으로 받아들여지는 원칙이 어떻게 특정한 일련의 사회적 조건에 적용될 수 있는지를 보여주는 것이라고 나는 생각한다. 그것은 사실 법학자의 일과 비슷하다. 법학자는 새로운 사례가 발생할 때 자기 학문의 어떤 일반 원칙 하에서 그 새로운 사례들을 가지고 와서 법칙의 체계를 구축한다. 사회학자는 교양 있는 사람들에 의해 일반적으로 받아들여지는 일정한 행동 규칙 하에서 새로운 경제 사례들을 도입하여 자신의 학문을 구축한다. 이러한 작업은 내가 보기에 현재 이루어지지 않는다. 지금 벌어지고 있는 일이란 (나쁜 용어를 사용하자면) 귀납적 연구와 연역적 연구 모두에서 거대한 움직임이 있다는 사실이다. 그러나 행동과 연관되어 있는 한 새로운 사실들은 대부분 쓸모없는데, 그것들은 대부분의 사람이 자신의 행동을 통제하는 것으로 인정하는 확립된 원칙하에 분류된 것이 아니기 때문이다.

한두 가지 예를 들어보자. 노예제 폐지의 원인은 무엇이었을까? (나는 이 문제에 관한 특별한 지식이 없어서 그것을 찾아봐야 하는데) 내가 추정컨대 그 원인은 어떤 사람이 다른 사람을 도구로 사용하는 것은 부도덕한 것이라고 주장하는 일련의 견해가 나타났고, 이러한 일련의 견해는 노예제가 이러한 사실을 뜻한다는 것을 깨달은 바가 없었던 대다수 개인들, 그리고 그것을 깨닫기는 했다 할지라도 이러한 사실과 인정되는 모든 도덕 원칙 사이의 연관성을 염두에 두지 않았던 사람들에게 그 사실과 원칙이 모순된다는 것을 보여주는 방식으로 이 사람들을 변화시킬 수 있을 만큼 충분히 강력하게 되었다는 점이다. 노예제를 폐지한 이유는, 계산을 해보고 나서 변화의 옹호자들이 노예제의 폐지가 유지보다 더 이익이 된다는 결론에 도달했기 때문은 분명히 아니었다. 그들이 그렇게 한 것은 노예제가 **나쁘다**고 믿었기 때문이고, 나쁘다고 믿었기 때문에 노예제 폐지가 노예의 생산 능력이나 한때 노예를 소유한 사람의 이익을 감소시킬지 또는 증가시킬지 (실제로는 증가시켰다) 따져보지 않고 노예제를 없애기로 결정했

다. 이제 또 다른 예로 눈을 돌려보자. 모든 사람이 오늘날에는 많은 수의
사람들이 도덕적인 삶을 누리기가 극히 어려울 정도의 임금을 받고 있다
는 사실을 안다. 그들은 자기 가족에 대한 자신의 의무를 무시하고 싶은
유혹을 받는데, 그 의무를 다하는 것 또는 그 의무를 무시하는 게 두려워
비열해지는 것이 아주 무망하기 때문이거나, 자기 기질대로라면 비열해질
수가 없는데 그렇다고 완전히 태평스럽게 지내는 것도 무망하기 때문이
다. 실제로 노예 노동의 결함이 그들 가운데 나타나는 경향이 있다. 그들
은 부당하게 대우받는다고 느낀다. 그들에게는 전도가 보이지 않고, 고용
자는 다른 유인책이 없는 것을 곁에서 감독하는 것으로 벌충하려 한다.
사실 우리는 노예제 폐지론자들이 맞닥뜨렸던 것과 다르지만 비슷한 문
제를 대면하고 있다고 나는 말하고 싶어진다.

우리가 그들과 같은 정신으로 이 문제에 접근하는 것이 얼마나 가능
할까?

9월 21일.
한 남자가 자기 조수에게 벽돌을 건네 달라고 부탁한다.
"그 벽돌들을 올려주게, 빌. 좀 줘will you."
그때 지나가던 사장이 이렇게 말한다.
"빌어먹을 '좀 줘will you' 좀 붙이지 마."
(핼리팩스의 톰슨이 클레이에게 들려준 이야기)[56]

---

56 헨리 클레이(Henry Clay): 당시 로치데일과 리즈 W.E.A.의 산업사 담당 교사. 핼리
    팩스의 톰슨(Thomson of Halifax)은 누군지 밝혀지지 않았다.

10월 6일.

이전 시대의 생산 방법과 구별되는 임금제도의 기이한 특징은 노동을 살 수 있는 최저 가격 이상의 잉여의 성격을 지닌 것을 모두 노동자로부터 뽑아낸다는 점이다. 대부분의 사람이 소지주나 소규모 작업장을 가진 장인이었을 때에는 그렇지 않았다. 그들은 위험을 감수했다. 그러나 동시에 이익과 잉여를 얻었다. 오늘날에는 노동자가 위험을, 즉 실업의 위험을 감수한다. 그러나 노동자는 위험을 감수하게 할 만한, 예외적 이득의 가망성, 소규모 투기의 기회, 자신의 삶을 지배할 수 있는 힘이 없다. 국가가 산업 생활의 위험으로부터 노동자를 보호하면 노동자의 독립성을 약화시킨다고 말하는 사람들에게 주어야 할 답은, 바로 이러한 사실을 기억하라는 것이다. 위험을 견디는 것은, **그것을 자발적으로 떠안는다면** 정신을 바짝 차리게 하는 일이라는 점은 완전히 사실인데, 그런 경우에 사람은 있을 법한 이득과 손실의 균형을 맞추고 성공에 자신의 두뇌와 인격을 걸기 때문이다. 그러나 대부분의 개인이 종으로 고용되면, 자신이 어떤 위험을 견딜지 결정하지 못한다. 그것은 그들의 주인에 의해 결정된다. 그들은 사업이 성공하더라도 아무 이득을 얻지 못한다. 노력의 책임도 성취의 자부심도 갖지 못하며, 실패의 고통만을 가질 뿐이다. 사정이 이런 한 그들은 무엇보다도 안심을 바라는데, 사업의 기회를 갖지 못하고 그 이윤을 전혀 얻지 못하기 때문에 주로 위험으로부터 보호받기를 바란다. 이러한 상황에서 사람들이 위험을 감수해야 하는데 그렇게 해야 정신도 바짝 차리게 되고 좋은 상품도 만들어낼 수 있기 때문이라고(이것은 맞는 말이다) 구실을 다는 것은, 임금노동자에게 더 큰 안심을 주려는 오늘날의 시도에 대한 공격이 아니라 노동자에게 이익은 제공하지 않으면서 노동자를 손실에는 무방비 상태로 만들고, 노동자에게 자기 주도의 기회를 보상으로 주는 이점도 없이 불안이라는 불이익을 안기는 임금제도 전체에 대한 공격이다.

현대 산업사회 최고의 악은 빈곤이 아니다. 그것은 자유의 부재, 즉 자기 주도의 기회와 인간 삶의 물질적 조건들을 통제할 수 있는 기회의 부재이다. 이것이 빈곤을 낳는데, 희망 없음, 무책임, 무모함을 낳기 때문이다. 그것이 바로 산업혁명과 인클로저[57]의 교훈이다. 사람들에게 가난하지 않을 수 있는 **의지**를 주기 위해서는 우리가 무엇보다도 그들의 삶이 의존하는 물질적 조건들을 통제할 수 있는 힘을 그들에게 주어야, 즉 그들을 자유롭게 해주어야 한다.

내가 말하고자 하는 핵심은 이것이다. 고용하는 사람이 고용되는 사람들의 숫자만큼의 지배권을 갖는다. 그는 그들에 대한 지배권을 가진다. 그는 실제 내용은 관직인 것을 차지한다. 채굴장과 교수대의 권력, 그리고 영지 내 사법권과 영지 외 사법권[58]이 아니라 잔업과 조업 단축, 포만한 배와 굶주린 배, 건강과 질병을 결정하는 권력을 가진다. 누가 이러한 권력을 가지는지, 어떻게 그가 그 권력을 사용할 권리를 부여받는지, 어떻게 국가가 그의 자유를 통제하는지, 얼마나 국가가 왕들의 영장이 그의 지배 구역 안에서 통용되도록 만드는지, 이것이 바로 오늘날 평범한 사람에게 실제로 중요한 문제다. 그런데 이 권력은 현재 아주 우연히 소유되고 행사된다. 충분한 자본을 장악할 수 있는 사람은 누구든 그것을 휘두를 수 있다. 우리는 우리의 공무원들이 특정한 자격을 갖추어야 한다고 주장한다.

---

57 [역주] 인클로저(enclosures): 소작인이나 마을의 공유지를 회수 또는 매수하여 울타리를 둘러치고 목양지로 했던 일. 영국에서는 15~19세기까지 계속되었음.

58 [역주] 영지 내 사법권(infangthief)과 영지 외 사법권(outfangthief): 봉건영주가 영지 안과 밖에서 붙잡힌 도둑을 약식재판을 통해 처형할 수 있었던 특권.

외교관은 예법을 갖추고 프랑스어를 이해해야 한다. 그러나 우리의 고용자들이, 그들이 다스리는 사람들의 언어를 이해해야 한다는, 그리고 그들이 갖추어야 할 예의에 관한 규정은 없다!

우리는 이 주제를 다음과 같은 방식으로 상술할 수도 있다. 이것을 '산업사회에서의 자유의 본질'이라 부르자.

I. 산업 농노

II. 농노제와 빈곤(빈곤의 심리적 원인)

III. 농노의 반란

IV. 산업의 자유. 산업의 **정부**라는 문제는 대개 추정하는 것보다 훨씬 더 빈곤의 문제와 연관되어 있다.

V. 이 문제의 윤리: 현재의 체제에 의해 사회에서 생산되는 도덕적 태도

10월 14일.

과거에 (우리가 동화를 믿는다면) 가난이 자유를 뜻할 때가 있었다. 오늘날 가난은 노예 상태를 뜻한다. 중세 시대에는 개혁가들이 가난을 찬양했지만, 오늘날에는 가난을 비난하기 때문이다.

경제학자들은 때때로 우리에게 한계효용을 표현하는 것으로서 어떤 품목의 시장가치는 그것에서 느껴지는 결핍의 절박함을 표현한다고 말하는데, 생산이란 가격으로 설명한다면 가장 절박하게 필요로 되는 물품을 만드는 것이라고 암시하는 것처럼 보인다. 이 이론에서 가격은 필요와 자원을 연결하는 것이다. 즉 가격이, 자원이 필요를 만족시키는 데 어떻게 이용되는지를 결정한다는 것이다.

물론 가격이 소비자 요구의 절박함을 표현한다는 것은 완전히 맞는 말이다. 그러나 그것은 지불 능력이 있는 소비자들의 요구를 표현할 뿐이고,

그들의 지불 능력에 비례하여 그 절박함을 표현한다. 높은 가격은 많은 사람이 어떤 물건을 원한다는 것을 뜻하지 않는다. 소수가 강력하게 그 물건을 원한다는 것을 뜻할 수 있다(그리고 대개 그렇다). 가격이 시장에 미치는 영향도 각각의 경우에 정확히 똑같다. 그런데 이것은 오히려 우리의 도덕 기준과 실제 경제생활의 긴급 상황 사이에 있는 깊은 골을 드러내 보인다. 우리의 도덕 기준은 각각의 사람이 한 사람의 가치만을 갖지 그 이상은 아니라는 것, 한 사람의 요구는 또 다른 사람의 요구와 같고 마찬가지로 '유효하다'는 것, 사회의 자원은 모두를 만족시키는 데 이용되어야 하지 소수의 만족을 위해 배당되어서는 안 된다는 것을 요건으로 한다. 그러나 경제생활에서는 한 사람의 물품 요구가 한 사람의 것으로 계산되지 않는다. 그 요구는 그의 재산 정도에 따라서 아무것도 아닌 것으로, 또는 백 명분으로 계산된다. 분명한 것은 적어도 다음과 같은 점이다.

어떤 품목이 높은 가격에 팔린다는 것은 그것이 절박한 사회적 필요를 만족시킨다는 사실을 가리키지 않는다. 그 물건은 백만장자의 변덕을 만족시키고 있을 뿐일 수도 있다. 이런 이유로 가치 그 자체는 부의 분배에 **의존**하기 때문에 만일 어떤 부자가 "나는 필요한 것을 공급해서 부자가 되었으니 내 부는 내가 기여한 정도를 증명하는 것이다"라고 말한다면, 우리는 "누구한테 한 기여?"라고 묻는 것으로 답해야 한다. 아주 많은 수입은 절박하게 필요한 것을 충족해준 데 대한 대가라고 주장하는 것만으로는 수입의 불평등을 정당화할 수 없는데, 우리는 이 '절박하게 필요한 것' 가운데 많은 것은 단지 부가 이미 아주 불평등하게 분배되었기 때문에 절박한 것이라고 답할 수 있기 때문이다.

사람들은 종종 다음과 같이 말하는 것으로 어떤 사회악의 폐지 요구에 응대한다. '상황이 안정되고 있다. 임금은 일시적으로 내려갈 수 있지만, 결국 오를 것이다. 무역 변동이 실업을 낳지만, 혼란은 일시적이다. 결국 저절로 바로잡힐 것이다.' 모든 멍청한 태도 가운데 이것이 가장 멍청한 것이다. 이런 식의 주장을 하는 것은 강도질을 처벌할 필요가 없는데, 모든 사람이 강도가 될 기회가 있으니 결국 사람들이 위험을 대비할 것이기 때문이라고 말하는 꼴이다. 우리가 실업이나 낮은 임금에 관해 느껴야 하는 것은 정의에 대한 중대한 잘못이 있어온 지금 품위 있는 사람들이 느끼는 것이다. 어떤 차후의 보상으로도 희생자가 되는 개인에 의해 드러나는, 인간에 대한 잔학 행위를 속죄할 수 없다고 우리는 느껴야 한다.

10월 16일.

내가 도달하고 있는, 빈곤의 원인에 대한 관점은, 경제적 특권을 누리고 있는 사람들에게 그렇지 못한 사람들의 노동에 대한 유치권 또는 채권을 부여하는, 바로 그 경제적 특권의 존재에서 빈곤의 원인을 찾아야 한다는 것이다. 중세 사회에서 귀족제도의 토대가 일부는 정치권력으로부터(노르만 왕조 시대의 법정 세입), 일부는 경제적 독점에 의해(제분소, 어업 등등의 수익), 일부는 영주와 농노의 관계 자체에 의해(인두세, 결혼 승인세 등등) 뽑아낸 세입이었던 것과 마찬가지로, 현대사회에서 불평등한 부의 주요한 원인은 재산권을 누리는 사람들이 그렇지 못한 사람들에게 요금을 부과할 수 있게 해주는, 바로 그 재산권 자체에 있다. 경제적 특권의 주요 토대는 다음과 같다.

① 우월한 장소의 생산물을 받을 수 있는 권리
② 그 시행 과정에 종사하는 사람들의 편의와 무관하게, 그리고 그 안에 재산을 가지고 있는 사람들의 이해관계와 관련해서만 산업을 지

배하는 권리

③ 유산을 물려주고 물려받는 권리

물론 이 목록은 철저한 체하거나 과학적 분류인 체하지 않는다. 그러나 내가 생각하기로는, 위에 언급한 세 가지 점 모두가, 상응하는 보수를 **필수로** 지불하지는 않으면서 다른 사람들이 생산한 부에 대한 권리를 부여하는 효과를 지닌다. 하지만 이러한 상황을 비난하기 전에 이것은 두 가지 사실에 의해 제약을 받아왔고 지금도 그렇다는 것을 알아야 한다. (a) 경제적 특권을 누리는 계급은 어느 정도까지는 그 특권에 대한 보수를 제공하고 있고, 과거에도 그랬다. 그 보수는 말하자면 품위의 문제다. 그들은 그 보수를 더는 지불하지 않았던 때조차 자신들의 특권을 계속해서 누렸다. 그러나 그 보수가 지불돼왔다는 사실이 물론 중요하고, 이러한 특권이 유지될 가치가 얼마나 되는지 깊이 생각해볼 때, 그 보수를 감안해야 한다. 이처럼 과거에 아주 큰 영지를 보유한 사람은 가치 있는 기여를 했다. 즉, 지방의 귀족계급은 16세기와 17세기에 행정의 중추였고, 오늘날 자신의 토지를 관리하는 공작 지주ducal landlord는 그저 임대인일 뿐인 도시 지주와 아주 다른 위치에 있으며, 19세기 초의 사업가는 종종 사나운 포식성의 동물 같았지만 광산 막사의 교활하고도 정력 넘치는 골목대장이 지닌 것과 같은 습관을 가지고 있었다. 그는 일종의 질서를 지키면서 일을 해냈다. (b) 경제적 특권의 효과는 여론에 의해, 그리고 그 특권의 토대는 그대로 두지만 그 특권의 결과가 지나치게 견딜 수 없는 것이 되지 않게 하기 위해 개입하는 법에 의해 경감된다. 그러한 개입의 아주 큰 약점은, 제거가 가장 필요한 악을 제거하고자 하는 데서 나오는 사고보다는 여러 부문의 특권이 없는 계층들 가운데에서도 자신들의 요구에 관심을 갖도록 힘으로 밀어붙이는 상대적 권력 또는 특권 계급의 우연한 동정에 기초하기 때문에 대개 변덕스럽고 자의적이며 편파적이라는 점이다. 하지만 그러한 개입은 권력의 극단적 남용을 경감하는 데 강력한 효과를 발휘해 왔다. 초창기의 독점기업은 국가의 개입에 의해 가격을 고정하도록 통제받았고, 대금업자는 고리대의 금지나 제한에 의해 통제받았다. 우리 시대에는 공장법이 이와 유사한 예이다.

우선, 위에서 언급한 위치를 보자면 무엇이 개혁의 분명한 방침이 되어야 할까? 그것은 무엇보다도 대중의 희생으로 부유해지는 몇몇 계급의 경제적 특권을 제거하는 것이다. 이것은 내가 보기에 다음과 같은 조사를 필요로 한다. (a) 국민이 토지의 사유권 때문에 밀려나는 방식들, 그 가운데 적어도 사유권이 실제 행정으로부터 분리되는 경우에 관한 조사. (b) 상속되는 부의 전달이 경제에 미치는 효과에 관한 조사. (c) 현존하는 고등교육 독점의 효과에 관한 조사. (d) 얼마나 많은 회사가 경쟁력 있는 최저선 이상의 이윤을 내고 있는지, 그리고 그 이윤이 얼마인지를 찾아낼 수 있는 관점을 가지고, 특정의 선택된 산업들의 이윤을 조사하는 것.

경제적 특권의 결과에 관한 조사를 마쳤을 때, **그때**가 비로소 빈곤의 현실과 연관된 문제들을 오늘날 존재하는 실상 그대로 조사하는 작업으로 넘어갈 때이다. 왜 현대의 빈곤은 특히 혐오스러운가를 묻는 것으로 시작하게 될 것이다(중세의 빈곤: 오늘날의 어부 또는 소규모 소작농의 빈곤. 그렇지 않은 경우도 종종 있다).

현대사회의 대부분은 금을 너무나 비싸게 구매하는 고상한 취미에 종사하고, 또 다른 부분은 다른 사람들의 피를 너무나 값싸게 판매하는 고상한 취미에 종사하고 있다. 그 결과가 부이다.

온갖 종류의 감독자들을 위한 좌우명.

　아무것도 모르는 채, 그들은 손쉬운 바퀴를 돌려

　꽉 집어 껍질을 벗기는 날카로운 톱니 막대를 작동시켰다네.

　(All ignorant, they turn an easy wheel

　Which sets sharp racks to pinch and peel.)[59]

엄청나게 많은 가난한 사람들이 '비효율적'이다. 이것은 그들이 그들의 주인들, 즉 부자들이 세운 효율성의 기준에 맞지 않는다는 것을 뜻한다. 왜 악마가 그들이어야 하는가?

10월 22일.

한번은 내가 있는 자리에서 누군가 이렇게 말했다.

"결국 산업에서의 투쟁이 비열하다 할지라도, 그것은 어떤 사람이 자기

59　체인 제조 산업의 하도급 업자들의 악행과 관련하여 토니는 이 산업에 관한 전전의 연구서 『1909년 임금위원회법 하의 체인 제조 산업의 최저 운임 제정(The Establishment of Minimum Rates in the Chain-making Industry under the Trade Boards Act of 1909)』(1914)에서도 이 구절을 인용한다.
　[역주] 영국의 낭만주의 시인 존 키츠(John Keats, 1795-1921)의 시 「이사벨라, 혹은 바질 화분(Isabella, or the Pot of Basil)」(1820)의 한 대목인데, 원문과는 조금 다르다. 원문은 다음과 같다.
　Half-ignorant, they turned an easy wheel
　That set sharp racks at work to pinch and peel.
　(제대로 알지도 못하면서, 그들은 손쉬운 바퀴를 돌려
　꽉 집어 껍질을 벗기는 날카로운 톱니 막대를 작동시켰다네.)
　위의 편집자 주에서 보듯이, 토니는 존 키츠의 이 시 구절이 자신의 메시지를 전달하는 데 매우 적합하다고 생각한 것 같다. 이 책에 실린 마지막 논문 「문제는 자유다(We Mean Freedom)」에서도 토니는 이 구절을 또 인용한다.

뿐 아니라 자신의 아내와 아이들을 위해, 한 집단, 즉 가족을 위해 그 투쟁을 수행한다는 사실에 의해 상쇄됩니다."

정말이지 잘난 체하는 방어 논리다! 대부분의 살해, 위조 그리고 강도질이 이와 똑같은 비이기적인 목적으로 행해져왔다.

한 산업 체제의 장점과 단점은 부가 그 산업의 관련 당사자들 사이에 분배되는 성공에 의해서만이 아니라, 또는 심지어 주로 그 성공에 의해서가 아니라 그들 사이에 존재하는 관계가 자존감, 자립성, 상호 간의 신뢰와 적극성을 얼마나 발전시키느냐에 의해 평가되어야 한다. 이러한 관계와 자질이 있느냐 없느냐가 개인이 그의 물질적 필요를 충족하기에 충분한 분배 몫을 받는 정도에 아주 크게 달려 있는 것은 맞다. 그러나 이것이 주어졌을 때에도 특정한 경제 관계는 그것이 주는 부와 무관하게 그 자체로 다른 경제 관계보다 더 낫다는 사실이 남는다. 또한 더 넉넉지 못한 또는 더 형편없는 임금을 받는 부류의 당사자들에게 부의 몫을 더 주는 것만으로는 잘못된 경제 관계를 적절히 고칠 수 없다. 그러한 요법이 불만족스러운 이유는 이것이다. 어떤 사람이 수입을 얻는 방법은 그 수입 자체의 양만큼이나 중요하다. 선택권이 있을 때 모든 품위 있는 사람은 자신의 삶에서 이 점을 인식한다. 어떤 사람이 금을 너무 비싸게 살 수는 있다, 그러나 만일 어떤 사람이 밥벌이를 하는 방법이 자유를 완전히 잃는 것을 필요로 한다면, 그 밥벌이는 가치 있는 것이 아니다. 지금 현대사회에서는 엄청나게 많은 사람이 날마다 살기 위해 금을, 아니 더 정확히 말하면 금이라고 통하는 무언가를 너무 비싸게 사고 있고, 이 사실이 그들을 분하게 한다. 이것이 바로 아주 많은 노동하는 사람들이 거대한 산업이 일어나기 전 시대를 이상화하는 까닭이다. 그것은 단순한 무지가 아니다. 그것은 **어떤** 수입도, 자기네의 수입은 말할 것도 없이, 사람들이 철두철미하게 불공평하다고 생각하는 삶을 살게 할 만한 것이 될 수 없음을, 그들이 희미하게나마 알아채고 있음을 의미한다. 그들이 분개하는 대상은 노역뿐만 아니라 의존과 굴종이기도 하다.

10월 23일.

사람들은 자신이 자기 아이들을 고려하지 않을 수 없다고 말함으로써 대의명분을 포기하는 자신을 정당화한다. 그런데 자기 아이들이 어떻단 말인가? 그 아이들도 어른이 되면 자기 아이들을 고려하고 똑같은 이유로 평생 조심스럽게 도망쳐 다녀야 한다는 말인가? 결혼하기 전에 각각의 세대가 하는 작은 기여 이상으로 세상이 개선되면 안 된다는 말인가? 자신이 알아냈을 때만큼이나 나쁜 상태로 세상을 내버려두는 것이 자신의 아이들에 대한 자신의 의무란 말인가?

10월 26일.

성장의 비밀은 자기를 내려놓는 것에 있는데, 도덕 문제에서만큼이나 지성의 문제에서도 그러하다. 누군가 어떤 분야에서든 진지한 과학적 작업을 하고자 한다면, 객관적으로 되어 자신의 기호와 편애를 억누르고, 자기 안에서 말을 거는 이성의 목소리를 들으려 애써야 한다. 그러나 대의명분, 종교, 과학, 사회 진보에 대한 신념이 어떤 것이건 간에 어떤 사람이 자기 자신으로부터 오직 서비스 이외에는 아무런 경쟁도 없는 세계로 고양되는 것이 최고의 인간적 선이다.

경제의 자유에는 두 가지 요소가 있다. ① 생활하는 조건의 통제. ② 조건 기타 등등의 선택. 1642년경까지는 ①에 강조점이 두어졌다. 19세기에는 ②에 강조점이 두어진다.

10월 30일.

현대의 지역사회는 대학으로부터 무엇을 기대할 수 있을까?[60] 세 가지를 기대할 수 있을 것이다. 첫째, 대학은 불요불굴의 엄격한 지식의 기준을 옹호해야 한다. 둘째, 대학은 교육을 통해 그 기준이 세상에서 보편적으로 효력을 발휘하게 만들어야 한다. 셋째, 대학은 지성과 인격이 대학에 장점을 부여하는 유일한 방법이 되도록 스스로를 조직해야 한다. 이 문제를 다른 방식으로 말해본다면 대학이 할 일은 두 가지인데, **지적** 기준을 옹호하는 것과 **도덕적** 기준을 옹호하는 것이다. 지적 기준은 엄격한 지적 훈련을 유지함으로써 옹호한다. 도덕적 기준은 그 훈련을 감수하고자 하는 사람들 모두가 그 훈련을 받을 수 있게 함으로써, 그 훈련을 받는 사람들이 부유하거나 사회적 영향력이 있다는 이유만으로 그들에게는 그 훈련을 느슨하게 만들지 않음으로써, 훈련을 받는 사람들이 가난하거나 투박하거나 사회적으로 무능하다는 이유만으로 그들로부터 그 훈련의 기회를 빼앗지 않음으로써 옹호한다. 이렇게 하면 대학은 도덕적 권위의 중심이 될지도 모른다. 또한 영국인들이 현재 다른 어떤 것보다도 더 필요한 것이 바로 이러한 도덕적 권위이다. 우리는 (a) 거짓된 것과 참된 것 사이의 무한한 차이를 교육받고, (b) 종교와 마찬가지로 지식을 계급과 부의

---

60 대학 개혁에 관한 토니의 관심은 데임 헨리에타 바넷이 자신의 남편에 관한 책의 한 장을 토니가 집필할 수 있도록 보내준 자료에서도 찾아볼 수 있다(4월 29일의 주석을 보라). 이 자료들은 런던정경대학의 영국 정치경제학 도서관에 있는 『토니 문서(Tawney Papers)』에 포함되어 있다.

모든 차이를 초월하는 것으로 생각하며, 학문의 눈으로 볼 때에는 신의 눈으로 볼 때와 마찬가지로 모든 사람이 한없이 작기 때문에 평등하다고 생각할 필요가 있다. 돈을 위해 교육을 파는 것은 돈을 위해 신의 선물을 파는 것과 거의 마찬가지다.

11월 3일.

대학은 최고 성직자로서의 다리 놓는 사람들의 조직을 가지고 있어야 한다. 이것은 아주 좋은 이름인데, 다리 놓는 사람이야말로 진짜 성직자이기 때문이다. 이들은 인간 사회의 비버인데, 비버는 신중하고 온순한 동물이지만 날카로운 이빨과 밝은 눈을 가지고 있고 이 눈으로는 다리를 받칠 말뚝을 어디로 날라야 하는지, 어떤 튼튼한 목재를 베어 쓰러뜨려야 하는지를 볼 수 있다. 막대기들을 묶고 매어두어야 할 곳에서 이빨로 장애물을 자르고 잘게 씹어서 있어야 할 자리에 고정시킨다. 악마가 다리를 짓는다고 말들을 하지만, 나는 사회의 다리는 자기 안에 아무 악마도 없는 사람에 의해서는 지어지지 않는다고 장담한다. 그러나 그 일을 하는 사람은 선한 노동자 악마이고, 성자 명단에 있는 대부분의 성인들보다 더 많은 일을 하는 미련퉁이 마귀이다. 다리 놓는 사람들의 무리가 지금보다 더 많이 필요한 적은 없었다!

종교가 영원에서 영원으로 모든 것이 잘 되고 있다고 믿는 사람들로 하여금 세상을 더 좋게 변화시키는 일을 하게 만들고, 하나의 위대한 혁명이 인간을 완전히 해방한다고 믿는 사람들을 모든 혁명의 전위에 서게 하며, 신앙을 개혁 운동이 되게 만들고, 아무리 성스럽지 않더라도 모든 도시에 신이 있다는 것을 알기 때문에 성스러운 도시를 쟁취하고 있는 사람들에게 박차를 가한다는 사실은 종교가 지닌 최고의 역설이다. 위대한 성취는 그저 열망하는 마음에서가 아니라 편안한 마음에서 비롯된다. 희망이나 두려움이 아니라 확신의 열매이다. 위대한 성취의 좌우명은 '내가 하겠다'가 아니라 '나는 해야 한다'이다.[61]

11월 10일.

소규모 재산 보유자, 기능이 뛰어난 장인, 소농으로 구성되는 '분배 국가'는 아주 매력적인 이상이다. 벨록[62]이 중세 시대에 세인의 양심이 바란 것은 생산의 효율성이 아니라 부의 폭넓은 확산이었다고 말한 것은 아주 옳다. 그러나 이 이상에는 아주 큰 두 가지 문제점이 있다. 첫째, 대부분 소규모 재산 보유자로 구성된 사회에서는 재산이 전혀 없는 사람과 임금 노동자는 대개 비참한 생활을 한다. 이것은 중세 영국에서도 그랬다. 당대의 노동법, 임금 평가, 이동의 제한, 노동의 강요를 보라(벨록은 이것을 『노예 국가』의 특징이라고 비난한다). 이러한 억압 형태는 소도시의 자본가계급과 지방의 소지주에게 인기가 있었다. 오늘날 아일랜드에서도 그러하다.

---

61 『기독교와 자본주의의 발흥(Religion and the Rise of Capitalism)』(1926, p.109)의 다음 구절을 참조하라. "기독교 윤리가 지닌 역설의 핵심은 더 높은 의식을 지니고, 자신들은 변변찮은 도구일 뿐인 어떤 큰 힘(Power)에 의해 가장 좋은 방향으로 나아갈 준비가 이미 되어 있다고 확신하는 사람들만이 세상을 뒤집어엎는 데 필요한 대담한 용기를 가지고 있다는 점이다. 그 특별한 실례를 칼뱅주의에서 찾아볼 수 있다."

62 힐레어 벨록(Hilaire Belloc), 『노예 국가(The Servile State)』(1912). 벨록은 문학잡지 《새로운 시대(The New Age)》에 관여했는데, 여기에 그와 로마 가톨릭 신자인 그의 동료 G. K. 체스터턴이 집산주의적 사회주의에 관한 가차 없는 비평문을 기고했다.

'창백한 파렐들'[63]이 소지주의 처분에 맡겨지는 것과 똑같이 영국의 노동자는 대농과 대지주의 처분에 맡겨진다. '분배 국가'는 재산 보유자들에게는 좋다. 그러나 그들은 아마도 (과거를 보고 판단해도 좋다면) 재산이 없는 계급을 압제할 특권계급이다. 게다가 '분배 국가'는 평등을 선호하지 않는다. 그것은 불평등과 경제적 지대[64]라는 기초를 사적 개인에게 맡기기 때문이다.

12월 2일.

내가, 그리고 내가 생각하기에는 다른 사람들도 겪어온 사회문제들에 관한 사상의 단계는 다음과 같은 것이다. 가난 따위를 개인의 불행 문제로 간주하는 것으로 시작한다. 첫 번째 단계에서는 그것을 사회의 주요 제도와 연관 짓지도 않고, 그 제도를 국가의 작업과 지지에 의존하는 것으로 생각하지도 않는다. 따라서 국가가 개선해줄 것을 기대하지 않는다. 두 번째 단계에서는 그때 개별 사례들의 빈곤의 기저를 이루는 통일성이 있다는 것, 그 개별 사례들은 사회제도, 어떤 유형의 표본, 어떤 체계의 부분들과 연관되어 있다는 것, 그리고 이러한 체계는 무엇보다도 국가의 작품이어서 법을 바꿈으로써 변화될 수 있다는 것을 깨닫는다. 따라서 이제는 국가가 개혁하기를 기대한다. 첫 번째 단계가 자선단체협회[65]의 단계

---

63 [역주] 파렐(Farrell)은 아일랜드의 유서 깊은 성씨이다. 따라서 '창백한 파렐들(Pasty Farrells)'은 가난한 아일랜드 민중을 비유법으로 표현한 말인 듯하다.

64 [역주] 경제적 지대(economic rent): 수요 과다로 일반 시세 이상으로 지불되는 대가·보수.

65 자선단체협회(the C.O.S.: the Charity Organization Society)는 토니가 베일리얼 칼리지에서 나와 지방으로 내려간 뒤인 1903년에 합류하려고 한 단체이다.

였던 것과 마찬가지로, 이것은 이론 사회주의의 단계이다. 세 번째 단계에서는, 국가의 태도는 무수한 개인들의 태도일 뿐이고 (국가의 조치로써 제거할 수 있는) 경제적 악을 제거하지 않는 데 대해 국가에 격분하는 것은 교황이 개혁가가 되지 않는 것에 격분하는 것만큼이나 소용없다는 것, 그리고 사회는 부츠의 밑창에 의해서는 스스로를 일으켜 세울 수 없다[66]는 것을 깨닫는다. 사회문제에 대한 정부의 태도는 잘못되어 있는데, 그것도 심각하게 잘못되어 있다. 그러나 그것이 잘못된 것은 서로에 대한 개인들의 태도가 잘못되어 있기 때문이고, 우리가 우리의 현재의 사회에서 어떤 거짓된 일반적 전제 위에 살고 있기 때문이다. 그래서 또한 정치인들이 정직하게 선을 행하려 할 때조차도 좋은 것이건 나쁜 것이건 그들의 모든 행위가 그러한 전제에 기초를 둔 품성에서 비롯된다는 한 가지 이유 때문에 그들이 종종 해를 끼치게 된다. 우리가 무엇보다도 **먼저** 해야 할 것은 그러한 전제 또는 원칙을 바꾸는 것이다. 이것이 바로 내가 생각하기에 페이비언협회 사람들이 오류에 빠지는 경향이 있는 지점이다. 그들은 정치인들의 원칙을 변화시키지 않은 채로 그들에게 속임수를 써서 좋은 방향의 행위를 할 수 있게 만들 수 있다고, 그리고 충분히 사고함으로써 사회가 자기의 키를 몇 큐빗[67] 크게 할 수 있다고 생각하는 것처럼 보인다. 사회가 똑같은 정신의 음식을 먹고 사는 한 그렇게 할 수 없다. 아무리 영리한 사람도 엉겅퀴에서 무화과를 딸 수는 없다. 내가 하고 싶은 일은 내 마

---

66 [역주] 사회는 부츠의 밑창에 의해서는 스스로를 일으켜 세울 수 없다: 사회를 바람직한 방향으로 변화시키는 힘은 사람들이 신고 있는 부츠의 밑창처럼 비본질적인 것이 아니라 부츠를 신고 있는 사람이 자신의 의지로써 도덕적으로 변화하는 것이다.

67 [역주] 큐빗(cubit): 고대 유대인들의 길이의 단위로 약 45cm.

음속에서 그 도덕적 전제 또는 원칙들을 이루고 있는 것을 없애고 나서 그 자리에 다른 것들을 두는 것이다. 내가 없애고 싶은 것은 다음과 같은 것들이다.

① 어떤 사업을 진행하는 과정에서 밀고 나간 일련의 행동의 결과에 책임지지 않는 것. 그리고 그러한 행동이 법에 저촉되지 않는다면, 그 행동 때문에 비난받지 않는 것. 즉, 책임의 부정.

② 굶주림의 공포라는 압박의 상황 이외에서도 사람이 합법적으로 고용되어 자신이 수행하고 싶지 않은 목적을 알게 되고, 수많은 사람이 '일손hands, 정확히 말하자면, 도구로 취급되는 재산이 된다는 것. 즉, 인격의 부정. (①과 ②는 역의 전제임을 알 수 있을 것이다. 만일 어떤 사람이 도구**라고** 한다면 그에게는 책임이 지워질 수도, 그가 스스로 책임을 질 수도 없다.)

③ 경제 거래에서 정의, 평등, 다시 말해 공정함의 기준이 있는 것이 아니라 그 거래가 이루어지는 것이 곧 그것이 이루어지는 것에 대한 정당화라는 것. 즉, 개인의 도덕성의 부정.

④ 사람이 잘 먹고 살 집이 있는 한 음식과 집에 드는 돈을 벌기 위해 편입하는 사회관계의 본질은 문제되지 않는다는 것. 즉, 자유의 부정.

영국에 있는 우리는 전 세계의 노동운동에 공감해야 하는데, 우리가 성취했다고 자랑하곤 한 바로 그 대상을 전 세계의 노동운동이 목표로 하기 때문이다. 우리는 우리가 스튜어트 왕가**68**를 다룬 방식에 자부심을

---

68 [역주] 스튜어트 왕가(the Stuarts): 1371에서 1603년까지 스코틀랜드를, 1603에서 1714까지는 스코틀랜드와 잉글랜드를 통치했다.

가지고 되돌아보거나 한때 그러곤 했다. 우리는 핌[69]의 교조주의, 크롬웰의 잔인성, 그 시대의 거의 모든 사람들의 편협성을 잊는데, 이 모든 것 뒤에서 우리는 사람들이 자유를 위해, 인간이 자립해서 자유가 의미하는바 개성 표현의 권리를 위해 분투하고 있었다는 사실을 보기 때문이다. 노동운동은 그 모든 객담과 편협함의 뒤에서 오늘날에도 다른 어떤 운동보다 더 실제로 자유를 옹호한다. 노동운동이 요구하는 것은 인간이 어떤 주인의 의지에 따라 자신의 삶을 살아서는 안 된다는 것이다. 노동운동이 그러한 성취에 이르고자 하는 방법은 법의 통치라는 오랜 영국의 길, 즉 안정된 헌정 체제가 있고, 수많은 사람들이 노예처럼 소수의 변덕에 의존하는 것이 아니라 자신들이 살 수 있는 조건들을 결정하는 데 목소리를 낼 수 있는 것이다. 이것이 바로 국가State에 대한 호소, 아주 많은 선량한 영혼들을 겁먹게 만드는 사회주의Socialism가 실제로 의미하는 것이다.

"우리 사이의 논쟁에서 문제가 되는 것은 국민이 야수와 같은 힘에 의해 다스려져야 할 것인가, 아니면 국민이 스스로 만든 법에 의해 다스려지고, 그들 자신의 동의로부터 나온 정부 아래에서 살 것인가이다."

고용하는 사람이 지배하는데, 고용하는 사람은 자신이 고용하는 사람들의 수만큼의 지배권을 갖는다. 우리의 주장은, 고용하는 사람이 "야수처럼 힘으로 우리를 다스려서는 안 되고", "국민이 스스로 만든 법에 의해 다스려져야 한다"는 것이다.

12월 13일.

최저임금의 요구는 우리 경제제도의 기이한 야만성의 표시다. 그것은

---

69 [역주] 핌(John Pym, 1584?–1643): 영국 청교도혁명 시대의 정치가.

사람들이 그들의 가치만큼을 받는 것이 아니라 그들을 계속 일하게 만드는 데 필요한 만큼을 받는다는 것을 뜻한다. 그것은 말이나 노예가 일한 대가를 받는 방식이다.

1913년

1월 5일.

앨링엄[70]: "동정은 이윤을 낳는 대단히 귀중한 자산입니다. 자기 노동자들에게 동정을 보이지 않는 회사는 그들로부터 최선의 것을 얻을 수 없습니다. 동정을 보이는 회사는 그것을 얻을 수 있습니다."

따라서 고용자들의 사리 추구는 그들이 '동정적인' 태도를 보이겠다는 보증 노릇을 할 것이다!

G. 언윈[71]: "자유란 세계를 다르게 만들 수 있는 기회를 뜻합니다. 모든 사람이 이런 기회를 가져야 합니다. 그러나 그것은 많은 고통과 고뇌와 함께 이루어질 수 있을 뿐입니다. 초대되는 자는 많으나 선택되는 자는 적습

---

70 누구인지 알 수 없는데, 아마도 체인 제조업자일 것이다.

71 조지 언윈(George Unwin): 1910년부터 맨체스터대학의 경제사 교수로 재직함.

니다.[72] 내게는 위원회와 선출된 개인들이 인간의 더 높은 삶을 관리할 수 있다는 것이 믿기지 않습니다."

R. H. 토니: "다른 한편으로는 그들이 독재를 제압할 수도 있습니다. 우리는 필요에 따라서 엄청난 산업의 영지를 축소할 수 있는 권력이 필요합니다."

언윈: "그렇습니다. 그러나 나는 민주주의의 평등화 경향에 대한 오랜 비판이 옳은 것으로 증명될까봐 걱정입니다. 남아프리카 전쟁[73]은 내게 모든 민족이 파괴로 향해 갈 가능성의 끔찍한 인상을 주었습니다. 나는 인간을 덩어리 또는 무리로 취급하는 모든 사회개혁의 시도를 아주 많이 싫어합니다. 삶에 대한 감상벽이 무시되는 것을 원치 않습니다. 진보는 제가 보기에 더 많은 물질적 부를 즉석에서 요구하지 않는 새로운 중간계급에게 달려 있습니다. 그들은 그런 부를 가질 수 없고, 그러한 길에 혁명이 있습니다. 확실히 주택, 의복, 오락거리에서 1870년대 이래로 엄청난 개선이 있어왔습니다. 그러나 나는 고등교육에 대한 국가의 규제 같은 것을 아주 많이 우려합니다."

1월 6일.

내가 도저히 이해할 수 없는 기본적인 문제가 하나 있다. 어떤 방식으

---

72 [역주] 초대되는 자는 많으나 선택되는 자는 적다(Many are called but few are chosen): 『성경』, 「마태복음」 22장 14절.

73 [역주] 남아프리카 전쟁(the South African War): 1899년에 영국이 남아프리카의 금이나 다이아몬드를 획득하기 위해 보어인이 건설한 트란스발 공화국과 오렌지 자유국을 침략하여 벌인 전쟁. 두 나라는 저항했으나 1902년에 영국령 남아프리카에 병합되었다.

로 경제 진보의 열매가 노동자, 고용자, 소비자 사이에 분배되어야 할까? 고용자의 관점이란, 자신이 가장 낮은 시장가격으로 노동을 사야 한다는 것이다. 그는 인쇄공이 26실링을 받고 아주 잘할 수 있는 일을 선반공이 하는 데에 38달러를 지불한다는 생각에 진심으로 분개한다. 한편 노동자의 관점은 이런 것이다. "왜 고용자는 피고용자보다 기계를 아껴서 노동에서 이익을 취해야 하는가? 결국 그것은 가격을 낮춤으로써 소비자에게 양도될 것이라고 말하는 것이 아주 옳은 것이다. 그러나 고용자는 할 수 있는 한 이 이익이 양도되지 못하게 할 것이다." 물론 이것은 아주 흔히 있는 일이다. 그러나 이 어려움은 실재하는 것이다. 이와 비슷한 상황에 있는 어떤 공공단체를 상상해보라. 무엇을 할 것인가?

가장 일반적인 방식으로 표현하자면, 내가 말하는 주제는 '노동의 효율과 노동이 이루어지는 조건과의 관계'이다. 이것은 (a) 최저임금-근로시간 단축 등등의 역사에 관한 설명, (b) 현재의 조건에 관한 연구, (c) 내가 앨링엄이나 레놀즈[74]에게서 얻게 될지도 모르는, 원가계산 방법에 관한 조사 등을 필요로 한다.

1월 7일.

국민의 양심에 의해 동의를 얻는 문제들과 마찬가지로, 사회적이고 경제적인 행위의 특정 원칙들을 정당 정치의 영역 바깥에 두는 것이 가능해야 한다. 공적인 일 가운데 특정 부문, 예컨대 해군의 유지, 그리고 이보다는 정도가 덜하지만 일반적 대외 정책에서는 우리가 이미 이렇게 하고 있다. 사회문제에 관한 모든 선량한 사람들의 태도를 표현해주는 어떤 신

---

74 레놀즈 유한책임회사(Renolds Ltd): 맨체스터의 체인 제조업자들.

조를 발견하여, 그것이 어떤 정당에 의해서도 논란이 벌어지지 않을 만큼의 공적 신념으로 확고히 자리 잡게 할 수는 없을까?

2월 6일.

엄청나게 많은 사회개혁가들이, 정의는 (적당한 양으로) 실제로 대가를 치러야 하고, 세계가 잘못된 것은 이기심의 안내를 너무 많이 받는 데 있는 것이 아니라 이기심이 충분히 계몽되지 않는 데 있다고 설명함으로써 악마를 내쫓는 데 사탄의 도움을 빌리는 것에 여념이 없다. 그렇게 하면 이익이 **된다**는 것이 사실이라고 나는 믿는다. 그러나 문제를 이런 방식으로 설정하는 것은 금을 얻기 위해 신의 물건을 파는 것이다. 행복하게도 또는 불행하게도 대개 구매자는 없다. 왜냐하면 이상하게 보이겠지만, 100 중 99의 경우에 사익을 추구하는 사람은 옹색한 상업 수준에서조차 그의 진정한 사익이 존재할 수 있는 곳을 그에게 보여줄 유일한 가르침을 받아들일 능력이 없기 때문이다. 사람은 상식을 가지고 행동하기 위해서조차 약간은 미쳐야 한다. 사람은 이기심의 가능성을 충분히 인식하기 위해서조차 약간은 이타적이어야 한다. 자기의 이득에만 관심이 있는 고용자에게는 사람들이 자신을 더 신뢰하고 존경할 때 일을 더 잘할 가능성이 이해될 수 없다. 그가 자기 안에서 정의에 대한 굶주림을 느끼지 못하는 한 다른 사람들이 자신들에 대한 그의 공정한 대우에 응답할 것임을 이해할 수 없다. 이것이 바로 단순한 사회개혁의 경제학(페이비언주의 등등), 모든 '수단의 과학'이 실패하는 지점이다. 그들은 방은 정돈하지만, 영혼의 창문은 열지 않는다.

2월 ?일.

킬링[75]: "여러분은 유일하게 가치 있는 것이 임금 인상을 보장하는 것이라고 말합니다. 나는 동의하지 않습니다. 광부들을 보십시오. 그들의 임금은 아주 많이 올랐습니다. 그러나 그들의 사회적 삶은 더 적게 버는 노동자들, 예컨대 섬유산업 노동자들의 삶보다 훨씬 덜 만족스럽습니다." (그는 주로 모직 산업에 관해 생각하고 있었다.)

2월 25일.

다음과 같은 주제의 책을 써야 한다. 특권계급의 경제적 토대. 경제적 불평등의 원인. 경제적 특권의 토대. 내가 알고 싶은 것은 다음과 같다. (a) 실질적 평등이 있는 덴마크와 같은 나라들 사이에, 그리고 그러한 평등이 없는 영국과 미국 같은 나라들 사이에 차이를 만들어내는 것. (만일 그것이 제도라고 한다면) 차이를 만들어내는 제도는 무엇일까? (b) 불평등을 제거할 때 어떤 거대한 실험의 효과, 예를 들어 프랑스에서의 봉건적 권리의 폐지의 효과. 액턴은 그것이 소작농의 평균 수입을 60% 증가시켰다고 말한다.[76] 정말 그랬을까?

---

75 프레더릭 힐러드슨 킬링(Frederic Hilardson Keeling): 『영국의 아동 노동(Child Labour in United Kingdom)』(1914)의 저자이자 《신정치인》의 부편집인. 제1차 세계대전 중에 전사했다. 그의 장모 에밀리 타운젠드(Emily Townshend)가 편찬한 『킬링의 편지와 회상(Keeling Letters, and Recollections)』(1918)도 보라.

76 액턴 경(Lord Acton), 『프랑스혁명 강의(Lectures on the French Revolution)』(1910): "역사 속 프랑스는 8월 4일에 사라졌고, 새로운 민주주의 국가 프랑스가 그 자리를 차지했다. 상층계급으로부터 하층계급으로의 재산 양도가 상당했다. 소작농의 수입이 약 60퍼센트 증가했다." 1913년 11월에 토니는 롱턴 개별 지도 수업에서 프랑스혁명을 주제로 한 강좌를 시작했다. 이 강좌의 수업 개요와 강의 내용은 『토니 문서』에서 찾아볼 수 있다.
[역주] 액턴(John Emerich Edward Dalberg Acton, 1st Baron Acton, 1834-1902): 영

2월 26일.

R. H. 글래스필드Glassfield(4-6 브릭 레인 E)[77] 씨가 성공하는 사업가의 철학을 보여주는 재미나는 말을 했다. "러디어드 키플링이 말하듯이 그건 정글, 적자생존의 법칙입니다. 강한 자가 정상에 오르지요." 그는 허버트 스펜서를 인용했다. 사업에서의 경쟁을 철학으로 환원하면서 일종의 만족감을 느끼는 것 같다.

영국에서 지식인 사회주의가 이제까지 따라온 노선은 공산주의가 아니라 집산주의다. 이 사회주의에서는 국가의 규제, 즉 국민 최저 생활수준national minimum[78]에 집중해왔다. 사적 소유로 되어 있어서 소비자에게서 이익을 사취할 만한 특별한 기회를 제공하는 특정의 지역 서비스와 관련된 경우를 제외하고는, 공동의 소유와 사용을 거의 포기해왔다. 지금 그 보호를 받는 계급들의 복지를 증가시키고 있기 때문에 나는 이 사회주의에 적극적으로 반대하지 않는다. 그러나 그것은 경제적 특권에 기초를 둔 불평등의 문제는 건드리지 않는데, 내 생각에 이 문제는 빈곤보다도 훨씬 더 현대사회의 거대한 결함이다. 나는 이 문제가 재산권의 광범한 양도에 의하지 않은 채 경제적 '임대'가 개인 소유로 남아 있어서는 안된다는 원칙, 그리고 취업자가 인위적으로 만들어지고 적은 수로 유지되기 때문에 보수가 높은 '알짜' 일자리의 유지를 방지하기 위한 충분한 기

국의 역사가.

77 누구인지 알 수 없음.

78 [역주] 국민 최저 생활수준(national minimum): 국가가 사회보장을 비롯한 공공정책에 의해 모든 국민에게 보장하는 최저 생활수준을 말한다. 영국의 웹 부부에 의해 처음으로 제창되어 1942년의 베버리지 사회보장계획에서 구체적인 정책 목표로 설정되었다.

회의 평등이 있어야 한다는 원칙의 채택에 의하지 않고 어떻게 공격받을 수 있는지 알지 못한다. 내가 말하고자 하는 것은 (a) 도시 토지의 시유화市有化와 국가에 의한 토지의 상시 매입, (b) 탄광과 철도와 주류 판매 허가점의 매입, (c) 진정으로 민주적인 고등교육 체계의 창출, (d) 재산에서 나오는 수입에 대한 중과세 등이다. 나는 이러한 변화를 위한 세력이 만들어지고 있다는 어떤 징후도 볼 수 없다. 바로 이러한 변화가 분명히 노동계급이 사회주의라는 말로 뜻하고자 하는 바이다. 그러나 그들 가운데 10분의 9는 우리의 현재의 (모두 다는 아니라 할지라도) 불평등이 신이 아닌 인간의 창조물이라는 것을 깨닫는 데에도 이르지 못했다. 중간계급의 개혁가는 (a) 가난한 사람들의 비참함에 마음이 움직이고 그들의 고통을 덜어주기를 갈망할 뿐이고, (b) 규제와 조직 등등을 '깔끔하게 정리'하는 데 관심이 있으며, (c) 원칙은 무가치한 것이고 오직 바보만이 12개월 이상의 앞날을 내다본다고 확신한다. 사실 우리가 원하는 것은 원칙을 다시 말하는 것이다.

2월 27일.

영국은 중간계급이 가장 일찍 승리하고 가장 안정되게 확고히 자리 잡은 나라다. 이 결과 어떤 면에서 영국은 경제와 재산이라는 문제를 다루며 만들어내는 여유를 가장 많이 가지고 있다. 독일에서는 광범한 선거권에 기초를 둔 (일종의) 의회 정부가 절대군주와 중세의 도시 제도들에 곧바로 뒤이어 나왔다. 그래서 절대군주의 재산이 분배되지 못한 채 국민의 것으로 남아 있다. 영국에서는 국왕과 수도원의 재산이 아주 이른 시기에 중간계급에게 분배되었다. 그런 까닭에 우리는 그것을 국민의 것으로 남겨두지 않아도 됐을 뿐이다. 우리는 그것을 국민의 것으로 되돌려놓아야 한다.

3월 6일.

귀족은 자부심이 있다. 유사 귀족은 허영심이 많다. 영국의 상류계급은 허영심이 많다.

인간의 평등이 옳다고 생각하기 위해서는 신의 존재를 믿을 필요가 있다. 인간의 차이가 무한히 작아 보여서 무시할 정도가 되는 것은 무한히 위대한 것을 사유할 때뿐이다. 달리 말하자면, 인간이 놀라운 것은 천사들보다 아주 **조금** 낮은 존재라는 점에 있다. 이 점을 깨닫는다면, 어떤 사람이 그래도 다른 어떤 사람보다 낮다는 사실을 강조하는 것은 어리석다. 지상에 내려와 사는 천사를 보고 흠을 잡아서는 안 되는 법이다. 현대 세계가 잘못된 점은 신의 위대함을 더는 믿지 않고, 따라서 **인간**이 무한히 작음(또는 위대함 ─ 마찬가지다!)을 믿지 않다 보니, **인간들** 사이의 차이를 만들어내거나 강조할 수밖에 없다는 점이다. 현대 세계에서는 "내가 말하기를 너희는 신들이며 다 지존자의 아들들이라"[79]라고 말하지 않는다. 또한 "모든 육체는 풀이요"[80]라고 말하지도 않는다. 높은 곳으로 오르지도 심연 깊이 내려가지도 못한다(이 두 가지는 낙천주의 또는 염세주의로 불릴 수 있는 정신적 고양 상태에서 만난다). 현대 세계에서 말하는 것이란, **어떤** 사람들은 신들이고, 어떤 육체는 풀이며, 전자가 후자(파테 드 푸아그라[81]와 샴페인을 합친 것)를 먹고 산다는 것인데, 이것은 잘못된 것이다. 고양하거나 낙담케 하는 것, 어떤 관점에서 볼 때는 인간이 천사로 보이고, 또 다른 관

---

79 [역주] "내가 말하기를 너희는 신들이며 다 지존자의 아들들이라(I have said, 'ye are gods!')": 『성경』, 「시편」 82장 6절.

80 [역주] "모든 육체는 풀이요(All flesh is grass)": 『성경』, 「이사야」 40장 6절.

81 [역주] 파테 드 푸아그라(paté de fois gras): 거위의 간을 80% 이상 사용한 푸아그라 요리.

84

점에서 볼 때는 원숭이로 보이는 것은 개인들에게 고유한 무언가가 아니라 그 종의 특징이고, 이것은 인간이 타고나는 것이어서 인간들 사이에서 차이를 찾아낼 수 없는 것이기 때문이다.

사람들은 인간의 평등에 대한 믿음은 무정부 상태를 뜻한다고 말한다. 실제로는 그것은 인간적 순종의, 그리고 질서와 권위와 정의의 토대이고, 자유를 두려워하는 사람들보다는 방종을 사랑하는 사람들에게 더 당연하게도 공격을 당한다. 평등에 대한 믿음은, 사람은 사람이기 때문에 사람이 사람에게 권리를 주장할 수 있음을 인정할 의무가 있다는 것, 아무것도 운이 (부와 가문의 운뿐만 아니라 다수파의 운까지도) 내게 부여하는 힘을 최대한도로 사용하는 것을 정당화할 수 없다는 것, 아무것도 내가 내이웃을 도구로 사용한다든가, 그 목적이 아무리 고귀하다 할지언정 **내** 목적을 실현하기 위해 완전히 제쳐놓을 수 있는 물건처럼 그 이웃을 무시하는 것을 정당화할 수 없다는 것을 뜻하기 때문이다. 평등에 대한 믿음은 모든 혁명적 계획 가운데에는 한 가지 끔찍한 기준이 있다는 것을 뜻한다. 즉, "너희가 이 작은 자들 가운데 하나를 죄 짓게 하는 것보다 맷돌을 목에 걸고 바다에 빠뜨려지는 것이 낫다."[82] 또한 나는 어떤 이가 부자에다 사악할지라도 그가 여전히 사람이기 때문에 어느 누구에게도 올바르게 행동하도록 **강요**할 수 없다는 것, 어떤 사람이 아무리 어리석다 할지라도 진실은 현자가 보지 못하도록 숨겨지고 순진한 자들에게 모습을 드러내왔기 때문에 어느 누구도 현자가 생각하듯이 생각하라고 강요할 수 없다는 것을 뜻한다. 부나 권력이나 숫자상의 우위나 학식이 아니라 개인 양심의 확신이 행동을 평가하는 기준이라는 것, 그리고 자비, 겸손, 평화,

---

82 [역주] 『성경』, 「마태복음」 18장 6절과 「누가복음」 17장 2절의 내용이다.

사랑이 영리함과 힘과 숫자를 평가할 것임을 뜻한다.

더 단순하게 말해보자. 질서는 의무의 인정을 필요로 한다. 그러나 의무는 자연의 정체성이 있는 곳에서 인정될 뿐이다. 나는 호랑이나 물고기에게 의무가 없다(이것은 개와 고양이에 대해서도 '편견이 없음'을 뜻하는 것으로서, 별도의 논문이 필요하다). 이 정체성이 바로 내가 말하는 평등을 뜻한다. 질서의 기초인 것처럼 보이는 **강제**는 실제로는 그 기초가 아니다. 몇몇 지역의 현대 산업 세계에서처럼 인간사회에서 강제**만** 있는 곳에는 질서가 아닌 무질서가 있어서 극단적인 경우에는 우리가 혁명이라 부르는 것으로 귀결된다. 질서가 있는 곳에서는 강제가 개인의 권리 감각을 외부로 보편화하는 것일 뿐이다. 그때는 하나의 규칙이 강제적인데, 바보가 아니고서는 아무도 그 규칙을 깨뜨리고 싶어 하지 않는다.

3월 13일.
정의는 이익이 된다, 우리가 충분히 정의롭다면. (S. A. B.)[83]

3월 26일.
A.L.S.[84]가 이렇게 말했다. "종교개혁이 일어나기 전 500년 동안 사람들은 성직자의 부패, 부도덕, 무능을 불평했다. **성채가 공격받고 나서야** 종교개혁이 일어났다." 이 말은 내게 심오해 보이며, 대부분의 혁명에 맞는 말이다. 오늘날 저자들은 통계와 사실은 쌓아놓지만, 문제의 핵심에는 이

---

83 S. A. 바넷. 1912년 4월 29일의 주석을 보라.

84 A. L. 스미스(Smith): 베일리얼의 조윗 특별 연구원이자 현대사 튜터로서, 토니는 중세사에 관해 그와 의견을 같이했다.

르지 못한 채, 성의 바깥 부분에 대한 작업에 너무나 많은 시간을 소모한다. 그 핵심은 경제가 아니다. 그것은 **도덕적 관계**의 문제다. 이것이 바로 공격받아야 할 성채, 즉 수많은 현대 산업의 기저를 이루는 부도덕한 철학이다.

4월 21일.

공격받아야 할 '핵심'의 한 가지 예를 나는 오늘 훅웨이[85]와 클레이에게 들었다. 드나비 메인[86]에는 두 개의 갱이 있다. 그 두 개의 갱에는 노동조합에 가입된 노동자가 고용되지 않는다. 이 회사는 상당수의 집을 소유하고 있다(광부들을 쫓아낸 경우). 이 회사는 선술집들을 소유하고 판매 금액에 대해 그 경영자에게 수수료를 지불한다. 나는 이 회사가 성직자 추천권을 가지고 있는지 확실히 모르지만, 어쨌든 그 교구 목사가 말하기를 만일 자신이 이 회사 경영자의 동의를 얻지 못하면 직무를 수행하는 것이 불가능해질 것이라고 한다. 이것이 '공적 지배권을 사적 소유로 하는 것'이 아니라면 무엇이란 말인가? 하지만 이 지방자치단체 당국에는 8명의 노동자가 있다. 재산권에 의해 부여된 압제와 비교하면 그들의 권력은 얼마나 보잘것없는가! 또한 분리된 채로 있는 권력의 외양과 실제에 사람들은 얼마나 오랫동안 찬성할까?

---

85 E. J. 훅웨이(Hookway): W.E.A.의 서기보로서, 맨체스터의 토니의 아파트에서 기거했다.
86 [역주] 드나비 메인(Denaby Main): 영국 중부 사우스요크셔 주에 있는 마을로, 드나비 메인 탄광 회사가 탄광 노동자와 그 가족들의 주거지를 마련해주기 위해 건설되었다.

사람들은 의무를 수행하기 위해 권리, 즉 자유를 원한다. 임금을 버는 사람의 고통은 불충분한 음식과 주택을 가지고 있다는 것뿐만 아니라 특정한 기본 의무, 즉 가정과 아내와 가족을 돌보는 일, 자신이 밥벌이를 하는 산업을 감독하는 일, 공적 생활에 참여하는 일 등을 수행할 수단을 빼앗기는 것이기도 하다.

사람은 자신의 내면의 경험으로부터 정신의 복지는 자신의 일을 찾아서 하는 데 있음을 안다. 이것은 순종을 필요로 하며, 따라서 순종은 좋은 사회의 본질에 속한다. 우리 모두가 원하는 것은 도움serve이 될 수 있는 자유이다. 왜냐하면 "신과 왕은 우리에게 지금과 같은 가난한 삶이 아니라 온 세상의 우리 이웃들에게 도움services이 되는 삶을 살라고 명했기"[87] 때문이다. 이 '도움이 될 수 있는 자유'라는 생각 속에서 권리와 의무가 조화된다.

5월 5일.

A[88]는 10 중 3은 광고이고 나머지는 선정적 기사와 가짜 기사로 되어 있는 반 페니짜리 싸구려 신문과 같다. 유일한 차이란, 사람들을 볼라치면

---

87 E. 레이몬드(Lamond) 편, 『영국이라는 이 왕국의 국민에 관한 담론(A Discourse of the Commonwealth of this Realm of England)』(Cambridge, 1893, p.14). 토니가 즐겨 인용하는 구절 가운데 하나로, 『기독교와 자본주의의 발흥』(pp.169-170)에서도 인용했다.

88 아마도 수상 애스퀴스(Asquith)인 듯한데, 그는 1912년의 광부 파업을 해결하기 위한 하원 토론회의 마지막 연단에서 감정을 주체하지 못하고 울었다고 한다. G. 데인저필드, 『자유로운 영국의 이상한 죽음(The Strange Death of Liberal England)』(2판, 1966, p.238)을 보라.

그는 울음을 터트리지 반 페니 때문에 골치를 썩지는 않는다는 점이다.

국내 정치에서 휘그주의는 합법적 수단을 사용하는 봉건주의일 뿐이었다.

7월 6일.

어떤 사람이든 "노동계급이 50년 전보다 더 잘 사는데, 왜 선동을 하는 거지? 혁명을 할 만한 거리가 뭐가 있단 말이야?"라고 말한다면, 나는 이렇게 대답한다. 모든 경험을 통해 볼 때 혁명이 일어날 확률은 그 혁명이 일어나는 나라의 물질적 불만과 비례하지 않는다. 혁명은 외적 정치 질서와, 권리에 대한 사람들의 주관적 개념 사이에 지독한 모순이 있을 때 발생한다. 따라서 전자의 타락만큼이나 후자의 변화나 발전에도 기인한다. 권리에 대한 주관적 개념은 우리의 경제 시대가 망각하기 쉽고, 그 망각은 곧 파멸을 뜻하는바 인간 성장의 정신적 요인이다. 그 망각이 파멸인 것은 다음과 같은 이유 때문이다. 즉, 그 망각은 인간으로 하여금 물질적 조건을 개선하는 현존하는 질서 **안에서의** 변화가 불멸의 것이라고 느껴지거나 생각되는 질서 그 자체**의** 변화를 대체할 수 있다고 생각하게 만든다. 첫 번째 요점의 증거로서, 혁명이 물질적 불만의 시기 또는 그것에 비례하여 발생하지 않는다는 것을 (a) 미국혁명의 예로 설명할 수 있다. 즉, 당시 식민지 주민들은 거의 모든 유럽 주민들보다, 그리고 1793년에서 1823년 무렵까지의 대다수의 영국인들보다도 확실히 훨씬 적은 불만을 지니고 있었다. 그들은 영국의 식민지 이론이 자신들이 권리에 관해 늘 생각해왔던 것과 일치하지 않았기 때문에, 그리고 1760년 이래로 이 이론이 행정과 입법의 변화에 의해 자신들에게 강요되었기 때문에 반란을 일으켰다. (b) 프랑스혁명. 1789년의 프랑스 소작농은 많은 독일 소작농보다, 그리고 같은 세기의 그 이전 시기 그 자신들의 상태보다 더 잘 살았다고 말하는 것은 아주 흔한 일이다. 혁명의 이면에는 광대한 경제적이고 물질적인 불만, 무시무시한 사악함, 잔인함, 그리고 실정이 있다는 것은 맞다. 그럼에도 프랑스혁명은 본질적으로 새로운 사상의 체계가 봉기한 것이었고, 새로운 기준에 기초한 것이어서, 그 기준 없이는 물질적 불의가 그렇게 참을 수 없는 것임이 밝혀지지 않았을 것이며, 인간의 가능성에 관한 새로운 개념에 지배되었다.

두 번째 요점에 관한 증거로서, 나는 정부가 몰락 직전에 대개 가장 덜 억압적이고 가장 온건하다는 주장을 내놓는다. 이때 정부는 새롭고 비판적인 정신이 해외에 있다는 것을 희미하게 의식하면서 가장 명백한 불만을 제거하고 행정을 교화할 것을 독려함으로써 정부 그 자체와 동일시되는 질서를 구해내려고 애쓴다. 이때 그들은 대개 '교양 있는' 계급, 불의를 보고 양심이 자극되기보다는 고통을 보며 감정이 더 쉽게 자극받는 인도주의자들, 자신들의 계획을 밀어붙이고 싶어 하면서도 전반적 **혼란 bouleversement**'이 없을 때 가장 쉽게 그러한 행동에 나서는 전문가들, 일반적으로 말하자면 온건한 사람들에게 도움을 받는다. 프랑스에서라면 중농주의자들과 튀르고[89]가 바로 내가 말하는 그 유형의 사람들이다. 영국에서는 베이컨과 스트래퍼드에게 그런 종류의 면모가 있었다.

---

89 [역주] 튀르고(Anne Robert Jacques Turgot, 1727–81): 프랑스의 정치가·재정가·경제학자. 소작농에게 부과되던 도로 보수공사의 강제 노동을 폐지했고, 징세 목적에 맞는 토지대장을 만들었으며, 특히 1770~71년의 기근에 직면하여 많은 반대에도 불구하고 자유로운 곡물 거래의 허용을 주장했다. 루이 16세는 그를 재정 총감으로 임명했으나 금융업자, 지주, 특권층, 왕실의 종교 단체 등의 이간질로 튀르고의 주장에 귀 기울이지 않게 되고 결국 그의 개혁안은 포기되었다.

하지만 현존하는 질서 안에서의 그러한 변화는 일단 그것이 부당한 것으로, 즉 (시간상으로는 정부보다 뒤에 오지만 논리적 순서에서는 정부보다 앞에 오는) 특정하고 기본적인 인간적 요구와 불일치하는 것으로 보편적으로 간주되면, 그 현존하는 질서의 전복을 대체할 수 있는 것으로 받아들여지지 않는다. 그 이유는 바로 기본적으로 서구 민족들은 물질적 진보를 자유의 대안으로 받아들이려 하지 않기 때문이다. 사실 이 두 가지는 서로 비교할 수 없는, 서로 다른 질서를 가진 필수품이어서 후자 대신에 전자를 주는 것은 엉뚱한 꼴이 될 뿐이다. 사실 정부 자체가 죄밑을 느끼고, 불편해하고, 스스로 허약함을 의식하는 것을 내비치게 되면, 대개 후자에 대한 요구가 강해진다. 이 사실은 지금 특정한 무리의 문제들, 예컨대 자치를 (1776년 이후까지는 아닐지라도) 이제 출발점으로 삼는 식민지 정부, 그리고 정치제도 등과 관련하여 자각되고 있다. 아무도 지금은 (여성에 관한 문제를 제외하고는) 피통치자의 필요에 대한 배려가 정치적 자유를 대체할 수 있다고 주장하지 않는다.

그러나 이와 똑같은 기준들이 경제 제도에도 적용되어야 한다는 점은 인식되지 않는다. 이 문제에서는 사람들이 여전히 통제할 수 없는 주인의 의지에 사람이 의존하는 것을 임금 인상이 보상해주는 것처럼 말한다. 그러나 사실 자유가 의미하는 것은 우리 자신의 삶의 물질적이고 정신적인 조건들을 통제하는 권한일 뿐이기 때문에 이것이 허락되지 않는 한 아무리 많은 물질적 진보도 사람들로 하여금 자유의 부재를 받아들이게 하지 못한다.

7월 22일.
개인들이 적당한 물질적 안락의 획득을 인생의 주요 목적으로 생각하는 한 정부는 이 일 또는 저 일을 하지 않는 것에 대해 자기네가 그 일을 할 만한 형편이 되지 않는다는 변명을 늘어놓을 것이다. 현대의 영국과 미국이 인간의 주된 목적, 아이들에게 가르쳐야 하는 것, 가치에 관한 대강의 기준이 되어야 하는 것, 권장하고 존경할 만한 것은 안락에 관한 적당한 또는 과도할 수도 있는 기준에 도달하는 것이라고 믿는 것이 옳다면, 그들은 종교, 문학, 예술, 그리고 (내가 추가하고 싶은 것으로서) 학문 없이 살아가는 데 만족해야만 한다. 이것들은 그것을 실제로 구하는 사람들 또는 그것을 첫 번째로 구하는 사람들에게는 찾기가 힘들지 않다. 그러나 그것을 두 번째로 구하면 그것은 전혀 찾아지지 않는다.

물론 이것들은 모두 흔한 것들이다. 내 말은, 크게 볼 때 사회가 명백히 중요한 변화를 만들어내지 못하는 것은 우리 개개인 모두가 그릇된 삶의 철학을 가지고 있다는 사실에 기인한다는 것이다. 우리는 사람에게 닥칠 수 있는 가장 큰 불운이 가난이라고, 그리고 수입을 희생시키게 되는 행동은 현명치 못하고 비실용적이며 기타 등등의 행동이라고, 요컨대 사람의 삶은 수입을 얼마나 만들어내느냐로, 그리고 국민의 삶은 부를 얼마나 생산하느냐로 평가되어야 한다고 가정한다. 이런 이유로 우리는 특정 개혁이 부를 감소시켰다고 그 개혁을 공격해온 일군의 경제학자들, 그리고 "부를 감소케 하라, 정의의 명령이여"라고 말하는 것이 아니라 자신들은 실제로 부를 결국 감소시키지 않을 것이라고 주장함으로써 그 개혁에 답한 또 하나의 학파를 보유해왔다. 이 답은 내가 믿기에 맞다. 그러나 그럼에도 사악하다. 인간의 삶, 정의 등등이 대차대조표의 항목들처럼 측정되어야 한다고 주장하기 때문이다.

이런 말을 들을 수 있을 것이다. "경제적 특권을 폐지하라. 그러면 모든 사람이 살 수 있는, 게다가 모든 사람이 정신적 삶을 영위할 수 있는 충분한 부가 있을 것이다." 이것은 내가 보기에 웹 부부의 관점이다. 이제 경제적 특권은 폐지되어야 하는데, 무엇보다도 그것이 부의 생산을 방해하기 때문이 아니라 사악함을 생산하기 때문이다. 그러나 일하지 않고 벌어들인 수입, 지대, 기타 등등이 한데 모인다면, 세계는 지금 가지고 있는 철학을 손에 쥐고 그것들을 게걸스럽게 먹어치우고 나서는 꿀꿀거리며 안달하면서 먹을 것이 더 없는지 찾아다니지 않을까? 그게 진짜 문제다. 이러한 문제는 내 생애에는 마주하게 되지 않을 터인데, 노동계급이 자신의 교사들이 자신의 것을 빼앗는다고 믿고, 또한 정당하게 믿는 한 이익을 되돌려 받는 것을 위대한 개혁으로 볼 것이고, 노상강도에게 돈을 빼앗긴 여행자가 돈은 결국 행복을 가져다주지 못한다는 말을 듣는 것으로 위안받으려 하지 않는 것처럼 조바심에 사로잡혀 더욱 근본적인 문제들을 돌보지 않을 것이기 때문이다. 그러나 그들의 주인들이 그들의 등에서 내려오더라도 그들은 여전히 부를 덜 가질지 더 가질지, 그리고 교양을 덜 가질지 더 가질지를 선택해야 한다는 사실을 마주해야 한다. 때때로 그들은 그 선택을 지금 마주해야 한다. 면직물 직공은 더 짧은 노동시간으로 임금 인하를 할 만한 것인지를, 협동조합은 분배금을 교육에 쓸 것인지를 결정해야 한다.

다시, 부자들의 권력을 이기는 현실적 방법이 부를 경멸하는 것은 될 수 없는 것일까?

300~400년이 지난 뒤에 인류가 중세 시대의 신학 논쟁을 되돌아볼 때와 같은 놀라움으로, 나아가 그보다 더 정당한 경멸감으로 우리 시대가 경제문제에 터무니없이 집착한 것을 되돌아보면 그들이 경외할 이름들은, 가장 중요한 문제는 경제문제라는 우리 시대에 팽배한 잘못된 생각에 맞서는 데 앞장선 사람들, 그리고 사람들에게 부를 경멸함으로써 가난을 정

복하라고 가르친 사람들의 이름일 것이다.

7월 29일.

인간은 하나의 행성에서 활동하기 때문에 그 공간이 제한되어 있고, 공급이 제한된 자원이 다할 때까지 일하며 살아가기 때문에 물질의 이해관계가 자주 충돌할 수밖에 없다. 한 사람은 또 다른 사람도 원하는 것을 원하기 때문이다. 따라서 정치 윤리의 기본 문제는, A를 B보다 경시하거나 B를 A보다 경시하는 것의 바람직함을 판단할 수 있을 만한 기준이 있는가, 달리 말하자면 자기에게 반하는 결정을 당하는 편에서 인정할 의무가 있는 그 원칙이란 무엇인가이다. 하지만 실제로는 개인들은 너무나 쉽게 관습에 얽매이고, 너무나 남들을 따라 하든지, 아니면 너무나 소심하기 때문에, 자신이 당장 관심을 가진 특정한 경우에 적용되는 원칙의 정당성에 의문을 갖기 때문에, 그리고 대안의 원칙을 제시하는 것은 집단, 정당, 사람들의 운동뿐이기 때문에, 더 통상적인 형태의 의문은 '인간사에 관한 다양한 제도들의 상대적 장점을 평가하는 기준이 무엇일까?'라는 것이다. 우리가 분배가 나쁜 것에 관해, 임금이 불공정한 것에 관해, 착취에 관해, 고역에 관해 이야기할 때 실제로 우리가 말하고자 하는 것은 무엇일까?

이 아주 오랜 물음에 거의 모든 현대 세계가, 벤담을 싫어하거나 그에 관해 들어본 적이 없는 사람들까지도 '최대 다수의 최대 행복'이라는 대답을 내놓는 것으로 보인다. 특히 영국 사회주의자들로 말하자면, 그들은 거의 의문의 여지없이 벤담으로부터 공공복지의 기준을 취해왔고, 근본주의적 개인주의자들에 관한 그들의 비판은 이 공식의 한계 내에서 이루어져왔으며, 내가 보기에는 성공적으로 벤담이 주장한 **목적**을 성취하기 위해, 또는 벤담주의의 복지 기준을 충족하기 위해서는 벤담이 제안한 것과는 다른 수단이 실제로는 추구되어야 한다고 주장하는 것에 그들은 만족해왔다. 이처럼 그들은 개인주의자들의 무기가 개인주의자들을 향하게 돌려놓았고, 인간의 제도가 평가되어야 하는 기준은 그것이 다수의 복지에 기여하는 바인데, 그 기여는 주로 물질 면으로 해석되어야 하는 반면, 복지는 국가 쪽의 행동을 증가시킴으로써 성취될 가능성이 더 높다는 점을 보여주려고 노력해왔다. 이를테면 그들은 이렇게 말해온 것이다. "참으로 다수의 복지를 가장 많이 증진하는 경제체제가 가장 좋다. 오로지 당신만 사용해야 할 수단이 무엇인지 실제로는 이해하지 못한다. 당신이 우리처럼 영리하다면, 당신의 목적을 바꾸는 것이 아니라 우리의 수단을 선택할 것이다."

지금 나는 '최대의 행복'이 의미하는 바를 토론하거나 행복과 기쁨 사이의 미묘한 차이가 무엇인지 결론을 내보자고 주장하는 것이 아니다. 또한 나는 벤담주의의 공식이 좋은 작용을 하는 규칙이고, 괜찮은 최초의 근사치이며, 특권의 요새들에 대한 공격을 개시하는 데 편리하게 쓸 수 있을 만한 것임을 부정하는 데 관심이 없다. 그러나 그 공식은 몇 가지 면에서 결함이 있는 것으로 보이고, 그 결함들은 그 공식이 보편적으로 인정받는다는 점에서 볼 때 심각한 실제 결과를 낳는 것으로 보인다.

첫째, 최대 다수의 최대 행복을 위한 모든 제도는 **바로 그 자체로** 좋은 것인가? 다수 인종의 정복자들에 의한 소수의 지배로써 수행되는 노예제가 그 다수 인종에게 이익을 준다면, 이러한 상황이 그것을 정당화할까? 값싼 상품을, 그것을 생산하는 사람들 사이의 야만적 조건들을 참음으로써 얻을 수 있을 뿐이라면, 그 조건들이 정당화되는가? 백인종 국민의 부가 소규모의 낙후된 인종을 무자비하게 착취함으로써 증가된다면, 그 착취가 정당화되는가? 이 물음들에 나는 '아니'라고 답하고, 대부분의 사람들이 내게 동의할 것이라고 생각한다. 그러나 나는 이러한 대답이 어떻게 벤담의 원칙과 조화될 수 있는지 알지 못한다. 지금 어떤 부문의 억압된 노동자들도 지역사회 전체와의 관계에서 소수집단이다. 벤담의 규칙은 내가 보기에 그들을 영구히 계속해서 억압하는 것을 정당화할 수 있게 해준다.

둘째, 그 원칙은 단순함과 단호함의 외양을 가지고 있지만, 이것은 사실 완전히 환상에 불과하다…

셋째, 이해관계의 영역에 머물러 있는 한 서로 갈등하는 요구들을 화해시키는 것은 불가능하다…

그 원칙을 받아들이는 것은 내가 보기에 올바르다고 평가되는 것을 확인하는 **방법**과, 어떤 것이 올바른지 그른지를 판단하는 **기준**을 혼동하는 데서 생긴다.

당신의 기준이 무엇인지를, 왜 당신은 이것을 비난하고 저것을 찬성하는지를 묻는다면? 나는 우리가 적용하는 기준은 실제로 초월적인이고 종교적인, 또는 신비한 것이라고 답한다. 우리가 노예제, 고역, 한 정복자에 의한 약한 인종의 착취를 비난할 때, 이러한 것들이 관련된 최대 다수에게 편리한 것이라 할지라도 우리가 그것들을 비난하는 것은, 다수와 편리와 소수의 삶의 파괴가 참으로 비교할 수 없다는 것, 그리고 다수의 편리의 크기가 **얼마나 되든** 그것이 소수에게 가하는 **어떤** 불의도 정당화하지 못한다는 것을 인정하기 때문이다. 왜 이런가? 인간의 개성은 우리가 아는 가장 신성한 것이어서 그것을 침해하는 것은 인간이라는 증서 자체를 말살하는 것이기 때문이다. 이것은 우리가 어느 정도는 인정하는 원칙이지만 어디에서든, 그리고 언제나 인정해야 하는 원칙이다. 다수의 복지보다 상위의 법이 있는데, 그 법은 있는 그대로의 모든 인간의 개성이라는 최고의 가치다. 이것이 바로 "너희가 이 작은 자들 가운데 하나를 죄 짓게 하는 것보다 맷돌을 목에 걸고 바다에 빠뜨려지는 것이 낫다"라는 말이 뜻하는 바이다.

이 결론은 어떤 실제 결과를 낳는다.

(a) 이 결론은 애매한 '행복'으로부터 분명한 옳고 그름으로 관심을 돌린다. 행동하기 전에 그 행동의 모든 결과를 알아야 한다고 생각하는 것은 현대의 일시적 유행병이다. 도움이 되기보다는 해가 될까 봐, 말하자면 노예제나 착취를 방지하기를 주저하는 것은, 강도질이나 살해가 벌어질 때 그 희생자가 나쁜 사람일지도 모르니 그 사람이 그 일을 당하는 게 정말로 좋지 않은 것인지를 놓고 가만히 서서 깊은 생각에 잠기는 것과 마찬가지이다. '**어떤** 편리도 **어떤** 억압을 정당화하지 못한다'는 규칙은 명백한 것이다. 이 규칙 위에서 행동하라. 당신이 멈추어 서서 다른 시대와 장소에서 당신이 한 행동의 어떤 보이지 않는 결과가 누군가에게 해를 끼치지 않을지 생각에 잠긴다면, 당신은 어떤 행동도 하지 못할 것이다. 우리의 모든 산업 생활은 '선이 올 수 있도록 악을 행하라'(또는 선이 올 수 있게 하는 기회)라는 악덕으로 더럽혀져 있다. 예컨대 사람들은 개인들에 대한 억압이 값싼 생산을 뜻한다고 주장함으로써 그것을 정당화한다. 심지어 어떤 사회주의자들은 그 억압이 **실제로는** 값싼 생산을 뜻하지 않는다고 주장하는 것으로 반응하고 나서는, 만일 그것이 값싼 생산을 뜻한다면 정당화될 것이라는 전제를 받아들인다. 그러나 잘못된 것은 바로 이 전제이다. 우리는 선이 오게 하기 위해 악을 행하지 **않을** 수가 있다. 한 사람이 국민을 위해 죽어야 하는 것은 편리한 것이 **아니다**. 사업이, 현재 그런 것처럼 자기 보존이 모든 사악함을 정당화하는 마키아벨리의 원칙 위에서

운영된다면, 유일하게 올바른 방향은 그 원칙을 버리는 것이지, 몇몇 사회주의자들이 그러는 것처럼 특정 경우에 그것을 적용하는 것에 이의를 제기하는 것이 아니다.

(b) 경제행위는 행위의 한 가지일 뿐이고, 경제적 악의 개혁이란 모든 개인이 하나의 분야, 하나의 의무, 그리고 하나의 책임을 갖는 문제가 된다는 것이 일단 받아들여지면, 우리는 모두 올바른 일을 하고 있든지 잘못된 일을 하고 있는 것이다. 우리가 서로에게 둘 중 어떤 일을 하고 있는지는 각자의 양심에 따라 판단되어야 한다. 각자는 그의 기준을 적용할 때 실수를 할 수는 있지만, 기준이 있다는 것, 즉 그는 그 기준에 복종한다는 것을 부인하고 싶은 마음은 들지 않는다. 그리고 이것은 아주 큰 이득인데, 실수는 경험에 의해 고쳐지지만, 기준의 존재를 부인하는 것은 기본의, 방향의 오류이기 때문이다. 그러면 더 멀리 나아갈수록 더 많이 헤맬 수밖에 없다. 반면에 어떤 사람이 자신의 행위를, 그것이 '최대 다수의 최대 행복'을 증진하는지 여부에 의해 평가하도록 요구받는다면, 무언가 불가능한 것을 하도록 요구받는 것이 되어 아무 일도 못한다. 그는 최대 다수를 행복하게 만드는 것을 찾아내는 기술을 지닌 전문가로 생각되는 정치인들에게 그 일을 맡긴다. 그런데 이것이 사실은 정치인들을 망쳐놓는다. 왜냐하면 좋은 법이란, 대부분의 개인이 이미 주관적 구속력을 가지는 것으로 인정하는 행위에 객관적 구속력을 부여하는 규칙이기 때문이다. 그래서 경제행위가 평가되는 어떤 기준도 개인들이 인정하지 않으면 어떤 도덕적 주제도, 즉 좋은 법이 만들어질 수 있는 자료도 전혀 존재할 수 없다. 현대 정치의 비현실성, 즉 현대 정치가 고상하고 중요한 감정과 믿음에 호소하지 못한다는 뜻으로 내가 말하는 바는, 사람들이 약 한 세기 반 동안 암묵적으로 정치가 대부분 관심을 두는 행위의 관계와 분

야에 의해 어떤 도덕적 주제가 제기되었다는 것을 전혀 인정한 적이 없다는 사실에 기인한다. 정치인들은 잘못된 철학이 만들어놓은 진공상태로부터 사람들을 구출할 수 없는데, 부츠의 밑창을 붙들고 있어서는 사람들이 스스로 일어날 수 없기 때문이다.[90]

8월 10일.

T.W.P.[91]가 이렇게 말했다. "사회주의 운동의 유물론에는 위험이 있습니다. 그것은 이 세대에는 보이지 않을 겁니다. 그러나 이 세대는 교리의 구속을 (다시 말해 종교의 공식화된 믿음을) 내던져버렸기 때문에 다음 세대는 삶의 정신적 기초를 완전히 부정하는 데까지 갈 수 있습니다."

"도덕적 행동만으로는 부족합니다. 사람이 정신적인 것, 즉 신을 믿지 않으면 이타주의는 부조리한 것입니다. 이타주의라는 관념이 무엇입니까? 인간이 이 세계에 특별한 목적으로 보내졌고 그 목적 안에서 수행할 특별한 일이 있다고 믿지 않는다면, 왜 자신의 이웃에 대한 의무를 인식해야 할까요? 사람이 이웃과 맺는 관계는 그들 모두의 위에 있는 어떤 더 높은 힘이 없다면 무의미하게 됩니다."

8월 13일.

모든 도덕의 본질은 이것이다. 즉, 모든 인간은 유한하게 중요하다는 것, 따라서 편의에 대한 고려가 한 사람에 의한 다른 사람의 억압을 정당화

---

90 [역주] 1912년 12월 2일의 각주 66번 참조.
91 T. W. 프라이스(T. W. Price): W.E.A.의 중부 지방(Midland) 총무이자 버밍엄대학 교수.

할 수 없다는 것. 그러나 이것을 믿기 위해서는 신을 믿을 필요가 있다. 사람을 단지 사회체제 안의 그들의 위치에 의해 평가하는 것은 인간을 그 체제에 희생시키는 것을 승인하는 것이다. 각 개인의 영혼이 다른 사람들의 위에 있는 어떤 힘과 관계를 맺고 있다는 것을 깨닫고서야 우리는 각자를 그 자체로서 목적으로 여길 수 있다. 달리 말하자면 '인류humanity'라는 개념이 망신하는 것이다. 사회체제는 그것을 초월하는 힘에 의해 평가되거나 책망 받는다.

8월 20일.

W.T.[92]: "사람들이 다른 사람을 사랑하는 것은 그들이 본래의 자기가 되기를 바라는 것을 뜻한다."

한 국가의 산업 체제가 지닌 본질 그대로 그 나라의 자선 활동도 존재한다. 산업은 사람들을 목적으로 대하거나 그들의 인격을 존중하기를 거부함으로써 빈곤을 창출한다. 그런데 자선을 베푸는 사람들은 어떤 개별 산업 체제가 만들어낸 빈곤을 구제하고자 할 때, 산업의 조직자들이 그러는 만큼이나 인격의 권리에 대한 경멸을 아주 많이 내보인다. 그들은 고통을 완화하고 있는 것처럼 보이는 반면, 실제로는 고통이 만들어지는 원칙의 화신이다.

---

92 윌리엄 템플(William Temple): 당시 W.E.A.의 회장이자 1910년 이래로 렙튼 스쿨(Repton School, 한국의 중·고등학교에 해당하는, 더비셔 지방의 남녀공학 기숙학교—옮긴이)의 교장이었다. 토니와는 럭비 스쿨과 베일리얼 칼리지 동기이고 훗날 캔터베리 대주교가 된다.

8월 27일.

현대 세계가 아주 많은 노동을 소모하는 사회적 조건들에 관한 상세한 연구는 우리의 바로 앞에 놓인 길에 작은 빛줄기를 던져준다. 우리가 움직이고 있는 방향은, 그 원천이 더 깊은 곳에 있는 아주 다른 도덕적·지적 대의명분에 의해 결정된다. 우리는 지금 하고 있는 것보다 더 자주 이 대의명분을 강화하고 원기를 불어넣어야 한다. 더 신중하고 귀납적인 정치학 연구가 선행되었다면, 시에예스[93]가 예컨대 자신이 그 주제에 관한 결정적 발언을 했다고 생각하지 않았다면, 1789년의 헌정체제 만들기가 더 사려 깊게 이루어졌을 것 같다. 그러나 세계적 손실이 있었다면[94] 근본적인 철학적 발상에 호소하는 것은 생각도 하기 어려웠을 것이다.

9월 10일.

마르크스주의 사회주의자들은 충분히 혁명적이지 않다. 그들은 노동자가 생산하는 것에 상응하는 것을 얻지 못하기 때문에 자본주의 사회가 비난받는다고 말한다. 그러나 노동자가 왜 그래야 할까? 자본주의 정신이 진정으로 비난받아야 하는 것은, 사람은 자신이 생산한 것만을 얻는다고 주장하는 데에 있다. 마치 우리가 보유한 주식에 따라서 대가를 받는 금광 주주인 것처럼 말이다! 그 주장은 불멸의 영혼들의 무게를 달아보고는 그것들이 경제적으로 쓸모가 없으니까 값을 낮추려 하는 야만적이고, 비

---

93 [역주] 시에예스(Emmanuel Joseph Sieyes, 1748–1836): 프랑스의 성직자·정치가·혁명론자. 국민의 대부분을 구성하면서도 제대로 된 권리를 누리지 못하던 평민인 제3신분 사람들에게 시민권과 자유권을 얻기 위해 일어서라고 하여 프랑스혁명의 정신적 원동력을 제공했다.

94 [역주] 세계적 손실이 있었다면: 문맥상 '프랑스혁명이 없었다면'의 뜻으로 보임.

인간적이며, 탐욕스러운 교리다. 신은 사람들이 본래의 자기가 되라고 명한다! 그런데 이 교리는, 부가 부 **이외에는** 아무것도 좋아하지 않는, 따라서 그것을 갖기에 가장 부적합한 사람들에게 가야 한다는 것을 의미한다.

9월 15일.

최초의 정착민들이 미국으로 노예를 수입했을 때, '여기에는 배당금의 기회가 있다'고 생각했다. 그 결과가 수 세기에 걸친 궁핍, 내전, 방화와 린치였고, 그리고 아마도 금세기가 끝나기 전에 있을 또 다른 더 끔찍한 전쟁이다. 우리는 이것을 지금 아주 분명히 보고 있는데, 그것이 국격을 높여주는 고결한 행위라고 말한다. 우리가 최초의 노예 상인들을 가리키듯이, 200~300년 뒤에 역사가들이 19세기의 자본가를 가리킬 것을 우리는 깨닫고 있는가?[95]

11월 7일.

나는 프링글이 《경제 평론Economic Review》에서[96] 부의 재분배에 대한 선동에 반대하는 주장으로서 생산량 조사the Census of Production가 제공하는 수치를 사용하는 것을 본다. 그 주장은 같은 국민으로서 우리는 정말로 가난하고, 가장 먼저 필요한 것은 부를 증대하는 것임을 보여준다는 점을 근거로 한다. 이것은 특정 사회개혁가 학파에 대한 대답은 될 수 있

---

95   토니는 1913년 말에 롱턴 개별 지도 수업에서 '미국 식민지들의 분리 독립'을 가르치기 시작했다. 이 강의는 『토니 문서』에서도 찾아볼 수 있다.

96   J. C. 프링글(Pringle) 목사, 「생산량 조사와 노동당의 선전(The census of production and Labour propaganda)」 (*Economic Review*, xxiii, 1912.10, pp.393−401).

다. 그러나 내게 하는 대답은 아니다. 왜냐하면 (a) 우리가 더 가난할수록 평등을 보장할 필요가 **더 많기** 때문이다. 무인도나 난파선에서는 사람들이 배급을 받아야 한다(중세 시대에 사람들은 사실상 배급을 받았다. 그것이 식량 공급의 조절, 빵의 가격 규정 등등이 뜻하는 바였다). (b) 현대사회의 문제는 양이 아닌 몫, 물질적 복지가 아닌 정의의 문제다. 평화는 모든 사람이 한 주에 3파운드를 가질 때가 아니라 모든 사람이 사회의 물질적·객관적·외적 제도가 그들이 느끼기에 그들의 주관적 정의의 관념과 일치하는 원칙에 기초하고 있다는 것을 인정할 때 온다.

12월 3일.

우리 시대의 가장 긴급하면서도 가장 간과되는 문제는 경제적 사실이 아닌 경제적 권리의 문제다. 그러나 지난 반세기 동안 거의 모든 영국의 사상가들은 경제적 권리의 본질에 관한 검토가 아니라 사실의 수집에 온 관심을 쏟았다. 이제는 그 흐름이 바뀔 때이다. 물리력을 권리로 변화시키는 연금술은 없는데, 우리는 물리력을 계산하면서 인간의 정신은 모든 기존 질서와 모든 발전 계획에 대한 설명뿐만 아니라 그 정당화 또한 요구한다는 점을 망각해왔다. 즉, 우리 시대의 문제는 경제의 문제라기보다는 철학의 문제다.

사람들은 종종 산업 체제가 '효율성'에 의해 정당화된다고 주장한다. 그러나 이것은 인기를 끌기 위한 가장 얄팍한 술책이다. 문제는 산업 체제의 효율성 여부가 아니라 정당성 여부이기 때문이다. 사회질서가 정당하다고 대다수 노동자가 확신을 느끼도록 산업이 조직될 수 있다면, 효율성의 하락은 값싼 것이 될 것이다.

12월 11일.

인간 정신의 본성은 물질의 조직뿐만 아니라 물질과 직접 관계가 없는 조직도 필요로 한다. 따라서 국가뿐만 아니라 교회도 있어야 한다. 그러나 교회는 국가 위에 있어서는 안 되는데, 교회가 너무 나빠서가 아니라 너무 좋기 때문이고, 교회가 너무 약해서가 아니라 강하기 때문이며, 국가를 위해서가 아니라 교회 자체를 위해 존재하기 때문이다. 교회의 위치는 '당신들 가운데 가장 위대한 그, 그로 하여금 모두의 종servant이 되게 하라'라는 말로 정의된다. 교회는 강하지 않을 수 없지만, 인간의 힘은 신뢰하지 않을 수 있다. 교회는 자유로이 종이 될 수 있어야 한다. 교회가 국가보다 위에 있는가 또는 국가가 교회보다 위에 있는가라는 아주 오랜 물음은 자유로운 교회가 정신적인 것을 위해 세속의 것을 거부하면서 그 답을 찾을 수 있다.

나는 웰스[97]가 과학이 우리의 부를 세 배로 만들어주면 세상이 어떻게 될지에 관한 글을 어떤 잡지에 쓰고 있는 것을 안다. 뱃속을 채워줌으로써, 하나에 하나를 더해줌으로써 사회를 만족시킬 수 있다는 모든 증거의 겉모양을 어떻게 사람들이 계속해서 믿을 수 있는지 믿기 힘들다. 그런 일도 없었을뿐더러 그럴 일도 없을 터인데, 사회문제는 몫의 문제이지 크

---

97 H.G. 웰스(Wells), 「해방된 세상(The world set free)」(*English Review*, xvi, 1913.12, pp.13-42).
[역주] 허버트 조지 웰스(Herbert George Wells, 1866-1946): 현대 공상과학소설의 창시자로 불리는 영국의 소설가로, 『타임머신』·『우주 전쟁』 등 100여 편의 과학소설을 발표하면서 SF라는 독자적인 영역을 개척했다. 역사·정치 분야 저널리스트이자 문명 비평가이기도 하다.

기의 문제가 아니기 때문이다. 정반대로 나는 영국에서 석탄이 다 떨어지거나 다른 나라들이 그들의 식량과 원료를 자국 내에서 소비할 때 영국에 일어날 문제 때문에 크게 당황하지 않는다. 우리는 물론 더 가난해질 것이다. 그러나 우리가 정의를 추구한다면 더 행복해질 것이다. 반면에 그러지 않는다면, 우리는 아무리 비유하더라도 지금보다 더 행복하지 않을 것이다.

자신의 경험상 우리가 어떻게든 (끔찍한 관용구인) 사회문제의 해결 쪽으로 발전했다고 생각하는지, 자신의 경험상 사정이 눈에 띄게 나아졌는지에 관한 내 질문에 그레이엄 월러스[98]는 이렇게 답했다.

"1840년에서 1880년 사이에, 그 이후 지금까지보다 개선이 더 빠르게 이루어졌습니다. 최근에는 실질임금이 떨어졌어요. 그렇지만 노르웨이에서 성취한 것으로 내가 알고 있는 것만큼 많은 평등이 영국에는 왜 없다는 것인지 알 수 없습니다. 관심을 임금에만 국한하는 것은 공정치 않습니다. 런던의 아동은 1인당 5파운드의 교육비를 지급받습니다. 한 부모에게 4명의 아이가 있으면 그 아이들 때문에 실제로 20파운드를 받는다는 것을 뜻합니다. 게다가 1909년의 예산은 실제로 아주 대담한 조치였습니다. 미국인들은 그것에 아주 놀랐습니다."

(그러나 런던의 노동자는 모든 아이의 교육을 위해 5파운드를 받기를 **원하지** 않았다. 게다가 그것은 에누리 없는 5파운드가 아닌데, 아이가 받는 만큼을 임금에서 공제해야 하기 때문이다.)

---

98 그레이엄 월러스(Graham Wallas, 1858–1932): 런던정경대학의 정치학 교수. 최초의 페이비언 에세이스트이자 페이비언협회 창립자 중 한 사람.

경제학이라는 과학 같은 것은 없고, 앞으로도 없을 것이다. 그것은 위선적인 말이고, '나쁜 날씨에 전함의 안정성을 시험하는 것과 같은 정돈된 마음의 상태'[99]에 의해 사회문제가 연구될 필요성에 관한 마셜의 말은 헛소리다.

---

99 앨프레드 마셜, 『케임브리지의 새로운 경제학 교과과정과 정치학 관련 분야: 그 목적과 계획(The New Cambridge Curriculum in Economics and Associated Branches of Political Science: Its Purpose and Plan)』(1903, pp.12~13). 규제의 실행과 그 밖의 수단을 통해 인위적으로 고임금을 유지하는 효과에 관한 토론에서 마셜은 이렇게 말했다. "지금 필요한 것, 그리고 우리가 가까운 미래에 실현되리라고 희망할 수 있는 것은 나쁜 날씨에서의 안정성과 관련하여 전함의 새로운 디자인을 평가하는 데 적용되는 것과 마찬가지 종류의, 그리고 그와 같은 정돈된 마음 상태에서 하는 더욱 폭넓은 연구입니다."

1914년

1월 8일.

문제는 부의 생산을 위한 인간의 연합association이 토대로 삼을 수 있는 정의의 어떤 원칙을 찾는 것이다. 과거에는 두 가지 원칙이 있었다. ① 그 연합이 (궁극적으로 기원을 추적할 수 있고 강제력이 있는) 규정에 근거를 두었고, 서로 다른 계급에 경제적 특권들을 할당했으며, 프랑스혁명에 의해 일소된 원칙. ② 그 연합이 개인의 선택과 동의에 근거를 두었고, 모든 간섭을 개인의 권리에 대한 침해로 보고 분개했으며, 개인들이 법적 강제 없이 그 연합에 들어가게 된다면, 그리고 어떤 당사자도 그만의 경제적 특권을 갖지 않는다면 모든 형태의 연합이 정당화된다는 관점을 당연히 갖게 하는 원칙. 현재 추구되고 있는 것이 이 원칙이다. 이 원칙의 약점은 분명하다. (a) 이 원칙은 '동의'를, 이 원칙을 정당화해주는 것으로, 그리고 오랜 관습에 대항하는 것으로 본다. 그러나 이 원칙은 어떤 조건 하에서 동의가 실제로 이루어질 수 있는지를 묻지 않는다. 사실 대다수의 인간은 아직도 굶주림과 공포에 늘 쫓긴다. (b) 이 원칙은 오랜 관습을 공격하여 논리적 목적을 이루지는 못한다. 경제적 연합의 조건이 현재는 통상적으로 동의에 의해 결정된다는 것은 맞지만, 그 동의에 참여하는 당사자들의 경제 자원은 대개 실제로는 동등하지 않아서 그 동의를 자유롭지 못하게 만들기 때문이다. 그러나 이 말이 맞다 할지라도, 최소한 기회의 평등은 있다고 말할 것이다. 구체제하에서는 모든 사람이 법률상 귀족이 될 수는 없었다. 새로운 체제하에서는 모든 사람이 법률상 지주와 자본가가 될 수 있다. 하지만 이 대답은 피상적이다. 우선, 역사에서 볼 때 1789년 이전 프랑스에서는 귀족의 지위가 구매되었고, 이러한 사실은 특권에 대한 공격을 완화한 게 아니라 악화시켰다. 둘째, 그럼에도 특권계급의 구성원이 그때그때 다양하다는 이유만으로도, 그리고 때때로 그들 가운데에는 특권이 없는 계급에서 뽑힌 사람들이 포함되기 때문에 사회적 특권의 존재는 넌더리가 나는 것이다.

더 분명히 말하자면, 내가 말하는 특권이란 상응하는 도움을 주지도 않으면서, 그리고 다른 사람들의 삶에 **그만큼의** 경제력을 생산해주지도 않으면서 돈으로건 사회적 위치로건 지급받는 대가이다. 이것은 재산이 고도로 집중된 사회에는 어디든 필연적으로 존재하고, 영국에서는 상속법에 의해 영구화된다. 그 결과 특권이 없는 계급의 경제 조건은 동의가 아니라 **불가항력**에 의해 결정된다. 이것은 인간이 항상 자연의 섭리 안에 있기 때문에 항상 그래왔다고 말할 수도 있다. 이 대답은 무엇보다도 **빈곤**에 공격의 초점을 맞추는 사람들에 대한 응수로는 유효하지만, 내 주장에 대한 것으로서는 온당치 않다. 현대사회에서는 개인이 자연과 직접 마주하지 않기 때문이다. 개인과 자연 사이에는 어떤 우월한 인간이 있다. 공유하는 총량이 주로 '자연'에 의존한다 할지라도, 그 총량이 공유되는 조건은 인간의 제도에 의존한다.

부의 생산을 위한 연합이 정의를 충족하기 위해서는 무엇이 필요할까?

① 그 연합에 자유로이 들어갈 수 있어야 한다.

② 도움이 되는 행위가 없이는 대가가 있어서는 안 된다.

③ 연합의 조건의 통제와 해석이 권력을 가진 개인들이 아니라 보편적 신뢰를 받는 당국의 관리하에 있어야 한다.

④ '도움이 되는 행위에 따른 대가'라는 규범은, 그 행위보다 대가가 크다 할지라도, 한 노동자로서가 아니라 한 인간으로서 인간이 갖는 위엄과 양립 불가능한 대가를 금하기 위해 수정되어야 한다. 즉, **첫 번째** 과제는 품위 있는 인간 삶의 유지여야 한다.

2월 27일.

우리 시대의 의문은 '무슨 **권리**로 산업의 통제가 오늘날 그것을 통제하는 사람들의 수중에 귀속되는가?'이다. 평범한 노동자에게 경제적 지위는 선택이 아닌 **강요**에 의해 결정된다. 그가 바라는 것은 강요가 아닌 선택에 의해 그 지위를 결정하는 것이다. 강요는 노예 상태이고, 선택은 자유이다.

그러나 인간의 경제생활은 항상 강요, 즉 노동의 강요에 의해 결정되었다고들 말할 것이다. 이것은 선택된 사람들조차도 속이는 위험하고 애매모호한 말 가운데 하나이다. 진실은 이렇다. 17세기 말까지 어쨌든 서유럽의 대부분 지역에서 평범한 사람은 (a) 임금을 받고 일을 하든지, (b) 공유지 정착자로서 토지에서 일을 하든지 둘 중 하나를 선택했다. 따라서 평범한 사람이 어떤 대리인에 의해 행사되는 강요의 처분에 맡겨졌다는 것은 사실이 아니다. 언제나 거기서 빠져나올 수 있었다. 그것을 물론 통치

계급이 알아차렸다. **이것**, 즉 노동자가 자신의 처분하에 있지 않다는 것을 고용자가 안다는 것, 그리고 너무 심하게 쥐어짜면 노동자가 더는 고용당하지 않을 것이고 스스로를 고용할 것이라는 점 말고, 농노제와 최고임금제maximum wage legislation에 무슨 다른 의미가 있는가?

이러한 발상은 확실히 역사적으로 맞는 것이다. 그것이 주는 교훈은 단지 임금노동의 대안이 없다는 이유로 한 계급이 다른 계급에 경제적으로 종속되는 것은 현대의 현상이며 아주 새로운 교훈과 경제문제, 즉 산업 체제를 버림으로써 자유를 지키는 기회가 박탈되었기 때문에 산업 체제 **안에서** 자유를 지키는 문제를 만들어낸다는 것이다. 중앙정부가 온 국민을 의회의 올가미 속으로 끌어들일 때까지는 아무도 의회의 주권 문제 때문에 골치를 썩지 않았다. 그때 그들은, 인간은 **강요**가 아닌 **동의**에 의해 통치된다는 것을 주장하기 위해 혁명을 일으켰다. 개인이 산업 체제에서 탈출할 수 있는 한 아무도 산업의 지배권 문제 때문에 골치를 썩지 않았다. 모든 인간이 좋건 나쁘건 그 안에 갇혀 있기 때문에 자유 또한 그와 똑같은 방식으로 찾아져야 한다.

6월 13일.

(나): "쿠퍼는 말년이 우스웠습니다. 복음주의 전도사가 됐으니 말이죠."

(비어[100]): "나는 혁명의 도덕적 위기를 겪은 사람들에게 일어난 일에 전혀 놀라지 않습니다. 나에게는 내 중심이 있습니다."

---

100 맥스 비어(Max Beer): 『영국 사회주의의 역사(A History of British Socialism)』의 저자로서, 토니가 이 책의 추천사를 썼다. 토니가 언급한 사람은 아마도 차티스트 운동의 지도자이자 시인인 토머스 쿠퍼인 듯하다.

6월 16일.

내가 사회에는 철학이 필요하다고 말하는 것은 이런 뜻이다. 국가의 조직이건 작은 기업의 조직이건 사회에 존재하지 않는 발상을 현실에 적용할 수는 없다. 발상은 항상 간접적으로 작용한다. 항상 외부에서 먹을 것을 얻어야 한다. 어떤 법규가 할 수 있는 것이란, (중요한 것이건 사소한 것이건) 어떤 철학을 법률가에게조차 충분히 분명하게 이해되는 부문들로 옮겨놓는 일이다. 따라서 의회가 잘나갈 수 있는 때는 의회 밖과 사회 안에 의회가 적용할 수 있는 일련의 보편적 발상이 존재하는 때이다. 의회는 **창조의 힘**을 갖지 않는다. 일상의 행동을 하는 사람들을 외부에서 통제하는 창조의 힘은 **없다**. 사람들은 항상 찾아내려고 애쓰지만, 주문으로 불러내어질 수 있는 **초자연적 힘**deus ex machina은 없다. 현대에 의회가 무용지물이 된 것은, 혁명과 같은 기계적 치료법에 의해 제거될 수 있는 기계적 어려움 탓이 아니다. 그것은 보편적으로 받아들여지는 삶의 철학의 부재 때문이다. 우리의 주된 과제는 그러한 철학을 만들어내는 일이다.

6월 29일.

자본가의 발흥 =『파우스트Paust』의 아첨꾼이 악마로 되는 것. 의회 안의 노동운동 = 그 악마가 아첨꾼이 되는 것.

6월 30일.

성 바울의 진짜 역사: 그는 아테네에서 교수직을 제안 받았고, 그것을 수락했고, 새로운 도덕, 과학과 종교 사이의 갈등, 그리고 그리스 철학과 기독교 사상 사이에서의 실질적 정체성에 관한 글을 쓴 유명 저자가 되었다.

7월 12일.

만일 H가 지금 종교에 관한 책을 쓴다면, 모든 소가 까맣게 되는 밤에 관해서가 아니라[101] 모든 신조를 상대적으로 하얗게 보이게 하는 가스 불빛에 관해서 말할 것이다.

기독교로부터 일종의 개인적·자연주의적·반半신비주의적 종교로 전향하는 사람들은 기독교의 본질적 특징들은 모든 교리에 공통적이고, 자신들은 기독교가 발생한 때의 '역사적 조건들'과 분리될 수 없는 조잡함을 버릴 뿐이라고 믿으면서 그렇게 한다. 자신들은 시공간의 사건들과 관계를 끊고 있으며, 일부분은 로마화되어 있고 일부분은 그리스화되어 있는 첫 번째 세기의 조건 하에서 동방의 영역이 삭제되는 데 비례하여 모든 분별 있고 친절한 사람들이 의견의 합치를 보고 있는 광범한 철학적 분위기에 잘 대처하고 있다고 믿는다.

나는 역시 이 길 위에 있어왔고 지금도 그렇다고 생각하지만, 그것이 성공적 결과로 이어지지 못했다고 믿는다. 이 관점을 취하는 사람들이 실수를 범하는 점은 한 사람이나 한 권의 책이나 한 사회가 평가받을 때와 마

101　발터 카우프만(Walter Kaufmann)은 『헤겔: 재해석, 텍스트, 그리고 논평(Hegel. Reinterpretation, texts, and commentary)』(1965, p.386)에서 『정신현상학』 서문의 관련 대목을 이렇게 번역해서 제시한다. "절대자 안에서는 만물이 하나라는 이 한 가지 식견을, 성취된 지식이건 지식에 대한 추구와 요구이건 지식에 대한 모든 구별 짓기와 싸움 붙이는 것, 또는 어떤 이의 절대자를, 누군가 말하듯이 모든 소가 까맣게 되는 밤으로 행세하게 하는 것, 이것은 공허한 지식이 하는 순진한 행위이다." 토니가 헤겔의 경구를 약간 달리 표현했을 수 있는데, 1911년 8월 18일에 옥스퍼드의 W.E.A. 청중에게 행해진 헤겔 철학에 관한 C. 딜라일 번스(Delisle Burns)의 강연에 아마도 참석했을 것이기 때문이다. 그 강연의 제목은 '모든 고양이가 검게 보이는 밤(The Night in Which All Cats Look Black)'이었다(옥스퍼드 여름 개방대학 모임, 1911, *Report of Proceedings*, 1911, pp.25-6 참조).

찬가지로, 한 종교 또한 그것이 모든 또는 대부분의 합리적인 사람들과 공통으로 가진 것에 의해서뿐만 아니라 개별적이고 특징적이며 고유하게 지닌 것에 의해서도 평가받아야 한다는 것을 망각한다는 점이다. 지금은 물론 신이 존재한다는 것을 우리에게 알게 하기 위해 기독교가 필요치 않다는 것은 완전히 맞다. 내가 보기에 이 사실은 하나의 경험적 사실인데, 하나의 인격과 또는 사고와 감정의 원천과 접촉하는 것을 의식하는 것은, 지금 눈앞에 없지만 존재하는 사람에 관해 깊이 생각하는 것보다 한없이 더 즉각적이고, 지금 이 순간에 바라보고 있지는 않지만 그럼에도 바로 그 이유 때문에 쉽게 소통하는, 자기 자신과 같은 방에 있는 한 사람의 존재를 의식하는 것과 비슷한 직접적 경험의 사실이다. 그러나 이것은 흔히 있는 일이다. 기독교의 특별히 새롭고도 특징적인 기여는, 즉 그것의 본질적 차이는 신이 그 삶에 관한 기록을 우리가 소유하는 특정한 역사적 개인으로 되었다는, 또는 그를 통해 완전히 표현되었다는 진술이다. 이 진술의 의미는 막대하다. 그것이 들려주는 바는, 우리가 이미 알았듯이 단지 신이 존재한다는 것뿐만 아니라 존재하는 신이 그리스도와 같다는 것이다. 다시 말해, 신을 보편자가 아닌 개별자로, 무한한 존재가 아닌 유한하고 정의된 존재로, 원칙이 아닌 사람으로 보여준다. 나는 이것을 진실이 아니라고 생각하는 사람을 쉽게 상상할 수 있다. 그러나 나는 그가 이 진술을 중요치 않게 생각한다는 것을 상상할 수 없다. 우리는 **최후의 수단**으로서의 '자연종교'로 내몰릴 수도 있다. 그러나 바보가 아니고서는 아무도 그것을 기독교에 우선해서 **선택하지** 않을 것이다. 삼위일체보다 절대자를 **선호하는** 사람은 자진해서 자기 집을 버리고 사막에서 떠돌아다니려 하는 사람과 같다. 오호라! 얼마나 많은 사람이 그렇게 해야 하는가.

내가 말하는 것은 이것이다. 나는 신이 존재한다는 지식이 인간에게 막대한 힘의 원천이라고 생각한다. 그러나 그것은 그 자체만으로 아주 도움이 되지는 않는다. 우리가 알고 싶은 것은 그가 어떤 종류의 신인가, 그리고 그가 평범한 인간관계 속에서는 어떤 모습인가 하는 것이다. 이것이 바로 기독교가 우리에게 들려주는 것이다.

8월 9일.

미래의 사회정책에 관한 근본 물음은 아주 대부분 사회와 국가 사이의 관계에 집중될 것이라는 점은 명백한 사실이다. 아무도 지금 순수한 개인주의를 믿지 않는다. 순수한 집산주의에 만족하는 사람도 거의 없다. 이런 이유로 집산주의에 호소하지 않고 개인주의로부터 벗어나기 위한 다양한 제안이 나타난다. 생디칼리슴,[102] 길드사회주의 등등이 그것이다.

국가 경영이 어떻게 정신의 삶을 죽이는지는 영국 교회에 의해 입증되고 있다. 생디칼리스트의 경영이 어떻게 기업의 이기심을 강화하는지는 법정 변호사가, 그리고 옥스퍼드와 케임브리지가 보여준다.

11월.

"과학자들은 바닷가에서 조약돌을 줍는 아이들과 같다." 그리고 그들은 대개 그 조약돌을 서로에게 던진다.

---

102 [역주] 생디칼리슴(syndicalisme, syndicalism): 19세기 말에서 20세기 초에 프랑스와 이탈리아를 중심으로 일어난 무정부주의적인 노동조합 지상주의. 이론적으로는 프루동에서 비롯했으며, 노동계급의 정치투쟁이나 프롤레타리아 독재를 부정하고 노동조합을 투쟁과 생산과 분배의 중심으로 삼고자 했다.

11월.

현재 사회와 경제의 주제에 관한 모든 글의 경향은 축적된 방대한 사실을 모으는 것이다. 그러나 그것이 모일 때 그것을 사용한다는 것은 무엇일까? 마술을 아무리 많이 부려도 사실로 원칙을 만들지 못한다.

11월.

어떤 저자들은 지난 30년간 지방자치 서비스의 눈부신 발전을 '사회주의' 승리의 지표로 가리킨다. 이것은 문자를 숭배하고 정신을 무시하는 끔찍한 예이다. 이 발전의 거의 모든 **원동력**은 소비자에 대한 순전히 공리주의적인 고려였다. 그것은 더 정당한 사회제도를 도입하고자 하는 어떤 바람에 의해서도, 특히 임금노동자에 대한 어떤 고려에 의해서도 고무되지 않았다. 자유무역의 선동과 유사한, 값싼 서비스에 대한 욕망에 의해 고무돼왔을 뿐이다. 사실 이 두 가지 운동은 아주 같은 계급에 호소했다. 맨체스터의 제조업자들은 값싼 면직물과 기계를 원하는 것과 정확히 똑같은 이유로 값싼 가스와 전기를 원했다. 분명히 여기에는 혁명의 맹아가 없다.

11월.

노동계급과 영국 노동운동은 한 가지 비극적 실수를 범했다. 그들은 자신들의 의무를 이행할 권리를 포함하는 **권리**의 획득을 목표로 삼는 대신에 **위안**을 목표로 삼았다. 따라서 싸움은 낮은 수준에서 결판을 보기 위해 이루어지고 있고, 공격은 '사회개혁'의 할부금에 의해 매수될 수 있다. 그것은 옳고 그름의 문제가 아니라 더냐 덜이냐의 문제가 되었다.

11월 29일.

기회가 생긴다면 나는 다음과 같은 주제로 책을 쓰고 싶다.

① 경제 사상을 포함하는, 프랑스혁명의 사회경제사.

② 영국 개혁의 사회경제사.

③ 16세기 말로 시작해서 튜터 왕가와 스튜어트 왕가의 최초의 2인의 경제정책, 군주제에 대한 중간계급의 반대의 경제적 원인, 분파들의 성장, 수평파와 디거파의 경제적 이상 등을 서술하고, 1688년 혁명의 경제적 결과로 끝맺음하는, 자본주의의 발흥. 그런데 내가 그럴 시간을 **가지게** 될까?

12월 2일.

기본적인 것들이 무시되는 방식의 실례로서 실업 문제를 보라. 첫째, 우리는 실직자들을 위해 구호품을, 그다음에는 보험을, 그다음에는 훈련 계획을 마련했다. 그러나 아무도 "무슨 권리로, 공장을 소유한 A가, 그 공장에서 일하는 동업자인 B를, 해고와(또는) 고용을 하는가?"라고 묻지 않았다. 그런데 물론 이것이 바로 기본적인 문제다. 내가 주장하는 것은 A가 정당한 법 절차 없이는 B를 해고할 권리를 가져서는 안 된다는 것, B는 A에 대항하여 법정 또는 대표 위원회에 호소해야 한다는 것, 요컨대 B는 자신의 일자리에 대한 법적 이권, 즉 임차권을 부여받는다는 것이다. 토지 문제와의 유사점이 가르쳐주는 바가 있다. 아일랜드에서는 쫓겨난 사람들의 고통을 완화하기 위해 실업수당이 주어졌지만, 그것은 3F[103]를 인정

---

103 [역주] 3F: 3F 차지 조건. 아일랜드 소작농 권리동맹의 개혁 요구안을 말한다. fixty of tenure(기간 결정), fair rent(공정한 지대), freedom of sale(매매의 자유).

한 것이었는데, 뒤이은 토지 구매로 소작농은 가난해진 것이 아니라 부유해졌다. 내 제안과, '일자리에 대한 권리'를 기본 원칙으로 간주하는, 17세기로 거슬러 올라가는 길드의 정책을 비교해보라. 나는 세부 사항을 계산하지는 않았지만, 내가 염두에 두는 것은, 고용자가 노동자에게 해고 통지서를 줄 때, 노동자는 원한다면 고용자가 그것을 철회하도록 강제할 수 있는 모종의 심판을 내리는 법정에 호소할 수 있어야 한다는 것이다.

12월 28일.

우리가 이 전쟁의 본질을 넓은 시야에서 보고, '누가 그걸 시작했지?'라는 무익한 토론을 그만둔다면, 그것은 상당한 정도로, 평범한 일상의 사회적이고 경제적인 삶 속에서 서유럽을, 특히 독일과 영국을 지배하는 이상과 표준의 당연한 결과라는 사실을 알게 된다. 나는 이것이 어느 정도까지는 그렇다 할지라도 '자본가들의 전쟁'이라고 말하는 게 아니다. 내 말은 우리의 경향 전체가 그들의 전투적 자질을 칭송하고, 겸손하고 온순한 사람들의 자질은 폄하한다는 것, 그리고 사회의 현존하는 경제조직 자체가, 세계가 세력과 호전성과 무자비함에 갈채를 보낸다는 영구적 증거라는 것이다. 현존 사회질서는 성공적이고 파렴치한 교활함에 보상을 한다는 의미에서 마키아벨리적이다. 그것은 사람을 수단으로, 즉 목적이 아닌 '일손'으로 사용한다는 의미에서 비인간적이다. 힘을 칭송하고, 약자를 경멸하며 깔아뭉개고, 인간의 가치를 인간 **그 자체로** 믿지 않는다는 점에서 신앙심이 없는 것이다. 몇몇 프로이센 사람들이 '더 약한' 또는 '저열한' 나라들의 미래를 결정할 권리를 갖겠다고 주장할 때 나타나는바 권리를 권력과 동일시하고, 우월한 힘으로 그 나라들에 강요할 수 없는 의무는 없다고 우길 때의 그 가치척도는 우리를 몸서리치게 하는데,

인간사에 관한 이러한 사고방식은 냉정한 관찰자라면 우리의 산업 체제에서 실현되는 것으로 보는 것과 정확히 닮아 있다. 물론 우리는 개개인이 인정하는 바와 같이 그들과 다르고, 만일 사실이 그렇다고 비난을 받는다면 공포에 떨면서 그것을 부정해야 한다. 그러나 사회의 전통, 제도 그리고 관습은 오래도록 이어지고 우리의 주관적 느낌에도 불구하고 우리를 이끌고 들어가 그 조직에 협조하게 만든다. 현대 산업은 성공이 그 자체를 정당화한다고 믿는 우리의 노골적 본능을 통제할 만한 실질적인 윤리적 원칙을 가지고 있지 않다. 현대 산업이 권좌에 앉히는 사람들은 전쟁에 의해 만들어지는 사람들과 다르지 않은 경향이 있다. 그들은 정력, 자제력, 선견지명, 위험을 무릅쓰는 자세를 가져야 한다. 약자에 대한 동정심에 의해, 목표로 삼는 눈앞의 목적의 가치에 대한 의심에 의해, 더 세련되고 더 섬세한 인간적 자질과 성취에 대한 경외심에 의해, 개인적 결함을 지닌 것을 의식하고 겸손해지는 것에 의해 방해받지 말아야 한다. 그들은 본질적으로 정복하는 인종이다. 다른 정복자들처럼 대개 그들이 전혀 계획하지 않는 엄청난 이익, 즉 막대한 물자를 축적하기 위한 체제와 조직, 질서, 시설, 자연의 장애물을 정복할 수 있는 힘, 대담한 사람들, 정력적인 사람들, 파렴치한 사람들을 위한 화려한 직업의 영역을 준다. 다른 정복자들처럼 약자들, 예외적으로 양심적이고 지조 있는 사람들, 인습에 얽매이지 않는 사람들, '양심을 걸고 다른 사람들의 생명을 감히 앗아 가지 않는' 온화하고 친절할 뿐인 사람들로 이루어지는 파멸의 흔적을 남긴다. 그래서 나는 다시 말한다. 전쟁은 우리가 평화 시에 배양하는 습관과 이상의 좌절이 아니다. 그것은 온 국민이 동의할 수 있는 목적에 온 국민이 모든 자원을 가지고 그 습관과 이상을 집중시키는 것이다. 정상적 사회질서란 강자가 약자를 파괴하는 힘을 얻는 것이라고 인간이 믿는 한

'평화'가 끝나고 '전쟁'이 시작되는 지점까지 그 싸움이 격화될 때 근본적으로 혐오스러운 것을 아무것도 발견하지 못할 것이다. 우리가 전쟁의 공포를 끝내고자 한다면, 우선 평화의 공포를 끝내야 한다. 사회를 생존을 위한 투쟁으로 보는 인간을 싸움으로부터 막아줄 수 있는 기계적 제도는 없다. 오직 한 가지 길이 있을 뿐이다. 현존하는 산업, 재산, 그리고 사회생활의 제도에서 표현되는 좋고 나쁨, 성공과 실패의 기준을 버리는 것, 그리고 평화로운 상태에 있을 때 사회가, 단순한 권력, 무자비함, 야망이 자비롭고 온화한 사람들보다 우위에 있을 수 **없는** 영역이 되도록 만들고자 하는 것이다.

2.

탐욕사회(1921)

Acquisitive society(1921)

서론

    영국인을 특징짓는 미덕은 실용적 행위를 일관되게 수행하는 힘이 있다는 것이고, 그들의 특징적 악덕이란 그 행위의 가치를 원칙에 비추어 판단해보기를 꺼린다는 것이라는 점은 누구나 아는 사실이다. 영국인은 이론에 호기심이 없고, 근본 법칙을 대수롭지 않게 여기며, 지도상에서 자신의 위치보다 그 길의 상태에 더 관심이 있다. 그래서 평상시에 그러한 지적 온순함과 실용적 행동력의 결합이 정신적으로 더 모험적인 국가들의 비판을 견뎌내는 영국인의 평정심을 정당화하지는 못한다 하더라도 설명하는 데에는 아주 쓸 만하다는 주장이 상당히 설득력 있다. 이것은 이미 운명과 흥정을 마쳤고 그 거래에 대한 재협상 없이 운명이 제공하는 것을 취하는 데 만족하는 사람들의 마음가짐이다. 이 마음가짐은 그 사람으로 하여금 방해받지 않은 채 이익이 되는 행위에 자유로이 집중하도록 해주는데, 이익을 주지 않는 사색에 맛을 들이는 것에 의해 주의가 흐트러지지 않기 때문이다. 대부분 세대들은 그들이 만들지도 않았고 발견하지도 않았지만 받아들여야 하는 길을 걷는다고 말할 수 있다. 중요한 것은 그들이 행진해야만 한다는 것이다. 옆을 못 보는 눈가리개 가죽을 착용한 덕분에 자신들의 운명에 대한 호기심에 방해받지 않은 채 영국인은 밟아 다진 길을 더더욱 꾸준히 뚜벅뚜벅 걸을 수 있다.

그러나 체질에 맞는 약이 매일 먹는 음식이 되어서는 안 되는 것이라면, 체질에 맞아서 매일 먹는 음식도 그 체질에 약이 될 수는 없다. 평소와 다른 때도 있는 법인데, 그럴 때에는 일상이라는 길을 따라가기만 해서는 안 된다. 그 길이 어디로 이어지는지를 알아야 하고, 그 길이 아무데로도 이어져 있지 않다면 다른 길을 따라가야 한다. 다른 길을 찾는 데에는 반성이 필요한데, 이것은 스스로를 실용적이라고 말하며 부산을 떠는 사람들에게는 마음에 들지 않는 일이다. 그들은 사물을 곧이곧대로 받아들이고 있는 그대로 내버려두기 때문이다. 그러나 자신이 가는 길에 확신이 없는 여행자에게 실용적인 것이란, 잘못된 방향으로 최고 속도를 내서 나아가는 것이 아니라 올바른 길을 어떻게 찾을지 깊이 생각해보는 것이다. 또한 역사의 한 전환점에 걸려 넘어진 국가에 실용적인 것이란, 그 국가가 이제까지 해온 것을 조금 더 많은 힘을 들여 계속해나가고 있을진대, 마치 아주 중요한 것과는 얽혀 있지 않다는 듯이, 그리고 마치 오른쪽으로 가건 왼쪽으로 가건 언덕으로 올라가건 골짜기로 내려가건 문제가 되지 않는다는 듯이 행동하는 것이 아니라, 이제까지 해온 것이 지혜로운 것인지를 깊이 생각해보고 지혜롭지 못한 것이면 그것을 고치는 일이다. 국가의 산업, 정치, 사회 조직이 결판이 나서 쪼개진 이후에 다시 짜 맞춰져야 할 때, 국가는 결단을 내려야만 한다. 국가는 결단을 내리고 싶지 않더라도 결단을 내리기 때문이다. 국가가 오래갈 결단을 내리고자 한다면,

신문 소유자들이 일시적으로 좋아하는 철학을 넘어서야 한다. 국가가 쳇 바퀴 우리 안의 다람쥐처럼 정력적인 헛수고를 하고자 하지 않는다면, 현재 있는 것의 결함과 있어야 할 것의 성격을 모두 분명히 이해해야 한다. 또한 이러한 이해에 도달하기 위해서는 국가의 상업이나 산업이나 사회 생활의 일시적 긴급 사태들보다 더 안정된 어떤 기준에 호소하고, 그것에 의해 그 긴급 사태들을 평가해야 한다. 요컨대 국가는 원칙Principles에 의지해야 한다.

이론에 호소하지 않았기에 영국인 스스로 떠안게 된 사회제도에 관해 영국인으로 하여금 다시 깊이 생각하지 않으면 안 되게 만드는 여러 사실이 있을 때, 위에서 말한 점들이 전혀 문제가 되지 않는 것은 아닐 것이다. 원칙에 호소하는 것은 괄목할 만큼 사회를 다시 세우는 데 반드시 필요한 조건이다. 사회제도는 개개인의 사고방식을 지배하는 도덕적 가치 기준의 뚜렷한 표현이어서 그 도덕적 평가를 바꾸지 않고는 제도를 바꿀 수 없기 때문이다. 의회와 산업 조직, 즉 사회가 자기표현의 매개로 삼는 복잡한 기계 전체는 그 안에 투입되는 것만을 가는 제분기여서 아무것도 투입되지 않으면 공기를 간다. 물론 변화를 바라지 않기 때문에 변화가 시도되면 그것에 반대할 사람들이 많다. 그들은 현존하는 경제 질서가 과거에 이득이 되었음을 알고 있다. 현존하는 경제 질서가 미래에도 똑같이 이득이 되는 것을 보장할 변화만을 바란다. **왕이 술을 마시니 폴란드가 취했다.**[1] 그들은 시골 사람들이 따뜻한 불가에서 왜 행복하게 불을 쬐지

---

1 [역주] 왕이 술을 마시니 폴란드가 취했다(Quand le Roi avait bu, la Pologne était ivre): 볼테르가 한 말, "Quand Auguste avait buvait, la Pologne était ivre(아우구스트가 술을 마시니 폴란드가 취했다)"를 인용한 듯하다.
  〈http://www.linternaute.com/citation/4769/quand-auguste-buvait—la-

못하는지를 정말로 이해할 수 없기 때문에 프랑스혁명 전의 징세 청부인처럼 이렇게 묻는다. "만사가 아주 잘 돌아가는데 왜 애를 태우면서 그걸 바꾸려드는 거야?" 이런 사람들은 딱하지 않을 수 없는데, 인간에게 마땅히 있어야 할 사회성을 결여하고 있기 때문이다. 그러나 이들과 언쟁할 필요는 없다. 그 사정을 이해하는 데 필요한 자질 중 하나를 하늘이 이들에게 허락하지 않았기 때문이다.

그런데 새로운 사회질서를 향한 바람을 의식하고 있으면서도 자신의 바람이 함축한 의미를 미처 이해하지는 못하는 사람들이 있다. 사람들은 급진적 변화의 요구를 진심으로 지지할 수 있다. 사회악을 의식하면서 제거하기를 진심으로 갈망할 수도 있다. 새로운 정부 부서를 만들고, 새로운 관리를 임명하고, 개혁보다는 더 철저하지만 혁명보다는 덜 불안한 무언가를 일으킬 만한 결단을 표현하는 새로운 명칭을 만들어낼 수도 있다. 그러나 행동뿐만 아니라 반성을 하는 데 공을 들이지 않는다면 아무런 결실도 맺지 못한다. 그들은 실용적이라고 생각하는 사람들을 위해 복무해야 하는 존재들이라고 스스로를 규정하는데, 자신들의 철학을 아주 당연한 것으로 여겨 그것이 함축하는 바를 의식하지 않아서 행동을 하려고 하자마자 그 철학이 또다시 효력을 발휘하여 그들의 행동을 낡은 방법에 더욱 깊이 의존하도록 압박하는 압도적 힘으로 작용하기 때문이다. "나는 불행한 인간이로다. 누가 나를 이 죽음의 육체에서 구원해주리오?" 자신들의 경제생활을 더 나은 토대 위에 올려놓기를 바랄 때, 그들은 앵무

---

pologne-etait-ivre-------voltaire/〉 참조.
여기서 아우구스트는 신성로마제국의 작센 선제후이자 폴란드 왕으로 사치와 향락을 일삼은 강건왕 아우구스트 2세(1679-1733)를 말하는 듯하다.

새처럼 '생산성'이라는 말을 되풀이하는데, 생산성은 그들의 경제생활이 이미 기초하고 있는 토대이고, 중세 시대의 종교나 고대 아테네의 예술이 그랬던 것처럼 높아진 생산성은 전쟁 이전 시대를 특징짓는 한 가지 성취이며, 경제적 불만족이 가장 심했던 것은 로마제국의 몰락 이래로 생산성이 가장 높게 증가한 바로 금세기라는 사실과는 상관없이, 그것이 바로 그들의 마음속에서 가장 먼저 떠오르는 말이기 때문이다. 그들은 사회적 죄책감을 느낄 때 빈곤의 감소 이상의 독창적 사고를 하지 못하는데, 그들이 가장 가치 있게 생각하는 부의 반대인 빈곤이, 그들이 보기에는 인간이 겪는 고통 가운데 가장 끔찍한 것이기 때문이다. 빈곤이 사회 무질서의 징후이자 결과인 반면 무질서 자체가 더 근본적이고도 고질적인 것이라는 사실, 그리고 그 무질서로 하여금 과도한 부에 의해 소수의 인간을 타락시키는 그들의 사회생활의 특성이 그 무질서로 하여금 과도한 빈곤에 의해 다수의 인간을 타락시키는 특성이기도 하다는 사실을 그들은 이해하지 못한다.

"그러나 증가된 생산이 중요하다." 물론 그렇다! 풍요는 선한 것이고 궁핍은 악한 것이라는 이 말을 우리에게 들려주는 데에는 지난 5년간 만든 무덤에서 유령을 불러낼 필요가 없다. 그러나 풍요는 협동의 노력에, 협동은 도덕적 원칙에 의존한다. 또한 도덕적 원칙은 이 시혜의 예언자들이 경멸하는 것이다. 그래서 세상은 "궁핍 속에 지속"되는데, 지나치게 탐욕스럽고 지나치게 근시안이어서 "사람들을 한 집에서 한마음으로 살게 만들어주는[2]" 것을 추구하지 못하기 때문이다. 사회 재조직을 위해 상업의 교

---

2 [역주] 사람들을 한집에서 한마음으로 살게 만들어주는(which maketh men to be of one mind in a house): 『성경』, 「시편」 68장 6절의 일부.

사들이 제안하는 선의의 계획은 성공하지 못하는데, 그들은 양립할 수 없는 것들을 결합하려 애쓰지만 모든 것을 건드리면 아무것도 해결하지 못하기 때문이다. 그들은 싸구려 장화가 발에 잘 맞지 않는 것을 알고는 좋은 가죽으로 만든 장화가 아니라 두 치수 더 큰 또 다른 싸구려 장화를 주문하는 사람이나, 주일에 교회에서 가짜 6펜스를 헌금한 것을 보상하기 위해 그다음 주일에는 가짜 1실링을 헌금하는 사람과 마찬가지다. 그래서 일시적 흥분으로 과열된 그들의 정력이 소진되어 환멸 이외에는 아무것도 보여줄 것이 없을 때 개혁이 실행 불가능한 것이라고 외치고, 비난해야 할 것은 그들 자신인데도 인간의 본성을 비난한다.

그러나 산업이 기초를 두어야 하는 원칙은 아무리 적용하기 어렵다 할지라도 늘 단순한 것이었다. 또한 그 원칙이 간과되는 경우는 그것이 어려워서가 아니라 기본적인 것이기 때문이다. 그 원칙이 단순한 것은 산업이 단순하기 때문이다. 산업이란 결국 본질적으로 공동체가 요구하는 어떤 서비스를 함으로써 생계를 꾸리기 위해 다양한 수준의 경쟁과 협동을 하며 제휴하는 인간 집단 이상으로 신비로운 것이 아니다. 그것은 여러분이 원하는 대로 조직하는 것인데, 망치와 끌을 가지고 일하는 장인들의 집단이나 자기 밭에서 쟁기질을 하는 농부들의 집단, 또는 수 세기 동안의 발명의 절정기에 나타난 기계들로 만든 복잡다단한 기적의 결과물인 수많은 직종의 선박 제조 기계공 집단이나, 모두가 그 기능은 서비스이고 그 방법은 연합이다. 그 기능은 서비스하는 것이기 때문에 한 산업 전체는 공동체에 대해 권리와 의무가 있고, 그 기능을 폐기하는 것은 특권을 의미한다. 그 방법은 연합이기 때문에 그 산업 안에 있는 여러 집단은 서로에게 권리와 의무가 있고, 이 권리와 의무를 소홀히 하거나 왜곡하는 것은 억압을 뜻한다.

따라서 올바른 산업 조직의 조건은 그 조직이 전문가들의 피도 눈물도 없는 관념 속에서가 아니라 역사의 광범한 윤곽 속에서 자기 나라 사람들의 본성을 읽고자 한다면, 영구적이고 불변하며 가장 기본적인 지성에 의해 이해될 수 있다. 첫째, 올바른 산업 조직은 최선의 서비스가 기술적으로 가능하도록 만드는 방식으로 공동체에 복속되고, 아무 서비스도 하지 않는 사람들에게는 한 푼도 지급되지 않아야 한다는 것이다. 올바른 산업 조직은 그 조직 자체가 아닌 그것이 서비스하는 목적을 만족시키는 데에서 의미를 찾는 것이 기능의 핵심이기 때문이다. 둘째, 올바른 산업 조직의 지휘와 관리는 지휘받고 관리받는 사람들을 책임지는 사람들에게 맡겨져야 한다는 것이다. 사람은 통제할 수 없는 권력에 지배되지 말아야 한다는 것이 경제 자유의 조건이기 때문이다. 사실 산업 문제는 단순히 물질적 빈곤이 아닌 권리의 문제이고, 권리의 문제이기 때문에 이것은 노동계급 가운데 물질적 빈곤이 가장 덜한 계층에게 가장 첨예한 문제다. 이것은 무엇보다 기능Function의 문제이고, 둘째로는 자유Freedom의 문제다.

권리와 기능

기능이란 사회의 목적이라는 개념을 구체화해서 표현하는 행위라고 정의될 수 있다. 기능의 핵심은 그 행위자가 단지 개인적 이득을 위해 또는 자기 자신을 만족시키기 위해 그 기능을 수행하는 것이 아니라 어떤 더 높은 권위를 향해 그 기능의 이행을 책임지는 것을 인정한다는 점이다. 산업의 목적은 명백하다. 그것은 인간에게 필요하고 유용하거나 아름다운 것들을 공급함으로써 육체나 정신에 생명을 가져다주는 것이다. 이 목적에 지배되는 한 산업은 인간 행위 가운데 가장 중요한 것에 속한다. 이 목적으로부터 벗어나는 한 산업은 그것을 수행하는 이들에게는 해가 없고 재미있거나, 심지어 아주 신나는 일이 될 수도 있지만, 개미와 벌의 질서 있는 사업과 공작새의 뽐내며 걷기, 또는 육식 동물들이 썩은 고기를 놓고 벌이는 싸움 이상의 사회적 의의를 가지지 못한다.

이러한 사실의 토대 위에서 행동하는 것이 아무리 내키지 않았거나 능력 밖이었을지언정 인간은 통상 이 사실을 인정했다. 따라서 때때로 폭력과 탐욕이라는 힘들을 통제할 수 있었던 한 인간은 경제행위의 사회적 특성을 강조하기 위해 다양한 방편을 썼다. 하지만 그 사회적 특성을 효과적으로 강조하는 것은 쉽지 않은데, 그렇게 하기 위해서는 이기적 본능의 반란에 맞서는 의지의 노력이 끊임없이 요구되기 때문이고, 그 의지가 우세해지고자 한다면 아주 자의적이고 압제적이며 부패하여 기능의 수행을 촉진하는 것이 아니라 좌절시키기 십상인 어떤 사회적이고 정치적인 조직 속에서 그 의지가 실현되어야 하기 때문이다. 18세기 중엽 대부분의 유럽 나라들에서처럼 이러한 악화 과정이 한참 진행되었을 때 반드시 해야 할 일은 죽은 조직을 완전히 부수어 토대를 깨끗하게 만드는 것이다. 그렇게 하는 과정 속에서 개인이 해방되고 개인의 권리가 확대된다. 그러나 사회의 목적이라는 개념은 그것이 구현되는 구시대의 질서에 당연히 부수되는 불신에 의해 의심받는다.

따라서 구체제의 폐허 위에서 일어난 새로운 산업사회에서 어떤 사회의 목적에 서비스하는 개인의 권리이건 상관없이, 지배적 분위기는 개인의 권리를 강조하는 것이었다는 점은 놀라운 일이 아니다. 인구를 탄층 위에 집중시킨 경제적 팽창의 본질은 남쪽과 동쪽으로부터 북쪽과 서쪽으로 이동하는 엄청난 식민지화의 움직임이었다. 그래서 미국의 정착지에서 보듯이 영국의 식민 지역에서 특징적인 철학이 개척자와 광산촌의 철학인 것은 당연한 노릇이었다. 그 사회의 특성 변화는 심대한 것이었다. 그러나 영국에서는 적어도 그 변화가 점진적이었고, '산업혁명'은 결과 면에서 대재앙을 가져왔다 할지라도 여러 세대에 걸친 미묘한 도덕상 변화의 가시적 절정일 뿐이었다. 영국에서는 17세기 후반의 일이었던바 현대적 경제 관계의 발흥은 목적이라는 개념을 메커니즘이라는 개념으로 대체한 정치 이론의 성장과 함께 일어난 일이었다. 역사의 대부분 시기 동안 인간은 종교의 보편적 목적과의 관계 속에서 사회질서의 의미를 찾았다. 그 사회질서는 지옥에서 천국까지 뻗은 사다리를 이루는 하나의 가로대처럼 놓여 있었고, 그 질서를 구성하는 계급들은 더 큰 우주를 불완전하게 반영하는 소우주인바 하나의 법인체의 사지와 머리였다. 종교개혁이 교회를 세속 정부의 한 부처로 만들었을 때, 숭고하지만 너무도 지나치게 정교한 통합을 확립하여 이미 약화되어 있었던 정신적 힘의 기반을 허물어뜨렸다. 그러나 교회의 영향력은 교회를 키운 뿌리가 잘려버린 뒤에도 거의 한 세기 동안 남아 있었다. 아무리 실용적이거나 심지어 마키아벨리적인 것이었다 할지라도, 사람들이 자신들의 정신을 쉽사리 떼어버리지 못하는 것이 세상에 나고 세상을 떠날 때를 지배하는 분위기였다. 또한 새로운 치국책이 모든 계급과 이해관계를 공공의 목적에 복속시키면서 그 목적의 수호자로 자처하고 특히 16세기 대부분의 시기 동안에 그렇게 자처했을 때, 그 치국책의 본래의 관심사에 부가되는 전통적인 종교의 승인의 무게를 깨닫는 것은 불편한 일이 아니었다. 사회라는 구조물의 체계는 더는 우주 질서의 계획을 축소해서 재현하는 것으로 여겨지지 않았다. 그러나 일반화된 관습, 일반화된 전통과 신념, 일반화된 위로부터의 압력이 사람들에게 방향의 통일성을 부여하여 개별화된 다양성과 횡적 팽창의 힘을 억제했다. 또한 이전에는 국가의 성격 일부를 소유한 교회였던바 사람들이 모여들었던 중심이 이제는 스스로 교회의 속성 가운데 많은 것을 지닌 국가로 바뀌었다.

중세 시대의 유령들이 여전히 출몰하던 셰익스피어의 영국과, 이전 두 세대 동안의 맹렬한 논쟁을 거쳐 1700년대로 접어들던 영국 사이의 차이는 헌법과 정치상의 제도를 훨씬 뛰어넘는 사회적이고 정치적인 이론상의 차이였다. 사실뿐만 아니라 그 사실을 평가한 사람들이 엄청나게 변화되어 있었다. 그 변화의 핵심은 사회제도와 경제행위가 그것에 중요성을 부여하고 그것의 규범으로 작용하는 공공의 목적과 관련되어 있다는 발상이 사라진 것이었다. 18세기에는 국가와 교회 모두가 사회윤리 조직 유지의 구성 부분이었던 분야를 포기했다. 그 분야에 남아 있었던 것은 국민의 규율에 관한 것이 아니라 한 계급을 억압하는 것이었다. 사람들은 사회제도와 경제행위가 개인의 행동과 마찬가지로 도덕규범을 따른다고 더는 생각하지 않았는데, 자의적이고 변덕스러우며 종종 부패한 것이었을지언정 사적 이해관계를 넘어서는 목적에 삶을 복종시키는 외적 상징이자 표현이었던 제도의 딱한 몰골에 사람들의 생각이 더는 영향 받지 않았기 때문이다. 사회 행정과 관계가 있었던 정부 부문은 없어지지는 않았지만 적어도 쇠퇴하고 있었다. 중세 시대에 존재한 것과 같은 민주주의는 사라졌지만 프랑스혁명의 민주주의는 아직 태어나지 않았고, 그래서 정부는 무책임한 귀족 계층의 이해관계에 따라 국가권력을 휘두르는 계급들의 손에 들어갔기 때문이다. 또한 교회는 국가보다도 훨씬 더 인간의 일상생활로부터 멀리 떨어져 있었다. 박애주의는 충만했다. 그러나 한때 사회에서 가장 큰 힘이었던 종교는 지방 대지주의 땅이나 노동자의 작업복만큼이나 사적이고 개인적인 것이 되었다. 죄인의 형 집행을 유예하거나 처형 명령에 서명하는 군주의 행위처럼 특별한 시혜와 임시 중재는 있었다. 그러나 친숙하고 인간적이며 사랑스러운 것, 즉 기독교의 기독교적인 것은 대부분 사라져버린 상태였다. 신은 무한한 우주의 극한極寒의 고도 너머로 떠밀려 나갔다. 지상뿐만 아니라 천국에도 입헌제의 군주가 있었다. 그 기이한 장치를 만들고 작동시킨 신의 섭리는 그 장치를 보는 구경꾼이었을 뿐, 그것을 조종하는 것은 통제할 수도 없었고 통제하려 하지도 않았다. 의회의 행사에 국왕이 가끔 등장하는 것과 마찬가지로, 신의 섭리의 지혜는 잦지 않은 간섭으로 나타났다.

불완전하다 할지라도 사회조직의 공공의 목적을 대표하는 당국이 물러난 결과, 자연스럽게 사회적 사고에서 목적이라는 관념 자체가 점차 사라졌다. 18세기에는 그 자리를 메커니즘이라는 개념이 차지했다. 공공의 목적에 대한 관계로부터 발생하는 상호 의무에 의한 것인바, 서로서로 결속된 인간이라는 개념과 신에게 결속되어 있는 온 인류라는 관념은 그 이전에는 사회조직을 한데 묶어주는 쐐기돌이었지만, 이때는 희미하게 인식되고 불완전하게 자각되어 더는 인간의 마음속에 새겨져 있지 않았고, 그러자 교회와 국가는 사회생활의 중심으로부터 그 주변으로 물러났다. 아치의 쐐기돌이 제거되었을 때 남아 있었던 것은 사적 권리와 사적 이해관계, 그리고 사회 그 자체보다는 사회의 구성 재료였다. 이러한 권리와 이해관계는 왕과 사제들의 야심에 의해 왜곡되었고 인공의 상부구조가 사라지자 드러난 자연의 질서였는데, 인간이 아닌 자연 자체의 산물이었기 때문이다. 그것은 과거에는 종교가 됐건 국민 복지가 됐건 어떤 공공의 목적과 연관된 것으로 간주되었다. 따라서 절대적이고 파기할 수 없으며 그 본래의 미덕을 고수하는 것으로 생각되었다. 궁극적인 정치적·사회적 실재였다. 또한 궁극적 실재이기 때문에 그것이 사회의 다른 면들에 종속되는 것이 아니라 사회의 다른 면들이 그것에 종속되었다.

국가는 이 권리를 침해할 수 없었는데, 그것의 유지를 위해 존재했기 때문이다. 이 권리는 계급들의 관계를 결정했는데, 모든 권리 가운데 가장 명백하고 기본적인 것이 소유권, 즉 절대적이고 무조건적인 소유권이고 그것을 가진 사람들은 갖지 않은 사람들의 자연스러운 지배자로 간주되었기 때문이다. 사회는 개인과 개인의 계약을 통해 이 권리를 행사함으로써 발생했다. 사회는 계약의 자유를 유지함으로써 구속되지 않는 그 권리의 완전한 자유를 보장하는 한 그 목적을 달성했다. 사회는 프랑스의 군주처럼 자의적 권한의 사용에 의해 이 권리를 무시하는 한 작동하지 못했다. 이렇게 인식되었기 때문에 사회는 무언가 아주 큰 주식회사의 외양을 띠었고, 그 안에서는 가장 많은 주식을 가진 사람들에게 정치권력과 배당금 영수증이 정확하게 배정되었다. 사회적 행위의 흐름은 공공의 목적으로 모여드는 것이 아니라 사회를 구성하는 개인들의 사적 이해관계에 의해 창출된 수많은 경로를 통해 분산되었다. 그러나 바로 그 다양성과 자발성 속에, 그것을 개인의 목적보다는 더 큰 목적과 연관 짓는 어떤 시도가 전혀 부재하는 상태 속에 사회의 성취를 가장 잘 보장할 수 있었다. 감정의 신비주의뿐만 아니라 이성의 신비주의도 있는데, 18세기 사람들은 자연적 본능의 자선에서 사회와 접촉하지 못하도록 내쫓은 신의 대용물을 찾아내고는, 자연적 본능을 신과 동일시하는 데 망설이지 않았다.

"이처럼 신과 자연은 보편적인 틀을 계획했고
자기애와 사회성이 같은 것이어야 한다고 했다."
("Thus God and Nature planned the general frame,
And bade self-love and social be the same."[3])

실제 세계에서 통용되는 그러한 관념의 결과물은, 정부의 변덕에 의한

---

3 [역주] 알렉산더 포프(Alexander Pope, 1688-1744)의 『인간론(An Essay of Man)』(1733-1734) 제3서(Epistle Ⅲ)의 한 대목. 원문은 'planned'가 'linked'로 되어 있다. 원문대로라면 '계획했고'는 '짜 맞추었고'가 되어야 한다.

것이 아니라 법률에 의해 다스려지지만 개인이 자신의 경제적 이익을 추구하는 데 어떤 도덕적 한계도 인정하지 않는 사회였다. 사상의 세계에서 그 결과물은 권리를 사회질서의 토대로 만드는 정치철학이자 의무의 면책이 필연적 과정에 의해 권리가 자유로이 행사되는 데에서 생기는 것으로 보는 정치철학이었다. 이 철학의 유명한 첫 번째 주창자는 로크였는데, 그의 주된 개념은 사적 권리와 공공복지 사이의 예정된 조화가 아니라 사적 권리의 파기 불가능성이었다. 프랑스혁명을 향해 가는 길을 마련한 프랑스의 위대한 저자들은 자신들이 계몽된 절대주의의 신봉자들이라고 믿었던 반면, 권리의 신성함과 사적 목적의 추구를 공익의 성취로 변화시키는 연금술의 무오류성을 그와 거의 똑같이 강조했다. 그들의 글에서 나중에는 영국 개인주의의 가장 두드러진 특징이 되는바 스스로 조절하는 메커니즘으로서의 사회라는 개념의 영향력을 보여주지만, 프랑스혁명이 유럽의 사고방식에 아로새겨 넣은 것은 영국의 개인주의가 아니라 사회라는 개념이었다. 영국에서는 권리라는 개념이 부정적이고 방어적인, 정부의 침해에 대한 장벽의 개념이었다. 프랑스혁명은 영국인들이 방어하는 데 만족했던 해자로부터 공격에 나섰고, 그래서 프랑스에서 권리 개념은 적극적이고 공격적이었으며, 방어의 무기가 아닌 사회조직의 원칙이었다. 권리에 기반하여, 즉 곰팡내 나는 국왕의 특허장이 아니라 인간 자신의 본성 자체에서 나오는 권리에 기반을 두고 사회를 다시 세우려 한 것이 프랑스혁명의 승리이자 한계였다. 그러한 시도가 프랑스혁명에 종교적 열정과 감염력을 부여했다.

영국에서 벌어진 일은 언뜻 보면 그것과 정반대로 보일지도 모른다. 실용적 사고방식의 영국인들은 사고방식의 음역이 낮아서 그러한 엄청난 신조가 지닌 허세와 화려함에 약간 충격을 받았다. 그들은 프랑스의 절대적 긍정을 거의 공감하지 못했다. 그들의 상상력을 사로잡은 것은 그들의 상업 본능에 매력을 보이지 못한 자유의 권리가 아니라 그러한 매력을 지닌 자유의 편의성이었다. 그래서 프랑스혁명이 자연권이라는 개념의 폭발적 힘을 보여주었을 때, 그들은 무언가 덜 위협적인 문구를 찾았다. 그것은 아담 스미스와 그의 선배들에 의해 처음으로 그들에게 제공되었는데, 이들은 경제생활의 메커니즘이 어떻게 "보이지 않는 손과 마찬가지로" 개인 권리의 행사를 공익의 도구로 개조하는지를 보여주었다. 형이상학적인 미묘한 차이들을 경시했고 인권 선언을 다른 모든 교조적 종교만큼이나 터무니없는 것으로 생각한 벤담은 공리성이라는 원칙으로 정치제도의 최종 규범을 제공함으로써 새로운 방향 설정을 완성했다. 이에 따라 강조점은 개인이 원하는 대로 자유를 행사하는 개인의 권리로부터 사회에 대해 방해받지 않는 자유를 행사하는 것의 편의성으로 옮겨졌다.

이 변화는 중요하다. 이것은 500만의 자작 소농이 있는 프랑스의 보편적이고도 평등한 시민권과, 계급 전통과 계급제도 위에 확고하게 서 있는 영국의 조직화된 불평등성 사이의 차이다. 또한 희망으로부터 체념으로의, 무한한 전망의 시대의 불과 열정으로부터 공장 엔진의 단조로운 리듬으로의, 튀르고⁴와 콩도르세⁵로부터 벤담과 리카도와 제임스 밀James Mill의 우울한 수학적 신조로의 하강이다. 인간은 적어도 저 철학자들을 뛰어

---

4 [역주] 튀르고: 앞의 비망록의 각주 89번 참조.

5 [역주] 콩도르세(Marquis de Condorcet, 1743–1794): 프랑스의 수학자·철학자. 장 르롱 달랑베르와 함께 『백과전서』를 편찬했다. 확률 이론에 관한 유명한 저작 『다수 결정의 확률에 대한 분석 적용에 관한 소론』을 발표했다. 그는 프랑스혁명의 발발을 열렬히 환영했으며 활발하게 정치 활동을 했다. 혁명 기간 동안 비교적 온건한 정치 집단인 지롱드당의 헌법 초안을 작성했으나 자코뱅당에 의해 거부되었다.

넘는 우월함을 지니고 있기 때문에 가슴으로부터 위대한 운동이 생겨 나와 신념을 구체적으로 표현한다. 저 쾌락주의의 미적분학에 훌륭하게 적응하는 것이 아니라 말이다. 그래서 소유권이라는 이름으로 프랑스는 구체제하에서 농민으로부터 노동의 산물의 일부를 빼앗아 갔던 아주 많은 소유권을 3년 안에 폐지했고, 정치적 변화가 휘몰아치는 가운데에서도 사회적 변화가 지속되었다. 영국에서는 민주주의의 기쁜 소식이 너무도 신중하게 전해져서 밭고랑 뒤쪽의 이삭이나 언덕 위의 양치기에게까지 전달되지 못했다. 사회의 변화가 없는 정치적 변화만이 있었다. 공리성이라는 교조는 정치 영역에서는 통렬했지만 사회구조의 기본 원칙에 대해서는 주목할 만한 개입을 하지 않았다. 이 교조의 주창자들은 정치의 악폐와 법률의 변칙 제거에 주로 관심을 두었다. 그들은 유명무실한 관직과 연금과 형법과 법정 절차를 공격했다. 그러나 사회제도는 표면만 건드렸다. 그들은 시민이 자기 수입의 10의 1을 게으른 정부에 세금으로 내는 것은 도저히 말도 안 되는 부당한 일이지만, 자기 수입의 5분의 1을 게으른 지주에게 임대료로 지불하는 것은 아주 합당한 일이라고 생각했다.

그럼에도 그 차이는 원칙의 차이가 아닌 강조점과 표현의 차이였다. 사유권과 구속되지 않는 경제의 자유가 프랑스에서처럼 자연권으로 명시되었는지, 또는 영국에서처럼 완전히 편의적인 것으로 생각될 뿐이었는지는 실제로는 중요치 않았다. 두 경우에 모두 그 자유는 사회조직이 기초를 두고 있고 그에 관해 더는 논쟁이 허용될 수 없는 기본 원칙으로 당연하게 받아들여졌다. 벤담이 권리는 자연이 아니라 공리성에서 유래된다고 주장했지만, 어떤 특정 권리도 어떤 특정 기능과 연관되어 있다고 주장하는 데까지 자신의 분석을 밀고 나가지 않았고, 그래서 존재하는 권리와 마찬가지로 서비스가 동반되지 않는 권리 또한 무차별적으로 지지

했다. 요컨대 자연권이라는 용어를 피하면서도 영국의 공리주의자들은 자연권의 본질과 다르지 않은 무언가를 보유했다. 토지의 사유와 자본의 사유가 자연스러운 제도이며, 사회 복지가 그 권리의 지속적 행사로부터 결과한다는 것을 만족할 만큼 증명해줌으로써 자신들에게 실제로 생명에 대한 새로운 임대차 계약을 제공한다고 생각했기 때문이다. 그들의 부정적 가르침은 그들의 긍정적 가르침만큼 중요했다. 그것은 번개의 방향을 바꾸는 지휘자였다. 언제나 그렇듯이 사상의 세계에서 신용이 떨어지고 나서도 오래도록 계속해서 이론을 표현하는 그들의 정치 이론과 그 실제 행위의 이면에는 재산과 경제의 자유에 대한 절대적 권리를 사회조직의 의심할 수 없는 중심으로 받아들이는 자세가 있다.

그 자세의 결과가 중요했다. 18세기 자유주의운동을 추동하고 자극한 것은 특권Privilege에 대한 공격이었다. 그러나 프랑스의 마을과 **궁**château에 출몰하던 농업 봉건제의 망령을 내쫓은 신조는 영국 북부에서 사지를 뻗고 있었던 산업주의라는 새로운 식인 괴물을 무장해제시키는 데에는 무력했다. 자유주의가 화려함과 환상이 벗겨진 채로 1832년 영국에서 승리하자, 비판받는 경험도 없이 산업혁명 이전 시대의 단순한 경제 환경 속에서 만들어진 사유재산과 계약의 자유라는 범주들을 자본주의 산업이라는 새로운 세계 속으로 가지고 들어왔다. 영국에서는 이 범주들이 더는 인식되지 못하고, 그래서 이윽고 무해해질 때까지 구부러지고 뒤틀리고 있다. 필요가 조직 원칙의 결정화를 강제한 미국에서는 그 원칙이 갑옷 같은 경직성을 지닌다. 농민과 장인의 사회가 그 사회의 자유의 철학을 소중히 간직했던 장엄한 방식이, 반란의 움직임을 이민자와 반¾노예 상태의 프롤레타리아 편에 묶어두기 위해 앵글로색슨 사업 귀족에 의해 사용되는 족쇄가 되는 위험에 처해 있다.

탐욕사회

이 원칙은 특정 해악을 방지하고 예외적 비상 상황에 대처하기 위한 특정 한계에 의해 실제에서는 제한을 받아왔다. 그러나 그 제한은 특별한 경우에 국한되는데, 다름 아니라 이 원칙의 일반적 타당성은 논란을 허하지 않을뿐더러, 현재 벌어지고 있는 전쟁[6]이 일어나기 직전까지도 이 원칙은 현대 경제 문명의 기초를 이루는 신념이었기 때문이다. 이 원칙이 암시하는 바는 사회의 기초가 기능이 아닌 권리에 있다는 것, 권리는 기능의 수행으로부터 추론할 수 없다는 것, 따라서 부의 획득과 재산의 향유는 서비스의 수행 여부에 달린 것이지만 개인은 자기 재산의 자유로운 처분과 자신의 경제적 사리 추구의 권리를 지닌 채 그 세계에 들어간다는 것, 또한 이러한 권리들은 그가 제공하는 어떤 서비스에도 선행하여, 그리고

6 [역주] 제1차 세계대전.

140

그것과 무관하게 존재한다는 것이다. 실제로 사회에 대한 서비스가 이 권리들을 실행함으로써 생긴다는 생각이 사실상 당연시된다. 그러나 사회에 대한 서비스는 산업의 주된 동기와 기준이 아니라 권리의 실행을 통해 우연히 나타나는 이차적 결과이며, 실제로 획득되기는 하나 구하지 않아도 획득되는 결과이다. 경제행위가 노리는 목표도 경제행위를 평가하는 기준도 아니며, 콜타르가 석탄 가스 제조의 부산물인 것처럼 하나의 부산물이다. 그 부산물이 생기건 생기지 않건 간에 권리 자체가 포기되어야 한다고 주장되지는 않는다. 권리는 조건부 위탁물이 아니라 재산으로 간주되기 때문에 실제로 예외적 비상 상황의 특별한 비상사태에는 양보하지만, 그 비상 상황이 끝나면 지배력을 회복하며, 평상시에는 논의를 허용하지 않는다.

이러한 생각은 영국과 미국에서 모두 19세기의 역사를 통틀어 광범하게 기록되어 있다. 이러한 생각이 물려준 원칙이란, 재산은 개인이라는 기초 위에 있는 절대적 권리에 의해 유지되며, 이 기초에 또 다른 기초를 더하기 때문에 오랜 역사를 거슬러 올라가는 원칙으로 그 기원을 추적할 수 있지만 자본주의 산업의 발생 이후에야 완전히 성장했다는 것, 그리고 사회가 경제 사업의 기회를 제한하면 그 사회는 불공정하고도 지혜롭지 못하게 움직인다는 것이다. 따라서 재산 보유나 경제행위 실행의 조건으로 의무를 부과하려는 모든 시도는 양보 없는 저항에 맞닥뜨려왔다. 18세기가 전해주는 인도주의적 정서와 재산 이론 사이의 투쟁사는 널리 알려져 있다. 재산권의 이름으로 공장법에 대해, 주거 개혁에 대해, 상품의 불순물에 대한 간섭에 대해, 심지어 개인 집의 의무적 위생 시설에 대해 이루어진 반대를 잊은 사람은 아무도 없다. "내 것으로 내가 하고 싶은 걸 못 한단 말이야?"라는 것이, 제분소와 주택 소유자들에게 안전과 위생의 최소한의 기준을 요구하는 제안에 대한 응답이었다. 오늘날까지도 영국의 도시 지주가 터무니없이 비싼 값이 아니면 땅을 내놓지 않음으로써 한 도시 전체의 발전을 방해하거나 왜곡할 수 있는 반면, 영국의 지방자치체는 적절한 강제 수용 권한을 갖지 못해서 터무니없이 많은 비용을 지불하거나 지나치게 많은 주민의 인구 밀집을 지켜보아야만 한다. 지방자치체가 땅을 구입하거나 실제로 어떤 종류든 새로운 권한을 갖는 절차 전체는 사적 권리가 공익에 종속될 가능성으로부터 재산 소유자들을 보호하는 법률가들에 의해 주의 깊게 설계돼왔는데, 재산 소유자의 권리가 주되고 절대적인 것이며 공익은 이차적이고 부수적인 것이라고 생각되기 때문이다.

바로 이 원칙이 과세의 영역에 미치는 영향에 관해서는 다시 상기할 필요가 없다. 예컨대 소득세는 임시 조치라고 변명되었는데, 정상적인 사회에서는 개인이 소득 전체를 자신을 위해 소비하고, 그것 때문에 사회에 대해 의무를 지지는 않는다고 생각되었기 때문이다. 상속세는 강도 행위라고 비난받았는데, 상속에 의해 혜택을 받는 권리가 사회적 승인에 따르는 것임을 암시했기 때문이다. 1909년의 예산안이 파란을 일으킨 것은 토지에 대한 과세가 무거웠기 때문이 아니라(양 면에서 토지세는 가벼웠다) 재산이란 절대적 권리가 아니며 재산에는 특별한 의무가 적절히 동반될 수 있다는 원칙이, 즉 논리적 결론이 도출된다면 소유권을 더는 절대적이지 않고 조건적인 것으로 만듦으로써 소유권에 대한 승인을 무효로 할 것이라는 원칙이 그 예산안에 들어 있다고 느껴졌기 때문이다.

그러한 암시는 여론에 영향력이 있는 집단에게는 참을 수 없는 것으로 보이는데, 그들은 재산의 자유로운 처분과 경제적 기회의 무제한 이용을 절대적이고 무조건적 권리로 간주하는 것에 익숙해졌기 때문이다. 대체로 최근까지 이 견해에 대해서는 무시될 수 있을 만한 소수의 적대자가 있을 뿐이었다. 그 결과 재산권의 유지는 그 실행에 의해 어떤 서비스도 직접적이거나 간접적으로 이행되지 않는 것이 명백한 경우에조차 심각하게 위협받는 일이 없었다. 아무도 도시 토지의 소유자가 소유자**로서** 어떤 기능을 수행한다고 생각하지 않는다. 그는 사적 징세의 권리를 갖는다. 그것이 전부다. 그러나 도시 토지의 사유권은 한 세기 전과 마찬가지로 오늘날에도 안전하다. 그래서 휴 세실 경[7]은 보수주의에 관한 그의 흥미로운 소책자[8]에서 사유재산이 해롭건 그렇지 않건 간에 사회는 그것에 간섭해서는 안 되는데, 그것에 간섭하는 것은 도둑질이고 도둑질은 사악한 것이기 때문이라고 선언한다. 아무도 넓은 영역의 땅이 공원과 놀이를 위해 사용되는 것이 공익을 위한 것이라고 생각하지 않는다. 그러나 우리의 향사들country gentlemen은 여전히 자기 마을에서 터줏대감 노릇을 하면서 마을 사람들을 못 살게 군다. 아무도 독점은 공익에 봉사하는 "보이지 않는 손"이 시키는 것이라고 주장하지 못한다. 그러나 최근의 '신탁재산 보고서Report on Trusts'가 보여주는 바와 같이 하나 이상의 중요한 산업 분야의 경쟁이 합병에 의해 대체되었고, 합병 행위는 경제적 기회를 사용하는 개인과 마찬가지의 규제당하지 않는 자유를 허용받고 있다. 아무도 석탄 생산이 광산 사용료를 지불해야 가능하다거나, 선박 소유자가 자기 자본으로 50퍼센트의 이익을 낼 수 없으면 배가 여기저기 돌아다니지 않는다고 실제로 믿지는 않는다. 그러나 광산은 더 정확히 말하면 광산업자는 여

---

7 [역주] 휴 세실 경(Lord Hugh Cecil, 1869~1956): 영국 보수당 정치인.

8 [역주] 『보수주의(Conservatism)』(London: Williams and Norgate, 1912)를 말하는 듯하다.

전히 사용료를 내고, 선박 소유자는 여전히 재산을 모아서 귀족이 된다.

모든 사람이 부의 산출을 증가시키는 것의 중요성에 관해 이야기하는 바로 그 순간, 어떤 정치인에게도 결코 물어볼 생각이 나지 않을 것 같은 의문점은, 왜 부가 무가치한 행위에, 또한 서비스에 걸맞지도 않고 서비스에 전혀 쓰이지도 않는 지출에 낭비되어야 하는가 하는 점이다. 어떤 서비스가 제공되는 듯한 가장조차 하지 않은 채 재산권에 대가를 지불하는 관행이 아주 상습화돼왔기 때문에, 국가비상사태 시 땅에서 석유를 추출하자는 제안이 있으면 정부는 실제로, 거기에 석유가 있을 거라고 상상조차 하지 않았던 토지 소유자들에게, 채굴되는 모든 석유에 대해 세금을 지불할 것이라고 제안하고, 순진한 소유자들은 국가가 그들에게 더 많이 챙겨줄 도덕적 의무가 있는가 하는 의문을 접하기라도 하면 깜짝 놀라며 감정을 상한다. 그러나 그러한 권리는 엄격히 말하자면 특권이다. 특권의 정의란 상응하는 기능이 부가되지 않는 권리이기 때문이다.

요컨대 재산의 향유와 산업의 방향은 사회적 명분을 필요로 하지 않는다고 생각되는데, 이것들은 사회의 목적에 대한 서비스의 성공에 의해 평가되는 기능이 아니라 그 자체의 효력을 지키는 권리로 간주되기 때문이다. 오늘날 이 원칙은 지적으로는 의심받는다 할지라도 여전히 사회조직의 실제적 기초다. 이 원칙이 부적절하다는 것을 가장 일관되게 보여주는 증거에조차 이것이 얼마나 느리게 굴복하는지는 전시 기간에 경제행위에 부과되는 규제에 대해 재계의 우두머리들이 취한 태도에 나타난다. 철도·광산·해운의 통제, 경쟁하는 상인들을 통하는 게 아닌 공적 부서를 통한 원료 분배, 가격 통제, '폭리'를 억제하기 위한 시도 등 이 조치들의 세부적인 적용은 효과적이었을 수도 효과적이지 못했을 수도, 지혜로 웠을 수도 지혜롭지 못했을 수도 있다. 그 조치들 중 일부는 세계가 전쟁으로 인한 5년 동안의 파괴를 복구해야 할 때 수입을 제한하는 것처럼 어리석었고, 그 밖의 조치들은 개념상으로는 건전하지만 그 실행에는 의문이 있었다는 것은 참으로 분명하다. 이 조치들이 기능의 효율적 실행을 방해한다는 이유로 공격받는다면, 다시 말해 산업 지도자들이 앞에 나서서 어떤 이들이 자신의 명예를 걸고 말했듯이, "우리는 당신들의 정책을 수용하지만 그 실행 방법을 개선할 것이고, 우리는 서비스에 대해, 또 서비스에 대해서만 보상을 바랄 것이며, 국가가 다른 무엇에도 보상을 지불하지 않도록 국가를 도울 것이다"라고 말한다면, 사실에 관해서는 논란이 있을 수 있지만 그 원칙에 관해서는 논란이 있을 수 없다.

그러나 실제로는 이러한 규제에 제기되는 고발의 주요 취지는 일반적으로 그것과 정반대이다. 이러한 규제는 그것이 서비스의 기회를 제한하기 때문이 아니라 이익의 기회를 축소하기 때문에, 공동체를 부유하게 하는 상인을 방해하기 때문이 아니라 그 상인이 스스로를 부유하게 만드는 것을 더 어렵게 만들기 때문에, 요컨대 그 조치가 경제행위를 사회적 기능으로 개조하는 데 실패했기 때문이 아니라 너무나 성공할 뻔했기 때문에 고발당한다. 석탄 통제관의 재정 고문이 신임을 받는다면, 석탄 광산의 주주들은 전쟁 기간 동안 상당히 좋은 결과를 얻은 것으로 보일 것이다. 그러나 톤당 1실링 2펜스로 주주들의 이익을 제한하자는 주장은 게인포드 경[9]에 의해 "순전한 강도짓이자 사유재산 몰수"라고 묘사되었다. 몇몇 존경받을 만한 예외 경우가 있을 뿐, 요구되는 것은 과거와 마찬가지로 미래에도 산업의 책임자들은 전쟁 기간 동안 사회의 목적에 종속되도록

---

9 [역주] 게인포드 경(Lord Gainford, 1860~1943): 조셉 알버트 피스, 게인포드 남작 1세(Joseph Albert Pease, 1st Baron Gainford)를 말함. 사업가이자 자유주의 정치인.

부당하게 강요당한 것처럼 강요당하는 것이 아니라 자체의 편의와 발전을 위해 관리되는 기업처럼 산업 역시 자유롭게 다루어야 한다는 것이다. 상업과 산업의 규범이 사회의 목적을 완수하는 데 성공하는 것이라고 인정하는 것은 곧바로 재산과 경제행위를 절대적 권리에서 부수적이고 파생적인 권리로 변화시키는 것이고, 이 두 가지가 기능에 대해 상대적이며 기능이 실행되지 않으면 이 두 가지는 당연하게도 무효가 된다는 점을 확인하는 것이기 때문이다. 이제까지 재계에서는 사회가 이 두 가지를 촉진하기 위해 존재하는 것으로 간주돼온 반면, 그와 같은 인정은 요컨대 재산과 경제행위가 사회의 목적을 고취하기 위해 존재한다는 것을 암시한다. 공무원으로서가 아니라 산업을 자신의 부와 사회적 영향력에 서비스하도록 만드는 데 성공한 덕분에 자리를 차지하고 있는 사람들에게는, 수단과 목적의 그러한 전도는 혁명과 다름없어 보인다. 그것은 그들이 이제까지는 비판을 초월하는 질서의 일부로 당연시해온 권리의 정당성을 사회라는 법정 앞에서 입증해야 한다는 것을 의미하기 때문이다.

19세기의 대부분 기간 동안 개인의 권리와 사회적 기능이라는 두 원칙 사이의 대립의 의미가 사익과 공익 사이의 불가피한 조화라는 원칙으로 위장되었다. 경쟁이 정직의 효과적 대체물이라고 주장되었다. 오늘날 이 부수적 원칙은 비판을 받아 허물어졌다. 한 19세기 경제학자로 하여금 "탐욕은 탐욕에 의해 억제되고, 이익에 대한 욕망은 스스로 제한을 둔다"라고 말하게 한, 경제적 낙관주의와 도덕적 파산의 혼합물을 지지한다고 고백하는 사람이 지금은 거의 없다. 하지만 개인의 권리를 사회의 중심이자 중심축이라고 보는 경향이 여전히 정치사상의 가장 강력한 요소이고 산업 조직의 실제적 토대이다. 사익과 공익이 일치한다는, 그리고 지난 세기에 경제적 이기주의를 숭배하는 구실이 된바 인간의 자기애가 신의 섭리라는 원칙을 힘들게 논박하는 것은 사실 놀라울 만큼 작은 결과를 얻었을 뿐이다. 경제적 이기주의는 여전히 숭배된다. 또한 그 주의가 실제로는 중심의 위치에 있지 않았다는 이유 때문에 숭배된다. 그것은 성채가 아니라 외루外壘였고, 그 외루가 함락되었기 때문에 성채는 여전히 건재하다.

지난 한 세기 반 동안 구축된 산업 체제에 그 특별한 자질과 성격, 그 강인함과 응집력을 부여하는 것은 경제적 조화에 관한 폭발적 이론이 아니다. 경제적 권리가 효력을 고수하고 그것보다 높은 자격증을 제시할 필요가 없는 것은 경제적 권리가 경제적 기능에 선행하고 경제적 기능과 무관하게 존재한다는 원칙 덕분이다. 그 원칙의 실제 결과는, 경제적 권리는 경제적 기능이 실행되건 되지 않건 간에 존속한다는 것이다. 경제적 권리는 오늘날 초기 산업주의 시대보다도 더 위협적인 형태로 남아 있다. 산업을 지배하는 사람들은 이제 경쟁을 하는 것이 아니라 합병을 하고, 자본 재산과 토지 재산 사이의 경쟁 관계는 오래전에 끝났기 때문이다. 새로운 보수주의의 토대는, 소유자는 서비스 때문이 아니라 서비스 없이도 수입을 뽑아낼 수 있는 권리를 가지기 때문에 정치적일 뿐만 아니라 경제적인 행위에 의해 사회를 조직함으로써, 이루어지고 있는 대가의 지불을 없애고자 하는 모든 시도에 대항하여 사회의 안전을 보장하겠다는 결단인 것으로 보인다. 그에 따른 결과가 바로 전통적인 두 정당의 융합, 상원을 '강화'하자는 제안, 보호무역제도로의 복귀, 경쟁 상대 산업주의자들을 독점의 이점 쪽으로 급속히 전환시키는 것, 그리고 양해를 통해 노동계급의 더 영향력 있는 집단을 매수하려는 시도 등이다. 혁명은 오래고 혹독한 경험이 보여주듯, 그것이 타도하는 체제로부터 자기 색깔을 가져오기 십상이다. 재산에 대한 절대적 권리를 주장하는 신조가 때로는 덜 반反사회적이고 참으로 덜 비인간적이지만 그 신조만큼이나 거의 교조적이며, 거의 불관용적이고 배려심이 없는, 노동의 절대적 권리라는 정반대 편의 주장과 맞닥뜨리는 것이 조금이라도 이상한 일일까?

사회적 의무의 이행에 부수되는 부의 획득을 목표로 하고, 서비스에 비례하는 보수를 추구하고, 아무 서비스도 실행하지 않는 사람들에게는 보수를 허락하지 않으며, 사람들이 소유하는 것이 아니라 만들고 창조하고 성취할 수 있는 것이 무엇인지를 묻는 사회는 기능사회Functional Society라 불릴 만한데, 그러한 사회에서는 사회에서 강조하는 중심 주제가 기능의 실행이 될 것이기 때문이다. 그러나 그러한 사회는 그 비슷한 것이 과거 사람들의 마음속에 실현되지 않은 이론으로 떠올랐을지라도, 현대 세계에서는 먼 이상으로조차 존재하지 않는다. 현대사회는 경제적 권리를 보호하는 것이 목표인 반면 비정상적 비상사태의 순간들을 제외하고는 경제적 기능은 스스로 이루어지도록 내버려둔다. 현대사회의 공적 제도에, 그리고 그 정책과 정치사상에 색깔과 자질을 부여하는 동기는 공적 서비스를 위해 착수되는 과제의 이행을 보장하고자 하는 것이 아니라 개인들이 스스로에게 이롭다고 생각하는 대상을 획득하는 데 열려 있는 기회를 증가시키는 것이다. 사회조직의 목적이나 규범이 무엇이냐는 질문을 받는다면, 그들은 최대 다수의 최대 행복이라는 정형화된 문구를 연상케 하는 대답을 내놓을 것이다. 그러나 사회제도의 목적이 행복이라고 말하는 것은 공통된 목적을 가지고 있지 않다고 말하는 것이다. 행복이란 개별적이며, 행복을 사회의 목적으로 삼는 것은 각자 어떤 사적인 목적의 성취를 향해 나아가는 무수한 개인의 야망으로 사회를 분해하는 것이기 때문이다.

이러한 사회는 탐욕사회Acquisitive Societies라 불릴 수 있는데, 이러한

148

사회가 온통 지향하고 관심을 두고 몰두하는 것은 부의 획득acquisition 을 촉진하는 것이기 때문이다. 이 개념의 호소력은 막강한데, 그것이 현대 세계 전체를 그 주술 아래에 두었기 때문이다. 영국이 최초로 산업주의의 가능성을 보여준 이래로 그것은 점점 더 세력이 강해졌고, 러시아와 일본과 인도와 중국이 그 궤도 속으로 끌려 들어가는 것처럼 산업 문명이 자기로부터 이제까지 멀리 떨어져 있던 나라들을 침범하는 데에서 보듯, 10년이 지날 때마다 그 영향력이 새롭게 확장된다. 그 승리의 비밀은 분명하다. 그것은 자연 또는 사회에 의해, 솜씨 또는 에너지 또는 무자비한 이기주의 또는 단순한 운에 의해 주어진 권한을 사용하도록, 그러나 이때 그 권한의 행사를 제한하는 어떤 원칙이 있는지 여부를 묻지 않도록 인간을 유인하는 것이다. 이 개념에서는, 차이 나는 계급들이 사실상 갖게 될 차이 나는 기회들을 결정하고, 자신의 향상을 위해 최대한 이용할 수 있도록 권력을 소유하거나 획득할 수 있는 사람들의 권리에 관심을 집중하는 사회조직을 당연시한다. 사람들의 에너지가 향해야 할 목표를 규정하기 때문에 그 에너지를 제한하는 사회적 의무를 이행하는 것이 아니라 사리사욕을 추구하는 권리를 행사하는 것에 사람들의 마음을 집중시킴으로써 부의 획득을 위한 무제한의 시야를 제공하고, 그에 따라 인간 본능의 가장 강력한 것 가운데 하나가 자유로이 작용할 수 있게 해준다. 강자에게는 그의 힘을 행사할 수 있는 무제한의 자유를, 약자에게는 그 역시 언젠가는 강해질 수 있다는 희망을 약속한다. 양자 모두의 눈앞에, 모두가 차지할 수는 없으나 각자가 얻기 위해 분투할 수 있는 황금빛 선망의 대상을, 무한히 부풀어 오르며 유혹하는 환상을 매달아 놓는다. 사람들에게 자신의 목적 이외에는 아무런 목적도 없고, 자신의 욕망 이외에는 아무런 법도 없으며, 자신이 바람직하다고 생각하는 것 이외에는 아무런 한계도 없다고 확신시켜준다. 이런 식으로 개인을 그 자신이 소유한 우주의 중심으로 만들어주고, 도덕이라는 원칙을 편의라는 선택지로 분해한다. 또한 복잡한 공동체들로 이루어지는 사회생활의 문제를 지극히 단순화한다. 사람들이 다양한 유형의 경제행위와 부의 다양한 원천을, 사업과 탐욕을, 에너지와 부도덕한 허욕을, 합법적 재산과 절도한 재산을, 노동의 결과를 정당하게 향유하는 것과 가문이나 운에 게으르게 기생하는 것을 분간할 필요성을 느끼지 않게 해주기도 하는데, 모든 경제행위를 똑같은 차원에 놓여 있는 것처럼 취급하면서 과도함이나 결함, 낭비나 과잉을 피하기 위한 사회적 의지의 의식적 노력은 불필요하고 이런 것들은 경제적 힘의 기계적 작용에 의해 거의 자동으로 바로잡힌다고 암시하기 때문이다.

이러한 개념의 자극 아래에 있는 사람들은 종교적이거나 지혜롭거나 예술적으로 되지 않는다. 종교와 지혜와 예술은 한계를 받아들이는 것을 의미하기 때문이다. 그러나 사람들은 권력을 갖고 부유해진다. 자신의 영혼은 소유하지 않는다 할지라도 지구를 물려받고 자연의 얼굴을 변화시킨다. 또한 자기 향상의 기회와, 태생이나 부나 재능이나 행운이 기회를 잡을 수 있게 만들어준 사람들 사이에 장애물이 없을 때 존재하는 그러한 모습의 자유를 소유한다. 목적이 충분히 한정되어 있고 목전의 것이라면, 그리고 다른 문제 때문에 그것을 추구하는 데 집중력을 잃지 않는다면, 개인이나 사회가 목적을 달성하는 일은 어렵지 않다. 기회의 배양에 몰두하고 의무는 스스로 알아서 하도록 내버려두는 기질은 단순하고도 실행 가능한 목적에 전념한다. 18세기가 이 개념을 정의했다. 20세기는 아주 광범하게 이 개념에 도달했다. 또는 20세기가 그것에 도달하지 않았다 할지라도 도달할 가능성은 최소한 손아귀에 넣었다. 1914년 국민 1인당 부의 생산량이 대략 200달러로 추산된다. 인류가 계속해서 내셔널리즘[10]의 야망과 폭력에 번영을 희생시키려 하지 않는다면, 2000년에 그것은 두 배가 될 수 있다.

10 [역주] 내셔널리즘(nationalism): 영국 또는 유럽의 당시 상황에서 볼 때 이 말은 '민족주의' 또는 '국가주의'로 번역하는 것이 적절치 않다. 우리가 '민족주의'나 '국가주의'라는 말에서 받는 느낌이나 생각과 '내셔널리즘'은 차이가 있기 때문이다. 그래서 이 말은 원어 그대로를 쓰면서 뒤에 나오는 토니의 설명을 통해 그것이 내포한 의미를 이해하는 것이 좋다고 생각한다.

산업주의의 응보

　　그러한 행복은 성취하기가 그리 어렵지 않다. 그러나 그러한 행복을 성취하는 과정에서 세계는 한 무리의 예기치 못한 결과에 맞닥뜨렸는데, 이 결과는 경제적 기회의 장애가 18세기에 사회**불안**malaise의 원인이었던 것처럼 세계 **불안**의 원인이다. 그런데 이 결과는 흔히 떠올려지는 것처럼 우연한 부적응이 아니라 그러한 행복을 지배하는 원칙에서 당연하게 나오는 것이다. 따라서 어떤 의미에서는 그러한 행복이 주는 당혹감의 원인은 그 행복을 이루지 못한 것이 아니라 이루었음을 보여주는 특징이며, 그 행복의 빛 자체가 일종의 어둠이다. 경제적 힘을 향한 의지가 하나의 목표에 충분히 집중한다면 부를 가져온다. 그러나 그 의지가 하나의 목표에 집중하면 부의 추구에 조건을 다는 도덕적 규제를 파괴하여 부의 추구 또한 무의미하게 만든다. 앞서 말한 바와 같이, 다른 어떤 행위와 마찬가지로 경제행위에 의미를 부여하는 것은 그 행위가 지향하는 목적이기 때문이다. 그러나 우리의 경제 문명이 기초를 두는 신념, 즉 부는 수단이 아니라 목적이라는 신념은 모든 경제행위는 사회의 목적에 복속되건 그렇지 않건 존중받을 만하다는 것이다. 따라서 경제행위는 이익을 서비스에서 분리하고, 어떤 기능도 실행되지 않거나 지나친 보상을 정당화한다. 현대사회의 부는 기회에 따라 분배된다. 또한 기회는 부분적으로는 재능과 활력에 달려 있지만 태생, 사회적 지위, 교육에 대한 접근 기회와 물려받은 부, 한마디로 재산에 훨씬 더 의존한다. 재능과 활력은 기회를 만들어낼 수 있지만, 재산은 기회를 기다리기만 하면 되기 때문이다. 회사가 생산하는 배당금을 인출하는 사람은 잠을 자는 동업자이고, 유산에서 자기 몫을 언제나 청구하는 사람은 잔여 재산[11] 수유자[12]이다.

보상이 서비스에서 분리되니, 가장 귀중하게 여겨지는 것이 노동의 대가로 얻어지는 부가 아니라 경제적 출처가 지저분하다고 생각되어 감추어지는 부이기 때문에 두 가지 결과가 뒤따른다. 첫째, 생산물에 사용세를 부과하지만 생산물의 증가에는 아무 서비스도 하지 않는 산업 위에 올라앉아 마치 번영의 비밀이 그들 안에 있는 듯이 용인되는 데서 그치는 것이 아니라 박수 받고 존경받으며 헌신적 돌봄으로 보호되는 연금 수령자 계급의 창출이다. 그들은 기능에 지불하는 수입과 그렇지 않은 수입을 구별하는 어떤 원칙도 없는 상태에서 모든 수입이 부를 나타낸다는 이유만으로 똑같은 수준의 평가를 받고, 오직 규모만으로 평가를 받기 때문

---

11 [역주] 잔여 재산(殘餘 財産): 어떤 재산에서 채권과 채무를 셈하여 정리한 다음 남은 재산.

12 [역주] 수유자(受遺者): 재산을 물려받을 것으로 유언에 지정되어 있는 사람. 일정한 사유가 없는 한 자연인뿐만 아니라 법인도 수유자가 될 수 있고 유언자의 상속인도 수유자가 될 수 있다.

에 존경받는다. 그래서 산업주의를 받아들인 모든 사회에는 사회생활의 향유를 요구하지만 책임은 거부하는 상위 계층이 있다. **불로소득 생활자**와 그들의 생활 방식을 전쟁 전 영국에서 얼마나 흔히 볼 수 있었던가! 사립학교를 마치고 옥스퍼드와 케임브리지에서 사교 단체 생활, 그리고 나서는 도시에서 또 다른 사교 단체. 런던이 재미있으면 6월에는 런던, 8월에는 들판, 10월에는 꿩 집기, 12월에는 프랑스의 칸, 그리고 2월과 3월에는 사냥. 그러니 상승하는 부르주아지의 세계 전체가 그들을 모방하고, 자기네의 값비싼 시계의 시간을 이 말도 안 되는 연간 행사 일정표에 맞추려고 공을 들인다.

둘째의 결과는, 노동을 하지만 자기 노동으로 큰 보상을 받지 못하는 사람들의, 즉 대다수 인간의 지위 하락이다. 그런데 이 하락에는 사람들이 산업에 관한 사고에서 산업의 목적에 첫 번째 자리를 부여하기를 거부하는 일이 불가피하게 뒤따른다. 사람들이 산업의 목적에 첫 번째 자리를 부여하면, 즉 사람들의 마음이 산업의 의미는 인간의 서비스라는 사실에 붙박여 있으면 노동하는 모든 사람이 훌륭해 보이는데, 노동을 하는 사람들은 모두 쓸모가 있고, 쓸모 있는 사람들과 소비만 하는 사람들을 구분하는 것은 수입의 차이에 기초한 모든 사소한 특징을 지워버릴 만큼 중대하고 근본적이기 때문이다. 그러나 기능이라는 기준이 잊히면 유일하게 남는 기준은 부라는 기준이어서, 기능사회Functional Society가 가장 미천하고 가장 힘든 일을 하는 기능공이 만든 창작 예술품에도 존경을 표하는 것처럼 탐욕사회는 부의 소유를 경외한다.

따라서 부는 사회적 존경의 토대가 되고, 노동을 하지만 부를 획득하지 못하는 일반 국민은 행운에 의하거나 경제적 기회의 교묘한 이용에 의해 부를 획득하는 소수와 비교해서 천하고 무의미하고 중요치 않다고 생각된다. 그들은 부를 생산하는 유일한 목적이 아니라 노동이라는 지루하고 지저분한 일로 생각되는 것과 접촉하여 더럽혀지게 되는 세계에 의해 부를 획득하는 수단으로 간주되기에 이른다. 그들은 행복하지 않다. 거의 평균밖에 안 되는 보상은 돈뿐만 아니라 타인들의 존경이기도 한데, 군인들에게 지킬 가치가 있는 문명이 있다는 사실이 바로 자신들이 문명을 만드는 데 자신의 삶을 바치는 이유임에도, 그들은 군인들이 존경받는 만큼 존경받지 못한다는 것을 알기 때문이다. 그들은 존경받지 못하는데, 사회의 존경은 받는 사람들을 향하지 주는 사람을 향하지는 않으며, 노동자는 많이 주지만 적게 얻기 때문이다. 그런데 그들이 부양하는 **불로소득 생활자**도 행복하지 않다. 부의 획득에 한계를 설정하는 기능이라는 개념을 버릴 때, 부에 의미를 부여하는 유일한 원칙 또한 버렸기 때문이다. 따라서 스스로에게 부는 본래 칭찬할 만한 것이라고 설득할 수 없다면, 사회적 존경을 누릴 수는 있지만 스스로를 존경할 수는 없다. 행위를 의미 있게 만들어서 그 행위를 존경받을 만하게 만드는 원칙을 무효로 해 버렸기 때문이다. 참으로 불로소득 생활자들은 그들을 부러워하는 사람들 일부보다도 실제로는 더 애처롭다. 단테의 「지옥편」에 나오는 영혼들처럼 욕망의 성취 때문에 벌을 받기 때문이다.

이러한 관념에 지배되는 사회는 필연적으로 불합리한 불평등에 희생된다. 이러한 불평등에서 벗어나려면 특정 개인과 특정 계급의 이익을 제한하는 어떤 원칙이 있음을 인정해야 하는데, 특정한 출처나 과도한 특정의 원리금 합계로부터 얻어낸 이익은 불법이기 때문이다. 그러나 이러한 제한은, 개인이 어떤 서비스도 이행하든 말든 무언가를 얻을 수 있는 권리가 있다는 가설과 부합하지 않는 판별력의 기준을 시사한다. 이렇게 해서 1789년의 복음에 의해 내쫓길 운명이었던 특권이 새로운 겉모습을 하고, 즉 이제는 손과 머리의 평등한 능력의 자연스러운 행사를 방해하는 불평등한 법적 권리가 아니라, 재산과 물려받은 부와 계급 제도의 장치가 기회를 불평등한 것으로 만든 세계에서 평등한 권리의 행사로부터 발생하는 불평등한 능력의 피조물이라는 겉모습을 하고 귀환한다. 불평등은 다시 생산을 잘못된 방향으로 이끈다. 5만 파운드의 수입 한 개에 대한 수요는 100파운드의 수입 500개에 대한 수요만큼이나 강력한 매력이 있어서, 부의 창출로부터 사치품의 증식으로 에너지를 전환하는 결과, 예컨대 영국 사람들의 10분의 1이 지나치게 몰려 있지만 그들 중 상당 부분은 부족한 것을 공급하는 데 종사하는 것이 아니라 부자들의 호텔과 사치스러운 요트와, 전시에 국무장관이 사용한 것과 같은 '세로 네 조각으로 켠 마호가니 속에 은이 박혀 있고 새끼 사슴 가죽과 모로코가죽으로 씌운 실내 장식을 한' 자동차를 만드는 데 종사한다. 최근 한 평범한 자본가가 쓸모 있는 산업을 격려하면서 민간 경제의 예를 들며 일반 국민의 낭비를 비난한답시고, 1만 4,000달러라는 약소한 금액[13]으로 이 제품을 구매했다.

이처럼 해마다 생산되며 부라고 불리는 일부 상품은 엄밀히 말해 낭비

---

13 [역주] 이 금액이 현재 가치로 어느 정도인지 알아보기 위해 비교해보자면, 예컨대 1918년과 1919년에 걸쳐 미국 캘리포니아 중부 지역의 한인 독립운동 기금 기부자가 85명이었고, 총 1만 3,835달러를 모금하여 상하이임시정부 수립 지원금으로 보낸 것으로 기록되어 있는데, 이 금액을 오늘날 화폐 가치로 환산하면 17만 7,100달러에 이른다고 한다. 이 금액은 약 2억 4,000만 원 정도가 된다.
   "조국 독립 열망한 독립금 기부자 비에 새겨 후대에 길이 전한다", 《한국일보》, 2017.2.24.
   〈http://www.koreatimes.com/article/1041981〉(2019.3.27) 참조.
   1916년에 쓴 이 책에서 토니는 반어법을 써서 자본가들의 사치품 소비 행태와 그 경제적 배경을 비판하고 있다.

인데, 국민 수입의 일부로 계산될지라도 다른 품목들이 이미 충분히 풍부하게 생산될 때까지는 생산되지 말았어야 하거나 아예 생산되지 말았어야 할 품목들로 이루어져 있기 때문이다. 또한 인구의 일부는 누구도 행복하게 또는 자존심의 손상 없이는 만들 수 없는 상품을 만드는 데 고용되는데, 그 상품이 만들어지지 않는 게 훨씬 더 좋다는 것을, 그리고 자신의 인생이 그것을 만드는 데 낭비되고 있다는 것을 알기 때문이다. 전시에 자기 땅에 수백 명의 인부에게 인공호를 파게 한 군 도급업자가 국부를 증가시킨 것이 아니라 빼낸 것이라는 사실은 모든 사람이 인정한다. 그러나 평화 시에는 수십만의 노동자가, 연못을 파고 있지 않으면 어리석고도 낭비적인 일을 한다. 전시뿐만 아니라 평화 시에도 행해지기를 기다리고 있지만 간과되는 중요한 일이 있음에도 그렇다. 그 일이 무시되는 이유는, 일반 국민의 유효수요[14]는 아주 적은 반면 몇몇 사람만 입는 옷을 입고, 몇몇 사람만 먹는 만찬을 먹고, 몇몇 가족만 사는 집을 차지하고, 몇몇 사람만 하는 생활을 누리는 적은 수의 계급이 있기 때문이다. 소수가 많은 수입을 갖는데 그 수입 중 일부가, 소비된다면 하찮은 것에 소비되어야 하는 한 그만큼 오랫동안 인간의 에너지와 국가의 기계 장치의 일부는 국민을 부유하게 하는 중대한 일로부터 국민을 가난하게 만드는 하찮은 것을 만드는 데로 전환될 터인데, 그 하찮은 것은 다른 것들을 만들지 않는 대가로만 만들어질 수 있기 때문이다. 또한 광부와 부두 노동자들에게 생산의 의무를 설교하는 귀족과 백만장자들이 더 많은 낭비가 아니라 더 많은 부가 생산되기를 바란다면, 그들의 목표를 이룰 수 있는 가장 간단한 방법은 1년에 (예컨대) 5,000달러를 초과하는 그들의 수입 전부를 일

14　[역주] 유효수요(effective demand): 실제로 구매력이 있는 수요.

반 국민에게 이전해서 그것이 정원사, 운전기사, 하녀, 그리고 런던의 웨스트엔드에 있는 점주가 아니라 건축업자와 정비공과 교사가 일하게 하는 데 소비되는 것이다.

따라서 현재 많은 이들이 그러듯이 "생산하라! 생산하라!"라고 떠들어대는 사람들에게는 한 가지 단순한 질문을 할 만하다. "뭘 생산하라고?" 음식, 옷, 집, 예술품, 지식? 좋고말고! 그러나 국민에게 이 물건들이 모자라게 공급되고 있다면, 웨스트엔드 리전트 가의 상점 유리창 안을 채우고 있는 아주 많은 다른 물건들을 공급하는 일을 중단하는 것이 낫지 않은가? 국민이 기계와 화물 기차 철로로 산업을 다시 꾸리기를 바란다면, 부자들이 자동차로 자신들을 다시 치장하도록 격려하기 위해 계획된 전시물들을 유지하지 않는 게 낫지 않은가? 이미 존재하는 생산력의 일부가 잘못 쓰이고 있다면, 생산력이 증가되어야 하는 필요성을 역설하는 것보다 더 어리석은 것이 무엇이겠는가? 쓸데없는 것을 덜 생산하는 것이 아주 중요한 물건을 더 생산할 수 있는 조건만큼이나 실제로 중요하지 않은가? "개인 사치품에 덜 소비하라"가 "더 많이 생산하라"만큼 지혜로운 외침이 아닌 것일까? 그런데도 불평등의 이 결과는 다시 사회제도와 산업활동에서 목적이라는 개념을 배제하는 사회에 의해서는 방지되거나 점검되거나 심지어 인식되지도 못하는 현상이다. 이 현상을 인식하는 것은, 다양한 직업의 상대적 중요성을 결정하는 경제적 힘의 기계적 작용보다 상급의 원칙이 있다는 것, 그래서 어떻게 이루어지든 모든 부가 목적이고 모든 경제행위는 똑같이 정당화될 수 있다는 견해를 버리는 것을 의미하기 때문이다.

목적이라는 개념을 거부하는 것은, 모든 사람이 한탄하지만 권리의 자유로운 행사가 사회의 주된 관심이고 의무의 이행은 그 자체가 스스로 이루어지도록 내버려지는 이차적이고 우연적인 결과라는 믿음을 버리지 않고는, 아무도 방지할 수 없는 또 다른 결과를 수반한다. 사회생활이 격렬한 적대 행위의 장으로 되고 산업의 상당 부분이 위장된 사회적 전쟁의 사이사이에 유지된다는 것이 그것이다. 산업 평화가 요령과 관용의 행사에 의해서만 보장될 수 있다는 개념은, 때때로 유감스러운 오해의 방해는 받기는 하지만 관계된 여러 집단 사이에는 이해관계의 근본적 동질감이 있다는 개념에 기초한다. 전자의 개념과 후자의 개념 모두가 하나의 환상이다. 중요한 논쟁은 이해관계의 동질성에 대한 오해에 의해서가 아니라 이해관계의 다양성에 대한 더 나은 이해에 의해 일어난다. 전쟁의 형식적 선포는 일시적 사건이지만, 전쟁을 선포할 때 생기는 조건들은 영구적이다. 또한 그 조건들을 영구적으로 만드는 것은 불평등과 기능 없는 수입 또한 영구적으로 만드는 산업 개념이다. 그것은 산업이 그에 관계된 사람들의 만족 이외의 어떤 목표나 목적을 갖지 않는다는 개념이다.

이 개념은 산업 전쟁을 유감스러운 우연적 사건이 아니라 불가피한 결과로 만들어낸다. 이 개념이 산업 전쟁을 일으키는 것은 각 개인이나 집단은 그들이 얻을 수 있는 것에 대한 권리를 가지며, 그들이 얻어야 할 것을 결정하는 시장의 메커니즘 이외에는 어떤 원칙도 없다고 가르치기 때문이다. 분배에 돌릴 수 있는 수입은 한정되어 있고, 따라서 특정 제한이 무시되면 한 집단이 얻는 것을 또 다른 집단은 잃으므로 서로 다른 집단의 상대적 수입이 그들의 기능에 의해 결정되지 않는다면, 그 수입을 결정하기 위해 주어지는 것은 상호 간의 자기주장 이외에는 아무 방법이 없기 때문이다. 실제로 사리 추구가 그들로 하여금 자신의 주장을 밀어붙이는데 자신의 온 힘을 사용하지 않도록 만들 수도 있고, 그렇게 된다면 인간이 힘의 균형에 의해 국제 문제에서 평화를 보장하려고 노력해온 것처럼 산업 안에서 평화가 보장된다. 그러나 그러한 평화의 유지는 그들이 공공연한 투쟁을 통해 얻을 수 있는 것보다 잃을 것이 더 많다는 점에 대한 당사자들의 판단에 부수되는 것이지, 서로 다른 주장 간의 공정한 합의로서 일정한 보상의 기준을 받아들이는 결과가 아니다. 따라서 그러한 평화는 불확실하고 가식적이며 유효 기간이 짧다. 그러한 평화는 최종적인 것이 없는데, 수입 증가를 단순히 덧붙이는 것에 최종적인 것이 없는 것은 유형의 재화를 향한 다른 어떤 욕망에 최종적인 것이 없는 것과 마찬가지이기 때문이다. 요구가 수용되면 오랜 투쟁이 새로운 차원에서 다시 시작되는데, 인간이 큰 것이건 작은 것이건 모든 보상이 기초해야 하는 원칙을 찾는 것이 아니라 보상을 증가시키는 것에 의해서만 그 투쟁을 종식하고자 하는 한 그 오랜 투쟁은 항상 다시 시작된다.

그러한 원칙은 기능이라는 개념에 의해 주어지는데, 이 개념을 적용하게 되면 분쟁의 주제인 잉여를 없애게 되고, 보상이 우연한 기회나 특권 또는 일방적으로 밀어붙이는 거래의 기회를 이용하는 권력이 아니라 서비스에 기초한다는 사실을 분명히 할 것이기 때문이다. 그러나 기능이라는 개념은 현대 산업에서 작용하는 신념인바 모든 개인과 조직이 자기의 경제적 기회를 이용할 수 있는 무제한적 권리를 갖는다는 원칙과 양립할 수 없다. 또한 그 원칙이 받아들여지지 않기 때문에 사람들은 힘으로 문제를 해결하기를 포기하거나, 하나의 원칙의 부재가 새로운 종류의 기구에 의해 보상될 수 있다 할지라도 국가가 힘을 사용하여 사적 단체들의 힘을 대체해야 한다고 제안한다. 하지만 언제나 산업 전쟁의 진정한 원인은 국제 전쟁의 진정한 원인만큼이나 단순하다. 인간이 자신의 욕망보다 우월한 법칙을 인정하지 않는다면, 서로의 욕망이 충돌할 때 서로 싸울 수밖에 없다는 것이다. 서로에게 문제가 되는 집단이나 국가들이 그들 모두보다 우월한 원칙에는 복종한다 할지라도 서로에게 복종해야 할 이유는 없기 때문이다.

따라서 부자들에게 인기 있는, 즉 부의 산출이 갑절이 되고 모든 사람이 두 배로 잘 살게 되기만 하면 산업상의 논란은 사라질 것이라는 관념은, 모든 실제 경험에 의해서 논박될 뿐만 아니라 환상에 토대를 둔 바로 그 본질 안에 갇혀 있는 것이다. 문제는 규모의 총량과 관련된 것이 아니어서, 120달러가 아닌 80달러를 받아야 할 이유가 없는 한, 그리고 일을 하지 않는 다른 사람들이 무언가 보수를 받는 한, 사람들은 16달러가 아니라 20달러를 받기 위해 싸우려 할 것과 마찬가지로 주당 80달러가 아니라 120달러를 받기 위해 당장 싸우려 들 것이기 때문이다. 석탄을 얻는 데 모든 불필요한 요금이 없어졌을 때 광부들이 더 높은 임금을 요구한다면, 그들의 요구를 충족할 원칙, 즉 한 노동자 집단은 다른 노동자들의 생계 수단을 침범해서는 안 된다는 원칙이 있게 될 것이다. 그러나 광산 소유자가 사용료를 뽑아내고, 아주 생산력이 높은 광산에서 부재지주 주주들에게 30퍼센트의 사용료를 지불하는 한, 더 높은 임금을 요구하는 데 대해 타당한 답변을 할 수는 없다. 그 공동체가 일을 하지 않는 사람들에게 아무 대가도 지불하지 않는다면, 일을 하는 사람들에게 더 많은 대가를 지불할 여력이 생기기 때문이다. 노동자는 만족할 줄 모른다는 순진한 불평은, 따라서 완전히 맞는 말이다. 그것은 노동자뿐만 아니라 부가 기능에 비례되는 것이 아닌 부를 얻을 수 있는 사람들에게 속한다는 원칙 위에서 업무를 수행하는 사회에서는 모든 계급에 들어맞는 말이다. 그들은 만족하지도 않을뿐더러 만족할 수도 없다. 그 원칙을 자기 개인의 삶과 사회질서의 지침으로 삼는 한 무한한 것과 다름없는 것만이 그들에게 만족감을 줄 수 있다.

그래서 여기서 다시 권리에 대한 유력한 강조이자 기능에 대한 유력한 무시가 인간을 잘못된 철학으로 지배하면서 벗어날 수 없는 사악한 순환 논법 속으로 이끈다. 그러나 그것은 무언가 그 이상의 것을 행한다. 그 철학 자체를 그럴듯하고 기분 좋은 것으로, 그리고 그 철학을 낳은 산업뿐만 아니라 정치와 문화와 종교와 사회생활의 전 영역을 지배하는 규칙으로 만든다. 인간 생활의 한 면이 지나치게 과장되어 다른 모든 면을 무색하게 하고 마침내 쇠약하게 만들 가능성은 영국인들에게 '프로이센 군국주의'의 예에 의해 잘 알려져 있다. 군국주의는 군대가 아니라 사회에 그 특징이 있다. 그 본질은 군대식 대비의 특정한 속성이나 규모가 아니라 어떤 정신 상태인데, 이 정신 상태란 사회생활 가운데 하나의 특정 요소에 집중하여 그 요소가 나머지 모든 것의 결정자가 될 때까지 그것을 승격시키는 것이다. 군대가 존재하는 목적은 망각된다. 군대는 그 자체의 권리는 지키며 어떤 명분도 필요치 않다고 생각된다. 불완전한 사회에서 필요한 도구라고 간주되지 않고, 마치 군대가 없으면 세상이 무기력하고 무미건조한 장소로 될 것처럼 군대는 미신적 숭배의 대상으로 격상된다. 그 결과 정치제도와 사회제도와 지성과 도덕성과 종교는 하나의 행위, 즉 정상 사회에서는 경찰이나 감옥의 유지나 하수구의 청소처럼 부차적인 행위이지만, 군국주의 국가에서는 사회 자체의 일종의 신비한 화신인 하나의 행위에 걸맞도록 어떤 틀 속에 쑤셔 넣어진다.

군국주의는 영국인이 아주 분명하게 보는 바와 같이 물신숭배이다. 인간의 영혼이 우상 앞에 엎드리는 것이고, 그 우상을 달래기 위해 자기 몸을 갈가리 찢는 것이다. 영국인들이 보지 못하는 것은 경제적 행위와 산업, 그리고 사업이라 불리는 것에 대한 숭배 또한 물신숭배라는 것, 그리고 그 우상에게 헌신하면서 프로이센 사람들이 군국주의를 숭배했을 때와 똑같이 불필요하게 스스로를 고문하고 그와 똑같은 의미 없는 광대 짓에 빠져 있다는 점이다. 군대의 전통과 정신이 프로이센에 군국주의라는 결과를 낳은 것과 마찬가지로 상업의 전통과 정신이 영국에 산업주의라는 결과를 낳았다. 산업주의가 경제적으로 발달한 사회의 불가피한 특징은 군국주의가 군대를 유지하는 국가의 불가피한 특징과 마찬가지다. 산업주의가 과학을 산업에 적용하는 결과는 군국주의가 과학을 전쟁에 적용한 결과와 마찬가지다. 그러므로 산업주의가 석탄과 철과 기계를 사용하는 공동체에서 무언가 불가피한 것이라는 관념은 진실과 아주 동떨어진 것이며, 그 자체가 산업주의가 만들어내는 왜곡된 정신의 생산물이다. 인간은 자신이 원하고 사용해도 나빠지지 않는 기계 도구를 사용할 수 있다. 인간의 영혼을 죽이는 것은 인간이 그 도구로 하여금 **인간을** 사용하도록 허용할 때이다. 요컨대 산업주의의 본질은 산업의 특정 방법이 아니라 산업의 중요성에 대한 특정한 평가이다. 그 결과 산업이 유일하게 중요한 것이라 생각되고, 그에 따라 인간의 관심과 활동 가운데에서 차지해야 할 부차적 위치로부터 다른 모든 관심사와 활동을 평가하는 규범으로 승격된다.

어떤 각료가 이 나라의 위대함은 수출의 크기에 달려 있고, 따라서 상대적으로 수출량이 적은 프랑스, 그리고 수출을 거의 하지 않은 엘리자베스 여왕 시대 영국은 전적으로 열등한 문명으로 동정 받아야 할 것이라고 선언한다면, 그것이 바로 산업주의이다. 이것은 삶 전체와 삶 가운데 한 부차적 부분을 혼동하는 것이다. 14세의 소년·소녀들이 일주일에 여덟 시간은 학교에 가야 한다는 주장을 듣고 생산 회사들이 아우성을 치며 자해를 하자, 교육부 장관이 그 회사들의 불안에 깊이 공감하면서 곧바로 그 시간을 일곱 시간으로 줄이는 것을 허용한다면, 그것이 바로 산업주의이다. 물신숭배이다. 정부가 1년에 8만 달러가 드는 박물관을 폐쇄해서 2,800만 달러가 드는 전쟁 자금을 얻는다면, 그것이 바로 산업주의이다. 경제행위에 분명히 기여하지 않는 모든 이익을 업신여기는 것이다. 이 섬나라를 이상향으로 만드는 데 필요한 것은 생산성이고, 더 높은 생산성이며, 더욱더 높은 생산성이라고 언론에서 시끄럽게 떠들어대면, 그것이 바로 산업주의이다. 목적과 수단을 혼동하는 것이다.

중요한 것은 수단이 아니라 목적이라는 분명한 신념을 전혀 가지고 있지 않으면, 다시 말해 산업에 의미를 부여하고 산업을 계속해서 수행할 만한 가치가 있는 것으로 만드는 것은 바로 산업의 사회의 목적이라는 사실에서 생각이 벗어나버리게 된다면, 인간은 목적과 수단을 혼동할 수밖에 없다. 또한 그렇게 되면 세계 전체를 거꾸로 보게 되는데, 그 중심에서 세계를 움직이는 축들을 보지 못하기 때문이다. 그래서 영국처럼 완전히 산업화되면, 인간은 철저히 군대화한 독일처럼 행동한다. 프로이센 사람들이 인간은 전쟁을 위해 존재한다고 말하는 것처럼, 영국인들은 산업이 인간을 위해 존재하는 것이 아니라 인간이 산업을 위해 존재하는 것처럼 말한다. 영국인들은 지배적 이익의 색채를 띠지 않는 어떤 행위에 대해서도 분개하는데, 그 행위가 그 지배적 이익의 경쟁자로 보이기 때문이다. 따라서 이해관계를 없게 만들지 않으면 존재할 수 없는 종교와 예술과 도덕을 파괴한다. 또한 수단인 산업을 위해 목적인 종교와 예술과 도덕을 파괴함으로써 산업 자체로 그들의 도시를 만들어 부자연스러운 황량함이 지배하는 사막 같은 곳이 되게 하는데, 이곳에서는 망각만이 지속 가능하고 흥분만이 그들로 하여금 망각할 수 있게 해준다.

의심과 비난으로 사분오열되고, 권력욕은 도처에 충만하며, 의무와 평화의 염원은 망각하는데, 전쟁의 원인이 되는 신조에 굴복하는 것은 내켜 하지 않으면서도 "화평을 구하여 그를 따르지[15]" 못하는 사회라면, 그러한 사회는 역시 사회라 불려왔지만 그저 이름으로만 사회일 뿐인 이른바 국제 사회에 비유할 도리밖에 없지 않을까? 그리고 그 비유는 단순한 말장난이 아니다. 역사의 사실에 뿌리를 둔 비유이다. 산업이라는 새로운 체제의 새로운 성장을 목도한 지난 두 세기 동안 1870년에서 1914년까지의 기간에 정점을 이룬 국제정치체제의 성장 또한 목도한 것은 우연이 아니다. 이 둘은 똑같은 정신의 표현이며 유사한 법칙에 따라 움직인다. 전자의 핵심은 산업의 동기보다 우월한 어떤 권위도 부인하는 것이었다. 인간으로 하여금 어떤 공통된 충성의 중심에 복종하도록 제한받지 않은 채 자신의 이익이나 야심이나 탐욕을 자유로이 따를 수 있도록 해주었다. 후자의 핵심은 주권 국가보다 우월한 어떤 권위도 부정하는 것이었는데, 이 주권 국가는 다시 꽉 짜인 자족적 단위로, 그런데 다른 국가들에 대한 독립성을 잃어버리면 그 본질을 잃어버리게 되는 단위로 생각되었다. 전자가 오래된 전통의 그물망에서 경제행위를 해방한 것과 마찬가지로, 후자는 국민을 다른 종족이나 정부에 대한 자의적 종속에서 해방하여 자기 스스로 운명을 개척해나갈 권리를 지닌 국적 안으로 그들을 편입시켰다.

내셔널리즘은 사실 개인주의를 내포하고 있는 국민들이 지닌 것으로서 개인주의와 대응 관계에 있는 것이다. 내셔널리즘은 개인주의와 마찬가지로, 그 단위가 개별 인간이 아닌 종족이나 국민이라 할지라도 공통된 의무에 복종하는 것이 아니라 개별 단위의 권리에 강조점을 두기 때문이다. 개인주의와 마찬가지로 자기주장의 본능에 호소하고, 그 본능에 무

---

15 [역주] 화평을 구하여 그를 따르지(seek peace and ensue it): 『성경』, 「베드로전서」 3장 11절의 일부.

한한 팽창의 기회를 약속한다. 내셔널리즘은 개인주의와 마찬가지로 막대한 폭발력으로서, 어떤 대안적 원칙이 내셔널리즘이 작동하는 것을 통제하도록 북돋워지기 전에 오로지 내셔널리즘을 주장하는 것이 인정되어야만 한다. 초국가적 권위가 국가를 성가시게 하거나 불만족스럽게 하거나 억압할 수 없는 것은, 경제적 동기가 합법적으로 지배할 수 있는 영역이 있다는 것을 사회가 인정하기 전에 경제적 동기를 사회의 통제 하에 둘 수 없는 것과 마찬가지이기 때문이다. 또한 개인주의와 마찬가지로 내셔널리즘은 논리적으로 결론까지 밀어붙이고 보면 자기 파괴적이다. 내셔널리즘은 눈부신 청춘 시절에는 정신적 존재이기 때문에 국민이 자기 운명을 결정한다는 주장으로 시작하지만, 그 국민이 다른 국민들을 지배해야 한다는 주장으로 이행하는 일이 아주 자주 있는 것과 마찬가지로, 개인주의 또한 인간이 자신의 삶을 만들어나갈 권리를 주장하는 것으로 시작하지만 행운이나 특별한 기회나 특권이 그 권리를 가장 성공적으로 사용하게 해준 소수에게 대다수 사람을 복종하도록 허용하는 것으로 마감되기 때문이다. 양자는 함께 발흥한다. 이 둘이 쇠퇴한다면 함께 쇠퇴할 것이다. 삶은 부분들로 쪼개질 수 없기 때문이다. 결국 세계는 평화 속에서 뿌린 것의 결과를 전쟁 속에서 거둔다. 또한 각각의 국가가 지닌 산업의 질서가 자기 확대가 목적인 사람들을 성공하게 해주는 한, 국가 간 경쟁을 몰아낼 수 있다고 기대하는 것은 아름다움이라는 미덕조차 갖지 못하는 꿈이다.

개인주의의 변태가 산업주의인 것과 마찬가지로, 내셔널리즘의 변태는 제국주의다. 그런데 이 변태는 인간 본성의 어떤 결함이나 악덕이 아니라 그 관념의 힘에서 온다. 그 원칙 자체에 결함이 있어서 그 원칙이 힘을 드러냄에 따라 결함이 드러나기 때문이다. 그 원칙은, 국가와 개인들의 권리가 그 자체의 영역 안에서는 절대적이지만 권리의 영역 자체는 그 권리가 국가와 개인들의 공동체 안에서 맡는 역할에 따른다고 옳게 주장하는 대신에, 국가와 개인들의 권리가 절대적이라고 주장하는데 이것은 잘못된 것이다. 이처럼 국가와 개인을 팽창이라는 진로 안에 무한히 가둔다. 그 속에서 국가와 개인들은 대륙과 대양, 법, 도덕과 종교, 그리고 마침내 자신들의 모든 영혼들을 잡아먹으면서 유한한 것을 보탬으로써 무한성을 얻으려 한다. 그러는 동안 그들의 경쟁자들, 그들에게 종속된 자들, 그리고 그들 자신이 적대적 힘의 위험을 의식하고, 안전을 구매하려 하거나 권력의 균형을 조직하여 충돌을 피하려 한다. 그러나 그 균형은 국제정치에서든 산업에서든 불안정한데, 국가와 개인들을 제한하는 원칙을 공동으로 인정하는 데 기초하지 않고, 무제한적 요구의 주장을 간청하지 않고도 갈등을 피할 수 있는 균형 상태를 찾으려 하는 데 기초하기 때문이다. 그러한 균형 상태는 찾을 수 없는데, 증가하는 군사 권력 또는 산업 권력의 가능성이 무제한인 세계에서는 그러한 균형 상태가 존재할 수 없기 때문이다.

이처럼 인간이 이러한 수준에서 움직이는 한 해결책은 없다. 무제한으로 권리를 행사하겠다는 주장에 굴복하는 것으로만 평화를 얻을 수 있는데, 그것은 전쟁의 원인이 된다. 요컨대 우리가 국제 문제와 산업에서 지난 5년간 목격해온 것은 의무에서 분리된 권리에 기초를 둔 사회조직의 와해이다. 조만간 붕괴가 불가피한데, 그 기초가 너무나 협소하기 때문이다. 권리는 단지 법의 제재에 의해 보장되는 권력, 즉 법률가들의 정의에 따르자면 "한 인간이 국가의 도움에 의해 타인들의 행위를 통제하는 것에 속하는 능력"이고, 권력이 절대적이어서는 안 되는 것과 똑같은 이유로 권리도 절대적이어서는 안 된다. 의심할 바 없이 국가나 정부가 절대적 권리를 갖는 것보다 개인이 절대적 권리를 갖는 것이 더 낫다. 그래서 국가에 의한 절대 권력의 남용에 대한 반작용으로 18세기에 개인의 절대적 권리의 선언이 이루어졌다. 전자의 극단적 주장에 대한 가장 분명한 방어가 후자의 주장이었다. 봉건제의 유물과 정부가 개인의 재산을 침해했기 때문에 재산권이 절대적이라고 주장되었다. 그들이 기업을 질식시켰기 때문에 모든 인간은 원하는 대로 사업을 영위할 자연권을 갖는다고 주장되었다. 그러나 실제로는 두 주장 모두 잘못된 것이고 실제에 적용되면 재난을 낳을 수밖에 없다. 국가는 절대적 권리를 갖지 않으며, 그 권리는 그 임무에 의해 제한된다. 개인은 절대적 권리를 갖지 않는다. 그 권리는 개인이 소속되어 있는 공동체에서 그가 수행하는 기능에 비례하는데, 그렇게 제한되지 않으면 그 결과가 개인 간 전쟁의 본질을 띠지 않을 수 없기 때문이다. 요컨대 모든 권리는 조건에 따르고 이차적인 것인데, 모든 권력이 조건에 따르고 이차적인 것이어야 하기 때문이다. 모든 권리는 그 권리가 존재하는 사회의 목표 또는 목적에서 나오는 것이다. 권리는 사회의 목적의 성취를 좌절시키는 것이 아니라 그 성취에 기여하는 데 사용되도록 조건 지워진다. 또한 실제에서 이는 사회가 건강하려면 인간이 스스로를 권리의 소유자가 아니라 기능 이행의 수탁자이자 사회의 목적의 도구로 생각해야 한다는 것을 의미한다.

재산과 창조적인 일

사회가 기능이라는 토대 위에 조직되어야 한다는 원칙의 적용은 난해한 것이 아니라 단순하고 직접적인 것이다. 이것은 우선 합법적 사유재산의 유형과 그렇지 않은 것 사이의 구별 기준을 제공한다. 지난 한 세기 반 동안 정치사상은 서로 다른 방식으로 과장된 두 가지 재산 개념 사이를 왔다 갔다 했다. 한편에서는 어떤 시점에든 존재하는 사유재산의 특정 형태는 신성하고 불가침한 것이고, 어떤 것이든 당연히 재산권의 대상이 될 수 있으며, 그렇게 되면 사유재산에 붙는 권리는 절대적이고 무조건적이라는 주의가 사회조직의 실제 기초였다. 현대 산업 체제는 이 재산권 이론이 승리를 구가한 시대에 형성되었다. 미국 헌법과 프랑스의 인권선언 양자 모두가 재산을 정부가 그 보호를 위해 존재하는 기본권 가운데 하나로 다루었다. 1688년 영국혁명은 교조적이지 않고 과묵했지만 사실상 똑같은 일을 했다. 로크에서 튀르고, 아담 스미스와 벤담에 이르는 위대한 개인주의자들 모두가 서로 다른 언어로 비슷한 개념을 반복해서 말했다. 영국 상류계급의 눈에는 끔찍하게 보였던 영국혁명의 성격은 그 혁명이 재산을 취급하는 방식이었지만, 사유재산의 신성함이라는 교조는 영국 토리당원들만큼이나 프랑스 자코뱅당원들에 의해서도 집요하게 주장되었다. 또한 수많은 현대 보수당원들에 의해 주장되는바 재산이 절대적이라는 이론은, 그들이 그 사실을 알기만 한다면 1789년 당시 사람들의 이론뿐만 아니라 1660년과 1668년 영국 의회의 이론과도 동일한 것이다.

다른 한편으로는 사유재산에 대한 공격이 방어와 거의 구별되지 않는다. '사유재산'은 지난 100년간 사회운동이 공격을 집중한 대상이었다. 사유재산 비판은 가장 기본적이고 개인적인 생활필수품을 대상으로 하는 상상의 공산주의에서, 일정 종류의 재산을 사유에서 공유로 변화시켜야 한다거나, 국가가 부과하는 제한에 의해 착취를 제한해야 한다는 평범하고도 일부는 실현된 제안에 이르기까지 다양했다. 그러나 강조점과 방법이 아무리 다양해도 재산에 대한 사회주의의 비판이라고 편의상 불리는 것에서 일반적으로 주목하는 것은 사회주의라는 말 자체가 시사하는 것이다. 그 핵심은 사회의 경제적 폐해는 산업 조직과 사유재산 제도가 현대적 조건하에서 규제받지 않는 채 운영되는 데 주로 원인이 있다는 말에 있다.

의견의 차이는 자연스러운 것인데, 재산에 관한 대부분의 토론에서 서로 반대되는 이론가들은 대개 서로 다른 것들에 관해 논의를 해왔기 때문이다. 재산은 범주 가운데에서도 가장 애매한 것이다. 개인이 행사하고 국가가 법률 집행을 한다는 점을 빼고는 서로 공통점이 전혀 없는 수많은 권리를 포함한다. 이 권리들은 이러한 형식 면의 특징을 차치하고도, 경제적 특징과 사회적 효과, 그리고 도덕적 정당화 방식이 무한할 만큼 다양하다. 또한 특허권 인가처럼 조건적이기도 하고, 지대 소유권처럼 절대적이기도 하며, 저작권처럼 기한이 있기도 하고, 자유보유권[16]처럼 영구적이기도 하며, 주권만큼 포괄적이기도, 지역권地役權[17]만큼 제한적이기도 하고, 옷이나 책의 소유권처럼 친숙하고 개인적이기도 하며, 금광이나 고무 플랜테이션의 지분처럼 거리가 멀고 눈에 보이지 않는 것도 있다. 따라서 언급되는 재산의 특정 형태를 다루지 않으면서 사유재산을 옹호하거나 부정하는 경우를 제시하는 것은 공허한 논의여서 "사유재산은 문명의 토대다"라고 말하는 언론인은 사유재산은 절도라고 말한 프루동에게 동의하는 것이며, 적어도 이런 면에서는 이 이상의 정의가 제시되지 않는다면 두 가지 말 모두 무의미한 것이다. 특정 종류의 재산을 지지하거나 말살하자는 주장은 다른 종류의 재산에 대해서는 적용할 수 없다. 또한 경제 조직의 한 단계에서는 포괄성이 있는 견해가 그다음 단계에서는 거의 시대착오적인 것이 될 수도 있다. 현명한 방책은 사유재산 일반을 공격하는 것도 아니고 사유재산 일반을 방어하는 것도 아니다. 어떤 것도 이름이 같다는 이유만으로 질이 비슷하지는 않기 때문이다. 현명한 방책이란, 본래 결국은 추상적인 것에 지나지 않는 것이 다양한 모습으로 구현되어 있는 것들을 구별하는 일이다.

다양한 재산권의 기원과 발달은 지금 논의에서 중요한 것이 아니다. 재산권이 구축되고 인식된 역사적 과정이 어땠든지 간에 영국에서 전통적

---

16 [역주] 자유보유권(freehold): 조상에게 물려받은 소규모 토지를 가질 권리.

17 [역주] 지역권(地役權, easement): 자기 땅의 편익을 위하여 남의 땅을 이용할 수 있는 권리. 남의 땅을 통행하거나 물을 끌어가는 따위의 권리로, 계약에 따라 설정된다.

사유재산의 **근거**는 그 사유재산 속에서 모든 인간이 자기가 뿌린 자리에서 거둔다는 보장을 보는 것이다. "만일 내가 노동의 결과를 즐길 수 있다는 희망을 잃는다면"이라고 벤담은 말하면서 모든 기본적인 것에 대해 로크가 한 다음과 같은 주장을 반복해서 언급한다. "나는 그저 하루하루를 살 것이고, 내 적들에게 이익을 줄 뿐인 일을 떠맡지 않을 것이다." 재산은 법적 권리일 뿐만 아니라 도덕적 권리이기도 하다는 주장이 있는데, 생산자가 자신의 노력의 결과를 폭력에 의해 빼앗기지 않는다는 것을 재산이 보장하기 때문이라는 것이다. 이 주의를 물려받았던 시대는 세 가지의 명백하면서도 중대한 면에서 우리 시대와 달랐다. 당시에는 토지 재산과 대부분의 산업에서 사용된 단순 자본의 재산이 광범하게 분배되었다. 자본주의 농업과 자본주의 산업이 발흥하기 전에는 토지와 도구에 대한 사용 당사자의 소유 또는 어느 만큼이 됐든 안정적이고 효과적인 점유가 밭이나 작업장에서의 효율적인 작업에 선행하는 조건이었다. 재산을 위협한 힘은 정부의 세입 정책이었고, 프랑스와 같은 몇몇 나라에서는 봉건주의라는 부패하는 유물이었다. 이 두 가지 개입에는 모두 유용한 노동을 수행하는 사람들이 그렇지 않은 사람들에게 희생당하는 일이 수반되었다. 두 가지 권력에 저항하는 것은 재산뿐만 아니라 산업을 보호하는 일이었고, 이것은 분리할 수 없게 서로 연관되어 있었다. 실제로 저항은 효과가 없는 경우가 너무 많았다. 프랑스에서는 시골 소농의 비참한 생활에 익숙했기 때문에 볼테르는 영국에서는 농민이 부유해질 수 있고 "가축의 수를 늘리거나 자기 집 지붕 위에 타일을 덮는 것을 두려워하지 않는다"는 것을 놀라운 눈으로 바라보며 말했다. 또한 재산권의 불가침성을 자기 정치 이론의 중심으로 삼은 영국 국회의원들과 프랑스 철학자들이 소유자들을 방어해줄 때는, 부수적으로는, 때로는 의도한 것이 아니라 할지라도 노동하는 사람들 또한 방어해주고 있었다. 그들은 자작농이나 숙련된 장인이나 상인이 세인트 제임스 궁의 식객들이나 베르사유 궁의 기식자들에 의해 그들의 노역으로 얻은 결과가 허비되는 꼴을 보지 않을 수 있게 해주고 있었다.

그러한 상황에서는 부지런한 사람이 자신이 뿌린 곳에서 거두는 것을 가능케 해준다는 사실에 비추어 사유재산의 정당화 근거를 본 주의가 모순된 것이 아니었으며, 되도록 많은 사람이 관계될 수 있는 한 자명한 이치에 가까운 것이었다. 재산은 권리 가운데 가장 신성한 것으로 방어되었다. 그러나 광범하게 실행될 뿐만 아니라 음식과 옷을 제공하는 능동적 기능을 수행하는 데 필수불가결한 권리로서 방어되었다. 재산은 대부분 두 가지 유형 중 하나, 즉 생산을 목적으로 소유자가 사용하는 토지나 도구, 그리고 문명 생활에 필요한 생활필수품이나 편의 시설인 개인 소유물로 이루어져 있었기 때문이다. 전자는 농민의 토지나 장인의 도구가 사회에 필요한 경제적 서비스를 제공하는 조건이라는 사실에 비추어 볼 때 자기 **근거**를 지녔다. 가구와 옷이 품위 있고 편안한 생활에 필수불가결하기 때문에 후자 역시 근거를 지녔다. 일이 아니라 탐욕의 힘에서 나온 재산권들은 물론 다양했지만, 대다수 사람들에게 일정 종류의 재산이 폭넓게 분배됨에 따라 비판을 면했고, 적어도 영국에서는 그런 재산권 가운데 더 노골적인 것은 점차 줄어들었다. 토지 재산과 단순 자본이 사회의 모든 계급 사이에 널리 확산되었을 적에는, 영국의 대부분 지역에서 일을 하는 사람의 전형적 형태가 공장 노동자가 아니라 자신이 경작한 땅이나 자신이 짠 옷감이 어느 것인지 가리킬 수 있는 소농이나 소규모 작업장의 직인이었을 적에는, 죽을 때 소유권이 넘어가는 부의 대부분이 토지, 가정의 가구, 그리고 가정의 가구와 구별되기 힘든 장사 도구였을 적에는,

재산에 대한 소유권의 도덕적 정당화가 자명하게 이루어졌다. 재산이란 그것을 생산하고 획득하고 관리하는 데 드는 노동이라는 것이 이론가들이 말한 것이었고, 평범한 사람들도 그렇게 알았다는 것이 분명했다.

그러한 재산은 사회에 짐이 아니라 사회의 건강과 효율성, 그리고 실제로 사회 존속의 조건이었다. 재산을 보호하는 것은 공공의 필수품을 공급하는 조직을 유지하는 것이었다. 만일 농민이 튜더 시대 영국에서처럼 양들에게 자리를 내주기 위해 자기 땅에서 쫓겨난다든지, 18세기 프랑스에서처럼 임의 과세와 영주에게 바치는 세금 때문에 짓밟힌다면, 토지가 경작되지 못해서 지역공동체 전체가 먹을 것이 부족할 것이다. 목수나 대장장이가 도구를 빼앗긴다면, 쟁기를 고치지 못하고 말에 편자도 박지 못할 것이다. 그래서 상업 문명이 발흥하기 전에는 튜더 시대 영국에서나 앙리 4세의 프랑스에서나 마찬가지로, 대재산가들을 공격하는 정도로까지 소규모 재산의 소유자를 소중히 여기는 것이 정치적 수완의 표준이었다. 일반 국민의 정서가 "가난한 사람들이 굶주리지 않게 해주는 이 나라의 요셉"[18]인 자작농을, 재산을 가졌다는 이유뿐만 아니라 재산에 공을 들인다는 이유로 이상화했고, 자본주의 사회에서는 불가피한 것으로 태연히 치부하고 경제 발전이 낳는 칭찬할 만한 결과로까지 보는바 "다수의 생계 수단을 한 사람의 손아귀에 넣어주는 것"을 맹렬히 비난했으며, 노동하지 않고 살기 위해 자기 이웃의 궁핍을 이용하는 고리대금업자에게 욕설을 퍼부었고, "신과 신의 왕국의 이익과 이로움을 보지 못한 채 도시와 마을들 주위로 산울타리와 수로를 둘러친enclosed" 자들이 보인, 공공복지에 대한 냉담한 무관심에 충격을 받았으며, 소유 토지를 무한정 늘리

---

18 [역주] 『성경』, 「창세기」 41장에서 하나님이 요셉을 통해 흉년을 대비케 한 이야기.

고 직기를 독점하지 못하게 정부가 개입하도록, 요컨대 재산이 증식할 수 있는 규모에 제한을 가하도록 강제할 수 있을 만큼 강력했다.

소농의 소작권을 보호했기 때문에 헨리 7세를 칭송하고, 하원에서 더 철저한 토지 관련 입법을 해줄 것을 호소하면서 베이컨이 "부는 마소의 분뇨 같은 것이다. 뿌리지 않으면 좋지 않은 것이다"라고 썼을 때, 그는 15세기 말의 포트스큐에서 17세기 중반의 해링턴[19]에 이르는 모든 정치학 저자에게서 흔히 볼 수 있었던 것을 하나의 경구로 표현한 것이었다. 재산권의 유지는 그 재산권이 사용되는지 여부에 따라야 한다는 주의를 맹렬히 비난하는 휴 세실 경의 격렬한 주장 내용을 **문자 그대로** 받아들이는 경향이 있는 현대 보수주의는, 휴 경 자신의 이론이 그의 조상들을 무덤으로 돌려보내는 것이나 다름없다는 사실을 깨닫게 될지도 모른다. 19세기 훨씬 이전에 명성을 떨친 이 집안의 두 사람 가운데 아버지는 국왕에게 지주가 소작인을 내쫓지 못하도록 해야 한다고 권고했고, 서로 다른 계급이 소유할 수 있는 재산 금액의 최대치를 고정할 것을 실제로 제안했으며, 아들은 사유지를 표시하는 울타리 치기를 의회에서 공격했고, 지주들이 시골에 직접 집을 짓고 소작지를 적게 보유하며 목초지를 개간하도록 강제하는 입법 활동을 했다.

윌리엄과 로버트 세실은 명민하고도 책임감이 강한 사람들이었고, 재산을 보호하는 것에는 그 소유자들에 대한 의무의 강제가 수반되어야 한다는 견해는 이 두 사람의 동시대인들 대부분이 공유한 것이었다. 사유재산 제도에는 소유자가 원하는 방식대로 사유재산을 사용하거나 자제하

---

19 [역주] 해링턴(James Harrington, 1611–1677): 영국의 귀족 정치를 중심으로 한 이상적 국가관을 담은 『오세아나 공화국(The Commonwealth of Oceana)』의 저자.

는 권리가 포함되어 있고 사유재산의 주된 의미는 그가 이행하는 어떤 의무와도 무관하게 그에게 수입을 제공하는 것이라는 생각은 당시의 대부분의 공인들로서는 이해할 수 없는 것이었고, 이해된다 할지라도 그들 가운데 더욱 평판이 높은 사람들은 분개하며 거부했을 생각이다. 그들은 농민들이 생산하는 식량이 되었건 신사 계급이 담당하는 사회문제가 되었건, 재산이 서비스하는 그러한 공공의 목적에서 재산의 의미를 찾았고, 이러한 의무를 충족하는 종류의 재산을 유지하거나 이러한 의무와 충돌할 것으로 보이는 재산의 사용을 억제하는 데 주저하지 않았다. 재산은 창조적인 일에 도움을 주기 위한 것이었지 그 일을 대체하는 것이 아니었다. 특허권 보유자는 그의 두뇌의 산물이 보호받아야 한다는 취지로 새로운 발명을 보호받았지만, 다른 사람들의 산업을 짓밟고 살을 찌운 독점자는 바보 취급을 받았다. 마을의 법은 농민 개인이 최대한의 이익을 얻을 수 있게 하기 위한 것이 아니라 마을 사람에게 필요한 곡식을 재배하라는 뜻으로 농민에게 그의 땅을 사용할 의무를 지웠다. 정치적 변화 때문에 이와 같은 직접 개입이 불가능해진 이후 오랜 시간이 지나고 나서도 영국의 지주 가운데 상층의 사람들조차 아무리 변덕스럽고 독재적이었다 할지라도 자신들의 토지 덕분에 막연하게나마 공적 사업에 서비스한다고 느껴지는 의무를 계속해서 이행했다. 프랑스에서처럼 소유권의 의무가 오늘날의 소유자에 의한 것만큼이나 거의 완전히 거부되었던 경우에도 권리는 보유하면서도 기능은 거부한 **귀족** 계층에 대해서는 맹렬한 징벌이 행해졌다. 재산은 요컨대 편의성이나 이득에 대한 욕심뿐만 아니라 도덕 원칙에도 기초한 것이었고, 재산을 소유한 사람들을 위해서뿐만 아니라 일하는 사람들과 그 일이 제공되는 사람들을 위해서도 보호되었다. 재산은 안전이 보장되지 않고는 부가 생산되거나 사회에 필요한 일이 수행될 수 없기 때문에 보호되었던 것이다.

미래가 어떤 모습이 되든 간에 과거가 훌륭한 사회질서를 보여주지 않았다는 것은, 그 사회질서 속에서 대부분의 사람들이 자기가 경작하는 땅과 작업하는 도구의 주인이 아니어서 영국의 자유보유권자freeholder와 더불어 "자기 재산으로 먹고살고 자기 재산의 상속자가 누구인지 분명히 알면 마음이 평온하다"고 자랑할 수 없었다는 사실과 마찬가지다. 그러나 이러한 재산 개념이 있고 사회제도 속에서 실현된다면, 사회가 기능이라는 토대 위에 조직되어야 한다고 주장하는 사람들은 논란을 벌이지 않는다. 이 개념은 그들의 주의와도 일치하는데, 재산이 그 소유자로 하여금 수행할 수 있게 해주는 서비스를 참조하여 재산을 정당화하기 때문이다. 그들이 요구해야 할 것은 이 개념이 그 논리적 귀결에 따라 실행되어야 한다는 점뿐이다.

이 주장은 분명히 한 가지 이상의 강점을 지니고 있기 때문이다. 이 주장은 특정 유형의 재산을 정당화한다면 다른 재산은 비난한다. 또한 현대 산업 문명의 조건 속에서는 이 주장이 정당화하는 것이 비난하는 것보다 적다. 실제로 사실은 재산에 관한 이 이론과 이 이론이 구현되는 제도들은, 이 이론이 형성되었고 모두는 아닐지라도 적어도 대부분의 통상적이고 특징적인 종류의 재산에 대해 이 이론을 유효하게 만들어준 시대와 사회의 전체 구조가 근본적으로 다른 지금 시대에도 살아남았다. 국부를 실질적으로 공유하는 모든 소유권은 오늘날 몇 십만의 집안의 손아귀에 집중되어 있을 뿐만 아니라 재산권의 확인과 함께 시작한 시대가 끝날 때에는 소유권이 사실상 널리 분배되지 않는다. 또한 오늘날 재산을 불안정하게 만드는 것은 위헌적 군주의 자의적 과세나 게으른 **귀족**의 특권이 아니라 재산 자체의 만족할 줄 모르는 팽창과 집적이어서 바로 이것이 가장 거대한 재산보다 작은 모든 형태의 재산, 즉 소규모 작업장 장인, 가게 주인, 지방 은행 등의 재산을 흡수하면서 위협을 가하고 있고, 인류의 대부분을 재산을 소유한 사람들의 이익을 위해 그들의 대리인 밑에서 프롤레타리아 노동을 하게 만들어왔다.

현대의 대부분의 재산과 산업 시대 이전의 재산을 구별해주고 이전 시대에는 재산을 뒷받침하는 논거가 되었던 것이 현재는 부정하는 것으로 만드는 특징적 사실은, 현대의 경제 조건에서는 소유가 능동적이지 않고 수동적이며, 오늘날 재산을 소유하는 대부분의 사람들에게는 재산이 일을 하는 수단이 아니라 이익의 획득과 권력 행사의 수단이라는 점, 그리고 이득이 서비스와, 권력이 책임과 관련을 맺는다는 아무 보장이 없다는 점이다. 장인의 도구나 농민의 경작지 또는 건강하고 효율적인 생활에 기여하는 개인의 소유물처럼 기능의 실행 조건으로 간주될 수 있는 재산은 가치와 관련되는 한 현재 존재하는 재산권에서는 보잘것없는 부분을 이루기 때문이다. 현대 산업사회에서는 재산의 대부분이, 사후에 사라지는 부에 관한 연간 검토가 보여주듯이 가정의 가구와 같은 개인의 획득물도 소유자의 장사 도구도 아닌 사용료, 지대, 그리고 물론 무엇보다도 소유자가 행하는 어떤 개인적 서비스와도 무관한 수입을 만들어내는 기업의 사업 지분과 같은 다양한 종류의 권리로 이루어져 있다. 정상의 상태라면 소유와 사용은 분리되지 않는다. 현대의 대부분의 재산은 지불에 대한 권리는 지니고 있지만 보통은 소유자에게 적극적이거나 건설적인 기능을 수행할 의무를 없애준다는 바로 그 이유 때문에 가치를 지니는, 금전상의 담보권이나 산업 생산물에 대한 보증으로 축소돼왔다.

이러한 재산은 소유자가 자신의 직무 수행이나 가족 부양을 위해 적극적으로 사용하는 재산과 구별하여 수동적 재산 또는 재산 획득용 재산이나 착취용 재산, 아니면 권력을 위한 재산이라고 부를 수 있다. 법률가에게는 물론 첫 번째 범주의 재산도 두 번째 범주의 재산만큼이나 완전한 재산이다. 그러나 경제학자들이 이 두 번째 범주의 것을 홉슨[20] 씨가 제안한 대로 차라리 '비재산'이라 부르지 않고 '재산'이라 불러야 하는지 여부는 의문의 여지가 있다. 이것은 소유자가 자신의 노동 생산물을 확보해주는 권리와 동일한 것이 아니라 반대되는 것이기 때문이다. 이 차이에 기초한 재산권 분류는 알려주는 바가 있을 것이다. 이 두 극단 가운데 어느 한쪽에 가까우냐에 따라 배열해보면, 재산권은 분명히 개인의 서비스의 이행을 위해 있는 것이거나 그 조건인 것에서 단지 타인에 의해 행해지는 서비스를 통해 지불받는 권리일 뿐인 재산, 즉 사실은 사적 과세에 이르는, 넓은 범위에 걸쳐 존재한다는 것을 알 수 있을 것이다. 모든 세부 사항과 단서를 생략한다면, 대략 다음과 같은 순서로 정리할 수 있을 것이다.

1. 개인의 서비스에 대한 보수로 만들어지는 재산
2. 행복과 편안함에 필요한 개인 소유 재산
3. 소유자가 사용하는 토지와 도구의 재산
4. 저자와 발명가가 소유하는 저작권과 특허권 재산
5. 많은 액수의 농업 임대료를 포함한 순수 이자의 재산
6. 운이 좋아서 얻는 이익, 즉 '유사 임대료' 재산

---

20 [역주] 홉슨(John Atkinson Hobson, 1858-1940): 영국 경제학자이자 사회과학자로. 블라디미르 레닌의 제국주의론에 영향을 주었다. 그의 저서 『빈곤의 문제(Problems of Poverty)』가 한국어로 번역되어 있다.

7. 독점이윤의 재산

8. 도시의 지대 재산

9. 사용료 재산

앞의 네 가지 종류의 재산은 일의 수행을 분명히 수반하고, 어떤 의미에서는 그 수행을 좌우한다. 마지막 네 가지는 분명히 그렇지 않다. 순수이자는 양쪽 모두와 어느 정도 연관성이 있다. 이것은 필요한 경제적 비용을 나타내고, 재산이 보유되는 법적 처리 방식이 어떻든지 간에 필요한 경제적 비용에 해당하는 이자가 만들어져야 하며, 따라서 (봉급에 해당하는 것과 필수적 위험에 대한 지불금을 제외한) 이윤과 도시의 지대와 사용료로 대표되는 재산과 다른 것이다. 순수 이자는 순수 이자를 받는 사람에게 개인의 서비스를 면해주기 때문에 개인의 서비스와 닮은 것이기도 하다.

어떤 사회에서도 중대한 문제는, 그 사회에서는 이 두 가지의 넓은 재산 범주 가운데 하나가, 그 사회가 유지하는 대부분의 (가치로 측정되는) 재산권으로 어떤 특정 시점에도 나타난다는 점이다. 재산권이 첫 번째 범주에 집중된다면 창조적인 일이 격려 받고 게으름은 위축될 것이고, 두 번째 범주에 집중된다면 그 결과는 정반대일 것이다. 이와 관련된 사실은 시대에 따라 나라에 따라 매우 다양하게 나타난다. 그 사실들은 완전히 밝혀진 바가 없는데, 정글의 주인들은 낮에는 사냥을 하지 않기 때문이다. 1550년에서 1750년까지 영국에 존재한 재산은, 봉건제의 과세가 농민 수입의 상당 부분을 빨아들인 동시대의 프랑스나 새로운 자본주의의 생산 회사가 몇 배로 늘어난 1800년에서 1850년까지의 영국에서보다, 소유자가 사용하는 토지와 도구로 이루어진 실재하는 재산의 비율이 높왔던 것은 적어도 사실인 것 같다. 19세기에는 혁명 덕분에 프랑스와 영국의 처지가 바뀌었고, 이 면에서 보자면 아일랜드뿐만 아니라 영국령 지역들도 영국보다는 프랑스를 닮은 것이 사실인 듯하다. 변화는 미국에서 가장 잘 연구될 수 있는데, 이 나라의 여러 지역에서는 19세기의 주민 가운데 농민 소유자와 소규모 장인들이 삼대가 지난 뒤에는 재산이 없는 프롤레타리아와 부자 계급으로 바뀌었다. 평등의 이름 아래 이루어진 프랑스혁명의 추동력이었고 이 혁명의 영향을 받은 모든 나라에서 이런저런 형태로 일어난 사건이었던 농업 봉건제의 경제적 특권의 폐지는 산업주의로부터 발생하는 불평등의 성장에 의해 1800년 이래로 대부분 상쇄되었다.

영국에서는 최근의 경제 발전의 일반적 효과가 소유자에게 일하지 않고도 보상을 받는 권리를 부여하는 재산권을 팽창시키고, 기능적이라고 말하는 것이 적절한 재산권은 축소했다. 전자가 팽창하고 그것에서 더 단순한 형태의 재산이 나타난 과정은 그 의미를 과대평가하는 것이 불가능할 만큼 중요한 운동이다. 여전히 예전 유형에 속하는 상당히 많은 종류의 재산도 물론 있다. 그러나 일을 하는 지주와 자신의 사업을 경영하는 자본가가 여전히 총수에서 많다 할지라도 그들을 대표하는 조직은 현대의 경제계를 가장 대표하는 것이 아니다. 재산의 소유와 관리를 분리시키는 일반적 경향, 모르는 노동자가 생산한 상품에 대한 권리로까지 재산을 일반적으로 정교하게 변화시키는 것은 자본주의 산업과 도시 문명 자체의 성장만큼이나 틀림없는 사실이다. 마을이 도시로 바뀌고, 토지 재산은 농부가 일을 하는 소작지 또는 지주가 관리하는 소유지에서 다른 어떤 투자 대상과 마찬가지로 광고를 하고 구입하고 매각하는 부동산 수익으로 변화한다. 광산이 개방되어 지주의 권리는 지표면으로 캐내는 석탄 양에 대한 배당으로 전환된다. 공장 체제의 초기 시대에 전형적이었던 개인기업을 합자회사가 대체함에 따라 자기 사업을 소유도 하고 관리도 하는 고용자로부터 봉급을 받는 임원의 인력으로 조직 형태가 바뀌고, 이에 따라 재산 소유자의 대부분이 자신의 부를 산업에 맡기지만 산업과 다른 연관은 맺지 않는 **불로소득 생활자**가 폭발적으로 증가한다. 우리 시대에 이러한 변화는 연쇄점이 소규모 가게 주인을 대신하는 데에서 아마도 가장 두드러지게, 그리고 제조업에서 기업 합동과 합병이, 서로 경쟁하는 고용자들이 경영하는 분리된 사업들을 밀어내는 것을 통해 벌어지고 있다. 또한 물론 이러한 권리가 만들어지는 것은 경제 발전에 의한 것만은 아니다. "먹는 사람한테서 고기가 나오고, 강자에게서 상냥함이 나온다." 야만의 시대에는 재산의 파괴자로 비난받았던 전쟁이 근래에는 다른 거의 모든 원인들을 합친 것보다도 더 많은 재산 소유권을 창출했다.

이러한 재산권은 무한히 다양하다 할지라도 그것이 행사되는 실제 대상에서 아주 완전히 분리되고, 아주 세밀해지고 일반화되어 그 소유자의 일부로 보일 만큼 그에게 아주 긴밀히 결합되어 있는 재산이라기보다 거의 통화의 형태와 유사한 공통의 특징을 지닌다. 재산권이 상징 역할을 하는 물질적 대상이 형성되고 관리되는, 경제생활이라는 거친 환경에서 그렇게 분리되는 것이 그 재산권의 매력이다. 이러한 분리는 그 재산권의 위험이기도 하다. 한 계급이 미래에 대해 갖는 지배력은 그 계급이 수행하는 기능에 따른다. 자연의 본성이 요구하는 것은 일이다. 즉, 아무리 독재적이어도 일을 하는 귀족이 몰락한 일은 거의 없고, 기능 없는 귀족이 살아남은 일도 거의 없다. 유기체 생명의 세계에서처럼 사회에서도 퇴화는 죽음으로부터 제거되는 한 단계일 뿐이다. 지주가 한갓 **불로소득 생활자**가 되고, 산업이 그 유아기를 지배한 경쟁하는 고용자들의 투박한 기운에 의해서가 아니라 주주에게 봉급을 받는 고용인들에 의해 운영됨에 따라, 그 고용인들을 대체할 수 있는 조직을 발견할 수 없는 데 기초하는 사유재산 주장은 타당성을 잃는데, 지주와 주주들은 이미 필요 없게 되었기 때문이다.

이러한 유형의 재산은 어떤 식으로 정당화된다 할지라도 농민이나 장인의 재산이 정당화된 것과 같은 것일 수는 없다. 이러한 유형의 재산은 모든 사람에게 그 사람의 노동의 결과를 보장해주기 위한 것일 수가 없다. 영국 북부 지방의 광산 소유자와 런던의 지주에게 일 년에 20만 달러를 주는 법적 권리가 "노동의 결과를 보장"한다면, 그 결과는 그 소유자의 것이지만 그 노동은 다른 어떤 사람의 것이기 때문이다. 재산이 음흉한 적을 갖지 않는 것은 선의의 무정부주의자들이 재산의 모든 형태를 똑같이 유효한 것으로 방어함으로써 재산 제도를 사치스러움에 따라붙는 불명예에 포함하지 않는 것과 마찬가지다. 실제로 사실로부터 어떤 결론이 도출되건 간에 현대의 대부분의 재산은, 광산 채굴권과 도시의 지대처럼 법이 특정인에게 타인의 산업에 부과할 수 있게 해주는 사적 과세의 형태에 불과하건, 자본 재산처럼 자본가 자신이 사용할 수 있는 것이 아니라 그것을 사용할 수 있는 사람들에게 관리를 맡기는 도구에 대한 대가의 권리로 이루어져 있건, 그 소유자에게 개인의 서비스를 수반하지 않아도 되는 수입을 부여한다는 본질적 특징을 지닌다. 이 점에서 볼 때 토지의 소유와 자본의 소유는, 다른 관점에서 보자면 그 차이가 중요하다 할지라도 통상적으로는 유사한 것이다. 경제학자에게 지대와 이자는, 후자는 배당금 속에 그 이자와 함께 합쳐져 있는 잉여금의 요소가 종종 수반된다 할지라도 그 가격이 지불되지 않는다면 산업을 위해 마련되지 않을 생산수단의 가격인 반면, 전자는 공급에 영향을 미치지 않는 차별적 잉여금이라는 사실에 의해 구별된다. 실업계와 사무 변호사에게 토지와 자본은 똑같이 투자물이어서 노동 없이 수입을 만들어내는 공통된 특징을 지니고 있기 때문에 양자를 차별하는 것은 불공평하며, 경제 범주로서 양자의 의의가 다르다 할지라도 사회제도로서 효과는 똑같다. 그들에게는 양자의 차별이 재산을 창조적 능력과 분리하고, 일차적 이익이 수동적 소유에 있는 계급과 능동적인 일에 주로 의지하는 계급의 두 계급으로 사회를 나누는 것이다.

따라서 현대의 수많은 종류의 재산과 비슷한 것을 현실에서 찾아보자면, 그것은 소규모 토지 소유자나 장인의 단순 재산도 아니고, 그 말이 가게 주인과 점원의 아주 정직한 마음에 암시하는 바의, 그리고 '재산Property'이 위협받는다는 외침이 울려 퍼질 때 대번에 가게 주인과 점원을 겁에 질린 양들처럼 사납게 날뛰게 만드는, 가사 용품과 가정의 비싼 편의 시설은 더더욱 아니다. 프랑스혁명에 의해 폐지될 때까지 프랑스 농민에게서 생산물의 일부를 강탈한 것은 봉건제의 과세이다. 사용료royalties와 영주가 징수한 **영내 재산취득세**가 어떻게 다른가? 이것들은 기원 면에서 유사하고 노동이 생산하는 부의 증가가 있을 때마다 부과된 세금이라는 면에서도 유사하다. 도시의 지대와 1832년 선거법 개정 법안 이전에 영국의 한직에 있던 사람들에게 지급된 돈이 어떻게 다른가? 하나같이 이것들은 일을 하는 사람들이 일을 하지 않는 사람들에게 바친 공물이다. 소작인이 지주의 제분소에서 곡물을 빻고 지주의 압착기로 와인을 짜내야 할 때 그 **사용료**banalités를 받는 주인의 독점이윤이 견딜 수 없을 만한 억압이라면, 수탁자들에 관한 정부위원회의 보고가 우리에게 "비누, 담배, 벽지, 소금, 시멘트, 섬유 거래에서 생산량과 가격을 통제하는 위치에 있다"라고 말하는 자본가들의 독점이윤에 대해서는 어떤 제재가 이루어지고 있는가? 또는 소비자에게 아무것도 사지 않을 때의 고통을 담보로 그들이 고정한 가격으로 그들에게서 물건을 사라고 강요해도 좋은 것인가?

사용료, 지대, 독점이윤, 이 권리가 모두 '재산'이다. 이에 대한 가장 치명적인 비판은 사회주의자들의 비판이 아니고, 흔히 재산권을 옹호하는 논증 방식 속에 있다. 제도는 노동자가 자기 노동의 생산물을 받을 수 있도록 보장하여 산업을 장려하는 데 의미가 있다면, 인간이 자신의 노력의 결과에서 얻는 재산을 지켜주는 일이 중요한 것과 똑같이 타인의 노력의 결과에서 획득하는 것을 폐지하는 것도 중요하다. 기능으로서의 소유권을 정당화하는 이유는 가혹한 요구로서의 소유권을 비난하는 이유이기도 하다. 재산은 도둑질이 아니지만, 도둑질을 많이 하면 재산이 된다. 광산 채굴권 소유자가 자신이 발견하지도 개발하지도 작업하지도 않고 소유하기만 한 광물에서 왜 1년에 5만 파운드를 지급받아야 하는지를 말해보라고 할 때 "내 재산이니까!"라고 대답한다면, 그는 자신의 말이 암시하는 바에서 온갖 경외감을 느낄 수도 있다. 그러나 실제로는 죽은 나뭇가지인 것처럼 위장하면서 으슥한 곳에 숨어버리는 뱀이나, 산울타리 뒤에 앉아서 순무 같은 소리를 내며 토끼를 잡으려 드는 미치광이처럼 행동한다. 그는 방어하는 시늉을 내는데, 이따금 공격하는 시늉을 내기도 한다. 재산에 대한 그의 정서는 자신이 뿌린 것을 다른 사람이 거둘지도 모른다고 두려워하는 단순 임금 노동자의 정서이다. 그러나 그가 요구하는 것은 다른 사람이 뿌린 것을 자신이 계속해서 거둘 수 있게 해달라는 것이다.

우리 산업 문명의 덜 매력적인 특징, 즉 사치와 천박함의 결합, 계급의 분할과 계급 간 전쟁은 그 존재의 중심에 뿌리박은 것이 아니라 경제적 진보 자체가 때가 되면 바로잡으리라고 기대할 수 있는 방해물로서의 우연한 불균형이라는 주장이 이따금 제기된다. 이 기분 좋은 낙관론은 산업화된 사회에서 토지와 자본의 사유재산 제도가 실제로 가동되면서 살아남지 못한다. 토지가 널리 분배되는 프랑스나 아일랜드 같은 나라에서는 이 낙관론의 효과가 일도 하고 소유도 하는 시골의 중산계급 사이에서 일반적으로 부를 확산시킬 수도 있다. 그러나 산업 조직의 발달이 재산의 소유와 일의 수행을 분리해버린 나라에서는 통상적으로 사유재산은 더 비옥한 장소, 더 좋은 기계, 더 정교한 조직에서 발생하는 잉여를 기능이 없는 소유자에게 넘겨주는 결과를 낳는다. 아서 로우즈 디킨슨 경이 이끈 석탄산업위원회Coal Industry Commission에 제공된 수치보다 이 '지대의 법칙'의 더 분명한 예가 제시된 적은 없는데, 이 자료를 보면 특정 1분기 동안 석탄 1톤을 생산하는 데 든 비용은 3.12달러에서 12달러, 이윤은 0에서 4.12달러에 걸쳐 다양했다. 매장량이 더 풍부하고 더 접근하기 쉬운 탄층의 노동에서, 시장에 대한 특별한 기회와 접근에서, 우월한 기계와 경영과 조직에서 생기는 잉여를 차지하는 주주들에게 분배하는 배당금에는 **봉건영주**의 가장 자의적인 강제 징수금만큼이나 많은, 국가제도로서의 특권적 고정 수입이 포함되어 있다. 이것은 우연적이거나 일시적인 것이 아니라 필연적이고 영구적인 불평등의 기초이다. 그래서 이 불평등의 기초 위에 수입뿐만 아니라 주택, 교육, 건강, 관습 등 마치 가난에 찌든 원주민 인종의 저속한 문명 가운데에 외계에서 온 소수집단의 정착민이 자리를 잡은 것처럼 영국인 사이에 서로 다른 계급의 물질적 외양을 만들어내는 계급제도의 조직체 전체가 세워진다.

따라서 모든 사람이 자기 노동의 결과를 향유하는 것을 보장한 경험이 있는 영국의 전통적인 사유재산 옹호는 이 제도가 형성될 당시에는 널리 적용될 수 있었지만, 매우 정치적인 이론이 갖는 운명을 겪었다. 그것은 경쟁적 관계에 있는 철학자들의 주의뿐만 아니라 경제 발달의 세속적 과정에 의해서도 논박을 당했다. 대다수의 인간에 관한 한 개인 소지품이 아닌 사유재산이 불완전하고 불안정하게나마 여전히 흔히 충족시키는 요구는 안심에 대한 요구이다. 재산 소유자 가운데 대다수를 차지하는 소규모 투자자들에게는 비록 그들이 존재하는 재산 가운데 미미한 부분만을 소유한다 할지라도 사유재산의 의미는 단순하다. 그 의미는 부나 권력도, 또는 일하다가 쉬는 것도 아니다. 그것은 안심이다. 그들은 열심히 일한다. 노년이나 질병에 대비하여, 또는 자녀들을 위해 적은 돈을 저축한다. 그들은 저축한 그 돈을 투자하는데, 그 이자는 그들과 그들이 가장 두려워하는 것들 사이에 존재한다. 그들의 저축은 산업에 이익이 되고, 그 저축에서 나오는 수입은 그들 자신에게 이익이 된다. 그들은 이렇게 묻는다. "왜 우리는 젊을 때에 쏟아붓고 실행한 에너지와 절약의 이점을 늙어서 거두지 못할까?" 또한 안심에 대한 이 갈망은 너무도 긴급하기 때문에 재산의 남용으로부터 가장 큰 고통을 받는 사람들도 재산의 남용에서 이익을 얻어낼 수 있을지라도 그럴 의향이 거의 없는 사람들만큼이나, 재산의 남용을 용인하거나 심지어 옹호하기도 한다. 죽은 살을 잘라내는 칼이 생살을 파고들어올까 두렵기 때문이다. 그들은 살기 힘든 바위투성이 장소일지언정 그곳이 육지인데도 그것에 트집을 잡다가 너무나 많은 사람들이 익사하는 것을 보았다. 그들은 미래라는 악몽에 시달리기 때문에 만일 강도가 그 악몽을 깨준다면 강도조차 환영할 것이다.

안심에 대한 이 요구는 기본적인 것이어서 우리의 문명에 대한 가장 심각한 비난은 대다수 인간이 안심을 결여하고 있다는 비난이다. 재산은 안심을 조직하는 한 가지 방법이다. 따라서 수단이 목적과 혼동될 수밖에 없고 그 수단을 바꾸자는 어떤 제안도 경악을 불러일으킬 것이라는 점은 아주 이해하기 쉽다. 과거에는 인간, 길, 다리와 나룻배, 민간의 직무와 법관의 지위, 그리고 성직과 군대에서의 직위가 모두 사유재산이었다. 이것들에 행사되는 권리를 폐지하자는 제안이 있을 때마다 이것들을 없애면 검약하는 사람들이 저축에 투자해서 삶에서 맞닥뜨릴 수 있는 위험에 대비하고 노년을 편안히 지내기 위해 의존하는 제도를 파괴하게 된다는 항의가 있었다. 그러나 사실 재산은 미래를 보장하는 유일한 방법도 아니고, 그러한 방법으로 채택된다 할지라도 오늘날 소유권에 통상 포함되어 있는 모든 권리의 유지에 의존하는 안심 보장책도 아니다. 그 심리적 토대가 안정적이고 특정한 수입을 보장하는 필수 요소인 한 실제로 요구되는 것은 자본의 소유를 수반하는 특정 사업의 유동적 과정을 지배하는 것이 아니라 연금이 제공하는 안심이다. 재산은 수단이고 안심은 목적이기 때문에 어떤 대안의 방법이 후자를 제공하기 위해 제시된다면, 전자의 결여 때문에 확신이나 자유나 독립심을 잃지는 않는 것으로 보인다.

따라서 자본주의의 발생 이래로 영국에서는 육체노동자들이 적극적으로 돈을 벌 수 있는 시기가 지나면 수입을 보장하는 데 충분한 재산을 모아볼 수 있었던 적이 없었고, 중간계급과 전문직 계급은 오늘날 점점 더 투자에서가 아니라 질병과 사망에 대비한 보험에서, 연금보험의 구매에서 또는 이와 똑같은 효과가 있는 것, 즉 자신의 봉급이 끊길 때 받을 수 있는 연금에 자기 봉급의 일부를 모아두는 데에서 안심을 구한다. 전문 직업인은 매매를 통해 이익을 얻을 목적으로 주식을 살 수도 있다. 그러나 구매하기를 바라는 것이 안심일 때에는 그 투자 대상의 형태는 보통 이런저런 종류의 보험이 된다. 교사나 간호사나 공무원은 연금을 학수고대한다. 50년 전이라면 마치 여성이 된다는 것이 타고난 불치병이거나 한 듯 거의 완전히 의존적인 존재로 간주되었고 아버지가 부자가 아니라면 자신을 부양하기에 충분할 만큼 저축을 할 수 없을 거라는 걱정 때문에 고통 받았을 여성들이 지금은 교육을 받고 스스로 직업을 가지며 같은 방법으로 저축을 한다. 이러한 유형의 미래 대비는 상대적으로 볼 때 여전히 드문 경우이다. 다수의 전문 직업인과 마찬가지로 정부에 고용되지 않는 거의 모든 봉급생활자와 많은 공무원들은 병이 나거나 늙었을 때 의지할 것이 없다. 그러나 이 점이 그에 대한 대비가 이루어질 때 그 대비가 안심에 대한 요구를 충족해주고, 물론 개인 소유물이나 가정의 가구와는 별도로 이제까지 사람들에게 삶의 가장 큰 요소를 충족하는 주요한 의미를 지니는 재산이라는 사실, 그리고 재산 자체보다 안심을 더 완전하고 확실히 충족한다는 사실을 변경하지는 못한다.

또한 실제로 재산이 미래에 대한 대비에 사용되는 수단일 때도 그러한 대비는 오늘날 소유권을 수반하는 권리 전체가 완전한 상태로 유지되는 것과 무관하다. 재산은 단순하지 않고 복잡하다. 보통 주주로서 자신의 저축을 투자하는 사람의 재산은 적어도 세 가지 권리로, 즉 이자에 대한 권리, 이윤에 대한 권리, 통제에 대한 권리로 이루어진다. 어떤 사람이 바라는 것이 안정된 수입의 유지의 보장이지 노동 없는 추가적 부의 획득이 아닌 한, 즉 그의 행동 동기가 이득에 있지 않고 안심에 있는 한 그 요구는 자본에 대한 이자에 의해 충족된다. 이자는 잔여 이윤에 대한 권리나 이윤을 뽑는 사업을 통제하는 권리와 필연적 연관성이 없는데, 이 두 가지 권리 모두가 오늘날에는 주주에게 부여된다. 바라는 것이 오직 안심을 구입하기 위한 도구로 재산을 사용하는 것이라면, 자신의 미래에 가장 안전한 길을 보장해주기를 바라는 투자자의 관점에서 볼 때 확실한 길은, 안정된 수입을 얻는 것이 투자의 동기이지만 투기꾼이 되어 위험을 초래하지도 이윤을 받지도 않는 사채권자나 저당권자의 위치에 자신의 위치를 가능한 한 일치시키는 것이 될 것이다. 의복 산업의 주주들에게 30퍼센트의 배당금을, 그리고 광산 채굴권과 지대의 소유자에게는 일 년에 수천 파운드를 분배하고, 스스로 벌지 않은 그 이득의 대부분을 후손에게 물려주어 마찬가지로 그 후손이 돈을 벌지 않아도 되게 해주는 정교한 재산권 제도가 과부와 고아를 위해 유지되어야 한다고 주장하는 것은, 아무것도 갖지 않거나 가지고 있다 하더라도 안전한 연금을 위해 그 모든 것을 기꺼이 포기할 대다수의 사람들에게는 적어도 터무니없이 **부적절한**mal-á-propos 것이다. 이것은 어떤 사람이 목욕을 하고 싶다고 해서 그를 물에 던져 넣는 것이나, 어떤 주택 소유자가 쥐 때문에 골치를 썩는다고 해서 호랑이 새끼를 주면서 호랑이와 고양이가 모두 **고양이 속**屬이 아니냐고 하는 것과 마찬가지다. 호랑이는 주인이 아니라 자신을 위해 사냥을 하고, 사냥감이 없으면 주인을 잡아먹는다. 재산이 적거나 없는 계급들은 재산이 안심을 보장하기 때문에 그것을 숭배할 수 있다. 그러나 재산이 많은 계급들은 아주 다른 이유로 그것을 소중하게 여기고, **소시민 계급**petite bourgeoisie의 저축처럼 서민들이 하는 무언가가 선거 때를 제외하고는 이자를 낳는다고 생각하는 순진함을 속으로 비웃는다. 그들이 재산을 소중히 여기는 것은 그것이 그들이 사회에서 있을 곳을 마련해주고 공공의 비용으로 유한계급의 유지를 가능케 해주는 질서이기 때문이다.

"소유물에 부과되는 의무가 없는 소유야말로 더할 나위 없는 행복에 가까운 것이다"라고 이기주의자는 말한다. 사회는 사적인 부의 획득을 위해 조직되어야 하는데, 재산에 비뚤어진 태도로 또는 악의적으로 공격을 퍼붓는다고 믿는 사람들에게 기능 없는 재산은 자연스러운 것으로 보이고, 그들이 어떤 제도에 대해서건 하는 질문은 "그 제도는 뭘 주는가?"이기 때문이다. 그런데 그러한 재산은 그것을 소유한 사람들에게 많은 것을 준다. 그러나 기능의 토대 위에서 사회가 조직되고 부가 분배되기만 한다면, 사회적 통합과 효율적 노동이 가능하다고 생각하는 사람들은 제도에 대해 "그 제도가 배당금을 얼마나 주는가?"가 아니라 "그 제도가 어떤 서비스를 수행하는가?"라고 물을 것이다. 수행되는 서비스나 그 소유자에 의해 인정되는 의무와 상관없이 많은 재산이 수입을 산출해준다는 사실이 그들에게는 우수함이 아니라 악덕으로 보일 것이다. 그들은 이러한 상황이 만들어내는 사회적 혼란 속에서, 이곳에서는 서비스에 합당하지 않은 대가가 주어지고, 저곳에서는 서비스가 전혀 없는데도 대가가 주어지며, 모든 곳에서 불만족이 표출되는 것을 보면서 권리의, 그리고 권리만의 토대 위에 집을 짓는 것은 흘러내리는 모래 위에 집을 짓는 것이라는 자신들의 주장이 옳다는 것을 확신하게 될 것이다.

거창한 과장에서 예전에는 분별 있는 사회제도였고 지금도 그럴지 모르는 어떤 절대적인 것에 이르기까지, 일하지 않는 사람들이 일하는 사람들을 압도하는 권력, 일하는 사람들이 일하지 않는 사람들을 향해 번갈아 보이는 아첨과 반역성, 과학과 사고와 창조적 노력에 드는 비용이 건달과 **게으름뱅이**fainéant의 편안함을 침범할 것을 두려워하여 그 세 가지를 굶겨 죽이는 것, 그리고 사회의 부수적 행위의 대부분을 쓸모 있는 일을 하는 사람들이 아닌 제멋대로 돈을 쓰는 사람들의 편의에 맞추어 배치하는 것 등에 여타의 대부분의 사회악이 뒤따르고, 그 결과 이 나라에서 가장 흉물스럽고 황량하며 초라한 장소는 클라이드 계곡이나 랭커셔의 섬유 도시나 스코틀랜드와 웨일스의 광산 마을 같은 가장 큰 부가 생산되는 곳이며, 가장 화려하고 사치스러운 장소는 그 부가 소비되는 곳이다. 사회의 건강과 경제의 효율성이라는 관점에서 보자면, 사회는 가능한 가장 싼 값으로 중요한 설비를 보유해야 하고, 감각상각과 확장을 대비한 후에는 그 생산물 전체를 노동하는 사람들과 그 부양가족에게 분배해야 한다. 그러나 현재는 노동자들이 (조직화에 의해 변화된) 시장이 허용하는 가장 싼 가격에 고용되고, 그 잉여는 과세에 의해 약간 축소되어 재산 소유자들에게 분배되는 일이 벌어지고 있다. 이윤은 해에 따라 마이너스에서 100퍼센트까지 다양하다. 그러나 임금은 한계기업이 해를 넘겨가며 생산을 계속하게 해줄 만한 수준에서 고정되어 있다. 또한 잉여는 부분적으로는 효율성 높은 경영 덕분에 발생할 때조차 경영자나 육체노동자가 아닌 주주에게 돌아간다. 이 과정의 의미는 오늘날 랭커셔에서 보듯이 비정상적 활동의 시기에 큰 단위의 자본의 주인이 바뀔 때 놀랄 만큼 분명해진다. 현재의 주주들이 자본에 대한 미래 이윤의 기대에 상응하는 것을 받는다. 노동자들은 일을 하는 사람들임에도 엄청난 가치 증대에 참여하지 못한다. 또한 그들이 미래에 임금 인상을 요구할라치면 임금 인상이 있기 전에는 큰 금액으로 계산되었을 이윤이 임금 인상 후에는 주주들에게 그들의 투자에 대해 낮은 이율의 이자밖에 주지 못한다는 답변을 듣게 될 것이다.

진실은 이렇다. 즉, 이전 시대에는 재산의 보호가 통상적으로 노동의 보호였던 반면 이 양자의 관계가 지난 두 세기의 경제 발전 과정에서 아주 거의 역전되었다. 문명을 구성하는 두 요소는 능동적 노력과 수동적 재산, 인간의 노동과 인간이 사용하는 도구이다. 이 두 요소 가운데 첫 번째 것을 공급하는 사람들이 문명을 유지하고 개선하며, 두 번째 것을 소유하는 사람들은 보통 문명의 특징과 발전, 그리고 문명의 관리를 좌우한다. 따라서 정치적으로는 자유롭다 할지라도 실제로는 인간의 대다수가 주된 관심이 소유에 있는 소수 사람들의 이익을 보호하도록 강제되어 있는 규칙 밑에서 산다. 창조적 활동이 이렇게 수동적 재산에 종속되므로 두뇌에 의지하는 노동자, 조직자, 발명가, 교사나 의사는 장인과 맞먹을 만큼의 난처한 상황을 겪는다. 실제의 경제적 분열은 자주 이야기되는 것처럼 고용자와 고용인 사이가 아닌, 과학자에서 노동자까지 건설적인 일을 하는 한편의 사람들과, 건설적인 일에 서비스를 하건 하지 않건 간에 현존하는 재산권의 보존에 주된 관심과 이익이 있는 다른 한편의 사람들 사이의 분열이다.

따라서 재산의 실질적 몫을 소수의 손에 집중시키는 현대의 조건하에서 세계가 재산을 소유한 사람들의 이익을 위해 지배된다면, 그 결과가 일하는 사람들이 받아들일 만하게 되는 것은 우연에 기댈 수밖에 없다. 실제로 양자 간에는 끊임없는 충돌이 있다. 기능 없는 주주들에게 배당금으로 분배되는 부의 반이 다른 방식으로 사용된다면 모든 아이에게 18세가 될 때까지 좋은 교육을 보장할 수 있고, 영국의 모든 대학에 다시 기부를 할 수 있으며, (더 효율적인 생산이 중요하므로) 영국의 산업이 더 효율적인 생산을 할 수 있는 설비를 갖춰줄 수 있다. 지금 재산의 보호에 이용되는 창의력의 절반만으로도 가장 산업적인 질병들을 천연두만큼이나 적게 줄일 수 있었을 것이고, 가장 영국적인 도시들을 건강하면서 아름답기도 한 장소로 만들 수 있었을 것이다. 방해가 되는 것은, 재산권이 그 소유자가 하는 어떤 사회적 기능과도 상관없이 절대적이라는 주의이다. 그래서 재산의 보호가 노동의 보호에 상응할 가능성이 전혀 없다 할지라도 가장 가혹하게 강제되는 법은 여전히 재산을 보호하는 법이고, 산업을 지배하고 사회문제에서 두드러지는 권리가 바로 재산권이다. 제분소 소유자는 한 세대의 직공들을 독으로 죽이거나 토막 내 죽일 수도 있다. 그러나 치안판사인 그의 형은 경고나 명목상의 벌금 몇 푼으로 그를 풀어주어 그다음 세대의 직공들을 독으로 죽이고 토막 내 죽이게 내버려둘 것이다. 왜냐하면 그는 재산의 소유자이기 때문이다. 지주는 어린아이가 1,000명당 200명이 죽는 빈민가에서 집세를 뽑아내지만, 그럼에도 상류 사회에서 환영을 받는다. 재산은 어떤 의무도 없으며, 따라서 잘못을 저지를 수가 없기 때문이다. 한 방에 세 사람이 사는 도시 근교의 땅은 매석되고, 시골의 땅은 오락에 사용되니 시골 사람들은 그곳을 떠나 도시 근교의 땅들을 훨씬 더 복닥거리게 만들게 된다. 어떤 공권력도 이런 상황에 개입하지 않는데, 둘 다 재산이기 때문이다. 모든 도덕적 의미를 거부하는 제도는 조만간 붕괴될 수밖에 없다고 믿는 사람들에게, 재산의 보호를 기능 없이 그것을 악용하는 것과 혼동하는 사회는 베르사유 정원에서 천박하고 경망한 행동과 천박한 과시의 연대기를 남긴 사건만큼이나 위태롭게 보일 것이다.

인간이 평화를 사랑할까? 사람들은 사회에 서비스하기 위해 협력하는 의무가 포함되어 있지 않은 권리에서 사회 통합의 최대의 적을 보게 될 것이다. 인간이 평등에 가치를 부여할까? 소유자에게 인간 공통의 노동의 필요성과, 물질적 부를 지성의 훈련에 나누어주는 일을 면제해주는 재산권은 불평등을 사회의 구석구석에 스며드는 제도로 만든다. 인간이 산업의 더 큰 효율성을 바랄까? 게으름이 근면과 똑같은 특권을 갖고, 곡괭이나 해머를 한 번씩 휘두를 때마다 추가되는 이윤이 그것을 전혀 휘두르지 않는 주주들에게 분배될 것이라는 놀랄 만한 사실보다 효율성에 더 치명적인 장애는 없다.

실제로 기능 없는 재산은 합법적 재산 그 자체의 최대의 적이다. 그것은 그것을 생산하는 유기체를 죽이는 기생충이다. 악화가 양화를 몰아내고, 지난 두 세기의 역사가 보여주듯, 획득이나 권력을 위한 재산과 서비스나 사용을 위한 재산이 양도와 상속에 부과되는 어떤 법적 체계와 같은 규제 없이 시장에서 자유로이 겨루게 되면, 후자가 저항하는 힘이 더 적기 때문에 보통 전자에 흡수되는 경향이 있다. 이렇게 해서 기능 없는 재산이 성장하고, 이렇게 성장함에 따라 그것은 재산을 생산하고 이전 시대에는 재산이 보호했던 창조적 에너지를 약화시킨다. 기능 없는 재산은 인간을 하나로 만들 수 없는데, 인간을 하나로 만드는 것은 하나의 공통된 목적에 서비스를 결합하는 것임에도, 그것의 본질은 서비스와 상관없는 권리를 유지하는 것이어서 그 결합을 거부하기 때문이다. 기능 없는 재산은 창조를 할 수 없고 소비만 할 수 있기 때문에 세습된 부로부터 지난 세기 동안 탄생한 과학자, 발명가, 예술가나 문필가의 수는 한 손으로 셀 수 있을 정도이다. 기능 없는 재산은 문화도 아름다움도 아니라 그 재산을 상징하는 부와 과시에 속하는 힘만을 가치 있게 본다.

따라서 이러한 자질들, 즉 활기와 사고와 창조의 정신(그리고 이러한 자질들은 많다)을 두려워하는 사람들은 합법적인 것은 보존하고 합법적이지 않은 것은 폐지하기 위해 재산의 다양한 유형과 종류를, 우리는 구별하려고 애쓴 것과 마찬가지로 구별하려 하지 않을 것이다. 그들은 가장 타락한 형태의 것일지언정 모든 사유재산을 보존하려고 애쓸 것이다. 그러나 위와 같은 자질들에 가치를 두는 사람들은 재산을 타락에서 구하여 진정한 본질로 되돌아올 수 있게 함으로써 이 자질들을 증진하려 할 것이다. 그들은 어떤 환상적 공산주의도 건설하기를 바라지 않을 것인데, 넉넉한 양의 개인 소유물을 자유로이 처분하는 것이 건강하고 자존감 있는 삶의 조건이라는 것을 깨달을 것이고, 오늘날에는 소수자의 특권을 부여하는 재산권을 더 폭넓게 분배하고자 할 것이기 때문이다. 그러나 이름이 같다는 이유만으로 모든 재산권을 똑같이 존엄한 것으로 취급하려 하는 순진한 철학에 순종하지는 않을 것이다. 자신의 직업 활동이나 가정의 유지를 위해 그 소유자가 사용하는 재산과, 타인의 노동에 의해 생산되는 부에 대한 단순한 요구로서의 재산을 날카롭게 구별할 것이다. 또한 재산은 게으름이 아니라 활동이라는 조건으로서 쓰일 때에만, 그리고 분명한 개인의 의무를 이행할 때 도덕적이며 건강한 것이라고 주장할 것이다. 요컨대 재산을 기능이라는 원칙의 토대 위에 놓으려고 노력할 것이다.

기능사회

기능이라는 원칙을 재산과 산업에 적용하는 것은 몇몇 유형의 서로 다른 사회조직과 양립할 수 없고, 그래서 "여기 있다!", "저기 있다!"[21]라고 외치는 사람들의 비밀이어서 더욱 중요한 계시만큼이나 현실성이 없을 것 같다. 본질적인 것은 사람들이 목적이라는 개념에 생각을 집중하고 그 개념에 다른 모든 부수적 문제들을 압도하는 중요성을 부여해야 한다는 점이다. 특허권이 그런 것처럼 산업의 목적이 좋은 사회생활의 물질적 토대를 제공하는 것이라면, 어떤 훨씬 더 중요한 목적과 모순되지 않는 한 그 제공을 더 효율적으로 만드는 어떤 조치도 현명한 것이고, 그것을 좌절시키거나 방해하는 어떤 제도도 어리석은 것이다. 예컨대 영국에서 산

---

21 [역주] "그때에 사람이 너희에게 말하되 보라 그리스도가 여기 있다 혹은 저기 있다 하여도 믿지 말라", 『성경』, 「마태복음」 24장 23절.

업을 위해 교육이 망가지는 것처럼 교육을 불구로 만드는 것은 어리석은 것이다. 산업의 쓸모 가운데 하나는 더 나은 교육을 가능케 할 수 있는 부를 제공하는 것이기 때문이다. 아무런 서비스도 수행되지 않는 재산권을 유지하는 것은 어리석은 것인데, 서비스 없이 대가가 지급되는 것은 낭비이기 때문이다. 또한 통계학자들이 확인해주는 바와 같이 수입이 똑같이 분배되는데도 일인당 수입이 적어지는 게 사실이라면, 그것은 더욱더 어리석은 것이다. 작은 배의 선원들에게는 일등실 승객을 태울 여유는 없는 법이어서 적은 수입이 잘못 사용되지 말아야 하는 것이 훨씬 더 중요한 일이기 때문이다. 산업의 방향을 대차대조표 말고는 아무것도 모르는 사유재산 소유자의 고용인들에게 맡기는 것은 어리석은 것인데, 산업을 서비스의 수행에서 이익의 획득으로 방향을 바꾸게 하는 것이고, 창조적인 일을 하는 사람들을 그렇지 않은 사람들에게 종속시키는 것이기 때문이다.

산업 문제에서 지혜로운 방침은 결국 조직 생활의 다른 모든 분야의 경우에 적용되는 것과 같은 것이다. 그 방침은 경제활동이 계속되고 그 활동에 경제조직을 적합하게 만드는 목적을 생각하는 것이다. 서비스에 대해, 그리고 서비스에 대해서만 대가를 지불하는 것이고, 자본을 사용할 때 반드시 그 자본이 가능한 가장 싼 값으로 사용되게끔 하는 것이다. 산업을 조직하는 책임을, 소유하는 사람들이 아니라 일하고 사용하는 사람들의 어깨 위에 놓는 것인데, 생산은 생산자가 하는 일이고, 생산자가 그의 일을 잘하는지를 눈여겨보기에 적절한 사람은 재산의 소유자가 아니라 그 일이 계속되어야 할 이유를 제공하는 소비자이기 때문이다. 무엇보다도 모든 산업이 비용과 이윤이 완전히 공개되면서 운영되어야 한다고 주장할 터인데, 공개가 경제적이고 정치적인 악폐 두 가지 모두에 대한 소독제가 되어야 하고, 어떤 사람도 이 두 가지 일이 밝은 곳에서 이루어지지 않는 한 자신의 이웃을 신뢰할 수 없기 때문이다.

재산에 관한 한 이러한 정책에는 두 가지 강점이 있다. 한편으로 이 정책은 소유가 의무와 분리되는 재산 형태들을 없애는 데 목표를 둘 것이다. 다른 한편으로는 일을 하는 사람이 소유자이건 아니건, 자기 일의 통제나 이윤을 단순한 **불로소득 생활자**와 공유하지 않고, 그 일을 자유로이 수행할 수 있는 경제조직의 형태를 장려하고자 할 것이다. 이렇게 해서 어떤 분야에서 공공의 소유를 확대하게 되면, 다른 분야에서는 사유재산의 확대를 발전시킬 것이다. 근면이라는 원칙을 부패시키는 것은 사유 자체가 아니라 일과 분리된 사유이고, 토지나 자본의 사유재산은 필연적으로 해로운 것이라는 일부 사회주의자의 관념은 모든 재산에 일종의 신비한 존엄성을 부여하고자 하는 보수주의자의 관념만큼이나 터무니없는 현학적 탁상공론이기 때문이다. 전적으로 문제는 그것이 무슨 종류의 재산이냐, 그리고 그것이 무슨 목적을 위해 쓰이느냐이다. 영연방 자치령의 가산 압류 면제법하에서 그러는 것처럼 미국이 기능 없는 재산 소유자 계급의 산출을 방지하기 위해 충분할 만큼 엄중하게 토지 수용권을 유지하고 소유권 양도를 통제하고 있다면, 자신의 농장이나 가게를 소유하는 소농과 소규모 작업장 장인의 증가를 장려함과 동시에 불행하게도 오늘날 가장 뚜렷이 볼 수 있는바 사유한 사람이 부재 주주인 산업에서 사유를 폐지하는 것 사이에는 아무런 모순도 없다.

실제로 위의 두 가지 가운데 두 번째 개혁이 첫 번째 개혁을 도울 것이다. 사회가 기능 없는 재산을 용인하는 한 거대한 토지나 자본금이 지배하는 세계 속에서 자신의 재산을 쉽게 보유할 수 없는, 농업이나 산업에서 소규모 작업을 하는 장인이 부활하는 것은 불가능하지는 않다 하더라도 어려워진다. 사회가 기생적이기만 한 재산의 종류를 없애는 한 그 사회는 적은 소유가 적응할 수 있는 종류의 산업에서 소규모 재산 소유자가 부활할 수 있도록 해준다. 첫 번째 개혁에 대한 사회주의의 정책이 '분배하는 국가'와 적대하지는 않지만, 현재의 경제 조건 아래에서는 그것에 선행하는 필수 단계로서, 그리고 '재산'이라는 것이 주민의 10분의 9에게 이 말이 암시하는바 개인의 소유물을 의미한다면, 사회주의자의 목표는 재산을 침해하는 것이 아니라 보호하고 증가시키는 것이 되어야 한다. 대규모 생산과 소규모 생산 사이에 걸친 범위는 항상 불확실하고 유동적이며, 실제로 그렇듯이 예측할 수 없는 기술적 조건에 좌우된다. 즉, 예컨대 전력을 값싸게 생산하게 되면, 증기 동력이 생산의 집중을 낳은 것처럼 생산의 탈집중을 낳을 수 있다. 그러나 근본 문제는 소유의 다양한 규모 사이가 아니라 서로 다른 종류의 소유 사이에, 대규모로 일하는 농부나 장인과 소규모로 일하는 농부나 장인 사이가 아니라 일에 사용되는 재산과 일은 없이 수입을 산출하는 재산 사이에 있다. 아일랜드의 지주가 사라진 것은 그들이 대규모 토지를 소유했기 때문이 아니라 소유자일 뿐이었기 때문이다. 영국에서 토지 소유가 도시에서 이미 그렇게 된 것과 같이 아일랜드에서처럼 약화되었다면, 그 역시 똑같은 운명을 맞이할 만하다. 일단 소유의 성격이라는 문제가 해결되면, 경제 단위의 크기라는 문제는 스스로 해결되도록 내버려두어도 된다.

따라서 기능의 수행을 위해 경제생활을 조직하는 첫 번째 단계는 대가로서 아무 기능도 수행하지 않는 유형의 사유재산을 폐지하는 것이다. 일은 하지 않고 소유에 의해 생활하는 사람은 다른 누군가의 근면에 의해 부양될 수밖에 없고, 따라서 지나치게 값비싼 사치가 조장된다. 유아기 때부터 다른 어떤 평판 좋지 않은 직업을 갖도록 길러진 사람들에게 베풀어질 만하지만 대개 그래서는 못 쓰는 관대함으로 대접받을 만한 사람이라 할지라도, 그 개인에 대한 너그러움이 그와 그의 이웃들을 모두 희생자가 되도록 만드는 제도를 용납해서는 안 된다. 이 기준으로 판단하자면, 어떤 종류의 재산은 명백히 반사회적이다. 지표면의 소유자에게 광부가 지표면으로 가지고 나오는 모든 석탄에 사용료라 불리는 세금을 징수할 수 있고, 그 편의 시설과 가치에 큰 영향이 없을지라도 자기 땅의 표면 아래로 운송되는 모든 석탄에 통행료라 불리는 세금을 징수할 수 있으며, 그 소유자가 내세우는 조건에 맞지 않으면 광물에 대한 접근을 허용하지 않음으로써 원한다면 한 구역 전체의 발전을 왜곡할 수 있고, 서로 다른 재산 사이에 장벽을 만들어 약 35억에서 40억 톤에 이르는 석탄이 낭비되도록 만들 수 있는 권리를 부여하는 반면, 일반 국민을 위해 더 많은 양의 석탄을, 그리고 동시에 자신을 위해 더 많은 사적 세금을 생산하지 않는다며 이구동성으로 광부들의 사악함을 한탄하도록 만드는 데 서비스하는 것, 이 모든 것이 광산 소유자가 아마도 얼마간 기여한 우리의 산업 문명의 생기 없는 특징에 기분 좋은 느낌의 유머를 더해준다. 그중 네 명의 주인공 선수 각각에게 일 년에 40만 달러 남짓의 덤이 지불되고, 그 선수들의 경기를 구경하러 몰려든 사람들에게는 일 년에 2,400만 달러가 분배되는 것은 그렇지 않다 할지라도 말이다.

석탄을 본 적이 없는 신사가 그 음울한 장소의 내용물을 런던의 우아한 회의실과 시골의 한 장소에 불어넣는 연금술은 광산의 사용료를 받는 사람의 독점물이 아니다. 이와 비슷한 요술의 묘기를 도시의 지대를 받는 사람도 보여준다. 시골에서는 일부 지주가, 아니 아마도 많은 지주가 위험하고 어려운 농업의 일에서 동업자 역할을 하고, 비록 그들이 사회적으로 과도한 권력을 종종 행사한다 할지라도 그들이 보유하는 지위와 그들이 받는 수입은 결국 부분적으로는 그들이 수행하는 기능의 대가이다. 도시의 땅을 소유하는 것은 순금만 남아 있는 원광석에서 표력토[22]를 정제한 것과 같은 것이다. 이것은 완전히 일이 없는 유급 성직 같은 것인데, 유일한 기능이 자기 이윤을 모으는 일일 뿐이기 때문이다. 그래서 유급 성직에 반대하는 자유주의의 투쟁이 아주 최근까지 벌어져 어떤 기억의 심금을 울렸을 때, 최후의 가장 위대한 자유주의 사상가는 다음과 같은 분명한 결론을 도출했다. 1848년에 밀은 이렇게 썼다.[23]

토지 재산을 정당화하는 근거는 토지 소유자가 그것을 개선하는 사람인 한에서만 유효하다. 사유재산에 관한 어떤 건전한 이론에서도 토지 소유자가 그 땅에 자리를 잡은 유급 성직자이기만 하면 된다는 생각을 펼쳐본 적이 없다.

도시의 지대와 사용료는 사실 반동적 시대를 이끌던 당시의 총리가 암시했듯이, 몇몇 개인이 법에 의해 타인들의 근면에 부과할 수 있도록 허락받는 세금이다. 이 세금은 그 총량이 국가 세입의 필요가 아니라 그 세금을 부과하는 석탄과 공간의 필요에 비례하여 증가하고, 이 세금의 성장은 공공의 이익이 아닌 개인의 이득에 도움이 되며, 그 수입이 어처구니없는 지출에 낭비된다 할지라도 그것을 불평할 권리는 아무에게도 없다는 사실에서만 정부의 과세와 차이가 있다. 브라운 씨가 생산한 부 또는 어느

---

22 [역주] 표력토(漂礫土): 빙하에 의해 밀려 내려왔다가 빙하가 녹으면서 그대로 남게 된 점토나 자갈=표석 점토.

23 [역주] 존 스튜어트 밀(John Stuart Mill)의 『정치경제학 원리(Principles of Political Economy)』에 나오는 내용.

쪽에도 이익이 되지 않는 대상을 스미스 경이 소비하는 방식은, 사유재산이라는 이름 아래 스미스 경과 브라운 씨 모두가 인간의 더 높은 복지에 필수적인 것이라고 배워온 사회체제의 일부이기 때문이다.

그러나 우리가 기능이라는 원칙을 받아들인다면 이런 방식의 목적이 무엇인지, 그리고 예컨대 런던 주민이 지주들에게 무슨 목적으로 일 년에 640만 달러를 지불하는지를 묻게 될 것이다. 또한 그 돈에는 아무 목적도 목표도 없고, 이런 것들은 세인트 클레멘트 데인스 교구의 땅 때문에 런던 시가 국왕에게 바치는 말굽과 못 같은 것이라는 사실을 알게 되면, 마치 과거에는 역사가 있었지만 지금은 역사가 더는 없는 것처럼 기묘하게 역사적으로 살아남은 것을 불쾌하게 다루지도 않을 것이고, 그렇게 살아남은 것이 우리로 하여금 현재의 사업에 집중하지 못하도록 내버려두지도 않을 것이다. 우리는 영연방과 유럽 대륙의 일부 지역사회가 이미 회복한 것처럼 광물과 도시 토지의 소유권을 제자리에 되돌려놓음으로써, 부를 흘려 내버리는 이 수로들을 폐쇄할 것이다. 상속세에 의해 자격이 주어지는 것이라 할지라도 오늘날 부자의 아들이 물려받는 대상인, 산업에서 거두어들이는 세금에 대한 권리가 아니라, 그 상속자에게 상속되는 것이 개인 소지품 정도가 될 때까지 상속에 대한 세금을 증가시킴으로써, 우리는 유적처럼 거대하게 축적된 재산의 주인이 모든 세대에서 적어도 한 번은 바뀌도록 확실한 조치를 취할 것이다. 요컨대 무에서 무언가를 만들어내고 자신과 조금 닮은 말로 인간을 홀리는 능력을 지닌 시인들을 다루려 했던 플라톤의 방식대로 광물 소유자와 토지 소유자를 다룰 것이다. 그래서 그들에게 화관을 씌워주고 국가 밖으로 정중히 안내할 것이다.

직업으로서의 산업

기능이 없는 권리는, 인간의 목소리를 듣고 피는 마셨지만 감동의 전율은 잃어버린 『오디세이아』의 정령 같은 것이다. 사용료와 도시의 지대를 없애는 것은 미신을 타파하는 일일 뿐이다. 이것은 한 사람의 손을 유령 속에 집어넣는 것만큼의 적은, 그리고 그만큼 많은 결단력이 필요하다. 자본가 자신이 경영자인, 점점 소수가 되고 있는 산업을 제외한 모든 산업에서 자본이라는 형태의 재산은 거의 똑같이 수동적이다. 거의 그렇지만 완전히 수동적이지는 않다. 이 재산의 소유자 대부분은 어떤 적극적 기능도 행사하지 않지만 그 기능을 수행할 사람을 지명하기 때문이다. 물론 자본이 어떻게 소유되느냐의 문제는 자본이 어떻게 관리되느냐의 문제와 구별되고, 전자는 후자에 대한 편견 없이 해결될 수 있다. 산업에 필수불가결한 자본을 주주가 소유하기 때문에 산업은 주주가 소유하는 자본의 유지에 의존한다고 추론하는 것, 그리고 몇몇 경제학자들처럼 자본이라는 형태의 사유재산이 더 약화되거나 완전히 폐지된다면, 자본을 소유했든 소유하지 않았든, 더 중요한 산업에서는 자본의 극히 일부분조차 소유하지 못한 경영자들의 건설적 활력이 줄어들 수밖에 없는 것처럼 쓰는 것은, 강력하지만 **불합리한 추론**의 잘못을 저지르는 것이자 오늘날 산업의 가장 명백한 사실들을 간과하는 것이다. 효율적 산업 조직 소비자의 필요성에 관해 말하는 단순 자본가가 적으면 적을수록 더 좋다. 산업의 미래가 어떻든 간에 효율적 조직에는 그 **자본가**를 위한 공간은 없을 것 같기 때문이다. 그러나 주주는 지배하지는 않는다 하더라도 일 년에 한 번 적어도 "**내가 그것을 허하노라**"라고 말할 정도로 군림한다. 그들의 권리가 줄어들거나 없어진다 할지라도 그 권리를 행사하는 어떤 기관의 필요성은 여전히 남을 것이다. 그래서 자본 소유권의 문제는 이처럼 산업 조직의 문제와 공통점이 많고, 산업이 운영되는 정치체제의 문제는 이 양자에 공통된 문제다.

그 정치체제는, 목적이라는 원칙을 가장 완전하게 표현하기 위해서는 산업이 어떻게 조직되어야 하는지를 고려함으로써 찾아져야 한다. 목적이라는 원칙을 산업에 적용하는 것은 그 원칙을 실행하는 것이 아무리 어렵다 할지라도 단순한 일이다. 산업을 직업Profession으로 만드는 일이다. 직업이란 의심할 필요도 없이 불완전하게, 그러나 순수하게 기능의 수행이라는 목적을 위해 조직되는 일이라고 아주 간단히 정의할 수 있다. 이것은 똑같은 종류의 일을 하며 자신들의 생계를 꾸리는 개인들을 단순히 모아놓는 일이 아니다. 통상적으로 직업의 목적에 포함되는 일이라 할지라도, 단지 그 구성원을 경제적으로 보호하기 위한 목적만으로 조직되는 집단도 아니다. 직업은 그 구성원을 더 잘 보호하기 위한 것뿐만 아니라 공적 서비스를 더 잘 하기 위한 어떤 기준들을 강화하기 위해 고안된 규칙에 따라서 자신의 일을 수행하는 사람들의 집단이다. 직업이 유지하는 기준은 높거나 낮을 수 있다. 모든 직업은 공동체의 이익을 보호하는 어떤 규칙과 그 공동체에 부과되는 여타의 규칙을 지니기 때문이다. 직업의 본질이란, 그 구성원의 능력이나 생산하는 제품의 질을 책임지고, 일정 종류의 행위가 특정 개인에게는 이익이 된다 할지라도 그가 속한 조직의 평판을 떨어뜨릴 것 같을 때에는 그 행위를 신중히 금지하는 것이다. 그 규칙의 일부는 부도덕한 경쟁에 의한 직업의 경제적 기준 저하를 방지하는 데 주로 목적이 있는 노조의 규정이고, 다른 규칙은 투기적 이익이라는 우대책을 배제함으로써 그 직업의 어떤 구성원도 자기 일에서 생기는 순수하게 직업적인professional 이익만을 갖게 하는 것이다.

따라서 '전문가답지 않은unprofessional 행위'라는 말이 암시하는 개념은, 법이 허용하는 범위 내에서 경쟁 업자가 무제한적으로 금전적 사리사욕을 추구하는 것에 의해 공적 서비스가 가장 잘 보장된다고 추정하는 이론과 실천의 정반대의 것이다. 전문직 계급이 자유 경쟁을 상업과 산업의 조정자로 신격화했었던 시절에는 그들이 주로 관심을 둔 직업에는 자유 경쟁을 적용할 것을 꿈꾸지 않았고, 직업적 양심을 표현할 수 있는 기구를 유지했으며 실제로 정교하게 만들어냈다는 사실이 중요하다. 규칙 그 자체는 비전문가가 보기에 때때로 자의적이고 잘못 구상된 것일 수도 있다. 그러나 그 규칙의 목적은 분명하다. 그것은 직업 그 자체에 서비스의 질을 유지하는 의무를 부과하는 것이자, 개인의 필요나 탐욕에 근거한 금전적 이득의 동기에 부당하게 영향을 받아 공공의 목적이 좌절되지 않게 하는 것이다.

오늘날 존재하는 것으로서 산업과 직업 사이의 차이는 따라서 단순하고 오해의 여지가 없는 것이다. 전자의 본질은 유일한 규범이란 산업이 주주들에게 제공하는 금전상의 수익이라는 점이다. 후자의 본질은 사람이 생계를 위해 그 속에 들어간다 할지라도 그 성공의 잣대는 축적하는 이득이 아니라 수행하는 서비스라는 점이다. 사람은 성공한 의사의 경우처럼 부자가 될 수 있다. 그러나 의사가 가진 직업의 의미는 자신에 대해서건 일반 국민에 대해서건, 그들이 돈을 번다는 점이 아니라 건강이나 안전 또는 지식이나 좋은 정부나 좋은 법을 만든다는 점이다. 사람은 직업에 의지하여 수입을 얻지만, 수입을 증가시키는 어떤 행위도 그 때문에 좋다고는 생각하지 않는다. 그래서 50만 달러를 가진 채 은퇴하는 부츠 제조업자는 자신이 만든 부츠가 가죽으로 만든 것이건 갈색 포장지로 만든 것이건 간에 성공을 이루었다고 여겨지지만, 이와 똑같은 성공을 거둔 공무원은 비난을 받는다.

따라서 의사의 경우라면, 자신에게 주어지는 보수가 아무리 크다 할지라도 해서는 안 되는 특정 종류의 행위가 있다는 것을 인정하는데, 그 행위가 전문가답지 않은 것이기 때문이다. 학자와 교사의 경우라면, 특히 신약 제조업자의 경우와 마찬가지로 일반 국민이 아무리 속아주겠다고 아우성을 친다 해도 고의로 일반 국민을 속여 돈을 버는 것은 나쁜 일이다. 판사와 공무원의 경우라면, 돈을 위해 정의를 팔아 수입을 늘려서는 안 된다. 군인이라면, 서비스가 첫 번째 것이고, 사적인 성향과 죽음보다 삶을 선호하는 합리성조차도 두 번째 것이다. 모든 나라에는 반역자가, 모든 군대에는 탈영병이, 모든 직업에는 파업 방해자가 있다. 직업 정신을 이상화하는 것은 아주 어리석은 일이 될 것이다. 그 속에는 추잡한 면이 있고, 산업에서 그러한 면이 조장된다면, 그것이 과도하게 되지 못하도록 하는 보호 수단이 필요할 것이다. 그러나 때때로 포기되는 기준을 유지하는 것과, 유지해야 할 기준은 없다는 주장을 존재의 가장 중요한 진실로 단언하는 것 사이에는 큰 차이가 있다. 직업의 의미는, 산업에서는 반역자가 규칙인 것과 달리 반역자를 예외로 만드는 일이다. 직업은 그 직업이 수행되는 목적이 무엇이 되었든 그 목적을 성공의 기준으로서 지지하고, 기능의 수행을 증진하는 것을 목적으로 삼는 조직의 규칙에 개인의 성향과 욕구와 야심을 종속시킴으로써 반역자를 예외로 만든다.

직업과 산업을 날카롭게 구분하는 경계선은 없다. 100년 전에는 오늘날 대체로 존경할 만한 공적 서비스의 분야로서 대접받는 교육이 일반 국민의 쉽게 믿는 속성을 이용하는 저속한 공리공론이었다. 찰스 디킨스의 『니콜라스 니클비Nicholas Nickleby』에 등장하는 스퀴어스 교장이 희화화된 인물이었다면, 기번과 아담 스미스 시대의 옥스퍼드[24]는 순전히 외양을 키워 그럴싸해 보이는 곳이었다. 어떤 지방정부 당국도 오늘날 지방자치단체가 매일 수행하는 직무의 10분의 1도 실행할 수 없었는데, 그 직무를 수행할 공무원 조직이 없었고, 뇌물을 받을 공무원들은 있었기 때문이다. 공장과 같은 역할을 한 병원, 경쟁력 있는 임금을 받으며 그 공장에 '일손'으로 고용된 의사, 부자들의 요구를 만족시키기 위해 주주에게 지불되는 큰 배당금, 그리고 이익이 되는 시장을 제공하지 못해 열악한 서비스를 받거나 서비스를 아예 받지 못하는 빈자들을 가지고, 의료의 일부 분야가 산업자본주의의 노선에 따라 발달했을지도 모른다는 것을 적어

---

24 [역주] 기번(Edward Gibbon, 1737~1794)은 영국의 정치인이자 역사가로 『로마제국 쇠망사(The History of the Decline and Fall of the Roman Empire)』를 썼다. 1752년 에 15세의 나이로 옥스퍼드대학 모들린 칼리지에 입학했으나 종교 문제로 중퇴한 일이 있다. 그와 동시대인인 『국부론(An Inquiry into the Nature and Causes of the Wealth of Nations)』의 저자 아담 스미스(1723~1790) 역시 그보다 조금 앞선 1740년 에 옥스퍼드대학에 장학생으로 입학했으나 이 대학의 공부에서 별다른 흥미를 느끼지 못하고 1746년에 자퇴했다.

도 상상해볼 수 있다.

전쟁 무기를 만드는 것과 그것을 발사하는 것 사이에, 학교를 짓는 것과 짓고 나서 거기서 가르치는 것 사이에, 음식을 제공하는 것과 건강을 제공하는 것 사이에 어떤 신비한 차이가 있다는 생각, 즉 전자는 금전상의 이익을 얻는다는 한 가지 생각으로 수행되어야 하는 반면, 후자는 치료받아야 할 더 많은 병자, 교육받아야 할 더 많은 아이들, 막아내야 할 더 많은 적이 있다는 단순한 이유 때문에 서비스에 대한 대가는 받지만 뜻밖의 횡재만을 기다리거나 급료를 올리지는 않는 전문 직업인에 의해 수행되는 것이 불가피하고도 칭찬할 만한 일이라는 생각은, 산업 지도자들이 모욕을 명예로 받아들이고 치욕을 일종의 후광으로 걸친다는 사실보다도 놀랍지 않은 착각이다. 부츠를 만들거나 집을 짓는 일이 본질적으로 불명예스러운 것이 아니라는 것은 병자를 치료하거나 무지한 사람을 가르치는 일이 그렇지 않은 것과 마찬가지다. 똑같이 필요하고, 따라서 똑같이 명예로운 일이다. 직업이 하는 서비스의 규범을 유지하는 것을 목적으로 삼는 규칙에 의해 적어도 똑같이 규정받아야 한다. 또한 도덕적 규범을 금전상의 이익에 저속하게 종속시키는 것으로부터 적어도 똑같이 자유로워야 한다.

산업이 직업으로 조직되려면 두 가지 변화가 필수인데, 하나는 반대하는 것이고 하나는 지향하는 것이다. 첫째, 산업이 재산 소유자의 이익을 위해 재산 소유자의 대리인에 의해 운영되는 것을 그치고 공중을 위해 운영되어야 한다. 둘째, 엄격한 공적 감독 하에서 그 산업이 서비스하는 바를 유지하는 책임이 조직자와 과학자에서 노동자에 이르기까지 실제로 그 일을 수행하는 사람들의 어깨에 놓여야 한다.

첫 번째 변화는, 이익의 추구가 관계와 관심의 유일한 매개이고 대상인 사람들에게 산업 관리의 궁극적 권한이 주어지는 한 공공의 이익을 위한 산업 운영이 불가능하기 때문에 필요하다. 현재 산업이 조직되는 방식으로는 산업의 이윤과 통제가 산업의 성공과 거의 관계없는 바로 그 요소에 의존한다. 농업을 제외한 주요 산업의 통상적 형태가 된 주식회사 조직하에서 산업은 그 재산을 소유한 사람에게 봉급을 받는 대리인에 의해 운영된다. 주주들에게 큰 금액을 돌려준다면 성공한 산업이고, 그렇지 않다면 성공하지 못한 산업이다. 그 산업의 서비스나 노동자의 지위를 저하시키는 관행에 의해 배당금을 증가시키는 기회가 찾아온다면, 그리고 산업을 운영하는 임원들이 그 기회를 잡는다면, 정확히 자신들의 의무의 경계 안에서 행동할 터인데, 그들은 고용자의 종업원이고 고용자에 대한 그들의 의무는 서비스가 아니라 배당금을 제공하는 것이기 때문이다. 그러나 재산 소유자는, 소유한 도구가 유용하지 않다는 뜻에서가 물론 아니라 일과 소유가 점점 더 분리됨으로써 그 도구의 효과적 사용이 그 도구에 행사되는 소유권의 유지에 의존하지 않는다는 뜻에서 기능 없는 재산 소유자**로서** 존재한다. 물론 자본을 소유하면서 동시에 사업을 운영하는 사장이 많이 있다. 그럼에도 대부분의 큰 산업의 대부분의 주주들은 통상적으로 주주일 뿐인 것이 현실이다.

그들의 경제적 이익은 때때로 당연시되는 것과는 달리 일반 국민의 이익과 일치하지 않는다. 사회는 자본을 포함한 물질적 재화가 값이 싸고 사람은 값이 비쌀 때 부유하다. 실제로 '부자'라는 말에는 다른 뜻이 없다. 산업에 이용되는 재산을 소유하는 사람들은, 산업을 관리하는 처지이자 그 일을 하며 많은 경우 아주 형편없는 보수를 받는 종업원 처지의 경영자들은 물론 그렇지 않겠지만, 자본은 비싸고 사람은 싼 것이 이익이다. 따라서 산업이 상당한 수익을 산출하거나, 그 산업의 한 단위에서 어떤 특별한 장점 덕분에 이웃한 단위들보다 더 싸게 생산하면서도 같은 가격에 판매하거나, 거래가 다시 활기를 찾아 가격이 오르거나, 지금은 많은 주요 산업의 규칙이 된 기업 연합체 중 하나에 의해 공급이 통제되면, 그 결과 얻게 되는 잉여금은 통상적으로 경영자도, 다른 피고용자도, 일반 국민도 아니라 주주들에게 돌아간다. 이러한 방식은 평등과 상식이라는 사상에 의해 수립되는 방식의 정반대라는 문자 그대로의 의미에서 비상식적이어서 무엇보다도 이른바 '노동과 자본 사이의 투쟁'을 발생시킨다. 이 말은 아주 적절한 것인데, 이 말이 설명하고자 하는 관계만큼이나 어처구니없기 때문이다. '악감정'을 한탄하거나 '노동과 자본' 사이의 '조화'를 옹호하는 것은 목수와 망치 사이의 빈정거림을 탄식하거나 인간과 인간이 신는 부츠 사이의 친선 관계를 회복하는 임무를 촉진하는 것만큼이나 합리적이다. 이러한 **진부한 말들**의 유일한 의미는, 이 말들을 반복해서 말하면 그 어리석음을 덮어버리는 효과가 있어서 심지어 분별력 있는 사람들을 설득해서 자본이 노동을 '고용한다'고 생각하게 만드는 데까지 이른다는 점인데, 이것은 우리의 이교도 조상들이, 당시에는 그들이 신격화한 나무와 쇠가 자신들에게 농작물을 가져다주고 전투에서 이기게 해준다고 상상했던 것과 마찬가지다. 인간이 자신들의 우상이 살아 움직이게 된 것처럼 말하는 지경까지 왔다면, 누군가 그 우상을 깨뜨릴 때가 된 것이다. 만물의 유일한 쓰임새는 사람들에게 바치는 서비스에 쓰이는 것이다. 사람들이 해야 할 일이란 그것이 그곳에서 쓰이도록, 그리고 그것이 쓰이는 데 대해 필요 이상의 대가가 지불되지 않도록 하는 것이다.

이처럼 기능이라는 원칙을 산업에 적용하는 것은 재산권의 개조를 수반하는데, 그 권리가 현재 상태로는 산업이 존재 목적으로 삼는 서비스를 하지 않기 때문이다. 통일성에 어떤 것이든 활동성을 부여하는 것, 관련된 다양한 집단의 서로 충돌하는 요구를 조화시킬 수 있는 유일한 것이 산업이 지속되는 목적이다. 인간이 공통의 목표를 갖지 않는다면, 잘못된 길에 빠지는 것은 이상한 일이 아닐뿐더러 저장품의 재분배에 의해 서로 화해할 가능성도 없다. 인간이 서로에게 종업원이 되는 것에 양쪽 모두 만족하지 않는다면, 한쪽이나 다른 쪽이 주인이 될 수밖에 없고, 그러면 지배권이 양쪽 사이에서 긴장 상태에 놓일 수 있다고 추측하는 것은 한가한 노릇이다. 서로 다른 등급의 노동자 사이 또는 노동자와 소비자 사이에는 기능의 구분이 있을 수 있고, 각자는 자신에게 그 기능을 수행할 수 있게 하는 데 필요한 권한을 자기 영역 안에서 갖는다. 그러나 노동자와, 소유만 하지 다른 일은 하지 않는 소유자 사이에는 기능의 구분이 있을 수 없다. 그러한 소유자가 무슨 기능을 수행한다는 말인가? 자본의 공급? 그렇다면 그에게는 그의 자본을 사용하도록 보장하는 데 필요한 금액만 지불하고 그 이상은 지불하지 말라. 또한 단순한 소유자인 그에게는 자격이 주어지지 않는, 생산을 지배하는 권한의 지위를 허락해서도 안 된다. 이런 이유 때문에 노동자와 경영자 사이의 균형은 가능하지만, 노동자와 소유자 사이에 균형을 이루고자 하는 것은 불가능하다. 이것은 브뤼셀에서 벨기에와 교섭하는 독일인들의 제안과 같은 것이다. 그들의 제안은 탁월한 것일 수 있다. 그러나 그들이 왜 그곳에 있는지, 또는 그들은 생산에 서비스하지 않기 때문에 어떻게 제안을 내놓게 되었는지는 분명치 않다. 그들이 사무가 존재하지 않는 영역 안에 있는 한 개개인으로서의 그들의 탁월함은 그들을 그 영역에 놓아두는 체제에 대한 불쾌감 때문에 무시될 것이다.

이보다 더 나쁜 일이 벌어지지 않는다면 참으로 다행이다. 산업에서 권리 간의 갈등이라는 문제를 해결하는 한 가지 방법은 우리가 제안하는 바와 같이 권리를 기능이라는 기초 위에 두는 것이 아니라 힘이라는 기초 위에 두는 것이기 때문이다. 이것은 노동을 강제적인 것으로 만듦으로써 어떤 은근하고도 점잖은 형태로 노예제를 재건하는 것이다. 거의 모든 나라에서 노동에 대한 합의된 거부는 한 번쯤은 형사 범죄가 된 적이 있었다. 오늘날에도 세계의 일부 지역에서는 유럽 자본가들이 그들로부터 독립해 있는 어떤 여론이나 당국의 제지도 받지 않은 채, 무지하고 기댈 데 없는 인종의 노동자들에게 자신들이 원하는 거의 모든 조건을 자유로이 강요한다. 자본주의가 여전히 원시적 불법성을 그대로 지니고 있는 아메리카의 그러한 지역에서도 폭력의 위협에 의해 이주 노동자들에게 그와 똑같은 일이 벌어지고 있는 것으로 보인다.

이러한 상황에서는 산업 전쟁에서 나타나는 권리 간의 충돌은 발생하지 않는데, 왜냐하면 한쪽의 권리가 소멸되었기 때문이다. 그 해결책의 단순함이란 아주 매력적인 것이어서 산업 국가의 정부들이 때때로 강제적 직권중재 정책을 만지작거리는 것은 놀라운 일이 아니다. 결국 그 정책은 전쟁 발발을 막기 위해 공공의 힘을 사용해야 하는 초국가적 권력의 행위와 유사하다고 주장된다. 실제로 강제적 직권중재는 그러한 권력이 정당성이나 성공의 희망을 가지고 추구할 수 있는 어떤 정책과도 반대되는 것이다. 사람들이 그 관계들의 공정성을 인정하고 있고 그 관계들이 영속되기를 바란다는 가정 위에서, 현존하는 관계들의 안정성을 당연시하고 부수적 분쟁을 조정하는 명목으로 개입하기 때문이다. 그러나 산업에서는 다름 아닌 현존하는 관계들의 공정성이 문제가 되는 점이다. 슬라브족을 마자르족에게, 그리고 폴란드 사람들을 프로이센 사람들에게 종속시키는 것이 불변하는 질서의 일부라는 가정 위에서, 종속된 종족과 압제자들 사이에서, 슬라브족과 마자르족 사이에서, 또는 한때 프로이센 폴란드였던 곳의 주민들과 프로이센 정부 사이에서 분쟁을 조정한 국제연맹은 자유를 평화보다 소중하게 생각하는 모든 사람들에게 당연히 저항을 받을 것이다. 합의를 통해 일을 중단하는 것을 평화의 이름하에 위법으로 만드는 국가는 이와 유사하게 자유를 배신하는 죄를 저지르는 것이다. 일하는 사람들의 권리를 파기함으로써 소유하는 사람과 일하는 사람 사이의 권리 분쟁을 해결하려 하는 것이다.

따라서 여기서 다시 일정한 형태의 강제된 노동을 재건할 준비를 하지 않는 한 우리는 교착 상태에 이르게 된다. 그러나 그것은 우리가 산업에서 사용되는 자본을 소유하는 사람들의 재산권을 절대적인 것이자 본질적 목적으로 보는 한에서만 교착 상태이다. 모든 재산이 단지 재산이기 때문에 똑같이 신성하다고 가정하지 않고, 자본이 사용되는 **목적**이 무엇이고 그 **기능**이 무엇인지를 우리가 묻는다면, 우리는 재산이 목적이 아니라 목적에 대한 수단이고 그 기능은 (경제학자들이 우리에게 말해주듯이) 인간의 노동에 서비스하고 노동을 돕는 것이지 우연히 그 재산을 소유하게 되는 사람들에게 인간의 노동이 서비스하는 것이 아니라는 사실을 깨닫게 될 것이다. 그래서 이 진실로부터 두 가지 결과가 뒤따른다. 첫째, 사람이 일터에 더 빨리 도착하기 위해 자전거를 사용할 수 있는 것처럼 자본은 산업을 돕는 데 사용되어야 하는 사물이기 때문에 자본은 사용될 때 가능한 한 가장 저렴한 조건으로 사용되어야 한다는 점이다. 둘째, 재산을 소유하는 사람들이 생산을 통제하지 말아야 한다는 것은, 집을 빌려주는 사람이 부엌에서 요리될 음식을 통제하지 말아야 한다거나, 배를 빌려주는 사람이 노를 젓는 속도를 통제하지 말아야 한다는 것과 마찬가지라는 점이다. 달리 말하자면, 자본은 언제나 원가에 얻을 수 있어야 한다는 것인데, 이는 국가가 아주 그럼직하게도 특정 산업에서 사용되는 자본을 소유하지 않는 한 자본은 될 수 있는 한 최저의 이익만을 지불받아야 하지 잔여 배당금에 대해 또는 산업의 지배에 대해 어떤 권리도 지녀서는 안 된다는 것을 의미한다.

이론상으로는 사유재산 소유자들의 대리인에 의한 산업 지배가 종식될 수 있는 다섯 가지 방법이 있다. 첫째, 그들의 재산이 보상 없이 몰수되는 것이다. 둘째, 그들이 자발적으로 재산을 내놓는 것이다. 셋째, 고용된 직원들의 행동에 의해 그들이 쫓겨나고, 그들이 무언가 수행해온 기능이 있다면 그것을 그 직원들이 떠맡고 그들의 도움 없이 생산을 수행함으로써 그들을 불필요하게 만드는 방법도 있다. 넷째, 사채권자가 받는 것과 비슷한 수준으로 고정된 대가를 보장받지만 이윤은 받지 않고 산업 조직에 대한 책임도 없는 단순 임대업자가 되는 정도로 그들의 재산상 이익이 제한되거나 줄여질 수도 있다. 다섯째, 그들의 재산이 인수될 수도 있다. 첫 번째 대안은 영국, 스코틀랜드, 그리고 대부분의 다른 프로테스탄트 국가의 지배계급에 의해 교회 재산이 장악된 것과 같은 과거의 역사적 사유재산 몰수를 그 예로 들 수 있다. 두 번째 방법은 거의 시도된 바가 없는데, 아마도 그것에 가장 가까웠던 시도가 1789년 8월 4일의 유명한 왕위 포기 사건이었을 것이다. 세 번째 대안은 지금 영국에서 형성 과정에 있는 건축조합에 의해 분명히 고려되고 있는 방법이다. 자본가를 다루는 네 번째 방법은 협동조합운동에 의해 추구되고 있다. 이것은 포스터 씨가 주도하는, 건축 산업의 고용자와 노동조합원 위원회에 의해 제안되는 것이기도 한데, 고용자는 고정된 봉급을 받고 그들의 자본에 대해 고정된 비율의 이자를 받아야 하지만 모든 잉여 이윤은 고용자와 노동자를 대표하는 중앙 단체에 의해 공유되고 관리되어야 한다고 제안한다. 다섯 번째 방법은 지방자치단체에 의해서는 여러 차례 실행되었지만 국가 정부에 의해서는 다소 덜 시도된 것이다.

 산업을 재산 소유자의 지배에서 떼어내는 이 대안적 방법들 가운데 어느 것을 선택할지는 각각의 특정한 경우에 따라 결정되어야 할 편의상의 문제다. 따라서 때때로 재산권을 소멸시키는 유일한 방법으로 발전되는 '국유화'는 하나의 주목할 만한 속屬의 한 종種일 뿐이다. 물론 국유화는 바람직한 결과를 낳기 위해 사용될 수도 있다. 그러나 어떻든 간에 그 결과를 낳기 위해 국유화가 불필요하고 기껏해야 번거로운 과정이기 때문에 다른 방법이 가능하면 그것이 사용되어야 하는 몇몇 산업이 있다. 국유화는 목적에 대한 수단이지 목적 자체가 아니다. 사실 생각해보면 국유화의 목적은 산업에 대한 국가 관리 체제를 수립하는 것이 아니라 사유한 사람이 더는 어떤 적극적 기능도 수행하지 않을 때 사유라는 압박을 제거하는 것이다. 따라서 방해되는 재산권의 폐지가 불가피한데, 국유화가 몇몇 산업의 특별한 상황에서는 이점을 지닌 채 적용될 수 있으나 모든 산업에 반드시 적용될 필요는 없는 어떤 단일한 방식과 동일시된 것은 불행한 일이다. 소유권은 하나의 권리가 아니라 권리들의 다발이어서 그것들을 쳐서 동시에 털어내는 것만큼이나 하나하나 뜯어내는 것도 가능하다. 자본의 소유권에는 우리가 말해왔듯이 세 가지의 주요한 요구, 즉 자본의 가격으로서의 이자에 대한 권리, 이윤에 대한 권리, 통제에 대한 권리가 포함되어 있고, 이 권리들 때문에 경영자와 노동자는 주주의 종업원이 된다. 이 권리들은 최고로 충족되면 소유권에 대한 불변의 부속물도 아니고 반드시 공존할 필요도 없다. 자본가들의 창의력이 주식에 등급을 매기는 방법을 오래전에 고안했는데, 어떤 사람들의 소유권은 완전한 지배력을 소유하는 것인 반면 다른 사람들의 소유권은 그렇지 않아서 어떤 사람은 모든 위험을 감수하면서 모든 이윤에 대한 권리가 주어지고, 다른 사람들은 두 가지 모두에서 제한을 받는 방식이다. 이 모두가 재산이지만 모든 재산이 똑같은 정도의 재산권을 지니지는 않는다.

산업자본의 사유권이 존속되는 한 개혁가들의 목적은, 그 소유권의 대가는 미리 고정된 이자율을 넘지 말아야 하고 소유권이 어떤 통제권도 지녀서는 안 된다고 주장함으로써 소유권의 영향력을 감소시키는 것이 되어야 한다. 그러한 상황에서는 일반 주주의 위치가 사채 소유자와 비슷하게 될 것이고, 산업의 재산이 이윤에 대한 저당으로 전환되는 반면 관리의 통제와 최소한을 넘어서는 모든 이윤은 계속해서 다른 곳에 귀속될 것이다. 물론 손해 가능성 역시 그러할 것이다. 그러나 손해 가능성은 두 가지가 있는데, 개별 사업의 위험성과 산업의 위험성이 그것이다. 전자가 후자보다 훨씬 심각한데, 석탄 광산은 투기적 투자 대상이지만 석탄 채굴은 그렇지 않고, 개별 사업이 분리된 단위로 경영되는 한 주주에게 주어지는 대가는 두 가지 손해 가능성을 모두 대비하는 것이어야 하기 때문이다. 각각의 산업의 자본 소유권이 통합되는데 그것이 중앙 집권화를 의미하지 않는다면 개별 경쟁자에게 우연히 일어나는 위험성은 제거될 것이고, 개별 단위의 신용 가능성은 전체의 신용 가능성이 될 것이다.

소유권 성격의 이러한 변화에는 세 가지 이점이 있다. 이 변화는 재산에 의한 산업 지배를 폐지할 것이다. 기능이 없는 주주들을 고정 이율의 이자를 지급받는 채권자로 만듦으로써 이윤의 지급을 끝낼 것이다. 산업을, 자본을 소유하는 사람들의 이익을 위해서가 아니라 공공의 서비스를 위해 일하는 모든 등급의 노동자들에 의해 수행되는 직업으로 변화시키는 것을 가능하게 함으로써 산업 평화를 위한 유일하게 가능한 토대를 놓을 것이다. 이 변화가 만들고자 하는 조직은 물론 실현 불가능한 것이라는 평을 받을 것이다. 따라서 그러한 조직이, 실리적인 사람들이 경험을 통해 가장 중요한 국가 산업 가운데 하나, 즉 건축 산업의 무질서에 대한 해결책으로 제안하는 조직이라는 사실을 알게 되는 것은 흥미로운 일이다. 지난 8월에 발간된 건축 산업에 관한 보고서에서 고용자와 노동자 위원회에 제기된 문제는 '비용의 과학적 관리와 축소'[25]였다. 이것은 경제 혁명을 제안하는 문구가 아니라 이 보고서의 서명자들이 제안하는, 혁명에 무언가 조금 미치지 못하는 것이다. 이 문제와 씨름을 하자마자 그들은 그 배경이 되는 산업 관계의 일반 구조를 재구성하지 않은 채 그것을 효과적으로 다루는 것이 불가능하다는 것을 알게 되었기 때문이다. 왜 산업이 제공하는 서비스가 비효율적일까? 부분적으로는 노동자들이 생산에서 자기가 맡은 일을 수행할 때 자신의 에너지 전부를 투여하지 않기 때문이다. 왜 그들이 자신의 최상의 에너지를 투여하지 않을까? '실업의 두려움, 사적 고용자들을 위해 무제한 이윤을 만들어주는 직공들의 싫증, 관리에 참여하지 못하기 때문에 직공들에게 분명히 나타나는 관심의 결여, 경영자와 직공 모두의 비효율성' 때문이다. 효율성에 대한 이러한 심리적 장애물에 어떻게 대응해야 할까? 감독의 강화와 작업 속도의 가속화에 의해서일까? 아주 높은 상여금 체계라는 유혹에 의해서일까? 아니면 상상력이나 도덕적 통찰력을 갖기에는 지나치게 독창적이어서 가엾은 인간의 본성을 괴롭히거나 유혹해서 그 본성이 행하기를 욕망하는 것, 즉 단순한 직무나 정직한 일을 하도록 만들고자 하는 사람들의 (그들이 발명하는 체계가 그것을 가능케 해주기만 한다면) 여타 장치들에 의해서일까? 전혀 그렇지 않다. 그것은 집을 건축하는 일을 지금의 교육의 모습으로 개

---

25 [원주] 「건축 산업을 위한 산업위원회(The Industry Council for the Building Industry)」 참조.

조함으로써 가능하다. 그런데 스퀴어스 씨는 교육이 명예로운 직업이 될 수 없다고 생각했다.

「건축 산업을 위한 산업위원회」에서는 이렇게 쓰고 있다. "우리는 우리 산업위원회의 위대한 임무가 이 산업 자체의 구성원들, 즉 손으로건 두뇌로건 실제로 생산에 종사하는 사람들에 의해 산업을 통제하는 완전히 새로운 체계를 개발하고, 그들이 서비스할 수 있도록 조직되어 있는 지역사회의 중심 대표자인 국가와 그들이 협력할 수 있도록 해주는 일이라고 생각한다." '효율성에 대한 우대책으로서 필수적인' 무제한 이윤 대신에, 고용자는 경영자로서 자신의 서비스에 대한 봉급과, 고정되어 있을 뿐만 아니라 (자신의 비효율성 때문에 벌지 못하지 않는 한) 보장받는 자신의 자본에 대한 이자율을 지급받을 것이다. 이것을 넘어서는 어떤 것도, 다른 산업에서는 주주들에게 배당금으로 분배되는 사실상의 어떤 '이윤'도 그는 이 산업 전체의 이익을 위해 고용자와 노동자에 의해 관리되는 중앙 기금에 내놓을 것이다. 때로는 그 자체가 스스로에게 신비한 것이 되는 결과, 각 회사의 재무 상태가 공중에게 수수께끼 같은 신비로 다루어지는 것이 아니라 공공의 원가 계산과 회계 감사 체계가 있게 될 것이고, 그것을 토대로 이 산업은 유능하게 경영되고 있음을 보여주는 회사들에서 나타나는 집단적 경향성을 띠게 될 것이다. 일이 없을 때 해고되는 노동자들이 할 수 있는 한 최대한 계속해서 투쟁하는 것이 아니라 고용자에게 부과되는 부담금에 의해 편성되고 노조에 의해 관리되는 기금을 통해 고용이 유지될 것이다. 19세기에는 효과적 대안으로 보았던 경쟁 대신에 비용과 이윤의 공공성, 공개 거래와 정직한 노동과 상호 협조가 있게 될 것이다. '자본'이 '노동을 고용'하지 않을 것이다. 경영 노동을 포함하는 노동이 자본을 고용할 것인데, 거래의 상황 속에서 그 자본을 얻을 수 있는 가장 싼 이자율로 고용할 것이다. 그 자본을 아주 성공적으로 고용해서 그 것의 서비스에 대한 대가가 공정하게 지급되어 잉여가 생긴다면, 그리고 잉여가 주주 사이에 분배되지 않는다면 그들이 이자를 지급받았을 때 받 아야 마땅한 것을 지급받은 것이므로 그 잉여는 이 산업이 미래에 훨씬 더 효과적인 서비스를 제공할 수 있도록 준비시키는 데 사용될 것이다.

그래서 여기서 우리는 사회주의 이론에는 관심이 없지만 실무에 능한 사람들로 이루어진 단체의 다수가 '건축 산업에서 조직화된 공공서비스' 를 구축하기를 제안하고 있으며, 요컨대 그들의 산업이 직업으로 변화해 야 한다고 권고하는 것을 본다. 또한 그들은 그 일을 하고 있으며, 바로 그 기능적 조직을 통해, 완전한 재산권을 (효율적인 회사에 관한 한) 그 산업 전 체에 대해 보장되는 저당권으로 전환하는 바로 그 작업을 통해, 생산관 리를 자본 소유자로부터 자기 일이 생산인 사람들에게 옮겨놓는 바로 그 작업을 통해 그들의 그 일이 주목될 터인데, 이것은 우리가 본 바대로 산 업이 재산권을 소유하는 사람들의 금전상 이익을 위해서가 아니라 서비 스 수행을 위해 조직되고자 한다면 필수적인 작업이다. 그들의 보고서는, 사유권이 이런저런 형태로 상당한 시간 동안 지속될 것 같고 원칙을 세부 적인 것까지 다른 사업에 적용하는 방법을 생각해내고자 하는 누군가에 의해 가치 있는 서비스가 제공될 만한, 중요한 산업 집단의 자본에서 사 유재산을 감소시키기 위한 정책을 제공하는 것으로서 최상의 중요성을 지닌 것이다.

물론 이것이 유일한 방법이라거나, 고도로 자본이 출자된 산업에서 그 변화가 도입될 수 있는 가장 실현 가능한 방법이라는 말은 아니다. 소유 가 경영과 분리되어 있는 유한회사가 생기기 이전에 재산에 의한 생산 지 배에 대항한 운동이 발생했다면, 건축업계의 고용자와 노동자가 사유권을 폐지하지 않고 제한함으로써 그 실현을 제안하는 것과 같이 직업으로서 산업 조직으로의 이행 또한 이루어졌을지도 모른다. 그러나 그런 일은 실제로 일어나지 않았고, 따라서 건축업계의 제안은 보편적으로 적용되지 않는다. 건축업이나 건축업과 유사한 산업에서 사유권을 보유하면서 그 성격을 변화시키는 것은 가능한데, 건축업에서 소유자는 통상 소유자일 뿐만 아니라 다른 역할을 하는 사람이기도 하다는 바로 그 사실 때문이다. 그는 경영자다. 즉 노동자다. 또한 노동자로서의 이익이, 그리고 더구나 노동자로서의 직업 정신이 소유자로서의 자신의 이익과 단순히 재정적인 정신보다 종종 더 중한 노동자이기 때문에 소유자로서의 권리가 삭감되고 제한된 후에 그는 생산적 산업 조직의 일부분을 이룰 수 있다.

그러나 그러한 이중적 위치는 예외적인 것이고, 고도로 조직화된 산업에서는 해마다 점점 더 예외적인 것으로 된다. 석탄 산업에서, 면직물 산업에서, 조선 산업에서, 공학 산업의 많은 분야에서 자본 소유자는 건축 산업에서와 같은 조직자나 경영자가 아니다. 그가 산업과 산업 안에서의 이익과 맺는 관계는 순전히 금전상의 관계이다. 소유자이지 그 이상은 아니다. 또한 그의 이익은 돈과 관련되어 있을 뿐이어서 그의 관심은 배당금과 배당금에 대한 수단일 뿐인 생산이기 때문에 그는 모든 등급의 생산자 또는 생산자와 소비자 모두를 대표하는 단체에 경영권을 부여하는 조직에 편입될 수가 없다. 그들과 공통된 목적을 지니지 않기 때문이다. 따라서 노동자와 경영자 사이의 합동 위원회는 성공할 수 있는 반면 노동자와 소유자 또는 소유자의 대리인 사이의 합동 위원회는 이른바 대부분의 휘틀리 위원회[26]와 마찬가지로 성공하지 못할 터인데, 단순한 소유자

---

26 [역주] 휘틀리 위원회(Whitley Councils): 1916년 영국에서 노사분규를 해결하기 위

의 필요성 자체가 분규의 요점 가운데 하나이기 때문이다. 사용되는 자본을 소유하는 장인 건축업자는 건축산업위원회가 제안하는 바대로 소유권의 일부를 내놓는다면, 자본가 **자격**이 아니라 건축업자 **자격**을 가질 수 있다. 그러나 탄광이나 조선소의 주주가 현재 자본가**로서** 자신에게 부여되어 있는 통제권과 무제한적 이윤을 포기한다면, 현재의 자신을 있게 하는 모든 것을 포기하고 그 산업에서의 다른 모든 지위도 포기하는 것이 된다. 장인 건축업자처럼 그 산업의 경영을 공유할 수 없는데, 자신에게 그 일을 할 수 있게 해줄 자격을 갖지 않기 때문이다. 그의 목적은 이윤이다. 그래서 산업이 건축 산업의 고용자와 노동자가 제안하는 바대로 '조직화된 공공서비스'가 된다면, 목적이 이윤인 주주에게 그 산업을 종속시키는 것은 그들이 분명하게 보는 바대로 정확히 제거되어야 마땅한 것이다. 장인 건축업자들은 그것을 포기하라고 제안한다. 그들은 노동자로서의 자신의 기능 덕분에 그 산업에서 자기 위치를 가지기 때문에 그렇게 할 수 있다. 그러나 만일 주주가 그것을 포기한다면, 자기 자리를 전혀 갖지 못할 것이다.

따라서 소유와 경영이 날카롭게 분리되어 있는 석탄 채굴에서는 탄광 경영의 지배가 경영자와 광부 사이에 공유되는 어떤 체계의 최소한의 가능성도 소유자가 받아들이지 않을 것이다. 광산 소유자들을 대표하는 주요 증인인 게인포드 경은 석탄위원회에 다음과 같이 통보했다. "나는 광업협회를 대표하여, 그 소유자들에게 완전한 경영 지배권이 주어지지 않는다면, 그들은 이 산업을 지속시킬 책임을 받아들이기를 거부할 것이라

해 노사 양쪽에서 동일한 수의 대표를 뽑아 만든 노사협의회. 노사 관계에 영향을 미치는 요인과 노사 관계를 개선할 수 있는 방안을 연구했다.

고 말할 권한이 있습니다."[27] 그래서 광산 소유자들은 사유는 변화되지 않은 채로 있으면서도 산업에서의 조화는 공동 통제라는 마법의 방식에 의해 이루어질 수 있다는 발상에 의존하는 그럴듯한 속임수 전체를 단 한 문장으로 날려버린다. 그런데 그들이 맞다. 광업과 다른 산업의 노동자와 주주의 대표자들은 만나서 교섭하고 토론할 수 있다. 그러나 주주와 노동자를 대표하는 단체에 의해 주주의 재산을 공동으로 관리하는 것은 불가능한데, 그들 사이에는 공통의 목적이 없기 때문이다. 산업에 관여하는 모든 사람들을 통합하고, 특정하고 일치하지 않는 이해관계를 압도할 수 있는 유일한 목적은 서비스의 제공이다. 그러나 주주들의 목적이며 그들에게 산업의 의미 전체이자 특기 분야는 서비스의 제공이 아니라 배당금의 제공이다.

그러므로 오늘날 고도로 조직화된 업종 대부분에서 그런 것처럼 경영이 소유와 분리된 산업에서는 현재의 체계를 유지하는 것과 자본가를 생산 지배에서 완전히 몰아내는 것 사이에 타협점이 없다. 석탄이나 섬유 산업과 조선 산업이 공공서비스를 위한 직업으로 조직되기 위해 필요한 소유 성격의 변화는 자체 내에서 쉽게 생겨날 수 없다. 재산 소유자의 지배로부터 이 산업들을 해방하는 데 필요한 타격은 외부에서 와야 한다. 이론상으로는 조직된 노동자들 쪽의 행동에 의해 그것이 타격받을 수도 있는데, 그들은 지지를 받기만 하면 노동을 거부하는 단순한 절차에 의해 잔여 이윤과 지배권을 폐지하려 할 것이다. 세금 납부와 지배의 수용을 거부함으로써 과거에 탐욕스러운 재산을 파괴한 농민들이 이와 유사한

---

27 [원주] 『석탄산업위원회 증언 회의록(Coal Industry Commission, Minutes of Evidence)』 1권, p.2506.

역사적 사례를 보여주었는데, 이 경우에는 의회가 개입해서 **기정사실**에 대한 공중의 동의를 표명하려 했을 뿐이다. 그러나 실제로는 현대 산업의 조건들이 현재와 같아서는 다른 불리한 점을 논외로 하더라도 그 방법은 시도될 가능성이 아주 희박해서, 또는 시도되더라도 성공할 가능성이 아주 희박해서 무시되기 십상이다. 그 대안은 한 산업의 소유권들을 동시에 매수할 수 있는 입법에 의해 재산의 성격이 영향을 받게 하는 것이다.

각각의 경우에 절차는 다르다 할지라도 그 변화의 결과는 일단 완수되기만 하면 똑같다. 이윤과 지배권이라는 의미의 자본의 사유재산이 폐지된다. 기껏해야 남는 것은, 산업이라는 나무를 베어버릴 만하다고 생각하지 않는 한 그 나무가 영양분을 더는 공급하지 않겠지만 그 나무에서 떨어진 채 보존되어 있는 고엽이라 할, 이전 소유주에게 이익이 되는 저당권 정도이다. 또한 현대 산업을 유지하고 필요한 것을 갖추어주는 데 필요한 자본은 어떤 것이든 하나의 노동자 집단에 의해서는 공급될 수 없기 때문에, 다른 이유에서 그들이 현재의 소유자들의 위치로 완전히 들어서는 것이 바람직하다 할지라도 소유권을 구성하는 권리들의 집합체는 계속해서 그들 사이에 공유되고 어떤 기관이든 전체 사회를 위해 활동할 수 있다. 예컨대 전자는 산업의 일상적 과정과 운영의 지배에 관한 한 현재의 소유주들의 상속자가 될 수 있고, 후자는 잔여 이윤의 처분에 대한 그들의 권리를 계승할 수 있다. 재산을 구성하는 요소들은 사실상 구분되어야 한다. 또한 오늘날 소유권이라는 공통된 이름하에 몇 가지 서로 다른 권한이 똑같은 사람들의 수중에 있다는 사실이, 자본의 사유재산이 일단 폐지되면 그 권한들을 **일괄적으로** 넘겨주는 것뿐만 아니라 그것들을 하나하나 재할당하는 것도 적절할 수 있는 가능성을 불분명하게 만들도록 내버려두어서는 안 된다.

직업의 본질은 우리가 암시한 바와 같이 그 구성원들이 기능의 수행을 위해 스스로를 조직한다는 점이다. 따라서 산업이 직업화된다면, 임금체계를 통해 작동하는 사적 소유에 통상적으로 수반되는 것인바 기업 **직원들**의 책임 부재가 공적 소유하에서도 계속되는 것으로 기능 없는 재산의 도래지가 해석되어서는 안 된다는 점이 극히 중요하다. 이 점을 강조하는 것은 더욱더 중요한데, 그러한 암시가 과거에는 위에서 강조한 소유권의 성격 변화의 예를 보여준 일부 사람들에 의해 때때로 나타났기 때문이다. 공적이고 외적인 행위에 의한 재산의 변형에 관습적으로 바쳐지는 이름이 국유화이다. 그러나 국유화는 아주 적절하지도 애매하지 않은 말도 아니다. 이 말은 적절히 사용된다면 국가를 대표하는 단체에 의한 소유만을 의미한다. 그러나 이 말이 실제로는 국가에 의해 고용된 관리들이 현재의 산업 감독자들의 지위를 대신하여 그들이 행사했던 모든 권력을 행사하는 행정의 특정 방법과 동의어로 사용되는 데 이르렀다. 그래서 공중에게 서비스하는 직업으로서가 아니라 주주들의 이익을 위해 산업이 운영되는 체제의 유지를 바라는 사람들은 국가의 관리가 필연적으로 비효율적이라는 이유로 국유화를 공격하고, 우편함에 편지를 넣을 때마다 걱정으로 몸을 떤다. 그런데 그 체계의 변화를 바라는 사람들은 국가의 서비스가 효율적이라고 응답하면서 전화를 사용할 때마다 신을 찬양한다. 이는 공설이건 사설이건 군대나 철도 회사나 학교, 그리고 다른 모든 일에서처럼 그 일을 수행하는 사람들이 사적인 관리이냐 국가 관리이냐가 아니라 그들이 자신들의 직무에 합당한 훈련을 적절히 받아서 부하들의 선의와 신뢰를 이용할 수 있느냐에 따라 그 질이 결정된다고 보는 것이 아니라, 마치 사적이거나 공적인 관리가 어떤 고유하고 불변하는 특징을 지니고 있다고 보는 것이나 마찬가지다.

양쪽 모두에게서 나오는 주장들이 기발하기는 하지만, 현실에서는 거의 모두가 핵심을 벗어나 있다. 국유화의 장점은 산업 관리자로서 현존하는 정부 부서의 효율성이나 비효율성에 따라 유지되거나 사라지지 않는다. 공적 소유를 뜻하는 국유화는 몇 가지 서로 다른 유형의 경영과 양립할 수 있기 때문이다. 산업의 구조는 예컨대 우체국의 경우처럼 '단일'할 수도 있다. 또는 생키[28] 판사님이 고안한 석탄 산업의 경우처럼 '연방federal'일 수도 있다. 관리는 중앙 집권화할 수도 탈중앙집권화할 수도 있다. 관리가 맡겨지는 당국은 소비자의 대표자 또는 전문가 집단의 대표자 또는 국가 관리 또는 몇 가지로 서로 다르게 구성되는 이 세 집단 모두의 대표자로 구성될 수 있다. 경영 업무는 현존하는 국가 부서에서처럼 훈련되고 모집되고 승격된 공무원들의 수중에 맡겨지거나, 자치의 절차와 기준을 갖는 새로운 서비스가 창출될 수도 있다. 재무부의 통제하에 놓일 수도 있고 재정을 자율로 할 수도 있다. 문제는 사실 어렵지만 친숙한 질서에 관한 것이다. 바로 정치체제를 만드는 문제다.

흔히 논객들은 국유화된 산업의 조직과 경영은 어떤 불확실한 이유 때문에 우체국과 유사할 수밖에 없다고 가정한다. 누군가는 아주 타당하게도 사기업의 전형은 제철 주식회사the Steel Corporation나 제국 담배 회사Imperial Tobacco Company여야 한다고 주장할지도 모른다. 기초 산업을 국유화한 사회에서 통용되는 관리 체계도 그것을 사유권에 넘겨주는 사회에서만큼이나 사실은 다양하다. 그래서 각각에서 어떤 특정 유형이 언급 대상으로 삼는 문제인지를 분명히 하지 않은 채 상대적 이점을 논하는 것

---

28 [역주] 생키(John Sankey, 1866-1948): 생키 자작 1세. 영국의 변호사·판사·노동당 정치인·대법관.

은 정치체제에 대한 아리스토텔레스의 분류를 가지고 현대의 정치 문제에 접근하는 것만큼이나 오늘날에는 도움이 되지 않는다. 산업 문제 때문에 여념이 없는 나라들의 언론 지면을 채우는, '기업', '주도권', '관료주의', '관료적 형식주의', '민주적 통제' 등에 대한 고도로 추상적인 논법은 실제로는 경제사상 암흑시대의 것이다. 이 문제를 공부하는 사람에게 제안할 만한 첫 번째 과제는, 매우 과장되어 있고 급속히 가치가 떨어지고 있는 말의 유행에 대한 반대와 함께 행해지는 주장 대신에 정확한 상황이 가능한 한 있는 그대로 진술되어야 하고 (많이 존재하는) 불확실한 것들은 불확실한 것으로 취급되어야 하며 대안적 제안의 정확한 의미는 엄격히 규정되어야 한다고 주장함으로써, 온전한 정신을 회복하기 위해 자신이 할 수 있는 것에 기여하는 일이다. 생키 판사의 보고서의 장점은 그가 석탄 산업에 권하는 조직 형태를 아주 세세하게 말함으로써 이 논의 전체에 어떤 새로운 정밀함과 현실성을 덧붙였다는 점이 전혀 아니었다. 그의 결론이 받아들여지건 그렇지 않건 간에 그의 제안처럼 명료하게 규정된 제안의 토대에서 볼 때 이 문제들에 관한 미래의 논의는 계속되어야 한다. 그것은 해결책을 찾지 못할 수도 있다. 그러나 적어도 그렇게 할 때에만 합리적 해결책이 찾아질 수 있는 풍조를 만드는 데 기여할 것이다.

그러므로 국유화는 목적이 아니라 목적에 대한 수단이고, 소유의 문제가 해결되더라도 경영의 문제는 여전히 해결책이 필요하다. 지주들이 취지에 호응하여 자기 재산을 자발적으로 내놓지 않으려 할 때 주 의회가 토지를 사들이는 것이 소규모 자작농 제도의 수립을 위해 필요한 제도인 것과 마찬가지로, 국가의 행동 없이는 사유재산권이 쉽게 변화될 수 없는 나라에서는 하나의 수단으로서 국유화는 없어서는 안 될 것 같다. 그러나 토지를 구입하는 목적은 소규모 자작농을 만들어내는 것이지 국가 관리에 의해 관리되는 농장을 세우는 것이 아니다. 또한 광업이나 철도나 철강 생산을 국유화하는 목적은, 특정 형태의 정부 경영을 수립하는 것이 아니라 건설적인 일을 하는 사람들이 배당금의 제공이 아닌 서비스의 제공이라는 산업의 진정한 목적에 자신의 에너지를 자유롭게 쓸 수 있게 하도록, 금전상의 이득이 유일한 관심인 사람들의 통제로부터 그들을 풀어주는 것이어야 한다. 재산의 이동이 이루어지고 나면, 산업의 관리를 위한 필수적 준비에는 생산자가 생산하는 자유뿐만 아니라, 생산한 것을 제공받는 소비자가 바람을 표현하고 현재는 보통 그렇게 하지 못하는 것과는 달리 그 바람이 충족되는 방식을 비판할 수 있는 기구를 만드는 것 또한 포함될 것임을 아마도 알게 될 것이다. 그러나 그것은 기능의 수행을 위한 산업을 재조직하는 과정의 두 번째 단계이지 첫 번째 단계가 아니다. 첫 번째 단계는 산업을 재산 소유자의 금전상의 이익에 대한 종속으로부터 해방시키는 것인데, 그 이익이 모든 나침반을 잘못된 방향으로 조종하고 산업이 아무리 빨리 발달하더라도 잘못된 방향으로 발달하게 만드는 자석의 극이기 때문이다.

재산 성격의 이러한 변화가 실행이 불가능할 만큼 현존하는 질서에 아주 날카로운 침해를 초래하지는 않는다. 정치적 논쟁의 어법은 19세기 초의 관습적 대조법을 계속해서 재생산하여 '사기업'과 '공적 소유'가 어둠과 공존하는 빛 또는 빛과 공존하는 어둠처럼 여전히 서로 대조된다. 그러나 현실에서는 전통적 법률 체계의 형식적 외피 속에서 관계의 새로운 몸을 이루는 요소들이 이미 자라나고 있었고, 사회주의자들에 의해서가 아니라 개인주의의 정형화된 문구들이 개인주의를 약화시키는 바로 이 순간에 그 문구들을 되뇌는 사람들에 의해 고안된 정책들을 통해 조금씩 그 적용 방법을 찾아내고 있다. 미국의 에쉬-커민스법, 영국의 교통부 설립법, 석탄 광산 조직을 위한 아서 더컴 경[29]의 계획, 석탄 산업에 관한 영국 정부의 제안 등은 그 운영자를 때로는 재정보증이 수반되는 정부 당국의 감독 하에 놓음으로써 명목상으로는 사유를 유지하면서도 사실상은 감소시키는 공통된 성격을 가지는 것으로 보인다. 이러한 일반적 성격의 계획들은 실제로 사기업이 더는 효과적으로 기능하지 못한다는 발견에 의해 나타나는 첫 번째 본능적 반응이다. 또한 이러한 계획들은 경쟁하는 회사들을 단일한 연합체로 합병할 때 얻는 장점과 유사한 기술적 질서의 특정 장점들을 지니고 있을 것 같다. 그러나 이 계획들이 대표하는 타협이 영구히 유지될 수 있는지는 의문이다. 결국 이러한 질서의 정책들이 제안되는 지점까지 사유권이 줄어들었을 때 사유권의 장점이 무엇인가 하는 의문이 제기될 수 있다. 권리를 불합리하지 않게 보호하도록 만들어져 있는 게 장점인, 그 권리의 '소유자'가 그 계획의 입안자들에게 "고맙지만 괜찮습니다"라고 응답하지 않을 수 있을까? 개인기업은 장점이 있다. 따라서 아마도 국영기업도 장점이 있을 것이다. 그러나 이러한 계획들이 임무를 마칠 때가 되면 "천부의 자유권의 단순하고 분명한 체계"[30] 중에 남는 것은 많지 않은 반면 이 계획의 발명자들은 국유화 옹호자들이 강조하는 동기에 호소할 수 없게 된다. 모험의 세계와 가능하다면 무제한의 이윤을 갖는 기업가가 되는 것과, 국가가 보장하는 최소 비율의 이윤과 넘어설 수 없는 최고 비율의 이윤을 갖는 철도 회사나 석탄 주식회사의 임원이 되는 것은 아주 별개의 일이다. 이 둘의 잡종은 무익하기

---

29 [역주] 아서 더컴 경(Sir Arthur Mcdougall Duckham, 1879-1932): 영국 화학 엔지니어 연구소(Institution of Chemical Engineers) 창립자 중 한 사람이자 1대 소장.

30 [역주] 아담 스미스의 『도덕감정론(The Theory of Moral Sentiments)』의 한 구절.

십상이다. 사적 자본주의의 위력을 제거할 때 이 유형의 타협이 장점 또한 대부분 제거하지 않을지 의문시될 수 있다.

그래서 경제 발전의 일정 단계에 이르면, 사유권은 그것을 옹호하는 사람들의 인정에 의해 그 특징과 그것이 옹호되는 목적으로서의 진짜 이점을 자유로이 드러내 보이는 단 하나의 형태로는 더는 용인되지 못한다. 또한 소비자를 보호하거나, 낭비를 없애거나, 노동자의 요구를 충족하는 실제 필요에 암묵적으로 양해함으로써 점차 사유권이 줄어듦에 따라, 공적 소유는 사회적 이유에서뿐만 아니라 경제적 효율성의 이유에서도 소유의 권리를 거의 지니지 않고 비밀이 아주 없는 사유 유형의 대안이 된다. 불가피하고 불운하게도 이 변화는 점진적일 수밖에 없다. 그러나 계속되어야 한다. 지난 몇 년 동안처럼 국가가 많은 산업자본의 소유권을 취득하고 나면, 국가는 그 산업자본이 아주 비효율적으로 경영되면 수익을 내지 못할 것이고 아주 효율적으로 경영되면 생산물을 헐값에 팔 거라고 당장에 항의하는 사적 자본가들에게 양도하지 말고 그 산업자본을 보유해야 한다. 부동산권이 해체되고 매각되면, 현재 그런 것처럼 공적 단체가 시장에 들어가서 그것을 취득해야 한다. 무엇보다 가장 중요한 것은, 지방자치단체가 부패한 과두 정부였던 시대로부터 물려받았고 현재는 의회법에 명시된 목적을 제외하고는 영국의 지방정부가 토지와 산업자본의 재산을 취득하지 못하게 하는 우스꽝스러운 장애가 폐지되어야 하고, 지방정부가 시민들이 바라는 바대로 자유로이 서비스를 수행해야 한다는 점이다. 공유에 대한 반대는 이성적인 것인 한 실제로는 대체로 과잉 집중화에 대한 반대이다. 그러나 과잉 집중화의 해결책은 기능 없는 재산을 사적 개인의 소유로 계속해서 남겨두는 것이 아니라 공유재산의 소유를 탈집중화하는 것이다. 따라서 마땅히 그래야 하듯이 버밍엄과 맨체스터와 리즈가 작은 공화국일 때에는 영국 정부가 속삭이기만 해도 이 도시들이 전전긍긍할 것이라고 예상할 이유가 없는 것이다.

이러한 일들은, 용인될 수 없는 낭비에 대해 자본의 사유가 책임을 져왔다고 전문가들이 말하는 광산과 철도와 같은 특별한 경우나, 정치적으로도 사회적으로도 너무 위험해서 개인 소유로 남겨져서는 안 되는 장신구ornaments[필사자 주: 무기armaments?]와 알코올음료 생산을 제외하고는, 꾸준하고도 지속적으로 이루어져야 한다. 이 일들은 단일한 형태의 관료 경영을 수립하기 위해서가 아니라, 경영 형태가 어떻든 간에 경영을 기능의 수행에서 벗어나 이익의 획득을 향하도록 만들기 때문에 세부에서 말썽을 일으킬 뿐만 아니라 원칙 면에서도 사악한 재산권의 지배로부터 산업을 해방시키기 위해 행해져야 한다. 이와 동시에 최근 그런 것처럼 특정 집단의 노동자들 쪽의 행동에 의해 사유권이 흔들린다면 훨씬 좋다. 고양이를 죽이는 방법은 크림에 빠뜨리는 것 이외에도 많지만, 고양이에게 그 방법들을 설명해주면 고양이가 크림을 선택할 가능성이 더욱더 높아진다. 그러나 이 두 가지 방법은 상호 보완적인 것이지 선택을 해야 할 것은 아니기 때문에 둘 사이에 상상적 양립 불가능성을 설정하는 경쟁학파를 세우려 하는 것은 개혁가들을 괴롭히는, **사회학자들 사이의 증오**의 나쁜 예이다.

"사악한 집단"

어떤 형태의 경영이 주주의 대리인에 의한 산업의 관리를 대체해야 할까? 어떤 형태의 경영이 주된 목적에 가장 충실하고, 약탈적 이자와 기능 없는 임시 고용인, 그리고 현재 번갈아 일어나면서 산업의 관리를 혼란케 하는 뚱한 불만족과 돌발적 저항에 최대한 휘둘리지 않을 가능성이 가장 클까? 산업이 관리되는 체계가 어떤 것이든 간에 한 가지는 분명하다. 경제적 과정과 결과가 공적이어야 하는데, 그것이 공적일 때에만 산업의 서비스가 방심하지 않고 효율적이며 훌륭한지, 목적이 실현되고 있고 기능이 수행되고 있는지를 알 수 있다. 사업에서 비밀 유지를 옹호하는 것은 합법적 경쟁 무기라는 이유로 불순물을 섞은 조악품을 옹호하는 것과 비슷하다. 그러나 실제로는 그것은 저 유명한 주의보다도 훨씬 명분이 약한데, 효율적 경쟁의 조건은 공개성이고, 비밀 유지의 한 가지 동기는 공개성을 막는 것이기 때문이다.

232

현재 산업을 경영하고 있고, 웰링턴 공작[31]이 개혁되지 않은 하원에 관해 말한 것처럼 산업을 경영하는 방법은 어쨌든 개선될 수 있다는 "정신을 어느 정도로든 만족시킬 수 있는 어떤 방안에 대해서도 현재까지 읽거나 들어본 적이 없다"는 점을 가장 강조하는 사람들은, 몇몇 예외 경우를 제외하고는 산업 경영에 관해 모든 사실들이 알려지는 것을 가장 꺼리는 사람들이기도 한 것 같다. 그런데 그 사실들이 알려지는 것이 결정적이다. 이 점이 결정적인 것은 실제 경제 상황에 대한 현재의 무지 속에서는 산업의 모든 불화가 불가피하게 어둠 속의 전투로 되기 십상이어서 그 어둠 속에서 "무지한 군대들은 밤중에 충돌"[32]하기 때문만이 아니라, 이윤과 비용이 완전히 공개되지 않는다면 청구되는 가격과 생산에 참여하는 서로 다른 당사자들의 급료 요구의 합리성을 어떤 식으로도 판단할 수 없기 때문이기도 하다. 대차대조표는 이윤을 숨길 수 있어서 전자는 분명히 밝히지 않고 후자는 전혀 밝히지 않기 때문이다. 따라서 사실이 공개되면 사람들은 어리둥절하게 만드는 재정상의 낭비와 함께 산업이 운영된다는 것을 보여주는 폭로에 아연실색한다. 그렇게 했어야 마땅한 바대로 모든 사실이 분기마다 공개되었다면, 이러한 폭로는 아마도 전혀 이루어지지 않았을 터인데, 공개 자체가 소독제 역할을 해서 밝혔을 때 세상을 놀라게 할 만한 것은 없었을 것이기 때문이다.

지난 몇 년간의 사건들은 반복되어서는 안 될 수업이다. 보복의 필요성

---

31 [역주] 웰링턴 공작(Arthur Wellesley, 1st Duke of Wellington, 1769–1852): 아일랜드의 더블린에서 태어나 영국군 총사령관을 거쳐 총리를 지낸 영국의 군인이자 정치가. 나폴레옹 전쟁 때의 활약으로 명성을 얻었다.

32 [역주] 영국의 시인·평론가 매슈 아널드(Matthew Arnold, 1822~1888)의 서사시 「도버 해변 (Dover Beach)」의 한 구절.

이 얼마나 되든 하루에 몇 차례 이상은 발사하지 말라는 명령을 병사들이 본부로부터 받았을 때, 포탄을 만드는 데 청구되는 가격에 놀란 정부가 생산자들이 제출한 견적서를 분석하고 그것을 자체 공장의 비용과 항목별로 분석하기 위한 원가 계산 부서를 설립한다. 이 부서에서는 단순한 지식 수합을 통해 이 부서에서 고용한 공인회계사가 우리에게 들려주듯이, "포탄과, 그와 유사한 군수품 중 일부의 가격 삭감이 원래 가격의 50%씩이나 이루어졌다." 가정의 소비자는 석탄 가격에 투덜거린다. 때때로 산업에 관여하는 영향력 있는 사람들이 분노를 폭발하는 가운데 이 사실들이 공개되기 때문이다. 그들이 무엇을 보여줄까? 다음과 같은 사실이다. 가난한 탄광들은 빚을 지지 않고 운영되지 못한다고 전해지기 때문에 이미 높은 석탄 가격에 2실링 6펜스의 가격 상승이 이루어진 뒤에 석탄위원회가 조사한 바로는 석탄 산출량의 21%는 톤당 1실링에서 3실링의 이윤으로, 32%는 3실링에서 5실링의 이윤으로, 13%는 5실링에서 7실링의 이윤으로, 그리고 14%는 톤당 7실링 이상의 이윤으로 생산된 반면, 런던 도매업자들의 이윤만은 총 320만 달러가 넘고, 이윤이 아닌 서비스를 목표로 하는 협동조합 운동 단체에서는 석탄 거래에서 매겨지는 것보다 톤당 2실링에서 4실링까지 낮은 비용으로 가정용 석탄을 배급한다.[33]

"그러나 이것들은 예외이다." 그럴 수도 있다. 최근 신탁위원회가 우리에게 "한 업종과 다른 어떤 업종의 강력한 결합이나 합병이 산출량과 가격을 통제하는 데 효과적인 위치에서 이루어지는" 산업에서는 비용도 최소한으로 삭감될 뿐만 아니라 이윤도 보잘것없다. 그러나 그렇다면 그 생산

---

33 [원주] 『석탄산업위원회 증언 회의록』, pp.9261-9.

품을 사용하는 모든 사람과 생산에 정직하게 기여하는 모든 사람이 공개를 통해 이익을 얻을 것을 주장할 때, 그 생산품과 관련하여 이 굴욕적 비밀의 전통을 왜 고집할까? 산업이 직업이 된다면, 그 경영이 어떻든 간에 존 맨 경이 석탄위원회에 말했듯이 그 직업 규칙의 첫 번째 조항은 "모든 카드를 탁자 위에 내보여야 한다"[34]는 것이 되어야 한다. 정부 홍보부Public Department의 의무가 한 산업 전체의 모든 회사들의 생산 비용과 이윤에 관해 분기별로 정확한 수익을 발표하는 것이라면, 생산량에 대한 우리의 열렬한 지지자들에게 설득력이 있어야 하는 생산능률만은 상당할 것이다. 비용을 최소화한 조직이 다른 모든 유형의 조직을 비교하는 기준이 될 것이기 때문이다. **사기**morale 면의 이익 또한 터무니없어 보일지라도 수치로 헤아릴 수 없을 것이다. 산업이 대명천지에서 운영될 것이기 때문이다. 이 홍보 비용이 필요하건 불필요하건, 이 홍보에 대한 수익의 분배가 합리적이건 불규칙적이건, 이것은 모두 상식의 문제다. 이 홍보는 이것을 생산하는 사람들이나 소비하는 사람들로 하여금 산업이 수행해야 하는 서비스에 기여하는 바가 없기 때문에 무의미한 지출을 현재 그들이 묵인하는 것과 같이 묵인하도록 설득할 가능성이 없다는 단순한 이유에 의해 그 목적에 충실하게 될 것이다.

직업으로서의 산업의 조직은 기능 없는 재산의 폐지, 그리고 직업적 명예의 기준으로서 공개성을 유지하는 것만을 수반하지는 않는다. 그 일을 수행하는 사람들이 그 일이 효과적으로 수행됨을 보증한다는 것을 암시하기도 한다. 또한 그들이 단지 개인적 불편이나 불이익을 두려워해서 일반 국민에 대한 서비스에 충실해야 하는 것이 아니라, '경영'이라는 기술

---

34 [역주] 카드 패를 모두 내보이듯이 솔직해야 한다는 것.

적 작업을 수행하는 식자와 관리자나 '사장' 등의 소수 **엘리트**에게만 부여된 의무로서만이 아니라 그 산업에 단순히 진출하는 행위 자체가 암시하는 바로서, 그리고 평사원 노동자들의 공동의 동의와 주도에 의존하는 것으로서 직업적 책무를 이행해야 한다는 것을 의미한다. 기존의 산업 질서, 집산주의, 그리고 직업으로서의 산업 조직 사이에 차이가 존재한다는 것은 다름 아니라 바로 그 책무가 상류 계급뿐만이 아니라 모든 노동자에게 부여되는 것으로 해석된다는 차원의 의미에서이다. 첫째의 기존의 산업 질서는 사적 이익을 목적으로 하는 인간 이용을 수반한다. 둘째의 집산주의는 공적 서비스를 목적으로 하는 인간 이용을 수반한다. 그러나 셋째의 직업으로서의 산업 조직은 직업적 자부심과 연대와 조직을 지닌 일반 국민을 위한 연합을 수반한다.

둘째와 셋째의 행정 기구의 차이는 대수롭지 않을지도 모른다. 양자 모두 산업 자본의 기존 소유주의 재산권을 급격하게 제한하거나 일반 국민에게 이전하는 일을 수반한다. 양자 모두 소비자 여론을, 산업에 의해 소비자에게 제공되는 서비스에 집중하게 만드는 기구를 필요로 할 것이다. 차이는 일반 국민에 대한 생산자의 책무가 표현되는 방식에 있다. 생산자는 관리자에 의해 그에게 전달되는 지시의 실행자일 수도 있고, 자기 조직을 통해 스스로 그 지시가 무엇이 되어야 하는지를 결정하는 데 적극적으로 참여할 수도 있다. 전자의 경우에 그는 자신의 일에는 책임이 있지만 다른 어떤 것에도 책임이 없다. 자기 할당량의 석탄을 캔다면, 그 갱의 채산성 여부는 그가 상관할 바가 아니다. 정해진 수의 리벳을 박아 넣는다면, 자신은 그 가격이나 선박의 내항성에 조금도 관심이 없다고 말한다. 후자의 경우에 그의 기능은 자신에게 할당된 특정 부분 일의 수행 이상의 무언가를 포함한다. 그것은 사업 전체의 성공에 대한 책임 또한 포함한다. 또한 책임은 권한 없이는 존재할 수 없기 때문에 그의 지위는 최소한 그가 그 산업의 행위에 실제로 영향을 미칠 수 있도록 보장하는 데 필요한 만큼의 권한을 수반한다. 실제로 하나의 직업을 뚜렷이 특징짓는 것은 확실한 자질의 서비스를 유지하기 위한 이러한 집단적 책임이다. 그것은 몇몇 서로 다른 종류의 정부와 양립할 수도 있다. 다시 말해 실제로 생산 단위가 집단이 아니라 개인이라면 어떤 정부와도 양립할 수 없다. 그것이 뜻하는 것은, 개인이 그 직업을 단지 가짐으로써 그 직업의 행위에 관한 확실한 의무에 헌신했어야 한다는 것이자, 그 직업 조직은 무엇이 되었든 간에 의무를 스스로 유지할 수 있는 충분한 권한을 가져야 한다는 것이다.

산업의 통제에 대한 노동자들의 참여 요구는 경제의 자유 또는 산업민주주의에 대한 청원으로서, 생산자의 이름으로 대개 추진된다. 1916년에 제출된 미연방 산업관계위원회의 최종 보고서에는 이렇게 쓰여 있다.

정치적 자유는 산업의 자유가 있는 곳에만 존재할 수 있다. (…) 현재 우리 공화국에는 생계를 위해 의존하는 사람들을 억압하고 국가의 평화와 복지에 무시무시한 위협을 가하는, 사실상 공국과 같은 산업사회들이 존재한다.

영국인의 허영심은 자기 그림자를 부드럽게 보이게 하고 빛을 과장할 수도 있다. 그러나 권한의 집중은 그 권한이 사소하지 않게 행사되는 자의성 정도의 차이 때문에 자본주의의 본질 자체에 너무나도 깊숙이 뿌리박고 있다. 대규모 작업의 통제는 노동자들의 삶과 생계와 관련된 문제에서 일종의 사적 지배권을 부여한다. 이것은 미연방의 위원회가 제시하는 바와 같이 "산업 봉건주의"라고 말하는 것이 적절하다. 영국인의 전통적 자유가 법과 노동조합운동에 의해 권리를 부여받은 경우를 제외하고는, 과거의 몇몇 유명 도시의 주민들과 맞먹는 수의 사람들이 봉기를 일으켰다가 잠잠해지는 데에, 일을 하고 경제적 기회를 얻고 사회생활을 하는 데에 여섯 명의 감독관 위원회의 결정에 의한 통제를 허용하는 산업 조직과 어떻게 양립할 수 있는지 이해하는 것은 쉽지 않다.

가장 보수적인 사상가들은 생산자에게 부과하는 자유의 희생이라는 점에서 현재의 산업 조직이 용납할 수 없는 것임을 인정한다. 그러나 생산자가 스스로를 해방하기 위해 들이는 모든 노력은 현존하는 체제가 자유와 양립할 수 없다 할지라도 최소한 효과적 서비스를 보장하는데, 그 효과적 서비스가 산업을 통제하는 훨씬 더 큰 수단을 노동자들의 손에 쥐어주기를 노리는 운동에 의해 위협받고 있다는 항의에 맞닥뜨린다. 생산자와 소비자 사이에 쐐기를 박아 넣으려는 시도는 그 운동의 물결을 저지할 수 없음을 스스로 의식하는 모든 이익단체들이 보내는 신호임이 분명하다. 따라서 지난 몇 달 동안 그들은 어떤 특정 집단 노동자들의 요구와 힘에서의 모든 진전이 일반 국민 전체에 대한 새로운 부담임을 보여주는 데 노력을 집중했어야만 한 것은 당연한 노릇이다. 자신들이 소비하는 것보다 더 많은 것을 생산하지 않는 것이 분명한 저명인사들은 노동하는 계급들에게 그들이 더 많이 생산하지 않으면 더 적게 소비해야 한다고 설명한다. 고도의 신디케이트[35] 연합체들은 일반 국민에게 파괴적 생디칼리슴의 위협에 맞서야 한다고 경고한다. 가난한 사람들의 수호자로서 새로운

---

35 [역주] 신디케이트(syndicate): 기업 독점 형태의 하나. 몇 개의 기업이 하나의 공동 판매소를 두고 가맹 기업의 제품을 공동 판매 또는 공동 구입을 하는 조직이다.

역할을 맡고 있는 광산과 광물의 소유주들은 마치 오로지 순수한 박애주의 때문에 그때까지 이윤과 사용료를 마지못해 받아들여 왔던 듯이 광부들의 '이기심'을 한탄한다.

이 주장의 본체가 의존하는 가정은 단순하다. 현존하는 산업 조직은 생산능률을 위한 안전장치이기 때문에 그것을 바꾸려는 시도를 할 때마다 노동자들이 생산자로서 얻을 수 있는 것보다 더 많은 것을 소비자로서 스스로 잃는다는 것이 그것이다. 세계는 자기 부를 고갈시켜왔고 많은 상품을 요구한다. 노동자들은 더 큰 수입, 더 많은 여가, 그리고 더 안전하고 품위 있는 지위를 요구한다. 이 두 가지 요구는 서로 모순된다는 주장이 있다. 노동자로서 더 높은 임금과 더 짧은 노동시간을 주장한다면 소비자로서는 어떻게 싼값의 상품을 공급받을 수 있겠는가? 또한 소비자로서 싼값의 상품을 요구한다면 노동자로서는 어떻게 이 조건들을 보장할 수 있겠는가? 그래서 산업은 더 짧은 노동시간과 더 높은 임금과 더 적은 생산이라는 나쁜 순환 속에서 움직이고, 결국 이것은 때가 되면 더 긴 노동시간과 더 낮은 임금을 뜻할 수밖에 없으며, 모든 사람이 더 많은 것을 요구하기 때문에 모든 사람이 더 적게 받게 된다고 생각된다.

이 묘사는 그럴듯해 보이지만 오류이다. 임금 상승이 필연적으로 비용 상승을 수반한다는 조잡한 가정 때문만이 아니라 또 다른 더욱 근본적인 이유 때문에 오류이다. 실제로는 경제적 혼란의 원인이 생산자와 소비자의 요구가 있는 그대로 대립한다는 데에 있지 않다. 양자가 그렇게 대립한다면, 양자가 양립할 수 없을 때 양립 불가능성이 분명해질 것이어서 한쪽이 아무리 회피하려고 해도 다른 쪽에 대한 책임을 부인할 수 없기 때문이다. 사실 이 둘은 그렇게 대립하는 것이 아니라 오늘날 산업이 조직되어 있는 바와 같이 노동자가 포기하는 것을 소비자 전체가 반드시 얻지는 못하고, 소비자가 지불하는 것을 노동자 전체가 반드시 받지는 못한다. 순환이 나쁜 것이라면 그 악은 순환이 폐쇄되어 있다는 데 있는 것이 아니라 항상 반만 공개되어 있어서 생산된 것은 생산적 에너지에 전혀 보탬이 되지 않는 소비로 새어 나가고, 생산자는 이 사실을 알기 때문에 사용할 수 있는 생산적 에너지조차 충분히 사용하지 못한다는 데에 있다.

모든 사람이 상반되는 목적을 갖게 만드는 것은, 바로 이 유출을 의식하는 것이다. "평화'에 의해"라는 말이 의견 차이의 완전한 부재를 의미한다면, 생각할 수 있는 어떤 산업 조직도 산업 평화를 보장할 수 없다. 보장될 수 있는 것은 의견 불일치가 계급투쟁의 봉화로 불타오르지 않도록 하는 일일 것이다. 어떤 집단의 모든 구성원이 보상을 받는 조건으로 공동 자금에 얼마를 내 놓는다면, 아이들이 케이크를 놓고 싸우는 것처럼 각자의 몫의 크기를 놓고 다툼이 벌어질 수 있다. 그러나 출자 총액이 공개되고 권리도 인정된다면, 그것이 다툼거리의 전부일 것이다. 또한 그들 모두가 똑같은 토대 위에 서기 때문에 자기 동료들보다 더 많은 것을 끝까지 요구하는 사람은 누구든 자신이 그만큼을 받아야 하는 어떤 정당한 이유를 제시해야 한다. 그러나 산업에서는 아무것도 출자하지 않으면서 보상을 요구하는 사람들 때문에 권리가 모두 인정되지는 않는다. 두 경우 모두 출자 총액에 대해 분배가 이루어지지만 분배가 이루어지는 비율은 용의주도하게 은폐된다. 또한 공동 자금에 대한 분배를 관장하고 그 분배를 통해 지불되는 것을 통제하는 사람들은 가능한 한 많은 몫을 획득하고 다른 사람들에게는 가능한 한 적은 몫을 할당하는 데 직접적 이해관계가 있다. 어떤 출자자가 더 적게 가져간다면, 출자를 해서 그 사람만큼 충분한 권리가 있는 누군가에게 그 이익이 가는 것이 분명하게 되는 것이 전혀 아니라, 출자를 전혀 하지 않아서 권리를 전혀 갖지 못하는 누군가에게 그 이익이 돌아갈 수도 있다. 또 다른 누군가가 더 많은 몫을 요구한다면, 동료인 노동자를 강탈하지 않고도, 이 둘 모두의 것을 빼앗는다고 믿어지는 익명의 출자자를 희생시켜서 그 몫을 획득할 수 있다. 실제로는 이들이 가져가야 하는 몫을 결정하는 명료한 원칙이 없기 때문에 양자 모두 가져갈 수 있는 모든 것을 가져간다.

이러한 상황에서는 생산자가 소비자를 착취한다는 공공연한 비난은 정곡을 벗어난 것이다. 그러한 비난은 여자와 아이들을 총알받이 삼아 전진하고 나서 민간인에게 사격을 가하는 적의 잔인성에 항의하는 군대들이 사용하는 군사적 계책의 경제적 변형으로 볼 수밖에 없다. 그러한 비난은 생산자의 일부가 다른 사람들을 착취하는 것이 아니라 이 양쪽 모두와 대립되는 소수의 재산 소유자가, 많이 소비하면서 적게 생산하는 사람들에게 적대하는 노력을 적게 소비하고 많이 생산하는 사람들에게 되돌리기 위해 경제 권력을 사용할 수 있다는 증거로 해석된다. 그래서 일부 노동자는 다른 노동자들에 비해 너무나 많은 몫을 차지할 수 있다는, 언론의 그토록 반복되는 불만의 목소리는 언론에서 전혀 언급도 하지 않는바 어떤 게으름뱅이들은 무슨 몫이든 차지한다는 그보다 훨씬 더 큰 불만의 목소리의 견제를 받는다. 어떤 상응하는 경제 서비스도 행해지지 않는 것에 대한 보상을 폐지하는 것은, 이처럼 경제의 효율성과 산업 평화 모두의 필수불가결한 조건 가운데 하나이다. 경제의 효율성과 산업 평화는 각양각색의 계급 모두를 공통의 적에 대항하도록 통합하여 서로 구속하지 못하도록 해주기 때문이다. 산업의 이 두 가지 원칙은 기능의 원칙이어서 이 경우에 해이한 노동은 노동을 전혀 하지 않는 것보다 덜 부도덕할 뿐이다. 다시 말해 이 문제에서 도덕성이 전혀 없는 경우는 약탈이라는 원칙이다. 그러나 약탈의 원칙은 해이한 노동에도, 노동을 전혀 하지 않는 것에도 해당될 수가 없다. 따라서 재산 소유자건 정부건 간에 기능 없는 재산의 유지를 주장하며 자기 눈에 있는 들보를 없애려 하지 않는 한 노동조합들의 눈 속에 있는 티끌을 한탄하는 것은 소용없는 일이다.

진실은 노동자만이 노동자에 의한 권한 남용을 방지할 수 있다는 것이다. 노동자만이 권리를 주장할 만한 자격을 소유한다는 것이 인정되기 때문이다. 그러므로 생산자에 의한 소비자 착취를 막을 수 있는 첫 번째 조치는 간단하다. 모든 사람을 생산자로 만들어서, 특정 집단의 노동자들이 얻을 수 있는 이익은 행하는 서비스와 전혀 걸맞지 않거나 서비스를 전혀 제공하지 않은 채 획득한 이익이기 때문에 현재는 그것에 대해 아무런 권리도 갖지 않는 사람들로부터 취한 것이라는 근거 있는 변명을 제거함으로써, 그들 노동자가 일반 국민을 희생시켜 자신들의 권리를 밀어붙이고자 하는 유혹을 갖지 않도록 만드는 것이 그것이다. 실제로 노동이 보상에 대한 유일한 자격이라면, 고도로 조직된 생산자 집단에 의해 착취당하는 공동체의 위험은 대부분 사라질 것이다. 생산하지 않는 사람들에게 보상이 주어지지 않는다면 투쟁을 할 만한 토론 근거도 존재하지 않을 것이고, 어떤 특정 생산자 집단이 더 많이 차지한다면 다른 집단은 덜 갖는 것을 받아들여야 한다는 것이 명백해질 것이기 때문이다.

이러한 조건하에서라면, 동료 노동자들을 희생시켜 자신들에게 터무니없이 유리한 조건을 강요하기 위해 자기의 강력한 전략적 지위를 사용하는 일군의 노동자는 그들의 공동체를 착취하는 것으로 묘사되는 것이 적절할지도 모른다. 그러나 지금 그렇게 말하는 것은 무의미하다. 그것이 무의미한 것은, 공동체가 착취되려면 먼저 존재해야 하는데, 오늘날 경제 분야에서 공동체의 존재는 사실이 아니라 염원일 뿐이기 때문이다. 어느 부문의 노동자들이든 그들의 고용자에게 불편한 것으로 생각되는 요구를 개진할 때마다 그들이 일반 국민의 등을 쳐먹는 무정부주의자 무리라고 비난하는 방식이 비상시에는 편리한 무기가 될 수 있지만, 이 방식이 일단 분석을 받게 되면 논리적으로 자기 파괴적이게 된다. 이것은 최근 몇 년 동안 우편배달부, 엔지니어, 경찰관, 광부, 철도원 등 그 부양가족을 합해서 약 800만 명의 주민들에게 행해졌다. 그런데 광부와 철도원의 경우에는 조직 노동자 전체가 과도한 요구로 희생물이 되었다고 주장되는 사람들과 공동전선을 폈다. 그러나 이 노동자들과 그들의 동조자들을 제할 때, 남는 '공동체'는 과연 무엇인가? 그것을 구성하는 모든 항목을 하나씩 하나씩 제하여 하나의 전체를 만들어내는 것은 순진한 셈법이다. 또한 일반 국민의 일련의 이해관계들을 제거함으로써 공공의 이익을 발견하는 기술은 정치가보다는 수사학자의 냄새를 풍긴다.

진실은 '사회의 이해관계'에 호소함으로써 모든 집단의 노동자들의 요구에 저항하고자 하는 것이 현재로서는 한가한 일이라는 것이다. 오늘날에는 경제적 지평만이 고려되는 한, 하나의 사회가 아니라 신드바드와 그를 귀찮게 쫓아다니는 노인처럼 불안정하게 나란히 공존하지만 정신과 이상과 경제적 이해에서는 따로 떨어져 있는 세계로서 두 개의 사회가 존재하기 때문이다. 기술이나 직업이 무엇이 되었건 노동으로 먹고사는 사람들의 사회와 그들에게 기생하는 사람들의 사회가 있다. 후자는 누구든 전자에게 빚지고 있는 희생과 충성을 명할 수 없다. 그들에게는 검토해볼 만한 자격이 없기 때문이다. 이 비극적 분열을 끝장내는 대신에 무시하는 성향은 온순한 것이기도, 때로는 관대한 것이기도 하다. 그러나 그것은 자기 질병의 독성을 자신에게도 인정하려 들지 않는 폐병 환자의 병적 낙관주의와 같은 감상성이다. 이 분열이 존재하는 한, 그것이 그 안의 어느 한 집단의 투쟁으로 악화되는 동안 일반 노동자들은 그 분열에 공감하면서 투쟁을 지지한다. 모든 사람이 양측에 의해 수행되는 경쟁의 결과에 관심을 두기 때문이다. 서로 다른 부문의 노동자들은 그 투쟁을 끝냄으로써 현재처럼 공통의 적과 마주 앉는 것이 아니라 서로를 마주하여 앉게 될 때에만 서로 자제하게 된다. 기능 없는 재산을 먼저 없애지 않고는, 한 집단이 다른 집단의 규범을 침해하는 권력을 사용하지 않는 통합된 사회라는 이상에, 한마디로 말해서 도달할 수 없다.

유한계급을 문명이 존재하는 데 반드시 필요한 불변하는 질서의 일부로 생각하는 사람들은 그 계급의 존재 때문에 세계가 더 부유한 것이 아니라 더 가난하다는 사실을 스스로도 받아들이려 들지 않는다. 그래서 지금처럼 생산적 에너지가 충분히 사용되어야 할 때, 언제나 그들 스스로 유한계급으로서의 생활과 지출 방식, 그리고 그들의 존재 자체가 생산이 증가하지 않는 이유임에도 불구하고, 발을 구르고 소리도 지르며 생산 증진의 필요성에 관한 글을《더 타임스》[36]에 기고한다. 자신들의 모든 경제 계획 속에서 그들은 세계가 아무리 궁핍할지라도 그들의 계획을 끝까지 지원해야 한다는 한 가지 조건을 달아놓는다. 그러나 노동하는 사람들은 그런 단서를 만들지도 않고, 그래야 할 이유도 전혀 없다. 또한 그들에게 일반 국민이 원하므로 더 많은 부를 생산하라고 호소하는 것은 대개 무시되고 마는데, 그러한 호소가 종종 특징으로 삼는 무지와 오해가 문제되지 않는 때에도 그러하다.

노동자는 소비자의 종업원이 아니고 노동자를 위해서는 더 많은 생산이 요구되지만, 주주에게는 가장 중요한 목표가 배당금이고 쓸모없는 것

---

36 [역주]《더 타임스(The Times)》: 1785년에 창간된 영국의 신문이다. 세계에서 가장 오래된 일간 신문으로《뉴욕타임스》등의 '타임스'가 붙는 신문들의 원조이다.

이든 하찮은 것이든 배당금을 만들어내기만 하면 온갖 생산물이 똑같은 것이기 때문이다. 더 많은 부가 생산되는 데에 비례하여 이익을 주는 것이 공동체라고 노동자가 확신하지 않는다면, 노동자에게 공동체를 위해 더 많은 부를 생산해야 한다고 설득하려 하는 것은 소용없는 일이다. 석탄을 캐는 데 매겨지는 모든 불필요한 사용료가 제거되었다면, 광부들이 자신들을 위해 일반 국민을 희생시켜서 더 좋은 조건을 밀어붙이지 않음으로써 훨씬 바람직한 본보기를 보여야 한다는 주장이 설득력 있을 것이다. 그러나 오늘날 기업 경영에 책임이 있는 사람들이 석탄위원회 이전의 가장 저명한 공직의 목격자가 낙인찍은 대로 '사치와 낭비'로 기업을 경영하는 한, 노동자들이 더 낮은 임금이나 더 긴 노동시간을 조건으로 일을 할 이유도, 소비자가 팽창된 이윤과 비효율적 조직의 비용과 불필요한 중간 상인에게 주어지는 불필요한 대가에 스스로 속아서 그것을 빼앗기는 한 광부의 탐욕에 대해 투덜거릴 만한 이유도 없다.

오늘날 광부나 다른 직종의 노동자가 더 많이 생산한다 할지라도 더 높은 배당금과 더 많은 사용료가 아닌 더 낮은 상품 가격을 결과로 얻을 보장이 없는 것은, 노동자로서 그는 자신의 고용자가 소비자에게 공급하는 상품의 질이나 그것이 팔리는 가격을 결정할 수 없는 것과 마찬가지다. 또한 그가 직접적으로는 이윤을 만들어내는 회사의 종업원이고 간접적으로만 공동체의 종업원인 한 그러한 보장은 그에게 전혀 주어질 수 없다. 그러한 보장은 그가 기업이 운영되는 목적으로서의 일반 국민에게 즉각적이고도 직접적인 관계 속에 있어서 모든 비용이 치러진 후의 어떤 잉여금도 사적 개인이 아닌 일반 국민에게 돌아갈 때에만 주어질 수 있다. 그러한 보장은 각 산업의 노동자들이 명령을 수행하는 종업원일 뿐만 아니라 그들 스스로 그 서비스의 성격에 집단적 책임을 지고, 그래서 자신들을 착취로부터 보호하기 위해서뿐만 아니라 자신들의 산업의 경영과 발전에 적극적으로 기여하기 위해 자신들의 조직을 이용할 수 있을 때에만 인정될 수 있다.

효율성의 조건

새로운 산업 질서가 필요한 것은 낡은 산업 질서가 가장 무겁게 눌러 내리는 생산자들을 위해서만은 아니다. 그것은 소비자들을 위해서도 필요한데, 낡은 산업 질서가 자랑스러워하고 변화에 반대하는 논거로서 가장 과시하는 능력, 즉 소비자들에게 효율적으로 서비스하는 능력 자체가 분명히 붕괴하고 있기 때문이다. 그 능력은 늘 그것의 가장 취약한 점이었던 면에서, 즉 경제적 중요성 이외에는 무관심한 것을 특징으로 하면서 그것이 그 자체의 목적을 위해 '노동'이라 불리는 추상적 개념 속으로 증류해버린 인간을 통제하는 면에서 붕괴하고 있다. 그 붕괴의 첫 번째 징후는 과거에 대개 경제 붕괴의 첫 번째 징후였던 것, 즉 인간의 노력이라는 면에서 사람들의 관습적 반응을 불러일으키는 관습적 자극이 실패한다는 점이다.

그 실패가 인정되고 산업이 재조직되어 새로운 자극이 자유로이 작용하기 전까지는 이 붕괴가 스스로를 바로잡는 것이 아니라 틀림없이 그 에너지가 돌발적으로 되살아나고 명멸하면서 계속되고 가속화될 것이다. 그 원인은 단순하다. 경제활동 감독을 업무로 삼는 사람들이 경제활동이 의존하는 사람들을 감독하는 데 점점 더 무능해진다는 점이 그것이다. 그 오류는 개인이 아닌 체제, 즉 산업주의 자체의 오류이다. 20세기 대부분의 시기 동안 기업은 두 개의 힘, 즉 배고픔과 두려움에 의해 움직여졌고, 고용자는 이 두 개의 힘을 마음대로 사용할 수 있었다. 고용자는 자신이 원하는 대로 고용을 허락하거나 허락하지 않을 수 있었다. 사람들이 자신의 조건에 저항하여 들고일어나면 그들을 해고할 수 있었고, 그들이 해고되고 나서 그들에게 들이닥치는 것은 배고픔이나 구빈원이었다. 권한은 집중되었고, 그 수단은 수동적이었으며, 사람들이 두려워하는 단 한 가지는 실업이었다. 또한 사람들은 실업을 막을 수도, 실업을 당했을 때 그 공포를 약간 더는 것 이상의 일을 할 수도 없었기 때문에 그들이 저항할 수 없는 규율에 복종했고, 그들이 그것에 반대하려 하면 기업은 그들을 개별적으로 분쇄할 수 있는 권력을 가지고 그들의 수동적 묵인을 통해 자신의 방침을 밀고 나갔다.

이 체제가 효율적이라고 찬양받을 수도, 비인간적이라고 비난받을 수도 있다. 그러나 적어도 그 찬양자들이 지칠 줄 모르고 지적한 바대로 이 체제는 작동했다. 또한 장점과 결함 면에서 조금도 닮은 점이 없는 프로이센 국가처럼 마치 힘이 센 사람이 질병을 날려버리듯 이것은 작동하는 한은 그 방법에 대한 비난에도 불구하고 살아남았다. 그러나 오늘날 이것은 그 결점의 특징조차도 더는 갖지 못한다. 더는 효율성이 없다. 그 전성기에 내놓았고 물질적 성공의 인상적 장관으로 비판을 잠재울 수 있었던 바 끊임없이 증가하는 부의 산출을 더는 보장하지 못한다. 이것은 여전히 작동하지만, 끊임없는 불화와 급격한 충격과 조업 중단 가운데에서 일반 국민의 신뢰 없이, 자신에 대해서조차 충분한 신뢰 없이, 이전에는 명령을 내렸던 자리에서 술책을 부리거나 감언으로 속일 수밖에 없는 독재자처럼 채찍을 뺏기지는 않았다 할지라도 온건한 체벌을 집행하려 들 뿐이고, 자신만이 죄수들에게 디딜방아를 계속해서 돌리게 해서 곡식을 갈게 할 수 있다고 여전히 항변하지만, 자기 권한 중 아주 많은 것을 넘겨주다 보니 자신이 직책을 유지할 만한 사람인지 의문시되게 만들 수밖에 없는 교도관처럼 평탄치 못하게 작동한다. 자본주의가 규율을 관철시키는 수단이 하나씩 하나씩 박탈되고 있기 때문이다. 이 체제는 원하는 대로 임금을 지불할 수 없고 원하는 노동시간을 관철시킬 수 없다. 잘 조직된 산업에서는 자의적 해고를 할 수 있는 권력, 그 권한의 핵심이 흔들리고 있는데, 사람들이 자신들의 생계를 개인의 변덕에 의존하게 만드는 체제를 더는 용납하지 않으려 하기 때문이다. 모든 산업에서 마찬가지로, 굶주림에 대한 두려움이 불만족스러워 하는 노동자들을 복종하도록 을러대는 데 이용될 수 없는 시간이 멀지 않았는데, 비자발적 실업이 굶주림으로 귀결되는 것을 일반 국민이 더는 허용하지 않으려 하기 때문이다.

또한 자본주의가 인간의 육체에 대한 통제권을 잃게 된다면, 인간의 마음에 대한 통제권은 더더욱 잃게 된다. '가난한 사람들'을 최악의 경우에는 부자들의 사치품의 수단으로, 최상의 경우에는 부자들의 미덕의 수단으로 간주한 문명의 소산, 50년 전 그 문명의 토대는 수많은 인간으로 하여금 자기 주인들의 어리석은 생각과 책임에 대한 거의 동물적인 무능을 지혜로 숭배하게 만든 무지였다. 소수의 사적 자본가들의 독재 권력의 손아귀에 산업에 대한 영속적 통치권을 부여하는 조건이었던 수동성을 교육과 경험이 부숴버렸다. 오늘날 노동자는 이 체제의 도덕성을 믿지 않는 만큼이나 산업을 감독하는 사람들의 다수가 지적으로 우월하다고 믿지 않는다. 이 체제는 오늘날 노동자에게 억압적일 뿐만 아니라 낭비가 많고 지적이지 못하며 비효율적으로 보인다. 공장과 광산에서의 경험에 비추어보면서 그는 자칭 공익의 수호자라는 자본가의 주장을 한낱 신앙심을 가장한 위선이라고 생각한다. 효율성이 근시안적인 금전적 이해관계에 희생되는 것을 날마다 보면서 동시에 한 인간으로서는 산업 질서의 비인간성에 격분하고, 좋은 일과 나쁜 일의 차이를 아는 한 전문직 종사자로서는 그것의 잘못된 인색함과 잘못된 낭비에, 그리고 산업이 성공하는 주요 기준인 이윤 추구와 분리할 수 없는 것으로 보이는 섞음질[37]과, 광고와 협잡질을 위한 모든 조직에 점점 더 경멸감을 느끼기 때문이다.

따라서 자본주의는 두려움에 의해 힘든 노동을 더는 얻어낼 수 없는데, 더는 무시무시하지 않게 되고 있기 때문이다. 또한 존경에 의해 힘든 노동을 얻어낼 수 없는데, 더는 존경받지 못하게 되었기 때문이다. 또한 자본주의가 이지러지는 위세를 회복하려고 수단으로 삼는 승리 자체가 패배보다도 더 파멸적인 것이다. 고용자들은 자신들이 경영의 자유에 대한 권리를 고스란히 유지해왔다고, 즉 국유화에 대한 요구를 성공적으로 반대해왔다고, 다시 말해 더 높은 임금과 더 짧은 노동시간을 요구하는 운동을 분쇄했다고 자축할 수도 있다. 그러나 노동쟁의나 정치투쟁에서의 승리는 종종 작업장에서의 패배가 된다. 즉, 노동자는 패배하겠지만, 그것이 주로 노동자로 이루어져 있는 일반 국민은 고사하고 고용자들이

---

37 [역주] 섞음질(adulteration): 물품을 속이거나 싸게 팔거나 혹은 위조하기 위해 불순물 또는 불필요한 성분을 첨가하는 행위. 법적으로는 함유량이 일치하지 않는 경우를 가리킨다.

승리한 것으로 귀결되지는 않는다. 산업의 목적은 상품을 생산하는 것이고, 인간의 노력으로 그것을 가장 낮은 가격으로 생산하는 것이기 때문이다. 그런데 자신이 일하는 질서에 경멸감을 느끼는 사람들의 분개나 불신으로부터 효율적인 생산을 얻어낼 수 있는 연금술은 없다. 신용이 산업의 토대라는 것은 진부한 말이다. 그러나 신용은 심리의 문제이고, 노동자는 자본가와 마찬가지로 자신의 심리를 지니고 있다. 신뢰가 자본 투자에 필수라면, 유일한 생계 수단이 노동에 의존하는 것인 사람들이 노동을 효과적으로 실행하는 데에도 신뢰가 똑같이 필수이다. 그들이 아직 자신의 의지를 내세울 만큼 강하지 않을지라도 자신의 지배자들이 그들의 의지를 내세울 때 그것에 저항할 만큼은 강하다. 그들은 파업을 하기보다는 일을 할 것이다. 그러나 신뢰하지 않는 체제의 더 큰 영광을 위해서가 아니라 해고를 면하기 위해 일할 것이다. 그리고 해고된다면 그들의 자리를 대신할 사람들이 그와 똑같이 할 것이다.

이것이 바로 낮은 산출량의 원인이라는 것을 건축 산업의 고용자와 노동자들, 그리고 석탄위원회 이전의 광부 대표자들이 모두 언급한 바 있다. 이것은 생키 판사에 의해 인상적 강조와 함께 되풀이하여 언급되었다. 또한 고용자들 자신에 의해 심각한 이의가 제기되지도 않는다. '한정된 산출량'에 대한 이들의 반복된 비난에 산업이 제공해야 하는 특별한 기능인 효율적 서비스를 보장하기 위해 그들이 산업을 조직하는 데 실패했다는 것 말고 과연 무슨 다른 뜻이 있겠는가? 상황에 대해 노동계급의 '이기심'을 제멋대로 열렬히 비난하는 것 또한 적절치 않다. "국민 전체에 대한 고발장을 쓰는 것"은 정치에서만큼이나 산업에서도 불가능한 절차다. 제도가 인간 본성에 맞추어져야지 인간 본성이 제도에 맞추어져서는 안 된다. 산업 체제의 결과, 그것이 경제적 노력의 적절한 동기를 제공하지 못한다는 사실을 점점 더 많은 평범한 사람들이 알게 된다면, 그 체제를 고치는 대신에 사람들을 비난하는 것은 점잖을 빼며 아는 체하는 태도일 뿐이다.

이와 같이 산업의 절대주의가 여전히 전투에서는 승리할 수 있지만 작전에서는 실패하고, 그 절대주의 자체가 선택한 경제적 효율성이라는 토대 때문에 실패하는 때가 왔다. 권력이라는 이름과 습관을 지니고 있으나 그것의 완전한 실체를 더는 갖지 못하는 사람들과, 권력의 더 많은 실체를 날마다 획득하는 사람들 사이의 투쟁에 의해 경제활동이 어지럽혀지는 이행기에는 바로 소비자가 고통을 겪는다. 소비자는 고분고분한 복종의 서비스도, 지적 협력의 서비스도 받지 못한다. 노예들이 용인하는 한 노예제가 작동하고, 자유는 사람들이 자유로워지는 법을 배웠을 때 제 구실을 하지만, 두 가지를 결합한 것은 작동하지 않기 때문이다. 그래서 일반 국민에게 석탄이 부족한 것은 석탄이 생산되고 분배되는 체제의 기술적 결함 때문이기도 하지만, 그 체제 자체가 추동력을 잃어버렸기 때문이기도 하다. 이것은 석탄 소유자들이 광부들에게 자신들을 위해 더 많은 배당금을, 그리고 광물 소유주들을 위해 더 많은 사용료를 생산하라고 더는 설득할 수 없을뿐더러 광부들이 일반 국민이 아닌 주주들의 종업원이 되어야 한다고 결정한 그 국민 역시 광부들의 모든 권력을 자신들에게 귀속시키라고 광부들에게 호소할 수 없기 때문이다.

그런데 이 딜레마는 지난 몇 달간 광부들만이 죄악의 씨앗으로 묘사된 것처럼 몇몇 사람들이 생각하듯 일시적이거나 전쟁의 여파이거나 석탄 산업에 특유한 것이 아니다. 이것은 영속적이며 광범하게 확산돼왔다. 또한 교육을 통해 잠자는 영혼에 생명이 불어넣어지고 이 산업 저 산업에서 차례로 강력한 단체 의식이 발전됨에 따라 더욱더 확산될 것이다. 또한 평범한 사람들이 사적으로 느끼는 것을 공개적으로 말하는 것이 중요할 뿐인 지도자들에 대해 한탄하거나 위협하거나 비난하는 것으로도 이 문제는 해결되지 못할 것이다. 이 문제는 근본적으로 심리 문제이기 때문이다. 이제까지 벌어진 사건의 핵심은 이 산업 체제가 몇 세대 동안 효율성을 획득하기 위해 의존한 동기들이 더는 효율성을 보장하지 못한다는 점이다. 또한 그 동기들을 회복하고, 50년 전에는 산업주의의 손아귀에서 인간을 마음대로 주무를 수 있는 도구로 만들었던바, 희망과 두려움과 무지와 참을성 있게 믿어버리는 습성과 수동적 묵인이 합쳐진 이상 심리를 단순한 훈계에 의해 부활시켜 선악과나무를 먹고 살아온 사람들의 또 다른 이상 심리에 순진성을 회복시켜주는 것 역시 불가능하다.

일부 지적이고 존경받을 만한 사업가들의 이상, 즉 노동자들이 고분고분하고 잘 믿었으며, 노동조합이 아직 절반은 불법이었고, 해외의 경쟁이 외국에서 영국인끼리 경쟁하는 것을 의미했으며, 물가가 약간 오르고는 있었지만 그다지 많이 오르지 않았던 60년대의 황금기를 회복하는 것은 실현될 수 없는 하나의 유토피아이다. 왕이 옷을 입고 있다고 신하들이 항변하는 한 왕은 벌거벗은 채 걸어 다닐 수 있다. 그러나 한 아이나 바보가 그 주문을 깨뜨리고 나면 신하들의 온갖 찬양보다 재봉사 한 사람이 더 중요하다. 경제활동이 활기를 잃어 고통을 받는 일반 국민이 그 **불안**을 끝내기 바란다면, 더는 움직이지 않는 동기의 작동을 감탄스럽고 완전히 흡족한 것으로 찬양하지 않을 것이다. 새로운 동기들이 자유로이 움직이게 하고 자신들에게 서비스되도록 만들고자 할 것이다. 그 대상이 되었던 사람들만큼이나 그것을 사용하는 사람들에게도 항상 모멸적이었고 지금은 더는 적절치 않은 유인 동기들의 대안을 찾으려고 애쓸 것이다. 또한 자본주의가 실업과 굶주림이라는 수단을 통해 행사한 규율의 대안은 책임과 직업에 대한 자부심이라는 자기 규율이다.

따라서 더 강한 조직과 더 충분한 책임과 경제 자유의 조건으로서 생산자를 위한 더 많은 권한의 요구, 즉 자유에 대한 요구는 소비자의 이익을 위해 이루어지고 있는바 더 효율적인 노동과 증가된 산출량에 대한 요구와 상반되는 것이 아니다. 이 요구는 의사건 대학교수건 자기네가 하는 서비스를 값싸게 만들려는 시도에 대항하여 자기 직업의 독립성과 위엄의 유지를 주장하는 직업인들의 주장이 효율적 서비스와 상반되는 것이 아니라 결국 그 조건인 것처럼 칭찬받을 만한 것이다. 소비자가 취해야 할 지혜로운 방침은 그러한 이행을 할 수 있을 만큼 재촉하는 일일 것이다. 현재 운영되고 있는 바로는 산업이 그 성질에 반해서 작동되고 있기 때문이다. 오늘날 산업은 존재하지 말았어야 할 장애들을 기발한 재정적·기술적 수단에 의해 이겨내려는 시도를 하면서 지구의 바다와 육지를 돌아다닌다. 직업에 대한 감정을 이용하는 것이 아니라 정복함으로써 결과물을 만들어내려 한다. 또한 자체의 불가피한 경제적 부담감뿐만 아니라 끊임없이 커지는 악의와 회의주의를 지니고 간다. 사실상 "바람을 불게 한 새를 쏘아 맞추었고"[38] 그 시체를 자기 목에 두른 채 사업을 계속한다. 그 심

---

[38] [역주] 바람을 불게 한 새를 쏘아 맞추었고(shot the bird which caused the wind to blow): 영국의 낭만주의 시인·비평가 새뮤얼 테일러 콜리지(Samuel Taylor Coleridge, 1772-1834)의 시 「노수부의 노래 (The Rime of the Ancient Mariner)」의 한 구절을 약간 변형하여 인용한 것. 원문은 "내가 순풍을 불어오게 하는 새를 죽였다오(I had killed the bird / That made the breeze to blow)"로 노수부가 길조인 신천옹(信天翁, Albatross)을 죽였다고 소리치는 대목이다. 여기서 죽은 신천옹은 생명의 연결 고리를 상징한다. 생명의 연결 고리를 끊었기 때문에 노수부를 비롯하여 같은 배에 타고 있던 뱃사람 모두가 보이지 않는 유령들에게 괴롭힘을 당하고, 노수부는 생지옥 상태를 견뎌야 한다.

리적 부담에 비하자면 산업의 비효율성은 종종 심각하다 할지라도 하찮은 것이며, 현재 경제 상황의 핵심 사실을 다룰 어떤 계획도 제시하지 않으면서 생산이라는 복음을 설교하는 사업가들은 인간의 타락이나 구원의 계획에 관해 주의 깊게 언급하는 것을 완전히 생략하여 청중의 평정심을 흐트러뜨리는 기독교 옹호자와 닮았다. 부의 산출을 증가시키고자 한다면, 일반 노동자 쪽의 능동적이고 건설적인 협력이 새로운 탄전의 발견이나 과학적 발명의 출현보다도 결과에 더 많은 것을 기여할 것이라는 말은 모순되는 말이 아니라 경제의 기본이 되는 자명한 진리다.

지금은 건설적 노동에 무관심하거나 심지어 적대적이기까지 한 직업적 감각을 건설적 노동 편에서 얻어내는 첫 번째 조건은, 건설적 노동이 이루어질 때 그 결과물을 자본이나 토지나 다른 자원의 재산 소유자가 아니라 일반 국민에게 귀속되도록 보장하는 것이다. 이런 이유로 오늘날 산업자본의 사적 소유권에 관계된 권리의 축소 또는 완전한 폐지는 공론가의 요구가 아니라 경제의 효율성 정책에서 필수 요소이다. 그것은 다른 자명한 진리들과 마찬가지로 종종 망각되지만 경제의 효율성이 궁극적으로 의존하는바 인간이 가장 효율적으로 기능하는 것의 조건이기 때문이다. 그러나 그것은 한 가지 요소일 뿐이다. 협력은 단순한 묵인에서 바짝 경계하면서 열성적으로 주도하는 데까지 다양한 범위에 걸쳐 이루어질 수 있다. 효과적 관리 체계의 기준은 현재의 산업 질서가 호소하지 않을뿐더러 실제로는 자본주의가 노동조합 조직에 대한 전쟁에서 지난 여러 해 동안 완전히 밟아 뭉개려 한 직업적 자부심의 잠재력을 산업 운영에 끌어들이는 데 성공하는지 여부이다.

또한 이러한 호소의 효험은 인간 본성이 있는 그대로 작용하는 데 만족하지 않는 사람들이 개진하는 의기양양한 **귀류법**,[39] 즉 "인간 본성의 변화"라는 가설에 의존하지 않는다. 그것이 뜻하는 것은 특정한 기본 사실들이 현재처럼 무시되는 것이 아니라 참작되어야 한다는 점이다. 모든 노동이 혐오스럽고 "모든 사람이 최소한의 노력으로 최대의 수입을 얻기를 바란다"는 것은 그렇게 추측되는 만큼은 자명한 진리일 수도 있다. 그러나 실제로는 개인이 속한 집단의 공통 정서가 노력을 하는 쪽인지 거부하는 쪽인지에 따라, 그리고 그 집단이 설정하는 노력의 기준이 무엇인지에 따라 그 개인의 태도에 온갖 차이가 생긴다. 고용자들이 불평하는 것처럼 상당수의 노동자 집단이 그들이 노력한 결과의 일부가 주주들의 배당금 증가인 한 더 많이 노력하기를 거부한다는 점은, 효율성만이 관계되는 한 현존하는 산업 질서에 대한 가장 심각한 고발 내용임이 틀림없다. 그러나 국유화가 사적 자본주의를 대신했을 때조차도 그것이 효율적 서비스를 제공할 수 있는 능력은, 직업에 대한 감정이 더는 적대적 힘이 되지 않을 뿐만 아니라 합리적으로 요구될 수 있는 효율성의 가능한 최상의 기준을 유지하는 쪽의 지지를 능동적으로 얻어낼 수 있는 데에서 궁극적으로 나올 것이다.

이 문제를 구체적으로 살펴보자면, 광산에 대한 현존하는 소유 형태가 비효율적 노동의 적극적 유인 동기인 반면, 관료주의에 의해 운영되는 국유 기업의 형태는 리처드 레드메인[40] 경이 강조하는바 3,000개의 갱

---

39 [역주] 귀류법(歸謬法): 어떤 명제가 참임을 직접 증명하는 대신, 그 부정 명제가 참이라고 가정하여 그것의 불합리성을 증명함으로써 원래의 명제가 참인 것을 보여주는 간접 증명법.

40 [역주] 리처드 레드메인(Richard Redmayne, 1865~1955): 영국의 토목, 광산 엔지니어. 배우 에디 레드메인(Eddie Redmayne)의 증조부.

을 1,500개의 회사가 분리해서 운영하는 것과 분리할 수 없는 기술적 비효율성을 그것이 제거한다 할지라도, 서로 다른 유형의 관리를 통해 얻을 수 있는 자본의 이점을 지나치게 간과하는 결과를 낳을 것이다. 그것은 관리의 세부 사항이 개선될 수 있는 중요한 점들을 일상의 경험으로 아는, 실무에 능한 사람들의 기술 지식에서 얻을 수 있는 도움과, 그 서비스의 성격을 유지하고 개선하는 데 책임이 있는 직업 종사자들의 공동의 자부심에서 생겨나는바 효율성에 대한 자극, 이 두 가지 모두를 잃을 것이다. 직업 정신은 중력과 같은 힘이어서 그 자체가 좋거나 나쁜 것이 아니라 그 엔지니어가 가능하다면 자신을 위해 자기 일에서 이용하는 것이다. 그것을 이상화하는 것이 어리석다면 무시하는 것도 마찬가지로 근시안적인 것이다. **탁월한**par excellence '서비스'를 설명할 때 **단체정신**esprit de corps이 효율성의 토대라는 것은 항상 인정되는 바였고, 일부는 현명하고 일부는 해로운 모든 수단이 이 정신을 격려하는 데 사용되었다. 실제로 나라에서 비상시에 의존한 주된 안전장치는 다름 아닌 해군의 직업적 열성이었다. 또한 이 정신은 전쟁과 관련된 직업에만 특유한 것도 아니다. 통상적 훈련, 통상적 책무, 통상적 위험 상황과 관련된 것이다. 어렵고 불쾌한 노동이 행해져야 하는 모든 경우에 그 노동을 끌어내는 힘은 보통은 돈뿐만 아니라 개인이 활동하고 사람들이 성공에서 가치 있게 생각한다는 것을 알게 되는, 작은 사회의 여론과 전통이다.

자극 가운데 가장 강력한 것이, 오늘날 그렇듯 무시되고 있음을 무시하고, 그리고 나서는 그것이 생산하는 노력이 준비되어 있지 않다고 한탄하는 것이 사악한 행위의 절정이다. 생산자들의 조직체가 일반 국민을 착취하지 않게 하려고 산업에서 단체 감각의 성장과 행동을 제거하는 것은 그럴듯한 정책이다. 그러나 그것은 근시안적이다. "욕조의 목욕물을 아기를 함께 쏟아버리는 것"이자 서비스를 보호하려고 서비스의 질을 낮추는 것이다. 현명한 관리 체제에서는 직업적 연대를 통해 그 연대 자체를 잘하기보다는 연대를 위해 그 직업의 더 많은 노동을 더 효과적으로 할 수 있다는 사실을 인정할 것이다. 직업 정신은 개인의 일부이지 그의 외부에 있는 힘이 아니어서 공공서비스에서 그 기운의 지원을 얻는 것을 목적으로 삼을 것이기 때문이다. 사람이 하지 말아야 할 것을 하지 못하게 하고, 그러다 보면 해야 할 것을 때때로 하지 못하게 하는 결과가 필연적으로 뒤따르는 성가신 규칙을 정교하게 다듬는 것, 관료주의의 이러한 기계적이고 폐쇄적인 본질을 피하는 것은 실제로 이 정책에 의해서만 가능하다. 산업이 법 없이 운영될 수는 없기 때문이다. 산업은 직업적 기준에 의해 스스로를 통제하지 않으면, 그 분야의 기술도 없고 아무리 열성적이고 선의를 지니고 있다 할지라도 그 직업에 관한 감각이 전혀 없는 관리들에 의해 통제될 수밖에 없기 때문이다. 공적 통제와 비판이 없어서는 안 된다. 그러나 그것이 지나치게 상세해서는, 다시 말해 제 풀에 나가 떨어져서는 안 된다. 일단 공정한 기준이 수립되었다면, 국가가 반드시 나서게 하기보다는 직업 조직이 가격과 품질의 위반을 점검하게 하는 것이 더 좋을 것이다. 시시콜콜한 외부 감독을 대체할 수 있는 것은 자신의 직업에 관해 배우는 과정 자체에서 그 직업의 공적 의무에 관한 의식을 충실히 갖추게 되는 사람들에 의한 내부의 감독이다. 그것이 요컨대 산업이 직업이라는 말에 걸맞은 모습이다.

이런 이유로 집산주의 그 자체는 너무나 단순한 해결책이다. 그것의 실패는 다른 합리주의 체제들의 실패를 뒤따를 것 같다.

그리하여 부분들은 손에 쥐고 있지만,

258

유감스럽도다! 정신의 끈만은 없지 않은가.

(Dann hat er die Theile in seiner Hand,

Fehlt leider! nur das geistige Band.)[41]

산업의 재조직화가 살아 있는 현실이 되어야 하고 단지 종이 위에서 하는 계획만은 아니라면, 그 목표는 산업이 일반 국민에 대한 서비스를 위해 이루어질 뿐만 아니라 생산자 조직의 능동적 협력과 함께 이루어짐을 보장하는 것이 되어야 한다. 그러나 협력은 책임을 뜻하고 책임은 권한을 뜻한다. 사람들이 스스로 신뢰하지 않는 어떤 체제에라도 최선의 노력을 쏟을 것이라거나, 그들이 함께 통제하지 않는 어떤 체제라도 신뢰할 것을 기대하는 것은 한가한 생각이다. 사람들이 직업의 의무를 수행하는 능력은 그 의무가 이행되는 것을 막는 장애를 제거하기 위해 소유하는 권한, 그리고 그 권한을 소유할 때 그것을 사용할 의지에 달려 있다.

석탄 산출량을 증가시키기 위해 전쟁 기간 동안 석탄 광산과 관련하여 만들어진 위원회들을 방해한 원인은 두 가지가 있는 듯하다. 한 가지는 그 가운데 몇몇 위원회가 동료 노동자들의 결근 태업에 벌금을 물리는 불쾌한 과제 이행을 거부한 것이었다. 다른 하나는 경영의 잘못을 여러 위원회의 통제 대상에서 제외한 것이었다. 몇몇 경우에는 위원회들이, 광부들 때문에 벌어진 결근 태업에 대해 그들이 벌금을 문다면, 결함 있는 조직의 결과로 광부들이 할 일이 없어서 일하고 싶어도 집으로 돌려보내질 때, 경영진에게도 마찬가지로 벌금을 물려야 한다고 요구할 때까지는 모든 과정이 순조로웠다. 그러나 그들의 요구는 "경영에 대한 간섭"으로 거

---

41 [역주] 괴테의 『파우스트』 비극 제1부의 '서재' 장의 한 대목.

부되었고, 그들의 참석의 정례화를 밀어붙이려는 시도는 좌절되었다. 또한 이 산업에서 또 다른 예를 들자면, 이 조직이 장비와 조직의 결함, 전차와 철로와 광차와 목재의 부족, 석탄을 쉽게 얻기 위한 작업을 하면서 탄광을 '크리밍creaming'하여 그 탄광의 미래에 손상을 입히는 것, 그리고 서로 분리된 소유권의 변덕에 의해 갱이 소모적으로 구획되어 현재 산출량이 줄어드는 깃 등의 문제를 제거해야 한다는 주장을 할 만한 권한을 가지고 있지 않다면, 광부 조직의 중요성이 더 많은 생산 쪽에 두어지는 것은 기대할 수 없는 일이다.

일반 국민은 둘 중 하나를 선택해야 한다. 그들이 노동자를 '일손'으로 취급되게 내버려둔다면, 노동자의 의지와 두뇌의 서비스를 요구해서는 안 된다. 노동자로 하여금 숙련된 전문 직업인의 열성을 보여주게 하고 싶다면, 노동자가 직업의 책임을 이행할 수 있게 해주는 충분한 권한을 갖도록 보장해주어야 한다. 노동자가 일반 국민에 의해 강요되는 산출량에 어떤 제한도 두지 않게 하기 위해서는 신탁위원회가 최근에 우리에게 말해주었듯이 고용자 조직에 의해 부과되는, 더 효율적이기 때문에 더욱 사악한 제한 규정을 철폐하라고 일반 국민이 주장할 수 있어야 한다. 광부 지도자들이 임금과 노동시간과 노동조건을 놓고 단지 교섭하는 것이 아니라 동료 구성원들에게 석탄 공급을 늘리자고 호소할 수 있으려면, 경영의 비효율성 탓이어서 광부들의 반항보다 오늘날 훨씬 더 심각한 장애가 되는, 낮은 산출량의 원인을 확실히 제거할 수 있는 위치에 그들이 있어야만 한다. 건축업계의 노동자들이 생산을 가속화하는 공동 행동을 할 수 있게 하려면, 그들을 하나의 단체로 대하면서 그들의 에너지가 쏟아부어져야 하는 목적에 관해 그들에게 협의를 구해야 하고, 한 방에 세 사람이 살고 있는 가족들에게 필요한 것이 방 여섯 개가 있는 시골집인 지금, 그들이 상류층의 호화 주택을 지을 것을 기대해서는 안 된다.

어떤 사람이라도 오늘날 상당수의 노동자가 생산하는 물건과, 일부가 갈색 포장지로 되어 있는 장화와, 사용하기에 적합지 않은 가구를 생산함으로써 자신의 품위를 떨어뜨리는 데 동의해야 한다는 사실은 참으로 개탄스럽다. 항상 분명하게 나타나지는 않는다 할지라도 모욕당한 인간성의 복수는 확실히 있다. 그래서 효율성의 이름으로 노동자의 책임을 파괴하는 산업 조직을 용인하는 데 대해 소비자가 치르는 벌금은 그 소비자가 제공받는 서비스가 효율적이지도 않다는 사실이다. 소비자는 스스로 보지 못했을지라도 항상 질 면에서 벌금을 물어왔다. 오늘날 소비자는 그 서비스의 양 면에서도 벌금을 물 것 같다는 사실을 깨닫기 시작한다. 일반 국민이 효율적 서비스를 받고자 한다면 인간에게서만, 즉 인간적 주도권과 변덕을 지닌 인간에게서만 그것을 받을 수 있다. 요컨대 산업을 책임 있는 직업으로 대하는 한에서만 그것을 얻게 될 것이다.

자신들의 직업 규범의 유지에 대한 노동자들의 집단 책임은, 따라서 자본주의가 과거에 행사했지만 지금은 붕괴하고 있는 규율의 대안이다. 그것은 고용자와 노동조합 양자 모두의 근본적 위치 변화를 뜻한다. 산업의 방향이 산업에서 자신들을 위한 최대 이윤을 뽑아내는 데 관심이 있는 재산 소유자나 그 대리인의 손에 좌지우지되는 한 노동조합은 필연적으로 방어적 조직이 된다. 한편으로는 자본주의가 노동자의 삶의 규범을 아래로 찍어 누르는 것에 저항하는 투쟁에 몰두하고, 다른 한편으로는 그 투쟁이 주제넘게라도 보이면 경영이 아주 명백히 비효율적일 때조차도 "경영에 간섭한다"고 비난받기 때문에, 그 투쟁은 관리라는 말에도 걸맞지 않고 소비자에게 제공되는 서비스의 질을 책임질 수 있는 의지도 권한도 갖지 못하는 반대가 될 뿐이다. 기능 없는 재산의 폐지를 통해 생산의 통제권이 건설적 노동을 하는 사람들과 생산된 물건을 소비하는 사람들을 대표하는 단체들에게 주어진다면 일반 국민에 대한 노동자의 관계가 더는 간접적이지 않고 직접적인 것으로 될 것이며, 지금은 순전히 방어적인 단체들이 비판하고 반대할 뿐만 아니라 자기 단체의 구성원들에게 권고하고 주도권을 행사하면서 자기 직업의 의무를 다할 것을 강제하게 될 것이다.

이러한 상황에서는 소비자에게 제공되는 서비스가 각 산업을 통제하는 관계 당국에 포함된 소비자 대표단에 의해 아무리 주의 깊게 보호된다 할지라도 오늘날 재산 소유자의 대리인에 의해 행사되는 규율을 대체하는 것을 찾을 때 직업 조직의 성공에 주로 의존하게 될 것이다. 19세기의 야만적 무기들이 포기되었을 때, 높은 수준의 생산을 유일하게 보장하게 될 열성과 효율성과 직업적 자부심을 직업 조직이 자체의 행동에 의해 유지하는 것은 반드시 필요할 것이다. 또한 일단 이러한 새로운 기능을 직업 조직들이 발휘할 수 있게 되면, 그들이 그 기능을 합리적 권한을 가지고 수행하리라고 기대하는 데에 어떤 터무니없는 생각도 있을 수 없다. 어떤 정도로, 그리고 어떤 조건 하에서 경제적 동기들이 오늘날 얼마나 방해받고 있고 다른 유형의 산업 조직에 의해서라면 강화될 수 있는지는 순전히 경제적이지는 않은 산업 동인의 서비스를 위해 밝혀낼 수는 있지만, 아직까지는 행해지지 않은 노동 심리학 연구가 있은 이후에나 확인될 수 있을 것이다. 이러한 연구는 가치가 있을 터이지만, 경제학 교과서에 의해 대중화되어 있고 실리적인 사람들에 의해 자명한 것으로 받아들여지는 관습적 가정, 즉 노력을 자극하는 동기는 보일러의 증기압처럼 성격이 단순하고 한결같고, 증권거래소에서 화차의 선로 전환이나 벽돌 쌓기에 이르는 경제활동의 모든 영역에서 똑같아서 직접적인 경제적 유인 수단에 의해서만 끌어내고 강화할 수 있다는 가정을 버리면서 시작해야 한다. 산업의 동기가 이제까지 고찰돼온 바에 한해서 보자면, 그 연구는 과학적 경영의 대부분의 주창자들과 마찬가지로 경영 심리학의 범주들이 모든 계급 노동자의 성공과 모든 유형의 생산노동이 똑같이 성공할 때 제안될 수 있다고 가정하는 데서 출발한 저자들에 의해 대개 이루어져왔다. 그 범주들은 주식회사 발기인, 자본주 또는 투자자의 정신 과정에 대한 단순화된 분석에서 도출되는 것처럼 보이지만 벽돌공과 광부, 부두 노동자 또는 엔지니어의, 노동을 대하는 태도를 결정하는 동기와 습관의 해석으로서의 그 범주들의 유효성이 바로 문제의 핵심이다.

분명히 그 범주들이 부분적으로만 관련성이 있는 특정 유형의 산업이 있다. 예컨대 외과 의사, 과학 연구자, 교사, 보건소장, 인도의 공무원, 소규모 자작농 등의 노동에 투여되는 기술과 에너지의 등급이 그렇게 서로 다른 직업이 제공하는 경제적 이익 면에서 정밀하게 똑같은 수준으로 표현될 수 있다고 가정하는 것은 거의 불가능하다. 확실히 이러한 일을 하는 사람들은, 확신은 없을지라도 상당한 정도까지 경제적 유인 수단에 의해 영향을 받는다. 반면에 확실히 그들 각자의 직무를 수행할 때 각각의 과정 또는 단계의 정확한 성격, 작업의 실행, 작은 조사의 수행, 특정 유형의 교육 방법의 선택, 보고서 준비, 사실 판단 또는 가축의 돌봄 등은 금전상의 이득이나 손실을 정밀하게 계산하는 것에 직접적으로 달려 있지 않다. 실상이라고 생각되는 것은, 어떤 직업의 경우에는 경제적 이점의 고려에 따라 선택되고, 경제적 이유가 그 직업에서 해고되거나 '실패'하는 것을 피하는 데 필요한 최소한의 활동을 하게 만들지만, 당사자가 보여주는 활력이나 능숙함의 실제 수준은 서로 다른 사회 집단의 환경에 주로 의존한다는 것이다. 그것은 그 직업 사회에 들어가기 전과 후에 받는 훈련의 성격, 동료들의 여론에 의해 요구되는 노력의 관습적 기준, 개인이 속한 작은 집단의 존경을 받고 '실패한' 것이 아니라 '성공했다'는 인정을 받고자 하는 욕망, 자기 일에 대한 헌신에서 그것을 '공정하게 대하는' 결단에 이르는, 자기 일에 대한 관심, 장인의 자부심, '서비스의 전통' 등이 있다.

인간의 어떤 중요한 집단도 경제적 동기에 영향을 받지 않는다고 주장하는 것은 어리석은 일일 것이다. 그러나 그들이 그러한 유인 동기에만 순종하는 것으로 설명하는 것은 세상의 노동이 수행되는 실제 조건들을 아주 비현실적이고 현학적으로 제시하는 것이다. 그러한 동기들이 역할을 하는 부분이 얼마나 큰지는 그 직업이 하는 노동의 성격과 그 직업이 조직되는 방식에 따라 직업 간에 다양한 차이가 있다. **탁월한** 산업이라 불리는 것에서는 이른바 직업의 대부분의 경우에서보다 금전상의 이득과 손실에 대한 타산이 더 강력하다. 대부분 고정된 봉급을 받는 관리자와 기술자들이나 평범한 임금노동자보다도 일반 산업에서조차 그것을 '감독하는' 사업가들이 그러한 타산을 항상 염두에 두지만 말이다. 교육과 의료의 직업에서는, 그리고 공공서비스의 많은 분야에서는 자본가 소유주의 간섭 없이 일부는 금전상의 유인 수단에 의해, 일부는 훈련과 교육에 의해, 일부는 이 직업 사회에 들어가는 사람들 쪽에서 자기 직업의 전통적 의무를 자기 노동 생활의 정상적 체계의 일부로 받아들임에 의해 필요한 자질들이 확보된다. 그러나 이 차이는 일정하게 불변하는 것이 아니다. 그것은 서로 다른 유형의 직업이 그 유형이 제공하는 훈련에 기초하여 조직되는 방식, 그리고 그 직업들이 자기 구성원 사이에서 배양하는 **사기**에서 나온다. 직업의 심리는 사실 변화될 수 있다. 자유로운 표현을 허용하는 조치가 취해진다면 새로운 동기는 이끌어낼 수 있다. 의료와 교육에서 그랬던 것처럼 건축을 상대적으로 높은 공적 명예의 규칙을 지닌 조직화된 직업으로 개조하는 일도 실현 가능하다.

사실은 우리가 현재 경제 이론의 설명 방식이 보통 그 기초를 두고 있고 경제문제에 관한 토론이 대개 수행되는 대상인, 인간의 동기에 대한 전제들을 근본적으로 수정해야 한다. 목전의 개인적 결핍이라는 자극이 생산적 노력의 유일한 원동력이거나 충분한 원동력이라는 가정은 과거 역사에서나 현재의 경험에서 근거를 거의 찾을 수 없는 조잡한 심리학의 유물이다. 이 심리학은 그것이 지닌 그럴듯함을, 행동의 가장 낮은 **총량**이라는 의미에서 실제의 굶주림에서 벗어나는 데 필요한 노동과, 기본적 결핍이 이미 충족되었다는 사실과 관계없이 평범한 사람들은 유지하고 비범한 사람들은 개선하는 선천적 기질, 그리고 그들이 구성원으로 속해 있는 집단의 여론에 의해 합리적으로 받아들여지는 수준의 노력을 통해 주어지는 노동 사이의 혼동으로부터 도출한다. 이것은 교육되는 것만큼이나 사회에서 망각되는바 자유로운 인간의 노동과 노예의 노동 사이의 오래된 차이다. 경제적 두려움은 경제적 벌칙을 피하는 데 필요한 최소한의 노력을 보장할 수 있다. 그러나 과거에 진보를 가능하게 한 것, 그리고 오늘날 세계에 중요한 문제라고 주장할 수 있는 것은, 실제적 결핍을 벗어나는 데 필요한 최소한의 것이 아니라 인간이 자신들의 직무에, 그것이 경제적 유인 수단에 의해 자극될 수 있음에도 극단적 배고픔이나 궁핍을 단지 벗어나는 데 필요한 수준을 훨씬 넘어서는 것을 산출하는 정도의 활기를 가져올 수 있는 능력이다.

이 능력은 금전상의 자극과 최소한 같은 정도로 훈련과 전통과 관습의 문제이고, 따라서 이 능력을 고양하기 위해 한 노동자 집단의 여론을 대표하는 직업 단체의 능력이 중요하다. 산업이 기능 없는 재산 소유자의 이해관계에 대한 종속에서 일단 해방되면, 노동조합이 그 기능을 찾는 데 점점 더 기대를 받을 수 있는 것이 바로 이 영역에서이다. 공동체의 일반적 이해관계와 특정 노동자 집단의 특수한 이해관계 모두에서 직업 단체가 갖는 중요성은 과장이 불가능한 문제다. 기술에 관한 지식과 경영에 관한 기술은 지금처럼 주주에 의해 임명되는 위원회만큼이나 한 산업의 노동자들에 의해 임명되는 위원회가 손쉽게 얻을 것이다. 그러나 경제 상황의 난제가 산업 조직의 기술적 비효율성이 아니라 기업이 **직원들**의 능동적 선의를 이용할 수 있도록 감독하는 사람들의 점증하는 무능이라는 사실이 오늘날 점점 더 명백해지고 있다. 직원들의 협력은 산업을 일반 국민에게 서비스하는 직업으로 전화하는 것에 의해, 그리고 우리가 판단할 수 있는 한 오로지 그것에 의해 약속될 수 있다.

또한 내부의 규율과 공적 책임이라는 새롭고도 종종 불쾌감을 주는 의무에 관한 가정도 일단 그러한 변화가 이루어지면, 그 의무가 노동조합의 현재의 전통에 아무리 낯선 것이라 할지라도 노동조합운동이 회피할 수 없는 가정이다. 궁극적으로는 속도는 느리다 할지라도 권력은 그것을 행사하는 능력을 따라가기 때문이다. 노동자들은 둘 중 하나를 선택해야 한다. 산업의 규율에 대한 책임을 져서 자유로워질 것인지, 아니면 그 책임을 거부하고 계속해서 노예로 남을 것인지를 선택해야 한다. 점증하는 어려움과 함께 자본의 대리인에게 갈취당하면서도 직업 단체로 조직되어 지금보다 더 효율적인 서비스를 제공할 수 있다면, 그들은 미래를 더 잘 장악하게 될 것이다. 그러지 못한다면 오늘날 그들 중 많은 사람들이 그렇듯이 신뢰할 수 없는 생산수단으로 남게 될 것이다. 인간의 본능은 스스로에게 실제 성취에 의해 그 자체를 정당화하지 못하는 정신적 요구를 액면 그대로 받아들이지 말라고 경고한다. 또한 조직된 노동자들이, 다른

266

어떤 계급과 마찬가지로 권력을 향해 기어올라야 하는 길은 그들의 지배자들이 산업에 대한 장악력이 점점 더 동요하고 불확실해짐에 따라 제공할 수 있는 것보다 더 효율적인 경제 서비스를 준비하는 것에서 시작된다.

두뇌 노동자의 위치

산업을 직업으로 개조하는 것은 최소한 육체노동자들의 위치만큼 경영자의 위치를 크게 변화시키는 일을 수반할 것이다. 각각의 산업이 기능의 수행을 위한 것으로 조직됨에 따라 고용자는 이윤을 만들어내는 사람이기를 그치고, 존경할 만한 직함으로 자신의 위치를 유지하는 한 다른 이들과 마찬가지로 한 사람의 노동자가 되어 있을 것이다. 경영자가 자본주이기도 한 몇몇 기업에서는 고용자와 노동자들이 건축 산업에 도입할 것을 제안했던 것처럼 자본주로서의 이익에 제한을 둠으로써 이러한 변화가 이루어질 수 있다. 모든 관리 업무가 봉급을 받는 경영인들의 어깨에 놓여 있는 다른 기업들에서는 이러한 변화가 이미 부분적으로 이루어져왔다. 이러한 변화의 경제적 조건들은 소유와 경영의 분리에 의해, 그리고 기업 내의 과학적이고 경영과 관련된 일이 점점 더 많이 맡겨지는 지식 프롤레타리아계급의 성장에 의해 실제로 준비돼왔다. 업무의 집중, 조직의 복잡함, 그리고 산업에 과학을 적용하는 데서 나오는 신제품 개발 등이 '고용자와 노동자'라는 낡은 분류법을 만드는 산업의 두뇌 노동자 집단을 증가시키는 결과를 낳았고, 이 말은 여전히 세간에서 통용되고 있는바 오늘날 존재하는 산업 체제를 터무니없이 잘못 설명하는 틀이 되고 있다.

이러한 변화를 완수하기 위해 필요한 것은, 50년 전에는 거의 알려지지 않았던 이 새로운 관리자 계급이 자신들 역시 육체노동자와 마찬가지로 재산 지배의 희생자이고, 직업에 대한 자부심과 경제적 이익 두 가지 모두를 위해서는 자신들이 건설적 노동에 종사하는 나머지 사람들과 운명을 함께해야 한다는 것을 인식해야 한다는 점이다. 오늘날 그들의 위치는 실제로 행복과 아주 거리가 멀 때가 많다. 그들 중 다수가 일부 광산 경영자들과 마찬가지로 형편없는 보수를 받는다. 앉아 있는 자리의 임기가 때로는 매우 불안정하다. 승진 기회는 거의 없거나 기이하게 불규칙하다. 정실에 의해, 또는 그 일에서 배제하기 위해 보상을 하는 것이 경제적일 만한 아들들의 가족을 사업의 정점에 올려놓고, 공공서비스에서는 이런 경우가 일어나는 법이 없는 것에 대해 분격의 비난이 퍼부어지는바 사기업에서는 아주 관례로 되어 있어서 아무도 그 적절성에 대해 문제조차 제기하지 않는 족벌주의에 의해 수여되는 기업의 포상 관행을 본다. 전쟁 기간 동안 조직 노동자들은 임금 인상을 이루어낸 반면, 자신들은 노동조합운동에 참여하는 데 너무나 체면만 차리려 해서 봉급이 거의 제자리걸음을 한 경우가 많았다는 사실을, 그래서 오늘날에는 자신들이 책임을 져야 하는 일을 하는 사람들보다도 때로는 더 적은 보수를 받는다는 사실을 알게 되었다. 노동자에게는 고용자의 측근으로 간주되고, 고용자에게는 나머지 '일손'과 마찬가지의 한 부분으로 간주되기 때문에 그들은 권력이나 이윤도 얻지 못하면서 자본주의의 오명을 뒤집어쓴다.

산업을 직업으로 개조하면, 현재 지적 노동을 하는 사람들도 육체노동자들만큼 많은 이익을 얻는다. 우리가 산업 조직의 토대로서 이제까지 간곡히 호소해온 기능이라는 원칙이 산업에 관계된 여러 집단의 권한과 의무가 결정될 수 있는 유일하게 명료한 기준을 제공하기 때문이다. 현재는 이러한 기준이 존재하지 않는다. 학교 조직의 형태에 희미한 흔적이 남아있는, 자본주의 이전 시대의 사회질서의 특징은 도제에서 직인의 우두머리까지 올라가는 연속 단계의 등급을 신중하게 매기는 것이었고, 그 각각의 등급은 여러 등급에 걸쳐서 기능의 위계를 형성하는, 분명하게 규정된 권리와 의무에 의해 구별되었다. 19세기가 지나는 동안 발달된 산업 체제는 모험적 사업, 노련함, 행운, 무절제한 정력이나 단순한 족벌주의에 의해 경제 권력을 휘두르는 위치에 언제든 우연히 앉게 된 개인의 편의 이외에는 어떤 조직 원칙도 받아들이지 않았다. 그가 행사할 수 있는 것이 곧 그의 권한이었고, 그가 언제든 주장할 수 있는 것이 곧 그의 권리였다. 1850년대 랭커셔의 제분소 소유자는 그리스신화의 외눈박이 거인 키클롭스처럼 그 자신이 독자적인 법이다. 이런 이유로 복종과 통제가 어떤 복잡한 일에서도 없어서는 안 되기 때문에 산업에서 나타난 복종은 주인에 대한 하인의 복종이었고, 경제적인 힘과 같은 규율이 경제적 약자에게 부과될 수 있었다.

자기 강화를 위한 개인들의 투쟁에 의해 권한을 할당하는 것의 대안은 기능에 따라 권한을 할당하는 것, 즉 복잡한 생산 과정 속에 있는 각각의 집단이 각자 책임지는 특정한 의무를 수행할 수 있게 하는 데 필요한 만큼의, 꼭 그만큼의 권한을 행사하는 것이다. 이러한 원칙에 기초를 둔 산업 조직은 획일적 산업민주주의 속에서 특수화된 경제적 기능을 한데 합치는 것, 또는 수많은 장인과 노동자들보다도 지위가 낮은 두뇌 노동자들을 망각하는 것을 뜻하지 않는다. 그러나 이것은 어떤 계급이나 개인이든 경제 권력을 무제한 행사하는 것과 양립할 수 없다. 이것은 한 사람이 행사하는 유일한 권한이 그 사람의 직무에 의해 그에게 주어지는 것을 기본 규칙으로 삼을 것이다. 복종이 있으리라. 그러나 이 복종은 오늘날 존재하는 것과 완전히 다를 것이다. 이 복종은 한 사람이 다른 사람에게 하는 복종이 아니라 산업이 운영되는 목적에 모든 사람이 하는 복종일 것이기 때문이다. 권한이 있으리라. 그러나 이 권한은 개인이 경제적 이득을 얻기 위해 그의 경제 권력을 통해 부과하는 권한이 아닐 것이다. 그것은 공통의 목적에 도달하기 위해 서로 다른 의무들을 결합할 필요에서 나오는 권한일 것이다. 규율이 있으리라. 그러나 이 규율은 그 목적을 추구하는 데 관련된 규율이지, 다른 사람의 편의나 이윤을 위해 어떤 사람에게 강요되는 규율이 아닐 것이다. 이러한 산업 조직 하에서는 두뇌 노동자가 전에 없이 본연의 기능을 할 것이다. 그의 재력이 아니라 능력에 의해 평가받고 승진될 것이다. 빈곤 때문에 기회의 문이 닫히는 일이 지금보다 적게 될 것이다. 배당금에 몰두하는 재산 소유주가 아니라 그의 동료들이 그를 심사하는 사람이 될 것이다. 부를 창출하는 재능과 활력의 소유자를, 기껏해야 연금 수급자이고 최악의 경우에는 지능이 생산한 것을 펑펑 쓰는 한량일 뿐인 재산 소유자보다 낮게 평가하는 가치의 왜곡 때문에 고통받지 않게 될 것이다. 창조적 활동을 격려하기 위해 조직된 사회에서는 향락을 위해 조직된 세계에서 소유하는 사람들이 그러한 것처럼 창조하는 사람들이 가장 높이 평가받는다.

이러한 동기들은 너무나 일반적이고 추상적이어서 확신을 주기가 힘들다. 광산 경영자들의 현재 위치와, 석탄 산업의 국유화를 위한 생키 판사의 계획에 효과가 나타날 때 그들이 차지하게 될 위치를 비교해보면, 이 동기들을 훨씬 더 구체적으로 설명할 수 있다. 이러한 재조직화가 낳을 수 있는 효과를 고찰하는 기술자 집단은 자기 직업의 전망과 자신들이 두뇌 노동을 하는 서비스의 효율성이라는 두 가지 모두와 연관 지어 그 효과를 당연히 고찰할 것이다. 그들은 봉급, 연금, 지위와 승진의 안정성이라는 문제를 제대로 계산에 넣을 것이다. 동시에 덜 중요하지는 않다 할지라도 규정하기가 상대적으로 쉽지 않은 점도 만족하기를 바랄 것이다. 사적 소유이건 공적 소유이건, 어떤 체계하에서 그들은 그 직업의 기능 안에 있는 문제들을 다루는 가장 개인적인 재량권 또는 권한을 가질까? 어떤 의지하에서 그들의 특별한 지식이 정당한 의미를 갖고, 그들이 기술의 문제를 다룰 때 비전문가들에 의해 무시되거나 방해받지 않을까?

석탄 산업이라는 특정 경우에 관한 한 안정성과 봉급은 토론할 필요가 거의 없다. 현재의 체계를 가장 찬양하는 사람은 이 체계가 고용인에게 제공하는 이점 가운데 지위의 안정성이 포함된다고 주장하지 않을 것이다. 최소한 몇몇 구역에서는 경영자들이 아무리 직업 능력이 있다 할지라도 자기 회사의 임원들에게 승인받지 않은 견해를 공개적으로 표명하면 해고되기 십상이라는 것은 악명 높은 일이다. 실제로 공공서비스에 보통 가해지는, 그리고 완전히 이유가 없지만은 않은 비판은 그것이 제공하는 안정성이 과도하다는 것이다. 봉급 문제에 관해 영국 석탄 회사의 반 이상이 석탄산업위원회에 수치를 제공했다.[42] 그들의 보고서가 신뢰받을

---

42 [원주] 석탄광산부가 석탄산업위원회에 아래의 수치를 제공했다(Vol. Ⅲ, App. 66). 이것은 영국 탄광의 57퍼센트에서 얻은 수치다.

만하다면, 광산 경영자들은 하나의 계급으로서 광산 소유자들이 이들의 책임을 아주 적절히 강조하는 바에 비추어볼 때 그 지독한 인색함이 더욱 놀라울 만한 봉급을 받고 있다. 국가의 서비스에서는 사기업과 비교할 만한 금전상의 포상을 보통 하지도 않고 하지도 말아야 한다. 그러나 지난 10년 동안 광산이 국가의 재산이었다면, 경영자의 반수 이상이 1년에 301파운드 이하의 봉급을, 그리고 물가는 두 배 이상으로 뛰었고 광산 소유자의 총이윤은(이 중 대부분은 국가에 의해 세금으로 회수되었지만) 5년 동안 1억 6,000만 파운드에 이른 1919년에는 500파운드 이하의 봉급을 받았을 것 같지는 않다. 광산 경영자가 받는 봉급이 사기업에서 일반적인 수준이라고 주장하는 것은 사실을 오도하는 것이고, 어떤 산업을 공공서비스로 전환할 때 있음직한 효과가 현재 주어지는 최고 포상 금액의 크기를 줄이는 것이 되리라는 점이 부정될 필요도 없다. 이때 기대되는 효과란 하위와 중간의 봉급은 인상될 것이고 최상위 봉급은 다소 줄어들 것이라는 점이다. 기업 내의 두뇌 노동자 대다수가 생키 판사가 제안하는 것과 같은 변화에서 재정적 토대에 관해 두려움을 가질 필요가 없다는 점은 어쨌든 부정될 수 없다. 보통의 산업 조직하에서는 이윤이 그들이

| 상여금을 포함한 봉급, 그리고 | 경영자의 수 | |
집과 석탄의 가치	1913	1919
100파운드 이하 ·	4	2
101~200파운드 · · · · · · · · · · · · · · · ·	134	3
201~300파운드 · · · · · · · · · · · · · · · ·	280	29
301~400파운드 · · · · · · · · · · · · · · · ·	161	251
401~500파운드 · · · · · · · · · · · · · · · ·	32	213
501~600파운드 · · · · · · · · · · · · · · · ·	57	146
600파운드 이상 · · · · · · · · · · · · · · · · · ·	50	152

아니라 주주들에게 돌아간다는 점은 아무리 자주 강조해도 부족하다. 톤당 5실링 이상의 이윤을 내는 광산 경영자의 봉급이 3실링 이하의 이윤을 내는 사람의 봉급보다 조금이라도 많았다고 추측할 만한 어떤 이유도 있는 것 같지 않다.

하지만 이 변화의 재정 면이 경영자나 기술자 집단이 고려해야 하는 유일한 사항은 아니다. 그들은 이 변화가 그들의 직업적 지위에 미칠 영향 또한 따져보아야 한다. 그들이 공동체에 대한 서비스에서 사적 소유하에서만큼 자유와 주도권과 권한을 가지게 될까? 이 질문에 어떻게 답할지는 공적 서비스가 수행되는 관리 체계의 형태에 달려 있다. 자신이 책임지는 갱의 노동자들 쪽에서 끊임없이 반항을 해서 광산 경영자의 생명 자체가 그 자신에게 짐이 되는 상황을 상상해볼 수 있다. 본사의 관료주의에서 오는 짜증 나는 간섭 때문에 이 경영자가 마비를 일으킬 만큼 방해받는 상황을 상상해볼 수도 있다. 과거에 '협동조합 공장'의 일부 경영자들이 전자와 같은 일을 겪었다고 볼 수 있을 것이다. 또한 노동부 직업안정국의 관리들이 소문이 잘못된 것이 아니라면 후자의 희생자들이다. 산업을 재조직하는 문제는, 위에서 말했듯이 구조를 만드는 문제다. 서로 다른 유형의 구조 체계가 낳을 법한 결함을 사전에 지적할 수만 있다면 이 문제를 해결하는 데 성공할 수 있을 것이다. 하지만 이 위험들을 일단 깨닫는다면, 그에 대한 예방책을 만들어내는 것은 비교적 단순한 문제인 것 같다. 만일 생키 판사의 제안을 국유화된 산업의 경영자들이 차지하게 될 위치의 구체적 사례로 취한다면, 위에서 지적한 두 가지 위험 중 어느 것도 수반하지 않는다는 점을 알 수 있을 것이다. 경영자가 지역 광업 자문위원회나 탄광위원회와 함께 일할 것인데, 이 기관들은 "2주에 한 번 또는 필요하면 더 자주 모여서 탄광의 목표와 안전에 관한 모든 문제들에 관해 경영자에게 조언을 할 것이고", "경영자가 탄광의 안전과 건전성에 관한 어떤 문제에서건 지역 광업 자문위원회의 조언을 취하지 않으려 한다면, 구역 광업 자문위원회에 이러한 문제에 관한 자문을 구하게 될 것"이라는 점은 사실이다. 일단 이러한 지역 광업 자문위원회가 공식적으로 수립되면 경영자는 이 기관의 신뢰를 얻는 것, 단순히 밀어붙이는 것이 아니라 설득을 통해 지도하는 것, 요컨대 어떤 흔한 사업에서도 동료들 사이에 존재해야 하는 것과 똑같은 동료애와 선의로 맺어진 관계를 수립하는 것이 필요함을 알게 될 것이라는 점 또한 사실이다. 그러나 '권한'이, 어떤 사람도 행사하는 것이 부적절하고 제정신일 때 요구하는 사람은 거의 없을 자의적 권력으로 이해되지 않는다면, 이 모든 것에서 경영자의 권한을 훼손하는 일은 없을 것이다. 경영자는 감독하는 일을 하는 사람들이 아니라 한 구역의 모든 탄광을 관리하는 구역 광업 자문위원회에 의해 임명되고 그것에 책임을 지게 될 것이며, 이 위원회가 그를 대변하게 될 것이다. 또한 회람용 보고서를 가지고 그를 위축시키고 런던에서 만들어낸 실현 불가능한 지시 사항을 가지고 그의 전문 지식을 무시하는 중앙 관청의 '사무관 갑질'에 휘둘리지도 않게 될 것이다. 생키 판사와 광산노동조합연합회가 제기한 이 계획의 핵심은 국가의 체계 안에서 분권화된 관리를 하는 것이다. "영국 정부에 의한 산업 경영"은 가능성이 없는 일이다. 서로 다른 탄전의 특징은 아주 폭넓게 다양해서 지역의 지식과 경험에 의존하는 것이 필수이기 때문에 산업의 관리를 바로 지역의 지식과 경험에 맡기라고 제안하는 것이다. 추천되고 있는 구조는, 요컨대 '중앙집권'이 아니라 '연방' 체제이다. 중앙 당국과 구역 당국 사이에는 기능과 권한의 구분이 있게 될 것이다. 전자는 국가라는 토대 위에서 반드시 다루어져야 하는 문제들에 관한 일반 규칙들을 정할 것이다. 후자는 자기 구역 안의 산업을 관리할 것이고, 그 규칙들을 준수하는 한 지역의 자율성을 가지게 될 것이고, 자신들이 지역의 조건에 가장 적합하다고 생각하는 탄광 노동의 방법을 따르게 될 것이다.

공유가 이렇게 해석된다면, 두뇌 노동자가 아주 당연하게도 우려하는 바 그의 특별한 기술에 무지한 개입이 이루어지는 위험성에 자신을 부딪치게 할 것 같지는 않다. 주주들에게 즉각적 이익을 보여주고자 그것을 얻기 위해 탄광을 '크리밍'하거나 기술적 효율성이 명하는 동기를 배제하는 방식으로 탄광을 운영하는 이사회의 압력을 통해 작동되는 근시안적인 금전상의 이해관계에 의해 장려해야 마땅한 그의 특별한 전문 분야인 생산 효율성이 무시되기가 일쑤인 오늘날에는, 그러한 공유가 실제로 혜택을 입은 소수에게만 열려 있는 것보다 훨씬 더 많은 기회를 그에게 제공한다. 또한 이 경영자의 전문 기술이 일반 국민에 대한 서비스를 위해 해방되도록 보장할 때 공동체의 이익이 그 자신의 이익만큼이나 커진다. 지난 30년의 경제 발전은 기업의 경영 분야와 기술 분야의 **직원들**을, 아주 막대한 중요성을 갖는 공적 책무를 수행할 만한 사람들의 보고로 만들었는데, 세계에서 최상의 의지를 가진 이들이 현재는 이 책무를 이행할 수 없기 때문이다. 현대 산업 조직의 가장 두드러진 특징은 생산과정에 관해 스스로는 아무것도 모를 수밖에 없는 사업가의 일반적 지휘 하에 생산이 이루어진다는 점이다. '사업'과 '산업'은 같은 경제체제 안에 통합되어 있지만, 서로 다른 유형의 **직원들**을 고용하고, 서로 다른 자질을 일깨우고, 서로 다른 기준의 효율성과 기량을 인정하는, 두 가지로 구획된 영역을 점점 더 형성해가는 경향이 있다. 기업의 기술 분야와 경영 분야의 사원도 물론 다른 사람들만큼 경제적 유인 수단에 쉽게 넘어간다. 그러나 그들이 하는 특별한 일은 생산이지 재정이 아니다. 그래서 그들이 경제적 불의를 보면서 괴로움을 느낀다면, 그들은 다른 노동자들과 마찬가지로 "일이 제대로 돌아가는 것을 보기를" 바란다. 산업을 궁극적으로 통제하는 사업가들은 회사를 설립하고 자본을 투자하는 데에, 그리고 판매에 경쟁력을 갖고 상품을 광고하고 시장을 통제하며, 특별한 이점을 확보하고 공동출자와 기업합동과 독점을 낙착 보는 데에 관심이 있다. 그들은 사실 재정적 결과물에 정신이 팔려 있어서 재정적 결과물이 쌓이는 한에서만 물건을 실제로 만드는 데 관심을 둔다.

사업과 경영 분야를 상당한 정도로 전문화한 조직상의 변화는, 한 세기 반 전에 사업과 노동을 분리한 변화와 중요성 면에서 비교할 수 있다. 이것은 소비자에게 특별히 중요하다. 전통 시대의 공장 체계에서처럼 경영자와 기술자와 자본가의 기능이 '고용자' 단 한 사람에게 결합되어 있었을 때에는 이윤과 생산 효율성이 비슷하게 함께 간다고 가정하는 것이 비합리적이지 않았다. 그러한 상황에서는 경제 전문가들이 '바꿔치기를 다스리는 법률'에 복종하면서 가장 경제적인 과정과 기구와 조직 형태를 선택하겠다는 것을 증명하는 창의력에 확실히 수긍할 만한 점이 있었다. 그렇기는 했지만, 사실 고용자는 자기 상품에 불순물을 섞거나 속수무책인 노동자계급의 노동을 착취할 수도 있었다. 그러나 기업을 지휘하는 개인 자신이 주로 경영을 하는 사람인 한 생산기술의 진보와 관계가 없거나 반대되는 재정상의 이득에 특별한 관심을 집중하는 경향이 있고, '제조업자'를 소비자 이익의 수호자로 표현한 관습적 이미지에 타당한 이유가 있었다 할지라도 그러한 훈련과 능력이나 시간을 가질 수가 없었다. 기업의 재정 부서와 기술 부서를 따로 떼어놓음으로써, 즉 '생산'에서 '사업'을 분리함으로써 이윤을 생산 효율성과 결합했던 연결 관계가 툭 끊어지는 경향이 있다. 생산을 성취하지도 않은 채 사업을 먼저 보장하는 것 이상의 방법은 많이 있다. 따라서 기업 수장의 이해관계가 가장 '경제적인' 방법을 채택하도록 자극하고, 그래서 기업의 발전을 보장한다고 변명한다면, "누구를 위해 경제적인 것인가?"라고 물어야 한다. 소비자에게 가장 낮은 실질적 원가로 가장 좋은 서비스를 제공한다는 의미에서는 가장 효율적인 기업 조직이 회사에는 가장 이윤이 남는 조직일 수 있다 할지라도, 그 이윤이 효율적 생산과는 관계가 없고 때로는 실제로 그것을 방해하는 방식으로 항상 만들어진다는 것 또한 사실이다.

자기에게 가장 많은 대가를 주는 방식은 진정으로 과학적인 '경영'이 비난할 방법이라는 사실을, '사업'이 알아내게 되는 방식은 세 가지 예로 설명될 수 있다. 첫째, 새로운 사업에 기민하게 자본을 투자하거나 이미 존재하는 사업을 개조하여 획득되는 이윤의 양 전체는 생산과 거의 아무 관련도 없다. 예컨대 자본금 10만 파운드의 랭커셔 면직 공장이 런던의 한 신디케이트에 의해 매입되어 50만 파운드의 자본을 가진 것으로 다시 시장에 팔리면(이것은 전혀 과장된 경우가 아니다) 정확히 무슨 일이 일어난 것일까? 많은 경우에 공장의 생산 장비는 이 과정을 거친 뒤에도 그 이전과 똑같은 상태이다. 그런데도 이 장비에 다른 수치의 가격이 매겨지는데, 이 공장의 생산물이 더 낮은 자본 출자금뿐만 아니라 더 높은 자본 출자금 위에서도 납득할 만한 이윤을 내줄 만한 가격으로 팔릴 것이라고 기대되기 때문이다. 만일 시장의 분명한 상태와 기업의 전망이, 일반 국민이 이러한 기대를 믿도록 유도될 정도가 된다면 새로운 회사의 발기자들은 새로운 토대 위에서 공장에 유상증자를 할 만하다는 것을 알게 된다. 그들은 제조업자가 아닌 금융업자로서 이윤을 만들어내는 것이다. 어떤 방식으로도 회사의 생산 효율성을 증가시키지 않고, 자신들에게 수익 증가의 권리를 부여할 지분을 획득한다. 통상 시장의 반응이 순조롭다면 그 지분을 얻자마자 그 대부분을 내놓는다. 그러나 그들이 그렇게 하건 말 건, 벌어진 일이란 기업의 사업이라는 요소가 소비자에게 제공되는 서비스의 효율성을 전혀 증가시키지 않은 채 생산물의 대부분의 지분에 대한 권리를 획득하는 것이다.

'사업'에 의한 생산 통제가 경제적 진보 노선에 영향을 미치는 방식의 다른 예들은 경쟁력 있는 기업의 낭비 행위와 독점 이윤이다. 소비자가 지불하는 가격에는, 다양하지만 대체로 상품을 공급하는 비용 자체가 아니라 광고와 경쟁력 있는 유통 비용을 포함하는 조건하에서 상품을 공급하는 마케팅 비용이 포함되어 있다는 것은 잘 알려진 사실이다. 개별 회사는 경쟁자의 사업 일부를 흡수할 수 있게 해주는 그러한 비용이 절약일 수 있다. 그러나 우유나 석탄의 소비자에게는, 바로 위에서 말한 두 가지의 명백한 예를 볼 때 그것은 순수한 손실이다. 또한 때때로 추정되는 것처럼 그러한 낭비가 유통에만 국한되는 것도 아니다. 철도 운영의 통합을 바람직하게 만드는 기술적 이유에 관해서는 철도 경영자들이 언명하고 있고, 광산에 관해서는 광업 전문가들이 말하고 있다. 그러나 전쟁 때까지 경영의 문제를 고려하는 사람들이 각각의 철도 회사가 분리된 체계로 운영되는 고비용 체계를 주장했고, 지금도 여전히 탄광이, 심지어 같은 구역의 탄광들조차도 단일한 조직의 일부로 운영되지 못하게 한다. 탄광이 물에 떠내려가고 있는데, 회사들이 자기네들 사이에 공동 배수 시설의 비용을 할당하는 것을 동의할 수 없기 때문이다. 원료 구매와 생산물 판매는 따로따로 이루어지는데, 탄광들이 연합을 거부하기 때문이다. 또한 가장 경제적이고 기술적으로 효율적인 탄층 작업이 생산을 통제하는 사업가들에게 반드시 가장 큰 이윤을 제공하는 작업은 아니기 때문에 분탄[43]이 수백만 톤이나 그대로 남아 있다. 이러한 경우에는 서로 다른 탄광들 사이에 존재하는 경제력의 폭넓은 차이가 경제적으로 바람직한 통합을 막는다. 또한 당연하게도 '좋은 일거리'를 소유한 회사의 임원들은 질이 좋지 않거나 채굴 비용이 비싼 석탄 작업을 하는 회사와 이익을 통합하고 싶어 하지 않는다. 다른 산업에서 점점 더 많이 발생하는 바에서 보듯이 경쟁에 의한 낭비나 그 낭비의 일부가 합병에 의해 제거되면 기술의 효율성이 순수하게 증진되고, 이것은 틀림없이 사업 동기의 대변에 기입된다. 하지만 이런 일이 일어날 때 사업 이익과 소비자 이익 사이의 불일치는 한 단계 더 진전될 뿐이다. 물론 이 불일치는 가격 문제를 놓고 발생한다. 어떤 사람이 사업 이익에 의한 생산 지배를 수반하는 경제적 낭비에 대한 이러한 묘사가 과장되어 있다고 생각하는 경향이 있다면, 산업 조직과 장비에 관해 조언을 해줄 것을 끊임없이 요구받는 '생산성 전문가'가 내놓는, 이 체계에 대한 비판을 깊이 생각해보라고 권할 만하다. 전쟁 중에 미국에서 설립된 퍼블릭 유틸리티 컴퍼니의 H. L. 그랜트 씨는 이렇게 쓴다.

이 회사의 고위직 관리들은 예외 없이 재정, 구매, 판매 등등을 통해 성공한 '사업가' 유형의 사고방식을 가지는 사람들이었다. (…) 우리의 기업 체계가 우리의 기대에 미치지 못했다는 것은 잘 알려진 사실이다. (…) **의심할 바 없이 그 이유는 기업을 지휘하는 사람들이 이윤을 위해 작동되는 사업 체계에서 교육을 받아서 생산을 위해서만 작동되는 사업 체계를 이해하지 못했다는 데에 있다.** 이것은 그 사람들 개개인을 비판하는 것이 아니다. 그

---

43 [역주] 분탄(粉炭): 잘게 부스러져 가루가 된 숯이나 석탄.

들은 그 일을 알지 못했을 뿐이고, 더 나쁜 것은 그들이 그것을 모른다는 사실을 몰랐다는 점이다.

따라서 '사업'과 '경영'이 분리되어 있고 전자의 지휘 아래에서 후자가 이루어지는 한 무엇보다 생산의 효율성에 관심을 두는 사람들에 의해 기업의 방침이 정해진다고 생각할 수는 없다. 상당한 수준의 효율성이 사업 이윤의 추구로부터 부수적으로 생겨난다는 것은 물론 부정되지 않는다. 하지만 현재 수준의 발전 단계에 이른 기업을 지휘하는 사람들의 주된 이익은 재정 전략과 시장 통제에 주어진다는 것은 사실이라고 생각되는데, 이러한 활동이 제공하는 이득은 단지 생산과정을 개선하는 데서 생기는 이익보다 보통 훨씬 더 크기 때문이다. 그러나 소비자의 주된 관심은 다름 아닌 생산과정의 개선이라는 점은 명백하다. 소비자는 큰 이윤이 효율적 생산의 상징이라고 생각되는 한 그것을 용인할 수 있다. 그러나 소비자가 관심을 두는 것은 상품의 공급이지 주식의 가치가 아니며, 이윤이 효율적 생산에 의해서가 아니라 교묘한 금융 수법이나 약삭빠른 상업 전략에 의해 만들어진 것으로 보이면, 더는 칭찬받을 만한 것으로 보이지 않는다. 소비자가 '폭리 취하기'라고 부르도록 배운 것에 넌더리가 나서 생산이 '사업'에 의해 통제되는 체계의 대안을 찾는다면, 기업의 경영 분야와 기술 분야의 **직원들**을 자기편으로 만드는 것 이외의 방법을 발견할 수 없다. 그들이 소비자가 요구하는 서비스를 조직한다. 또한 상대적으로 볼 때 그들은 물질적 이해관계나 심리적 편향에 의해 소비자가 불신하는 금융 방법에 거의 관여하지 않는다. 그리고 주로 금융업자인 사업가들에 의해 이루어지는, 직업에 대한 그들의 통제가 그들의 봉급을 다룰 때 약삭빠르고 인색한 모습으로 나타날 뿐만 아니라 그 통제가 기술적 효율성을 방해할 때 짜증을 불러일으키기도 한다는 사실을 자주 발견한다. 공적 토대와 직업적 토대라는 두 가지 면 모두에서 그들은 생산자와 일반 국민 사이의 동반자 관계를 증진하는 데 주도권을 잡아야 마땅한 집단에 속한다. 그들은 생산기술 진보의 가장 중요한 조건인 과학 지식과 전문화된 능력을 공동체에 제공할 수 있다. 그 지식과 능력이 그들에게 더 안정되고 품위 있는 지위, 그들의 특별한 재능을 발휘할 수 있는 더 많은 기회, 그리고 악의는 없다 할지라도 영감은 주지 못하는 한 줌의 주주들을 부유하게 만들기 위해서가 아니라 동포 전체에게 봉사하기 위해 자신들이 최선의 작업과 생애 중 최고의 시기를 바치고 있다는 의식을 갖게 해줄 수 있다. 마지막 항목의 이점이 하나의 빈말로 무시된다 할지라도, 즉 보건소장, 장학 담당관, 도매 협동조합 관리자 등이 어떤 사회적 서비스 의식에도 전혀 영향 받지 않는다고 여겨진다 할지라도, 앞의 두 가지는 어쨌든 남는다. 그리고 이 두 가지는 무시할 수 없다.

경영 기술을 금융상의 이해관계로부터 이렇게 점차 해방시키는 것이 미래의 '고용자'가 발전시킬 수 있음직한 노선으로 나타나게 될 것이다. 전 산업에 걸쳐서 유동적 이윤을 고정된 봉급으로 대체하는 것은, 그 자체로서 오늘날 어떤 신사도 자신이 수행한 서비스에 대한 보수를 받았을 때 할당받을 만한 이유도 없이 어떤 잉여금을 소유한다는 사실을 스스로 알게 되어 난처함을 느끼는 약탈적 기업의 반쯤은 그의 위치로부터 모욕적인 분위기를 제거할 것이다. 또한 이윤에서 나오는 큰 수입이 일단 제거되면, 그의 봉급이 오늘날의 수입으로 추산되는 액수만큼 클 필요도 없다. 부가 아직도 가축의 수로 측정되는 야만인들 사이에서는 위대한 족장이 백 마리의 가축을 가진 사람으로 묘사된다. 일 년에 40만 달러를 받는 큰 기업의 경영인도 이와 비슷하게 백 가족을 소유한 사람으로 묘사될 수 있는데, 백 가족이 받는 만큼의 보수를 받기 때문이다. 특별한 재능에는 어떤 가격도 매겨질 수 있고, 수백만 달러의 매출액을 올리는 사업의 우두머리에게 일 년에 40만 달러를 지불하는 것은 경제적으로 하찮은 일인 것은 사실이다. 그러나 경제적인 문제가 유일한 문제인 것은 아니다. '명예의 문제'도 있다. 게다가 사실은 백 가족분의 이 봉급은 신사답지 못한 것이다.

실제로 중요한 문제의 성패가 달려 있을 때 어떤 고상한 사람도 자신의 보수를 주장할 수 없다는 것을 모든 이가 알게 된다. 군대의 장군은 승리에 공헌한 것에 정확히 상응하는 금액을 놓고 국가와 입씨름을 하지 않는다. 잠자는 부대원들에게 경보를 울리는 보초는 자신이 구한 목숨들의 자본 가치를 수금하면서 다음 날을 보내지 않는다. 하루에 1실링의 보수를 받는데 그걸 받으면 다행이다. 배의 지휘관은 보트에 자기 몸과 물건을 꾸려 넣고 선원들이 가능한 최선을 다해 난파선에서 허둥지둥 뛰어나오게 내버려두지 않는다. 서비스의 전통에 따르면 그는 배를 탈출하는 마지막 사람이다. 일반 국민이 제조업자와 사업가들을 마치 일반 사람보다 더 낯짝이 두껍고 졸병보다 더 사치스러운 사람들인 것처럼 대하며 모욕을 할 만한 이유는 없다. 그들이 그들 중 일부가 받는 과도하게 많은 봉급보다도 더 많이 분배받을 만하다고 말하는 것은 종종 맞는 말이다. 그러나 이것은 핵심을 벗어난 말이다. '받아야 할 만큼'을 받기를 기대할 만한 사업을 하는 사람은 아무도 없다. "그가 받아야 할 만큼"은 그 자신의 영혼과 신 사이의 문제이기 때문이다. 요구할 권리를 갖는 것, 그리고 그의 동료들이 그가 쪽 받게 하도록 영향을 미치는 것만으로, 그에게 그의 일을 수행할 수 있게 하기에 충분하다. 산업이 기능이라는 토대 위에 조직되면 그것이, 그리고 그것만이 그가 보수로 받게 될 것이다. 기업의 경영인들을 공정하게 대하면, 더 많은 돈을 요구하는 투덜거림은 그들이 (주주들과 구별되게도) 특히 빠지지 않게 될 악덕이 된다. 그들이 그럴 만한 이유가 없다. 중요한 일, 충분한 여가와 그것을 제대로 누릴 수 있게 해주는 수입이 있다면, 아담의 아이들 중 누구에게도 좋은 것만큼이나 많은 행복을 가지는 것이기 때문이다.

오직 한 가지 필요한 것[44]

따라서 사회를 권리가 아니라 기능이라는 토대 위에서 조직하는 것은 다음 세 가지를 의미한다. 첫째, 소유권은 서비스의 수행이 동반될 때 유지될 것이고, 서비스가 없으면 무효가 된다. 둘째, 생산자는 생산이 이루어지는 목적 자체인 공동체와 직접 관계를 맺고 그 공동체에 대한 책임을 분명하고 오해 없이 해야 한다. 서비스가 아니라 이익에 관심이 있는 주주들에게 지금처럼 직접적으로 종속되어 이 책임을 망각해서는 안 된다. 셋째, 서비스를 지속하는 의무는 그것을 수행하는 전문 조직에 의지할 것이

---

44 [역주] 오직 한 가지 필요한 것(PORRO UNUM NECESSARIUM): 『성경』, 「누가복음」 10장 42절의 한 구절.
「누가복음」 10장 42절은 다음과 같다.
"몇 가지만 하든지 혹은 한 가지만이라도 족하니라 마리아는 이 좋은 편을 택하였으니 빼앗기지 아니하리라 하시니라"

고, 이 조직은 소비자의 감시와 비판을 수용하면서 이 의무 이행에 필요한 만큼 산업의 운영에 대해 많은 목소리를 낼 것이다. 실로 분명한 것은 체계나 기구를 어떻게 바꾸든 사회**불안**의 원인인 이기주의, 탐욕, 다투기 좋아하는 인간의 본성을 막지 못한다는 점이다. 그 변화를 통해 할 수 있는 일은 그것을 통해 북돋우는 것이 이런 본성이 되지 않게 하는 환경을 만드는 일일 뿐이다. 그 변화가 사람들이 원칙을 지키며 살아가도록 보장할 수는 없다. 그 변화를 통해 할 수 있는 일이란, 사람들이 원한다면 깔아뭉개는 것이 아니라 지키며 살아가는 원칙 위에서 사회질서를 확고히 세우는 것이다. 그 변화를 통해 사람들의 행동을 통제할 수는 없다. 사람들이 전념할 수 있는 목적을 제공할 수 있을 뿐이다. 그래서 사람들의 정신이 변한다면, 예외는 있겠지만 결국에는 실제 행동도 변화할 것이다.

산업을 올바르게 조직하는 첫째 조건은, 따라서 원칙에 대한 불신 때문에 영국인들이 맨 마지막 순서에 놓거나 아예 빼버리는 경향이 있는 이지적 개조이다. 산업 조직이 개인에게 제공하는 기회로부터 그것이 수행하는 사회적 기능으로 강조점이 옮겨져야 한다는 말이다. 또한 개인들은 산업 조직의 목적을 확실히 알고 있어야 하고, 그 목적에 대해 이질적인 우연한 결과가 아무리 눈부시고 매혹적이라 하더라도 그것에 의해서가 아니라 바로 그 목적을 보고 산업 조직을 평가해야 한다는 뜻이다. 완전히 무의식적이지는 않은 어떤 행위에라도 의미를 부여하는 것이 그 목적이다. 현대사회의 경제생활이 병적 초조함에 끊임없이 사로잡히는 것은 인간에 대한 서비스를 위해 자연을 정복하는 것인 산업의 목적이 그 조직 속에서 적절히 표현되지도 않고 그것에 관계된 사람들의 생각에 떠오르지도 않기 때문이고, 그 목적이 기능이 아니라 개인적 이익이나 출세나 과시를 위한 기회로 여겨지기 때문이다. 이렇게 부자연스러운 긴장을 만들어내는 조건이 제거된다면 산업은 그것이 서비스하기 위해 존재하는 목적이라는 관점에서 경제조직 문제에 접근하고, 인간은 "신의 영광과 인간의 구원"을 위해 일해야 한다는 말을 통해 베이컨이 표현한 어떤 정신의 상태를 그것에 적용하는 사고방식 습관의 성장에 의해서만 영향을 받게 될 것이다.

이러한 각도에서 볼 때, 권리에 근거하여 다루어질 때 풀리지 않는 문제들이 합리적으로 다루어질 수 있는 가능성이 많아진다는 것을 알 수 있다. 목적은 무엇보다도 제한하기의 원칙이기 때문이다. 이 원칙은 어떤 행위가 이루어지는 목표, 그리고 따라서 그 행위가 이루어지는 한계를 결정한다. 또한 할 만한 가치가 있는 것과 없는 것을 나누고, 할 만한 가치가 있는 것이 행해져야 하는 규모를 결정한다. 목적은 둘째로 통합의 원칙인데, 노력이 투여될 수 있는 공통의 목표를 제시하고, 그렇지 않으면 갈등하게 될 이해관계가 압도적 목적에 대한 판단에 복종하게 만들기 때문이다. 목적은 셋째로 배분 또는 분배의 원칙이다. 즉, 같은 일에 참여하는 서로 다른 집단에게 그들이 그 일을 수행하면서 차지할 자리를 할당한다. 이렇게 해서 목적은 기회나 권력이 아니라 원칙에 입각하여 질서를 수립하고, 사람들이 스스로를 위해 운 좋게 낚아챌 수 있는 것도 아니고 운이 없다면 받아들이도록 유도되는 것도 아니라 더도 덜도 아닌 그들의 기능에 걸맞은 것에 따라 보수가 책정되게 하여, 기능을 수행하지 않는 사람들은 보수를 받지 않고 공동의 목표에 기여하는 사람들은 명예로운 서비스에 걸맞게 명예로운 보수를 받게 하는 원칙이다.

형제여, 우리들의 의지는 사랑의 힘으로

진정되는 거라오, 덕분에 우리는

우리가 가질 것밖에는 바라지 않고, 다른 것을 탐내지 않는다오.

우리가 더 위로 오르기를 바란다면,

우리들의 자리를 여기다 정하신 분의 뜻과

우리들의 갈망 사이에 어긋남이 생긴다오.

*　*　*　*　*

우리 모두의 의지를 하나가 되게 하시는

신의 의지에 묶어 놓음이 사랑이라는

복된 상태의 본질이라오.

*　*　*　*　*

비록 은혜의 빛이 골고루 비치지는

않는다 해도 하늘나라에서는

어느 곳이나 천국인 것을 나는 알게 되었다.

(Frate, la nostra volontà quieta

Virtù di crità, che fa volerne

Sol quel ch'avemo, e d'altro non ci asseta.

Si disiassimo esse più superne,

Foran discordi li nostri disiri

Dal voler di colui che qui ne cerne.

*　*　*　*　*

Anzi è formale ad esto beato esse

Tenersi dentro alla divina vogli,

Per ch'una fansi nostre vogli e stesse.

*　*　*　*　*

Chiaro mi fu allor com'ogni dove

In Cielo è paradiso, e sì la grazia

Del sommo ben d'un modo non vi piove.)

피카르다가 단테에게 천국의 질서를 설명하는 이 유명한 구절에서는 공통의 목적에 대한 압도적 헌신에 의해 통합되는 복잡하고도 다양한 사회를 설명한다. 이 목적에 의해 모든 위치가 할당되고 모든 행위에 가치가 매겨진다. 부분들은 그 체계 안에서 그것이 놓인 장소로부터 특성을 부여받고, 아치의 리브[45]들이 바닥에서 눈을 돌려 거기서부터 둥근 천장으로 뛰어올라 만나고 서로 엮이는 것처럼, 부분들 스스로 잊히는 것이 기쁘다는 것을 표현하는 통일성이 부분들 속으로 스며든다.

통일성과 다양성의 이러한 결합은 행위를 목적이라는 원칙에 복종시키는 사회에서만 가능하다. 이 원칙은 서로 다른 생산자 계급과 집단 사이의 관계를 결정하는 기준뿐만 아니라 도덕적 가치의 잣대를 제공하기 때문이다. 무엇보다도 이것은 경제활동 자체에 사회의 주인이 아닌 하인으로서 있어야 할 적절한 자리를 할당한다. 우리의 문명이 짊어진 부담은 많은 사람이 짐작하듯이 기업의 생산물이 잘못 분배되거나, 기업의 행동이 포학하거나, 기업의 운영이 적대적 불화에 방해받는 것에만 있지 않다. 오직 산업 자체만이 인간의 관심을 지배하는 자리를 차지하게 되었기 때문에 단 한 가지의 관심사도, 특히 물질적 생존 수단의 공급은 전혀 산업이 차지한 그 관심의 자리를 차지하지 못한다는 말이다. 자기 몸의 소화 과정을 지나치게 염려하여 살아보기도 전에 스스로 무덤으로 가는 건강 염

---

45 [역주] 리브(rib): 둥근 천장에 있는 갈빗대 모양의 뼈대. 로마네스크식이나 고딕식 건축의 특징인데, 뒤에는 장식용으로도 쓰였다.

려증 환자처럼 산업화된 지역사회들은 부를 획득할 수 있는 수단에 광적으로 집착하여 부를 획득할 가치가 있는 목적 그 자체를 무시한다.

경제문제에 대한 강박증은 혐오감과 불안감을 일으키는 만큼이나 지역적이고 일시적이기도 하다. 종교적 다툼에 의한 17세기의 강박증이 오늘날 사람들에게 주는 이미지와 마찬가지로 미래 세대에게는 이것이 딱해 보일 것이다. 실로 이것은 합리성이 떨어지는데, 관심을 두는 대상이 덜 중요한 것이기 때문이다. 또한 이것은 모든 상처에 염증을 일으키고 사소한 찰과상 하나하나를 악성 궤양으로 만드는 독이다. 이 독을 쫓아내고 산업 자체를 올바른 시각으로 보는 법을 배울 때까지는 사회를 괴롭히는 산업의 특정 문제들을 해결할 수 없을 것이다. 사회가 이 일을 하자면 가치의 기준을 재배치해야 한다. 사회는 경제적 이해관계를 삶의 전체가 아닌 하나의 요소로 보아야 한다. 사회는 구성원들에게 어떤 상응하는 서비스도 제공하지 않는 채 얻는 이득의 기회를 비난하도록 설득해야 하는데, 이러한 이득을 얻기 위한 투쟁이 공동체 전체를 계속해서 열병에 휩싸이도록 만들기 때문이다. 사회는 경제활동이 갖는 수단으로서의 성격이 경제활동이 사회의 목적에 복무하는 것에 의해 강조되도록 산업을 조직해야 한다.

3.
영문판
『프로테스탄티즘 윤리와
자본주의 정신』
서문(1930)

The Protestant Ethic and the Spirit of Capitalism with a foreword by
R, H. Tawney(1930)

이 번역서의 원저자인 막스 베버는 지식의 범위가 비상히 넓고, 그의 개성은 그를 아는 특권을 누린 사람들에게 그의 학식보다도 훨씬 더 깊은 인상을 남긴 학자이다. 법학자로 훈련을 받은 뒤에 프라이부르크, 하이델베르크, 뮌헨에서 교수로서 학생들을 가르쳤고, 고대 농업사, 프로이센 시골 주민의 상태, 사회과학 방법론, 그리고 종교사회학과 같은 다양한 주제에 관한 글을 썼다. 그의 활동은 교사와 학생의 활동에만 국한되지는 않았다. 여러 나라를 여행했고, 당대의 정치운동과 사회운동에 깊이 관심을 기울였으며, 제1차 세계대전이 끝났을 때 독일이 직면한 위기 상황에서도 왕성하고도 사심 없는 역할을 했고, 1919년 5월에는 독일 대표단과 함께 베르사유에 갔다. 그리고 바로 다음 해에 56세의 나이로 뮌헨에서 별세했다. 일부는 그를 수년간 병자로 생활하게 만든 장기간의 좋지 않은 건강의 결과로, 일부는 그의 때 이른 죽음 때문에, 그리고 아마도 일부는 그가 작업한 범위의 바로 그 장대함 때문에 그는 자신의 많은 글의 마무리 검토를 할 수 없었다. 그의 전집은 사후에 출간되었다. 뮌헨에서의 그의 강의를 학생들이 받아 적은 노트에 기초한 전집의 마지막 권은 『일반경제사』[1]라는 제목의 영문판으로 출간되었다.

『프로테스탄티즘 윤리와 자본주의 정신』은 1904년과 1905년에 『사회과학과 사회정책 총서』에 두 개의 논문 형태로 발표되었다. 1906년에 발표된 후속 논문, 즉 「프로테스탄티즘 분파들과 자본주의 정신」과 함께 이 논문들이 베버의 『종교사회학 총서』에 포함된 최초의 연구이다. 처음 출간되었을 때 이 논문들은 역사 전공자들을 넘어서서 『총서』의 숫자가 말해주는 만큼의 관심을 불러일으켰고, 이 관심 속에서 이 논문들은 학문 출판물의 경우로는 아주 흔치 않게도 급속히 매진되었다. 이 논문들이 불러일으킨 토론은 그때 이래로 줄어들지 않은 활력과 함께 계속돼왔다. 베버가 제기한 의문은 보편적 중요성을 지니고 있고, 그의 논문의 방법론이 그 결론만큼이나 중요했기 때문이다. 이 방법론은 그것이 개척한 특정분야에 밝은 빛을 던져주었을 뿐만 아니라 역사가와 경제학자 외에도 현대사회의 심각한 문제들을 되돌아보는 사람들 모두와 연관된, 일련의 영구적 관심사에 접근하는 새로운 길을 제안하기도 했다.

베버가 답하려 하는 의문은 단순하고 근본적인 것이다. 그것은 자본주

---

1 [원주] 막스 베버, 『일반경제사(General Economic History)』, 프랭크 H. 나이트 박사(조지 앨런·어윈) 옮김. 베버 저작의 목록은 베버의 부인이 쓴 베버에 관한 매력적이고 유익한 이야기인 『마리아나 베버가 쓴 막스 베버 전기(Max Weber, Ein Lebensbild, von Marianna Weber)』 끝에 쓰여 있다(J. C. B. 모르, 튀빙엔, 1926). 모리스 알박스(Maurice Halbwachs)가 썼고 《경제사와 사회사 연보(Annales d'Histoire Économique et Sociale)》 1권, 1929년 1월호에 실린 「경제학자이자 역사가: 막스 베버, 인간과 저작(Économistes et Historiens: Max Weber, un homme, une œuvre)」도 보라.

의 문명의 발전을 가능케 한 심리적 조건에 관한 의문이다. 큰 재원의 통제를 필요로 하고 투기, 대금, 영리 사업, 해적질과 전쟁의 결과로 그 재원을 지배하는 사람들에게 부를 만들어주는 거대한 개인적 사업이라는 의미의 자본주의는 역사만큼이나 오래된 것이다. 자본 소유자나 그 대리인들에 의한 금전상의 이윤을 목적으로, 법적으로 자유로운 임금 노동자 조직에 의존하고, 사회의 모든 면에 흔적을 남기는 경제체제로서의 자본주의는 현대의 현상이다.

모든 혁명은 일단 성공하면 자연스럽고 불가피한 것이라고 선언되고, 서유럽과 미국을 지배하는 경제체제 유형으로서의 자본주의는 오늘날 크게 성공한 사실로서 의심할 바 없는 존경을 받아 마땅한 것으로 행세하고 있다. 그러나 자본주의는 젊은 시절에는 왕위를 노리는 자였고, 수세기 동안 투쟁을 벌이고 나서야 왕위를 차지할 수 있었다. 자본주의는 공경할 만한 관습과 사회에서 용인되는 윤리 제도, 그리고 교회와 유럽 대부분의 국가 양자 모두의 법률과 날카롭게 상충되는 경제행위의 규칙, 인간관계의 제도를 필요로 했기 때문이다. 그래서 자본주의가 짜놓은 그물을 찢고 나오려 하는 사람들에게 오늘날 요구되는 많은 독창성, 자신감, 그리고 목적에 대한 고집만큼이나, 확신을 할 수 없는 혁신이 자본주의를 처음으로 시험한 개척자들에게는 요구되었다. 어떤 영향이 그들로 하여금 대담하게 전통에 반역하도록 만들었을까? 어떤 근거로부터 그들은 전통을 대체할 원칙을 이끌어냈을까?

이 의문에 대한 관습적 답변은 이 의문의 전제를 부정하는 것이다. 새로운 형태의 경제적 기획의 발흥은 경제 환경의 성격이 변화한 결과였다고 주장되곤 한다는 말이다. 그것은 16세기에 미국으로부터 귀금속이 유입된 것, 유럽 바깥의 상업에서 축적된 자본, 산업 조직에 대한 팽창하는 시장의 반응, 인구 증가, 자연과학의 진보에 의해 가능해진 기술 향상의 덕분이었다는 것이다. 지금 이 책보다 『일반경제사』에서 훨씬 더 길게 개진되어 있는 베버의 응답은 그러한 설명이 원인과 계기를 혼동한 결과라는 것이다. 16세기와 17세기의 경제 조건이 전체는 아닐지라도 어떤 면에서 경제 기술의 발전에 대단히 불리했다 한들, 그러한 조건들은 과거에 때때로 존재했었지만 자본주의 산업의 발전을 낳지는 않았다. 그 조건에 영향을 받은 많은 지역에서 그러한 발전은 일어나지 않았고, 가장 고도의 경제 문명을 구가한 지역이 반드시 그 새로운 질서를 가장 적합한 환경 속에서 세운 지역인 것도 아니었다. 루이 14세의 프랑스는 그 시대의 기준으로 볼 때 막대한 자원을 장악했지만, 그것은 사치와 전쟁에 대부분 낭비되었다. 18세기 미국은 경제가 원시 상태였지만 베버가 주장하기로는, 중상주의 정치인들의 거창한 계획이 아니라 미래를 지배하게 될 **부르주아** 자본주의의 정신이 바로 프랭클린의 금언 속에서 그것의 가장 순진무구하고도 가장 명료한 형태로 나타난다.

탐욕 본능을 가지고 설명하는 것은 훨씬 덜 적절한데, 그 이전 시대들보다 지난 몇 세기 동안 탐욕 본능이 더 강력했다고 가정할 만한 이유가 거의 없다.

우리의 합리주의적 자본주의 시대는 다른 시기들에 비해 더 강력한 경제적 관심을 특징으로 한다는 관념은 유치한 것이다. 현대 자본주의의 중심 인물들이, 예컨대 동양의 상인보다 더 강한 경제적 충동을 지니고 있지 않다. 단지 보통 말하는 의미의 고삐 풀린 경제적 관심은 비합리적 결과만을 낳았다. 아마도 그것의 가장 강력한 화신인 코르테스와 피사로 같은 사람들은 합리적 경제생활의 개념을 전혀 가지고 있지 않았다.[2]

'합리주의'라는 말은 베버에 의해 관습이나 전통이 아니라 금전상의 이윤을 낳는 대상을 획득하기 위한 경제 수단을 계획적이고 체계적으로 조절하는 데 기초한 경제체제를 설명하기 위한 학술 용어로 사용된다. 의문점은 이러한 풍조가 이익에 대한 무제한의 욕망appetitus divitiarum infinitus을 반사회적이고 비도덕적인 것으로 보았던 관습적 태도를 왜 이기게 되었느냐는 점이다. 그의 답변은 그것이 16세기의 종교 혁명에 근거를 둔 운동들의 결과였다는 것이다.

베버는 전도자로서가 아니라 학자로서 썼기 때문에 그의 글에는 종교개혁의 영향에 관한 토론을 여전히 왜곡하는 역사적 적대감의 흔적이 없다. 피렌 교수는 한 계몽적 에세이[3]에서 사회의 진보는 아래로부터 일어나고, 각각의 경제 발달의 새로운 국면은 부와 권력을 오랫동안 소유한 계층이 아니라 뚜렷하지 않은 토대 위에서 새로운 구조를 건설하고자 하는 보잘것없는 출신의 사람들로부터 발생하는 계급들이 만들어내는 것이라고 주장했다. 베버의 논지도 이와 어느 정도 비슷하다. 현대 경제 질서의 개척자들은 토지와 상업에서 확립되어 있는 귀족주의에도 불구하고 성공의 길을 열어젖히고 나아간 **졸부들**parvenus이었다고 그는 주장한다. 이 싸움에서 그들을 떠받친 활력소는 종교에 대한 새로운 개념이었는데, 이 개념이 그들로 하여금 부의 추구를 이점일 뿐만 아니라 의무로 보도록 가르쳤다. 이 개념은 여전히 연약했던 **부르주아지**를 하나의 훈련된 세력으로 결합시켰고, 그 에너지를 고양했으며, 그 세력이 손쉽게 범하는 악행들

---

2 [원주] 베버, 『일반경제사(General Economic History)』, 프랭크 H. 나이트 옮김, pp.355-6.

3 [원주] 앙리 피렌, 『자본주의 사회사의 제 단계(Les Périodes de l'Histoire Sociale du Capitalisme)』(Brussel: Hayez, 1914).

의 주위에 축성의 후광을 비추어주었다. 요컨대 중요한 것은 모든 시대에 흔히 볼 수 있고 설명이 필요치 않은 경제적 사리사욕이라는 동기의 힘이 아니다. 자연스러운 연약함을 정신의 장신구로 변화시키고, 일찍이 악덕으로 비난받았던 습성을 경제적 미덕으로 성스럽게 떠받든 것이 바로 이 도덕적 기준의 변화이다. 바로 이 변화를 만들어낸 힘이 칼뱅이라는 이름과 관련된 교리다. 자본주의는 칼뱅주의 신학의 사회적 대응물이었다.

베버가 자신의 이론을 확증하기 위해 호소하는 중심 개념은 '소명'이라는 특징적인 말로 표현된다. 대부분의 중세 신학자들과 마찬가지로 루터에게는 이 말이 개인의 자리가 신에 의해 정해져 있어서 그것에 대한 반역은 불경한 것이 되는 삶의 상태를 통상 의미했었다. 그런데 베버가 주장하기로는, 칼뱅주의자에게는 소명이란 개인이 타고난 조건이 아니라 그 스스로 선택해서 종교적 책임감을 가지고 추구해야 하는 몹시 힘들고 고된 사업이다. 얼음물일지언정 칼뱅주의 신학이라는 상쾌한 물에서 세례를 받고 나면 "사고파는 행위는 더할 나위 없이 위험하다summe periculosa est emptionis et venditionis negotiatio"라는 말처럼, 한때 영혼에 위험한 것으로 간주되었던 사업의 생명이 새로운 성스러움을 획득한다. 노동은 단순한 경제 수단이 아니다. 그것은 정신의 목표이다. 탐욕은 영혼에 위험한 것이라 할지라도 나태함보다는 덜 무서운 위협이다. 가난이 칭찬할 만한 것이 전혀 아니기 때문에 더 많은 이익을 얻는 직업을 선택하는 것은 의무이다. 돈을 버는 것과 경건함 사이에 불가피한 충돌은 전혀 없기 때문에 양자는 자연스러운 동맹자인데, 신의 선택을 받은 사람들에게 의무로 지워지는 미덕, 즉 근면, 검소, 멀쩡한 정신, 사려 분별 등이야말로 상업이 번창하는 데 가장 의지할 만한 방편이기 때문이다. 이처럼 한때 종교의 적으로 두려움의 대상이었던 부의 추구가 이제 종교의 동맹자로 환영받게 되었다. 이러한 철학을 표현한 관습과 제도는 그 조상 격의 교리가 이승을 하직하거나, 유럽을 떠나 생존에 더 적합한 곳으로 물려난 뒤에도 오랫동안 생존했다. 만일 자본주의가 **부르주아지**가 되기를 열망하는 사람들의 실용적 이상으로 시작된다면, 베버가 그의 글의 결론에서 암시하듯이 그것은 유물론의 질탕한 술판으로 끝이 난다.

영국에서는 거대 산업이 수 세기 동안에 걸쳐 점진적 증대를 통해 성장했고, 영국의 계급 체계는 오랫동안 법적 신분이 아닌 부의 차이에 기초했었기 때문에 오래된 체제와 새로운 체제의 법적 기초 사이에 심한 차이가 없었다. 따라서 영국에서는 자본주의라는 개념이 뚜렷이 구별되는 특정한 사회 발전의 국면으로 선뜻 받아들여지지 않았다. 젊은 시절에 봉건주의의 의미에 관한 평정심 교육을 참을성 있게 받은 저자들은 여전히 자본주의를 이론가들의 추상적 관념 또는 정치인들의 슬로건으로 일축할 수도 있다.

대륙의 경제사는 영국과는 다른 단계를 밟았고, 그래서 대륙의 사상가들이 사용한 범주는 달랐다. 현대 경제체제가 세워져야 할 현장이 대변동에 의해 완전히 무너져버렸던 프랑스에서는, 그리고 영국에서는 200년이 걸린 발전을 1850년과 1900년 사이의 50년 동안 꿰뚫고 지나간 독일에서는 자본주의 문명이 정도뿐만 아니라 종류 면에서 그에 앞선 사회체제와 다른 현상이라는 것을 의심할 만한 유혹을 거의 느끼지 않았다. 따라서 자본주의의 원인과 특징이 두 나라 모두에서 역사 연구의 중심 주제 가운데 하나가 되어온 것은 놀랄 만한 일이 아니다. 그 논의는 마르크스의 획기적 저작과 함께 시작되었는데, 그는 경제 이론가로서보다는 사회학자로서 더 위대했고, 지금도 여전히 그렇기 때문이다. 그 가운데에서도 가장 정교하게 만든 기념비는 좀바르트Werner Sombart의 『현대 자본주의』이다.

좀바르트의 이 책의 초판은 1902년에 출간되었다. 최초의 것이 이보다 2년 뒤에 발표된 베버의 논문들도 그와 똑같은 문제의 한 가지 면만을 연구한 것이었다. 순수하게 이 주제에 관한 논의만을 담은 문헌들[4]이 출간되

---

4 [원주] 특히 다음 문헌들을 보라. E. 트뢸치, 『기독교 교회와 집단의 사회적 교훈(Die Sozialen Lehren der Christlichen Kirchen und Gruppen)』(1912); F. 라흐팔, 『칼뱅주의와 자본주의(Kalvinismus und Kapitalismus)』(『세계 주보(Internationale Wochenscrift)』, 1909. I. Ⅲ; B. L. 브렌타노(Brentano), 『현대 자본주의의 기원(Die Anfänge des Modernen Kapitalismus)』(1916)과 『가계 종언의 역사적 인간(Der Wirtschaftende Mensch in der Geschichte)』(1911); W. 좀바르트, 『유대인과 경제생활(Die juden und Wirtschaftsleben)』(1911. 영역본은 『유대인과 현대 자본주의(The Jews and Modern Capitalism, 1913)』와 『부르주아(Der Bourgeois)』(1913. 영역본은 『현대 자본주의의 전형(The Quintessence of Modern Capitalism, 1915)』; G. V. 슐체-게페르니츠, 「영미의 세계 지배의 정신사적 토대. Ⅲ. 자본주의의 경제 윤리(Die Geistesgeschichtlichen Grundlagen der Anglo-Amerikanischen Weltsuprematie. Ⅲ. Die Wirtschaftethik des Kapitalismus)』(『사회과학과 사회 정책 총서』, 61권 2호; H. 쎄(Sée), 「청교도와 유대인은 어떤 수단을 가지고 현대 자본주의의 발전에 기여했는가?(Dans quelle mesure Puritains et Juifs ont-ils contribué au Progrés du Capitalisme Moderne?」(『역사 평론(Revue Historique)』, t. CLV, 1927)와 『현대 자본주의의 기원(Les Origines du Capitalisme Moderne)』(1926); M. 알박스, 「현대 자본주의의 프로테스탄티즘적 기원(Les Origines Puritaines du Capitalisme Moderne)』(《역사평론과 종교철학(Revue d'histoire et philosophie réligieuses)》, 1925년 3~4월호)과 「경제학자이자 역사가: 막스 베버, 인간과 저작(Économistes et Historiens: Max Weber, un homme, une œuvre)」(《경제사와 사회사 연보(Annales d'Histoire Économique et Sociale)》 1권, 1929년 1월호); H. 하우저(Hauser), 『현대 자본주의의 등장(Les Débuts du Capitalisme Moderne)』(1927); H. G. 우드(Wood), 「종교개혁이 부와 재산에 관한 생각에 미친 영향(The Influence of Refomation on ideas concerning Wealth and Property)」(『재산, 그 권리와 의무(Property, its Rights and Duties)』(1913)에 수록됨); 탤컷 파슨스(Talcott Parsons), 「최근 독일 문헌에 나타난 자본주의(Capitalism in Recent German Literature)」(《정치경제 저널(Journal of Political Economy)》, 1928년 12월호와 1929년 2월호); 프랭크 H. 나이트, 「현대 자본주의 문제의 역사적·이론적 쟁점(Historical and Theoretical Issues in the Problem of Modern Capitalism)」(《경제사와 경영사 저널(Journal of Economic and Business History)》, 1928년 11월호); 켐퍼 풀

었다. 사반세기의 연구와 비판을 거친 오늘날에도 베버의 논지가 얼마나 유효한 것일까?

막스 베버가 『종교사회학 선집』에서 상술한바 공통된 심리적 태도의 서로 다른 표현으로서의 종교적 믿음과 사회제도에 관한 해석은 그것을 개진한 때만큼 더는 새롭지 않다. 실제로 그것은 일단 언명되자 진부한 느낌을 주게 되었다. 인간이 있어야 할 자리를 스스로 나누는 능력은 놀라운 것이지만 무제한적인 것은 아니다. 우주에서 인간이 차지하는 자리에 관한 교리가 확신에 의해 유지되는 한 그 교리는 복지를 가장 잘 가져다줄 수 있는 사회질서의 본질을 지닌 형태의 견해로 나타나고, 경제 환경의 압력에 의해 만들어진 습관이 이번에는 종교에 흔적을 남긴다는 것은 분명한 사실이다. 또한 적어도 그 역사의 특정 국면에서 칼뱅주의는 그 동시대인들이 특별히 자신들의 것으로 인식한 사회윤리 문제에 대한 태도와 연관되어 있었다는 베버의 주장은 반박될 수 없다. 그것을 비판하는 사람들은 그것이 독실한 체하지만 상업적 사기 행위와 똑같은 것이라고 공격했다. 그것을 찬양하는 사람들은 그것이 경제적 미덕을 지닌 학리라고 갈채를 보냈다. 17세기 중반이 되자 가톨릭이 지배하는 유럽의 사회적 보수주의와 칼뱅주의 공동체들의 불굴의 진취성 사이의 대조적인 모습을 흔히 볼 수 있게 되었다. 1671년에 한 팸플릿 집필자는 이렇게 썼다.

가톨릭에는 사업에 대해 일종의 태생적인 부적합성이 있는 반면, 개신교도 사이에서는 열성이 더욱 크면 클수록 게으름을 부도덕한 것으로 보면서 상

버튼, 「칼뱅주의와 자본주의(Calvinism and Capitalism)」(《하버드 신학평론(Harvard Theological Review)》, 1928년 7월호).

업과 산업에 더욱 더 매진하는 경향이 있다.

칼뱅주의의 영향은 네덜란드의 경제적 번영에 대한 한 가지 설명으로 자주 제시된다. 영국에서는 비국교도의 근간이 상업 계급들이었다는 사실이 비국교도를 관용해야 한다는 논거로 빈번히 제기되었다.

따라서 종교적 급진주의와 경제적 진보 사이의 연관성을 강조할 때, 베버는 이전 저자들이 암시했지만 아무도 그만큼의 풍부한 학식과 철학적 통찰력을 가지고 검토하지 않았던 흥미로운 현상을 환기했다. 그 현상의 의미로 생각되는 바, 그리고 특히 칼뱅주의의 영향과 경제적 혁신을 향해 나아가는 다른 힘들의 관계는 서로 다르면서도 더욱 어려운 의문점이다. 그의 글은 새로운 유형의 경제 문명의 성장에 유리한 조건을 창출하는 데 종교 운동이 한 역할에 국한되어 있었고 상업, 금융, 산업의 세계에서 그 종교 운동에 대응되는 발전의 중요성을 과소평가한다는 비판에 대해 스스로를 보호하는 데 주의한다. 하지만 후자가 검토될 때까지는 전자에 부여되어야 할 중요성을 알아내는 것이 불가능하다는 것은 분명하다. 칼뱅주의가 자본주의 정신을 생산하지는 않았더라도 양자 모두가 똑같은 타당성을 지니고 있고 경제조직과 사회구조 변화의 서로 다른 결과로 간주된다는 주장은 적어도 가능하다.

새롭고 생산적인 개념을 모든 문을 여는 열쇠로 사용하고 실제로는 몇 가지 수렴되는 원인의 결과인 현상들을 단일한 원리를 가지고 설명하고자 하는 것은 그 개념을 해설하는 사람이 느끼는 유혹이다. 베버의 글은 장점 속에 결함이 아마도 전혀 없지는 않은 것 같다. 그의 글은 더 세속적이고 일상적인 힘의 결과였고 외적 조건이 종교적 신조에 적합한 환경을 제공한 곳은 어디에서나 그 신조의 성격과 무관하게 나타난바, 지적이고

도덕적인 발전의 영향을 어떤 현상의 원인으로 볼 때 가끔은 다소 지나치게 미묘한 태도를 보이는 듯이다. '자본주의' 자체는 없어서는 안 된다 할지라도 애매한 말인데, 이 말에 대한 베버의 해석은 그의 주장의 본질적 요건에 알맞도록 그 의미를 단순화하고 제한한다는 쎄 교수의 비판[5]을 때때로 막아낼 수 없는 것으로 보인다. 14세기 베니스와 피렌체 또는 15세기 앤트워프에는 '자본주의 정신'이 부족하지 않았다. 네덜란드와 영국의 자본주의 발전은 이 두 나라 또는 그 안의 특정 사회계층이 종교개혁 가운데 칼뱅주의의 견해를 받아들였다는 사실보다는 이 두 나라 또는 그 특정 사회계층이 만들어낸 커다란 경제 운동과 사회 변화와 더 많은 관계가 있다고 주장하는 것은 비합리적이지 않을지도 모른다. 피렌 교수는 이렇게 쓴다.

베버와 트뢸치가 칼뱅주의 정신으로 생각하는 것은 이 시대의 경제 혁명이 기업 활동에 도입하고 있고 전통주의자들을 반대하면서 그들을 대체하는 새로운 인간들의 정신 바로 그것이다.[6]

왜 이 원인 작용이 한 방향으로만 일어날 수 있다고 주장할까? 자본주의 기업은 베버가 암시하는 것으로 보이는 바대로 종교의 변화가 자본주의 정신을 생산할 때까지 기다려야 한 것이 아니겠느냐는 견해는 조금 꾸며낸 느낌이 있지 않은가? 그 종교상의 변화 자체가 경제 운동의 결과일

---

5 [원주] H. 쎄(Sée), 「청교도와 유대인은 어떤 수단을 가지고 현대 자본주의의 발전에 기여했는가?」(『역사 평론』, t. CLV, 1927).
6 [원주] 앙리 피렌, 『자본주의 사회사의 제 단계(Les Périodes de l'Histoire Sociale du Capitalisme)』(Brussel: Hayez, 1914).

뿐이었다고 주장하는 것 또한 마찬가지로 그럴듯하면서 마찬가지로 일면적이지 않은가?

이 문제에 대해서는 자연스러운 관점으로 접근한 베버가 지금 우리가 마주하는 책에서 지적이고 윤리적인 힘을 지나치게 배타적으로 강조하는 바가 다소라도 있는 것으로 보인다면, 그 힘 자체에 대한 그의 분석은 아마도 보충될 필요가 있을 것이다. 르네상스의 정치사상이 관습의 구속을 타파하는 데 칼뱅의 가르침만큼이나 강력한 것이었다는 브렌타노의 비판은 가벼운 것이 아니다. 어쨌든 영국에서는 16세기의 되풀이된 재정 위기와 물가 수준의 변동에 의해 야기된바 금전과 가격과 외환에 대한 사업가와 경제 전문가들의 투기 행위가 베버가 전통주의라 부른 태도를 약화시키는 데 똑같이 영향을 미쳤다. 경제사상의 발전에 관한 최근 연구는 칼뱅주의가 야기한 것으로 주장되는, 경제 윤리에 관한 견해 변화가 칼뱅주의의 전유물은 전혀 아니었고, 프로테스탄트 저자뿐만 아니라 가톨릭 저자들의 세계관에도 반영되어 있었던 일반적인 지적 운동의 일부이기도 했다는 사실을 시사한다. 또한 칼뱅주의의 가르침 자체의 영향도 베버의 글의 독자가 추론하는 것만큼 그렇게 성격이 균일하지도 않았고, 경향이 그렇게 본도에서 벗어나지 않은 것도 아니었다. 그와는 반대로 그 영향은 경제 조건, 사회 전통, 정치 환경의 차이와 함께 시대와 나라에 따라서 폭넓게 다양한 모습을 보였다. 그것은 미래뿐만 아니라 과거에도 기대를 걸었다. 국면에 따라 변화에 가담하면서도, 다른 국면에서는 보수적이었다.

베버가 주장하는 바의 대부분의 예시는 17세기 후반 영국 프로테스탄트의 저작들에서 끌어온 것이다. 경건한 **부르주아**가 자신의 사업을, 하느님이 선택한 사람들에게 지정한 소명으로서 수행하는 것을 묘사하는 데 필요한 자료를 그에게 제공하는 것이 바로 이 저작들의 가르침이다. 이

'소명'이라는 말이 전달하는 개념이 베버가 암시하는 바처럼 칼뱅주의에 특유한 것인지는 신학자들에게 의문거리다. 그러나 그가 이 말을 다루는 방식이 암시하는 것보다는 문제가 상당히 더 복잡하다는 주장은 가능하다. 이 저자들과『기독교 강요』[7] 저자 사이에는 경제 발달과 정치 운동상에서 세 세대의 차이가 있기 때문이다. 영국 내전에서 싸운 칼뱅주의는, 더구나 명예혁명에서 불안한 종교적 관용을 얻은 칼뱅주의는 그 창시자의 칼뱅주의가 아니었다.

사회조직에 대한 칼뱅 자신의 이상은 그가 제네바에서 세운 체제에 의해 드러난다. 그것은 성직자의 독재에 의해 관리되는 신권 정치였다. '열두 제자의 시대 이래로 지상에 나타난 그리스도의 가장 완전한 방식을 지닌' 그 생활 규칙은 강고한 집단주의였다. 신의 규율이 녹스[8]와 프랑스 개혁 교회와 영국 장로교 운동의 아버지들의 목표였다. 반면에 경제 사업의 엄격한 통제는 뉴잉글랜드의 기독교인들에 의해 최초로 추구된 정책이었다. 17세기 영국과 네덜란드의 칼뱅주의는 모두 서로 다른 자리를 찾아 나갔다. 칼뱅주의는 번영과 구원 사이에서 더 정당한 균형을 이루는 타협점을 발견했고, 스승의 신학을 유지하면서도 그의 사회윤리학의 기획은 거부했다. "신앙심은 내세뿐만 아니라 현세의 지복을 약속"한다는 말에는 설득되면서도 국가건 성직자건 사업 문제에 간섭하는 것에는 냉정한 비타협적 태도로 저항했다. 베버가 '자본주의 정신'이라 부른 기질과 비슷한 면을 지닌 것으로 그럴싸하게 생각될 수 있는 것은 칼뱅 자신의 무자비한 엄격성이라기보다는 개인주의 국면의 이 두 번째 칼뱅주의이다. 조

---

7 [역주]『기독교 강요』: 장 칼뱅의 대표 저서.

8 [역주] 존 녹스(John Knox, 1514~1572): 스코틀랜드의 종교 개혁가·정치가·역사가.

사 연구가 필요한 의문은, 그 숭배자들에게는 아주 편리하지만 그 지도자들에게는 아주 난처한, 이러한 태도 변화를 일으킨 원인에 대한 의문이다.

이것은 베버가 의식했는지가 의문임에도 그의 글에서 결국 논의되지 않는 쟁점들을 제기하는 의문이다. 청교도 자본가들의 태도가 아니라 청교도 성직자들의 교리를 자신의 주제로 삼아 그는 대가다운 솜씨로 단일한 계통의 탐구를 밀고 나간다. 그의 결론은 계몽적이다. 그러나 아마도 그것은 한 가지 이상의 해석을 허용할 수 있다고 여겨질 수 있다. 행위와 반응이 있었고, 청교도주의가 사회질서를 만들어내는 데 기여한 반면, 그다음에는 그것이 그 사회질서에 영향을 받았다. 베버와 함께 종교 사상이 경제 발달에 미친 영향을 추적하는 것은 유익하다. 그러나 그 종교 사상이 종교 영역에서 가지고 있는 견해에, 한 시대에 의해 받아들여진 경제 제도가 미친 영향을 파악하는 것도 그 못지않게 중요하다.

4.

문제는 자유다(1944)

We mean freedom(1946)

내가 오늘 맡은 일은 대단한 것이 아니다. 그것은 질병을 진단하고 처방을 내리는 전문의의 일이 아니라, 처방된 식이요법이 언뜻 보기에는 거부감이 들지만 실제로는 몸을 튼튼하게 해줄 뿐만 아니라 아주 마음에 들 만한 것임을 알게 될 거라고, 이 식이요법은 분별력이 있는 사람이라면 유지하고 있기를 바라지 않는 것이 마땅한 어떤 버릇이나 행동에도 굴복하지 않는 것을 의미한다고, 그리고 환자가 이 식이요법을 시도해볼 용기를 내기만 하면 자신이 이전에 왜 이 식습관을 갖지 않았는지 결국 놀라게 될 거라고, 환자를 설득해서 이것을 실행하도록 유도하는 간병인의 일이다. 나는 이러한 역할에 필요한, 설득력 있게 사람을 확신시키는 수다 떨기의 능력이 없음을 너무도 잘 의식할 따름이다. 그러나 영국이라는 사자처럼 아주 노련하고 경계심이 많은 동물을 대할 때, 그가 애초부터 갖는 불안감을 완화하는 접근법은 의심할 바 없이 방편일 뿐이고, 마찬가지로 의심할 바 없이 그가 불안해하는 바의 핵심은 내 글의 제목에 제시된 영역을 통해 알 수 있다. 협박을 받거나 계략이나 회유로 자신의 자유liberty 를 빼앗길지도 모른다는 낌새만 있어도 그는 대번에 이해관계와 이상주의라는 털을 한꺼번에 곤두세운다. 그런데 내 생각으로는 이해관계의 의미를 대수롭지 않게 생각하는 대중이 이 이상주의의 관념은 공유하는데, 이것이 긴 안목에서 볼 때에는 둘 중에 더 무시무시한 것이다. 그래서 나는 그가 가장 민감하게 느끼는 점을 진정시켜보는 것이 현명하기도 하고 인정 있는 처사라고 생각한다.

내 글의 제목은 '문제는 자유다We Mean Freedom'이다. 의심할 필요 없이 우리는 진정 그렇게 생각한다. 아니, 그의 의견으로는 적어도 이 나라 안에서는 상원, 보수당, 언론, 증권거래소와 잡다한 부류의 은행가, 기업가, 지주들을 비롯한 다른 모든 사람이 그렇게 생각하기 때문에 그들 모두가 이 나라의 자유가 위협받을지도 모른다고 생각하면 고함을 지르고 칼로 자해를 한다. 우리가 아주 남부끄러운 무리와 관계를 끊기 위해서는 적어도 표면상으로는 그들의 신이기도 한 신을 향한 우리의 신심을 주장하는 것만으로는 부족하다. 우리가 자유라는 말로 뜻하는 바, 그리고 우리가 지지하는 자유의 본질이 무엇인지를 이야기하는 것이 필요하다. 그래서 여기서 나는 한 가지 기회를 놓쳤음을 깨닫는다. 진짜 지식인이 자기 직함이 그 자랑스러운 이름에 걸맞다는 것을 증명하는 기술, 즉 단순한 것을 복잡하게 만들고 분명한 것을 애매하게 만드는 그 위대한 기술을 완벽하게 발휘하여 여러분을 즐겁게 해주고자 했어야 한다는 말이다. 그러나 나는 성층권에 있으면서 실제로 편안함을 느껴본 적이 없다. 따라서 내가 보기에는 문제의 진상이 그것에 관해 담론을 펼치는 일부 사람들에게서 주워들을 수 있는 것보다 덜 난해하다고 지금 바로 고백하는 것으로 이야기를 시작하는 게 좋겠다.

310

특정한 시간과 장소의 현실과 분리된 추상적 자유 같은 것은 없다. 이 말이 다른 어떤 것을 암시하든 그렇지 않든 간에 이것은 대안들 가운데에서 선택할 수 있는 힘, 즉 사실로 존재하는 대안들 가운데에서 명목상으로만, 서류로만 존재하는 것이 아니라 실제로 존재하는 선택의 힘을 뜻한다. 요컨대 일정한 순간에, 일정한 상황에서, 일정한 것을 하거나 하지 않는 능력을 뜻하며, 그렇지 않다면 아무 의미도 없다. 인간은 생각을 하고, 의지력을 발휘하고, 행동을 할 때 가장 인간답기 때문에 자유는 이제까지 시인들이 그것에 관해 읊어온 숭고한 면들을 마땅히 지니고 있다. 그러나 산문적 일상의 삶의 일부로서 자유는 아주 실질적이고 실제적인 것이다. 모든 개인은, 물질로서 생존에 필요한 생활필수품에서, 말과 글로자신을 표현하고 공적 이익이 걸린 일을 하는 데 참여하며 자기만의 방식으로 신을 섬기거나 그 신을 섬기지 않는 것에 이르기까지, 자신의 복지를 위해 일정하게 꼭 필요한 것들이 있다. 가장 기본적인 것으로 축소한다면 개인의 자유는 자연에 의해 주어진 한계, 그리고 그의 동료들이 그와 마찬가지의 기회를 누릴 수 있는 한계 안에서 이 필요한 것들이 충족될 수 있게 하는 데 요구되는 행동을 할 수 있도록 그에게 보장되는 기회에 있다. 이미 존재하는 그 목록들의 자료 더미에 또 다른 필수 권리의 일람표를 추가하려는 것이 아니다. 그러나 이 모든 목록에 적용되는 두 가지 보고가 있다. 첫째, 권리가 자유의 효과적 보장책이라면, 리츠 호텔[1]에서 만찬을 즐길 여유가 있는 사람들의 권리처럼 그 권리가 형식적이기만해서는 안 된다. 그 권리는 그것을 행사하는 기회가 발생할 때면 언제나실제로 행사될 수 있는 것이어야 한다. 투표와 단결의 권리는 전자의 행사

---

1 [역주] 리츠 호텔(the Ritz); 런던의 일류 호텔.

가 퇴거를 뜻하고 후자의 행사가 해고를 뜻한다면, 완전히 무가치한 것이 되지는 않더라도 분명히 약화된다. 어떤 직업을 얻는 데 엄두도 못 낼 만한 비용이 든다면, 직업을 자유로이 선택할 수 있는 권리가 그렇게 된다. 가난한 사람은 대가를 지불할 수 없을 만큼 큰 비용이 든다면, 재판에 대한 권리가 그러하다. 생후 12개월 안에 상당한 비율의 아이들이 죽게 되는 것, 그리고 살아남은 사람들의 행복 투자가 주식에 도박을 하는 것이 환경에 의해 피할 수 없는 일이라면, '생명, 자유, 그리고 행복 추구'의 권리가 그렇게 된다. 둘째, 자유Freedom에 없어서는 안 될 권리는 소수만이 아니라 모든 사람의 자유Liberties를 보장하는 것이 되어야 한다. 어떤 현자는 주민의 5퍼센트가 일부다처제로 사는 반면 대다수는 남편이나 아내에 의해 위안을 받지 못하거나 거추장스러운 삶을 살지 못한다면, 결혼이 국가의 제도로 간주되지 않을 것이라고 말한 바 있다. 자유도 마찬가지다. 일부 집단들은 자기들 마음대로 많은 것을 할 수 있는 반면 다른 집단들은 그들이 해야 할 것을 거의 할 수 없는 사회는 고유의 장점들을 가지고 있을 수 있지만, 자유는 그중 하나가 될 수 없다. 자유를 구성하는 모든 요소가 이론상으로만이 아니라 실제로 그 권한을 최대한 이용하고, 자랄 수 있을 만큼 충분히 성장하며, 의무로 생각하는 것을 행하고, 자유Liberty는 지나치게 엄숙해서는 안 되므로 하고 싶은 것이 있을 때 그것을 마음껏 할 수 있는 한에서, 그리고 그러한 한에서만 사회는 자유로운 것이다. 인간답다고 할 만한 삶을 살 수 있는 기회가 소수에게 제한되어 있는 한 보통 자유라고 말하는 것은 특권이라 부르는 것이 더 적절할 터이다.

따라서 원칙 문제에 관한 한 자유의 의미는 내게 매우 단순해 보인다. 정책과 제도의 용어로 원칙을 실질적으로 해석하는 것은 물론 또 다른 이야기다. 가치가 일상생활에서 힘을 가지려면 동맹자로서 이익이 필요하다. 가치가 세력을 얻고 일반에게 받아들여진다면, 그 동맹자가 지우는 한계를 안은 채 그렇게 되는 것이다. 그것은 그런 이유로 계속해서 가치가 된다. 그 가치들이 더는 가치가 아니라는 생각, 즉 마치 중간계급에 의해 (실행된다고 칠 때) 실행되면 가치가 더는 가치가 아니라는 듯이 정직과 선의를 '부르주아의 도덕'이라 말하거나, 자본주의 사회에서는 다른 어떤 방식이 있을 수 있다는 듯이 어깨를 한 번 으쓱하면서 정치적 민주주의의 묵살을 '자본주의적 민주주의'라고 말하는 것, 이런 말들, 그리고 이와 비슷한 어리석은 말들이 1930년대라는 우스꽝스러운 시대에 횡행했는데, 이때 블룸즈버리 그룹[2]은 계급투쟁의 존재라는 심오한 사실에 눈뜨게 되어 등골을 오싹케 하는 울음소리와 함께 그 사실의 발견을 선언했고, 용감한 사람도 함께 토끼를 사냥하는 것조차 주저했을 법한 사냥꾼들에 의해 호랑이 사냥 초대장이 배포되었다. 그들을 기죽일 필요는 없는데, 비록 뒤늦었지만 그들 스스로 기가 죽은 것처럼 보이기 때문이다. 그러나 이해관계에 의해 왜곡될 때조차도 가치는 가치로 남는 반면 가치가 이해관계의 손아귀 안에서 겪는 왜곡은 그럼에도 심각하다. 영국에서 부유한 계급이 보통 지니고 있고, 최근까지 그들의 동포 대다수에 의해 받아들여진 자유의 개념이 이 경우에 딱 들어맞는 예이다.

그 개념은 몇 개의 특징, 즉 관용, 개인의 자유에 대한 존중, 대의 정부의 장점에 대한 믿음, 우리만의 방식을 고수하고 그것을 변화시키려는 협박에 굴하지 않겠다는 완고한 결의 등을 내포하는데, 이것들은 국가적

---

2 [역주] 블룸즈버리 그룹(Bloomsbury Group): 런던의 블룸즈버리에 살던 버지니아 울프를 중심으로 모인, 예술지상주의 예술가의 집단.

전설의 일부이기도 하여 당연히 높이 평가받는다. 그러나 이 특징들을 확립한 투쟁은 과거의 일이다. 자유가 벌이는 전투가 여전히 승리를 거두는 전장에서는, 즉 경제 분야, 그리고 경제 분야와 가장 가까운 정치 영역에서 벌어지는 문제들에서는 자축하기가 쉽지 않다. 이러한 문제에 관한 한 자유에 갈채를 보내고, 자유에 대한 위협에 탄식하며, 단순히 물질적 혜택을 위해 정신적으로 귀중한 것을 포기하지 말라고 나라에 경고하는 데 바쳐지는 대단한 능변이, 현재는 연설가와 그 친구들이 소유한 자유를 보존하는 데 주로 바쳐지고 있다고 느끼지 않는 사람은 자비심이 많은 인간임이 틀림없다. 이미 사다리의 꼭대기에 있는 계급은 떨어질 수는 있지만 올라갈 수는 없다. 그들이 자유Liberty를 이용하는 구조는 그 위치의 결과이다. 의식하건 그렇지 않건 간에 그것은 크게 보면 방어의 메커니즘이다. 요컨대 가능한 최상의 수준으로 기회를 확장하고 개인의 능력을 향상하기 위한 행동이 아니라 과거 역사와 현재의 사회제도가 그들에게 우연히 부여한 권한과 이점과 기회를 지닌 개인과 집단이 그것들을 계속해서 향유하는 것을 의미하는 것으로 그 자유를 보는, 자유의 주의Doctrine이다.

누구든 이러한 묘사가 과장된 것이라고 생각한다면, 현재 벌어지는 특정 논란에서 취한 입장들을 연구해보게 하라. 국가the State가 기업 연합체들을 축복할 뿐만 아니라 그들이 적절하다고 생각하는 대로 사업을 운영할 수 있는 자유에 간섭을 하지 말아야 한다는 솔직 담백한 제안을 담은, 기업가들의 한 중요한 단체가 만든 최근 보고서를 공부해보게 하라. 그 명칭에 자유Liberty와 재산Property이라는 말들이 도시 개조 계획과 토지 취득을 위한 지방정부 당국의 프로그램과 아주 행복하게 통합되어 있는 그 단체의 반응을 주목해보게 하라. 전쟁 기간 동안 수립된 통제 수단들을 다룰 때 유일하게 온당한 방침은 그 통제 수단들을 경제의 자유와 양립할 수 없는 것으로 마구잡이로 폐기하는 것이 아니라 그것들 사이의 차이를 분별하고, 상황이 허락하는 즉시로 그중 일부를 중단하면서도 주택이 지어지고, 사치품에 앞서 필수품이 생산되며, 보편적 이익을 위해 톤 세[3]가 사용되고, 결핍에 영향받지 않도록 소비자를 보호하기 위해 유지되지 않으면 안 되는 그 밖의 통제 수단들도 있음을 인식하는 것이라는 분명한 진실이 영향력 있는 사람들에게 받아들여졌음을 주의해서 보게 하라. 대다수의 학부모는 더 비싼 교육 기관에서 부과되는 수업료를 낼 수 없기 때문에 그 수업료의 폐지로써 소수를 제외한 모든 이의 자유가 증가될 것이라는 사실을 아는 사람 누구에게든 더없이 명백함에도 수업료 폐지가 학교를 선택하는 학부모의 자유를 파괴할 것이라는 이유로, 교장이라는 모습을 한 빛의 아이들[4]이 모든 중등학교에서의 수업료 폐지에 성공적으로 저항한 사실을 주목하게 하라. 이것이 지나치게 격한 언사가 아니라면, 이 모든 사상가들의 전제는 똑같다. 요약해서 말하자면, 일단 비상시의 규제 조치가 눈에 보이지 않도록 안전하게 묻히고 나면, 가능하거나 바람직한 것으로서 그러한 자유의 수단은 현존하는 사회질서에 의해 이미 확보된다는 것, 자유에 대한 주된 위협은 공공 단체의 활동이 현재는 그 해당 업무가 아닌 경제생활과 사회생활의 부서로 위협적으로 확장되는 데 있다는 것, 그리고 집단행동에 대한 단호한 저항이 그 자

---

3 [역주] 톤 세(tonnage): 배가 입항할 때 등록 톤수에 따라 징수되는 세금.

4 [역주] 빛의 아이들(the children of light): 『성경』에서 말하는, 하나님의 자녀. 이와 관련된 『성경』의 한 가지 예는 다음과 같다. 여기서 토니는 학교 선택의 자유를 주장하는 '자유주의자들'이 『성경』의 권위를 이용하고 있음을 말하고 있다.
"너희가 전에는 어둠이더니 이제는 주 안에서 빛이라 빛의 자녀들처럼 행하라"(『성경』, 「에베소서」 5장 8절)

유의 지속적 보존을 위한 유일한 보호 장치이자 충분한 보호 장치라는 것이다.

정치적 주의에 대한 유일하게 건전한 시금석은 인간 생활에 대한 그것의 실질적 효과이다. 이 주의의 결과가 무엇인지 우리는 알고 있기 때문에 길게 논의할 필요는 없다. 물론 예컨대 단순한 경제체제가 정치적 절대주의 체제와 결합되어 있었던 상황처럼 자유의 주된 적이 전제군주의 독재였고, 자유를 확립하는 분명한 방법이 그 전제군주의 행동 영역에서 가능한 한 삶의 많은 분야가 제외되어야 한다고 주장하는 것이었던 상황이 있었음은 전적으로 사실이다. 그러나 산업 문명의 조건에서는 그러한 주장의 효과가 정확히 정반대라는 것 또한 마찬가지로 분명하다.

특권계급은 언제나, 경제나 사회 문제의 어떤 분야에건 국가가 간섭을 자제할 때 그 행동하지 않음의 결과가 자유가 된다고 추정한다. 실제로는 대다수 인간이 관계되는 한 보통 그 결과는 자유가 아니라 독재다. 조밀한 인구를 지닌 도시 공동체나 노동자 집단을 고용하는 거대한 생산 사업에서는 누군가가 규칙을 만들고 그것이 지켜지도록 주의해야 하는데, 그렇지 않으면 시스템이 돌아가지 않아서 생활이 불가능해진다. 공권력이 그 일을 하지 않는다면, 그 결과란 모든 개인이 자유로이 자기 힘으로 그렇게 되도록 만드는 것이다. 그 일이 사적 권력에 의해, 즉 지대를 올리는 데 관심이 있는 지주들이나 이윤을 올리는 데 관심이 있는 자본가들에 의해 이루어진다는 말이다. 이 두 경우에 모두 그 결과는 자유가 아니라 독재인데, 그것이 대부분 의식되지 않는다고 해서, 그리고 이익을 주는 사람들이 아주 진심으로 그것을 자유와 같은 것으로 생각한다고 해서 덜 억압적인 것도 아니다. 임금노동자에 관한 한 과거의 고전적 예는 노동조합이 아직 약하고 산업 법규는 조잡하고 지방정부는 유아기에 있었던 시절 영국의 상태였다. 지금 시대의 고전적 예는 거의 요즘까지 이어져 내려온 수많은 미국 노동자의 상태였다. 사반세기 전에[5] 내가 처음으로 워싱턴을 방문했을 때, 웨스트버지니아의 광부들이 가시철사 뒤의 참호 속에 있고, 광산 소유주들은 저격수 부대와 매어져 있는 군사용 기구를 가지고 있으며, 불안정할지언정 상당한 정도의 자유를 향유하는 유일한 개인은 소유주의 부대를 통솔하는 장교인데, 의심할 바 없이 시적 방자함을 지닌 이 사람이, 철수하겠다는 협박으로 백만장자가 되었다고 한다는 사실을 믿을 만한 소식통에게 들었다.

그 오래 뒤인 1936년에 라 폴레트 위원회라는 한 상원 위원회에 의해 서술된 강압 장치, 즉 블랙리스트, 반노동조합주의 계약, 어용조합, 스파이, 첩보원, 무장 경호원, 독가스탄, 기관총 등이 그때 이후로 해체되거나 눈에 보이지 않게 안전하게 치워졌다. 그런데 왜 그것이 해체된 것일까? 1930년대에 이르기까지 산업 정책을 갖지 못했던 미연방 정부가 루스벨트 대통령의 빛나는 지도력 아래에서 마침내 산업 정책을 얻게 되었고, 노동자들의 단결의 권리, 그리고 노동자들과의 단체교섭거부라는 범법 행위에 모두 개입했고, 그 규칙을 강제하는 행정 기구를 세웠기 때문이다. 두 나라의 경우 모두 성취된 결과를 과장하는 것은 터무니없는 일일 터이다. 두 경우 모두 성취된 자유를 낳은 것은 노동조합 규정이나 입법이라는 형태로 된 법률이다.

영국에 관한 한 지금은 이 특정 주제가 먼 미래의 일로 보인다. 그러나 생산자로서의 인간에게 적용되는 것은 소비자로서의 인간에게도 똑같이 적용된다. 경제생활의 과정에서 국가의 개입에 반대하는 유일하게 지적

---

5 [역주] 1920년.

으로 존중할 만한 주장은, 국가가 개입하지 않음으로써 공중이 착취로부터 보호되었고 생산자들의 상호 경쟁에 의한 경제 발전의 결실을 얻어냈다는 말에 있었다. 생산자 각자가 그의 기업에서 산출한 것 중 너무도 작은 부분만을 통제했기 때문에 그 시장 가격에 영향을 미치지 못했다는 주장이 있는데, 그는 이 사실을 **자료**로서 받아들여야만 한다. 각각의 생산자는 그의 경쟁자가 개선책을 도입한다면, 그것을 따르거나 사업을 그만두지 않을 수 없을 것이다. 그래서 고전의 유명한 말처럼 "탐욕은 탐욕에 의해 억제"되고, 경쟁은 정직을 자동적으로 대체하는 기능을 하는 법이다. 가정한다는 의미에서 경쟁이 자유로운 적이 있었거나 지금 자유로울 수 있는지, 그리고 만일 그것이 가능하다면 수많은 사람들의 복지가 (E. F. M. 더빈[6] 씨의 표현을 빌리자면) 조건반사 체계에 의존하는 것이 바람직할 것인지는 이 자리에서 논의될 필요가 없는 문제다. 확실한 것은 그러한 상태가, 존재한 적이 있다 할지라도 오늘날에는 그것에 기반을 두고 주장한 이론과 마찬가지로 사멸한 것이라는 점이다.

우리는 영국 산업의 독점 또는 유사 독점의 정도가 어떤지 알지 못한다. 지금의 전쟁 시기 동안은 지난번 전쟁 때 나타난 것과 같은 기업합동과 기업합병Trusts and Combinations에 관한 보고서를 보지 못했다. 사실을 가장 잘 알고 있는 사람들은 그것을 누설하지 않는다. 그들이 상무부 소속이라면, 상무부에서는 대중이 상무부를 신뢰하게 만드는 것이 적절치 않다고 본다. 우리가 확실히 아는 것은 기업합병 운동이 두 전쟁 사이

---

6 [역주] E. F. M. 더빈(Evan Frank Mottram Durbin, 1906-1948): 영국 경제학자이자 노동당 정치인으로, 중앙 경제계획과 시장 가격 메커니즘의 결합이 반드시 필요하다고 주장했다.

의 20년 동안 놀랄 만한 진전을 이루었고, 이미 여러 해 전인 1937년에 한 미국인 경제학자가 영국 실업계의 여론이 가격을 유지하는 조직된 행동을 만장일치로 찬성한다고 쓸 수 있었으며, 그 운동이 철강, 석탄, 조선, 면직물 등의 몇몇 산업에서 국가의 지지를 받았고, 1939년 이래로 비약적 전진을 이루었으며, 지금은 지도적 영국 기업가들에 의해 언론the Press에서 산업 조직의 더 높은 단계로 공공연하게 갈채를 받고 있다는 점이다. 이러한 상황의 경제적 결과에 나는 지금 관심이 없다. 그러나 독점적 기업합병의 우연한 이점이 무엇이든 간에 한 가지는 확실하다. 그것은 독점자가 제공하는 질과 가격의 상품에 대해 소비자의 선택을 제한하기 때문에 자유라고 말할 수 있거나 과거에 그렇게 말한 어떤 것에도 노골적으로 반대하는 반주권半主權, semi-sovereignties을 창출한다는 점이다. 여기서 다시 현 단계 역사의 자본주의가 모든 자유의 수호자라는 주장이 있지만, 자본주의 자체가 지녔다는 자유는 믿기 어려운 자랑이다. 현재의 경향이 제멋대로 발전한다면, 그것은 새로운 봉건주의의 근원이 될 것이라고 말하는 것이 더 적절할 것이다.

내가 강조하고자 하는 세 번째 요점 또한 마찬가지로 분명하다. 현재의 사회사 국면에 특징적인 경제 권력의 막대한 집적이 생산자와 소비자로서의 인간의 자유를 위협하는 한 시민으로서의 인간의 자유 또한 위협한다. 모든 자기모순의 신조 가운데 가장 모순된 것은 정치적이고 시민적인 자유에 대한 열정과, 그들이 무시하는바 경제적 노예 상태를 나타내는 사실들에 대한 자기만족적 무관심을 함께 지닌, 줄어들고는 있지만 영향력이 없지는 않은 일군의 사상가들의 신조이다. 이 경제체제는 대등한 관계에서 이루어지는 독립된 사업과 거래의 집합이 아니다. 이것은 무엇보다도 권력 체계이다. 권한의 위계 체계이다. 그래서 더 중요한 지렛대들을 조종할 수 있는 사람들은 직접으로건 간접으로건, 의식적이건 무의식적이건, 자기 동료들의 실제 통치자들이다.

> 아무것도 모르는 채, 그들은 손쉬운 바퀴를 돌려
> 꽉 집어 껍질을 벗기는 날카로운 톱니 막대를 작동시켰다네.
> (All ignorant, they turn an easy wheel
> Which sets sharp racks to pinch and peel.)[7]

작은 회사를 위해 일하는 사람들의 생계는 그 회사가 시장market으로 삼는 큰 회사의 정책에 의존한다. 큰 회사는 자기가 속한 카르텔의 규칙을 따라야 한다. 그리고 이 삼자 모두는 탄광과 면직 공장을 본 적이 없고 본 적이 있다 하더라도 베틀과 뮬 방적기를 구별하지 못하는, 온화하고 말끔히 옷을 맞춰 입은 신사들에 의해 런던과 뉴욕에서 내려지는 결정에 따른다. 회사 하나가 통지도 없이 문을 닫고, 도시 절반이 폐허가 된다. 하나의 기업합동체가 생산능력 축소라고 완곡하게 불리는 것을 결정하면, 북동 해안과 같은 한 구역 전체가 쓸모없게 된다. 자본시장은 현재 유행하는 어떤 투자에서 돈을 보기 때문에 석탄과 면직물은 현대화되지 않은 채로 남는다. 런던 중심부가 동의하면 수많은 기업가들이 격분할지라도 영국 파운드화가 과대평가되고, 광부들의 조업 중단과 이른바 총파업이 있게 된다. 내가 지금 논의하려 하지 말아야 하는 이유 때문에 가격 폭락이 산업과 몇몇 지방정부들을 벼랑으로 내몬다. 너무 늦기 전에 이 사태

---

7 [역주] 토니는 비망록에서도 이 구절을 인용한 바 있다. 1912년 10월 16일자 비망록의 각주 59를 참조할 것.

를 제어할 수 있는 당국은 존재하지 않는다. 그다음에는 어디로 이 괴물이 도주할지, 언제 평화가 되돌아올지 아무도 말할 수 없다. 그러나 자기 주인을 찾지 않는다면 이 괴물은 도주할 것이다. 그 대가를 치르는 사람들은 자신의 일자리 때문에 전전긍긍하는 불행한 남자와 여자들이 될 것이다.

모든 감정 가운데 가장 모멸적이고 자유와 가장 양립할 수 없는 것이 바로 두려움이다. 잔혹한 사실은 대다수 인간에 관한 한 희망에 의해서보다 두려움에 의해, 즉 실직의 두려움, 집을 잃을 두려움, 저축한 것을 잃어버릴 두려움, 아이들이 학교에서 쫓겨날 두려움, 이 유쾌한 사건들이 모두 한꺼번에 일어날 때 한 사람의 아내가 하게 될 말에 대한 두려움에 의해 이 경제체제가 계속해서 정상적으로 운영된다는 점이다. 사태가 실제로 어떻게 돌아가고 있는지 알고자 한다면, 언제 사람들을 몰아가기가 가장 쉬운지를 고용자에게 물어보라. 그는 그들이 경기가 좋을 때는 다루기가 힘들지만, 사업이 축소되어 그들의 생산물이 시장을 찾게 될지가 불확실한 순간에는 일자리를 잃을까 봐 두려워하기 때문에 노예처럼 땀을 흘린다고 말할 것이다. 은행에 당좌대월이 있는 파산자 또한 그들만큼이나 종종 두려움을 느낀다.

이러한 제도의 장점이 무엇이든 간에 이러한 제도는 이것을 통해 이익을 얻는 소수를 제외한 모든 사람의 자유와, 그리고 가장 근시안적인 관점을 제외한 어떤 관점에서도 경제의 자유뿐만 아니라 정치적 자유와도 확실히 양립할 수 없다. 전쟁이 다른 무엇도 우리에게 가르쳐주지 않았을지라도 한 가지 교훈은 가르쳐주었어야 했다. 자유, 평등, 형제애라는 구호를 공장이나 광산에 내붙이는 것이 시어빠진 이상주의와 실현되지 못한 희망을 상기시키는 꼴이 되어 냉소만을 불러일으킨다면, 이 구호를 공공건물의 정면에 붙여 과시하는 것은 한가한 일이다. 사람들이 바라는 것은 헌법에 있는 문구가 아니라 문명화된 생존에 필수인 것을 보장하고 인간으로서 갖는 위엄에 적절한 존중을 보이는 제도의 형태로 이루어지는 결과물이다. 사람들은 그것을 한 가지 방법으로 얻지 못하면, 또 다른 방법으로 얻으려고 애쓴다. 자유에 주어지는 해석이 그것을 형식적 문구로 축소한다면, 사람들은 허깨비가 아니라 적어도 실체를 제공하는 체라도 하는 대안에 맞서면서 그러한 자유를 위해 싸우려 하지 않을 것이다. 우리는 그 대안이 무엇인지 알지 못한다. 파시즘이 어떤 신사적 형태로 이 나라에 도래한다면, 그것은 물론 파시즘이 아니라 진정한 민주주의True Democracy라고 불릴 텐데, 무자비한 소수의 독재에 의해서가 아니라 심드렁한 대다수의 무관심의 결과일 터이어서 이들은 허풍선이들에게 진저리가 나서 자유가 허깨비가 되지 않기 위해서는 없어서는 안 될 웬만한 실질적 생활 조건을 약속하는 어떤 체제도 따를 것이다.

사회주의자들이 자유라는 관념에 한때 그것에 있었던 마법을 되찾아주려 한다면, 자유를 지상으로 가지고 내려와야만 한다. 자유의 의미를, 방어되어야 하는 소유물로서가 아니라 성취되어야 할 목표로서, 현실적이고도 적극적인 용어로 말해야 한다. 신의의 진정한 옹호자가 자유라는 말을 구실로 이용하는 이해관계가 아니라 바로 자신들임을 증명해야 한다. 그들의 정책이 정치권력뿐만 아니라 경제 권력 또한 국민을 위해 행동하는 당국을 책임지도록 만듦으로써 정치의 독재뿐만 아니라 경제 독재 또한 끝내는 것임을 분명히 보여주어야 한다. 이러한 계획의 내용을 상세히 논하는 것은 지금 내가 맡은 일이 아니다. 자유가 다른 무엇을 암시하든 간에 현재는 소수의 특권인 모든 이점을 이용하는 데 필요한 공공서비스의 폭넓은 확장만이 아니라 이것이 필수라 할지라도 경제 주권을 진정하고도 결정적으로 이전하는 것 또한 분명히 의미한다. 이것은 그 결과를 얻는 데 중요한 수단이기는 하지만 한 가지 수단일 뿐인 무차별적 국유화를 반드시 의미하는 것은 아니다. 이것은 경제체제의 요체와 전략적 위치가 사적 이해관계의 영역에서 떨어져 나오고 공공단체에 의해 유지된다는 것을 뜻한다. 국가가 자본의 흐름을 서로 다른 사업 안으로 들어가도록 조절하고, 자극하며, 지휘할 수 있게 하는 데 필요한 기구를 갖추게 될 것이라는 것, 다른 것은 언급할 것도 없이 은행, 운송, 석탄과 전력, 철강과 같은 기반 서비스가 공적 소유에 귀속되리라는 것, 독점도 이와 마찬가지 방식으로 다루어지거나 엄격히 통제되리라는 것, 그리고 국유화된 부문 바깥에서 계속해서 운영되는 대다수 산업 또한 국가 당국이 정하는 정책의 틀 안에서 작동되어야 하리라는 것을 뜻한다. 이러한 변화를 가져오는 데 사용될 특정 방법은 의심할 바 없이 매우 다양할 것이어서 내가 지금 그것에 관해 깊이 생각할 수는 없다. 필수적인 것은 사적 이해관계는 국민 대다수의 이해관계에 종속되어야 한다는 점, 그리고 국가는 경제발전을 보편적 복지의 노선으로 이끄는 데 필요한 권한과 기관을 갖추어야 한다는 점이다.

　이러한 정책이 체계적으로 추구된다면, 내가 생각하기로는 보통 사람들에게 열리는 기회의 범위, 그들이 자신들의 환경을 관리하고 자신들의 경제 복지와 사회복지에 관계된 문제들에서 주도권, 요컨대 자신들의 자유를 행사하는 일이 오늘날보다 훨씬 더 많아지리라는 점을 부인할 사람은 거의 없을 것이다. 그러나 물론 경제학과 정치학의 토론 영역에서 바로 이 점을 두고 반격이 시작된다. 말하기 부끄럽지만, 틀림없이 여러분이 알아챘을 터이나, 나는 마땅히 바쳐야 하는 부지런한 태도로 경제 이론가의 저작들을 공부하지 않는다. 이것이 단지 육체의 허약함이 아니라 한 가지 이유가 된다면, 저 오래되었지만 경탄할 만한 희곡『진지함의 중요성』[8]에서 그 여자 가정교사가 자기 학생에게 설명한 이유 때문이다.

"밀이 루피화rupee 하락에 관해 쓴 장은 읽지 말거라, 얘야. 어린 여자아이에겐 너무 자극적이거든."[9]

『노예의 길The Road to Serfdom』(1944)에서 최근에 사회주의에 대해 경고한, 내 존경하는 동료 폰 하이에크 교수[10]가 자신의 작업을 사회주의가 준비한 경제적 파국의 예견에 국한했다면, 그 악마들과 마찬가지로 나는 믿음을 갖고 몸을 떨었어야 했으나, 믿지 않는 동안에도 확실히 떨었어야 했다고 말할 수가 없다. 하지만 그는 사회주의 경제학이 아니라 그것이 수반한다고 자신이 믿는 필연적 결과를 표적으로 선택했다. 그런데 아마도 여기서 그를 기다리는 운명에 관해 그가 위험을 무릅쓰고 하나의 의견을 제시하는 것이라면, 그 노예 중 한 사람은 주제넘은 자라고 여겨져서는 안 될 것이다.

---

8 [역주]『진지함의 중요성(The Importance of being Earnest)』: 19세기 유미주의 운동의 대표자인 아일랜드 태생의 영국 극작가 오스카 와일드(Oscar Wilde, 1854-1900)의 작품.

9 [역주] 원문과는 조금 차이가 있다. 원문은 다음과 같다.
"(…) you will read your Political Economy in my absence. The chapter on the Fall of the Rupee you may omit. It is somewhat too sensational."
"내가 없는 동안『정치경제학』을 읽거라. 루피화의 하락에 관한 장은 건너뛰어도 돼. 다소 지나치게 선정적이거든."

10 [역주] 폰 하이에크 교수(Professor von Hayek): 프리드리히 아우구스트 폰 하이에크(Friedrich August von Hayek, 1899-1992). 오스트리아 태생의 영국 경제학자이자 정치철학자.

물론 폰 하이에크 교수의 비극에 등장하는 악당은 계획Planning, 다시 말해 그가 "단일한 계획에 따라 사회의 자원이 특정 목적에 기여하기 위해 특정 방식으로 쓰이도록 '의식적으로 지시하는', 즉 모든 경제활동을 중앙에서 지시하는 체제"[11]로 정의하는 계획Planning이다. 이 악마는 갇혀 있던 병에서 일단 풀려나기만 하면, 거의 무제한적으로 보이는 범죄의 잠재력을 드러내 보인다. 이 악마의 일은 어떤 사회나 집단도 경제정책상의 어떤 중요한 문제에 관해서도 합의에 이를 수 없을 거라는 발견에서 시작된다. 그리고 나서는 자신과 자신의 동료 악마들을 독재자로 임명하여 민주주의 제도의 이 불운한 결함을 고치려 한다. 일단 실권을 확고히 잡으면 그는 법규를 행정명령으로 대체하고, 노동자의 직업 선택권과 소비자의 상품 선택권을 없애는 데 그 행정명령을 사용한다. 경제 분야를 정복하고 나면, 자유가 최후의 생명줄로 잡으려 하는 정신 영역에 대한 군사작전을 시작한다. 만장일치라는 환상을 확실히 보이기 위해 강제수용소와 언론이라는 폭력과 기만술을 사용한다. 관용, 사상과 언론의 자유, 개인적 자유, 객관적 과학, 개인과 공공의 도덕이 모두 소멸된 세계에 장막이 드리워진다. 완전한 암흑이 만인을 뒤덮는다.

폰 하이에크 교수의 책은 존경심을 불러일으키는 진심어린 감정과 신심으로 이루어져 있다. 그는 버크Edmund Burke가 말하는 방식이라고들 했던 것처럼 암살자와 맞닥뜨린 사람의 표현으로 쓴다. 그의 정직성과 능력은 모두 의문의 여지가 없고, 나는 그의 경고를 가볍게 다루고 싶은 마음이 없다. 그러나 역사에 관한 그의 설명, 예컨대 독일이 영국의 사회사

---

11 [역주] 토니는 이 인용문에서 원문의 'should'와 'definite'를 'shall'과 'particular'로 바꾸어 쓰고 있으나 의미상 큰 차이는 없다.

상에 미친 영향과 영국의 독점 운동의 원인에 관한 그의 설명은 아마도 항상 완전히 설득력이 있지는 않다. 또한 경험을 통해 볼 때, 내가 이해하기로는 그가 주장하는 견해, 즉 경제정책의 주요 문제들의 본질상 민주주의가 그 문제들과 맞닥뜨리면 행동을 허용할 만큼 충분한 합의에 이를 수 없다는 견해는 확증할 수 없다고 생각된다. 하지만 이 주장은 그의 논지의 외벽일 뿐이어서, 이것이 버려진다 하더라도 그 요새는 여전히 건재할 것이다. 그 요새를 정찰하기 전에 그에게 한 가지 고백을 하고자 한다. 인간의 제도는 수단일 뿐이다. 법정과 경찰, 육군과 해군, 교회와 학교 등의 모든 제도는 나쁜 목적을 위해 사용될 수 있고 사용돼왔다. 경제생활의 과정에 대한 공적 통제 역시 마찬가지 방식으로 사용될 수 있다는 것은 전적으로 사실이다. 강압적 힘으로 무장한 권력이 종종 자유의 적이었고, 몇몇 나라에서는 여전히 그렇다는 것 또한 전적으로 사실이다. 그러나 이러한 점들을 강조하는 것은 뻔한 말을 장황하게 늘어놓는 꼴인 것 같다. 중요한 문제는, 모든 사람이 인정하는 것처럼 두려움의 대상이 되는 악폐가 특정 상황에서 발생할 수 있는지 여부가 아니다. 중요한 문제는, 상황이 어떻든지, 그리고 그것에 대한 예방 조치가 무엇이든 간에 그악폐가 필연적으로 발생하는지 여부, 아니면 적어도 그 발생 가능성이 매우 크기 때문에 유일하게 신중한 방침은 폰 하이에크 교수가 예언하는 더 끔찍한 대실패를 피하기 위해 현존하는 악의 지속을 묵인하는 것인지 여부이다. 이 의문에 대한 내 대답이 그의 대답과 다르다면, 그 주된 이유는 추측건대 내가 두 가지 점에서 그에게 동의하지 않기 때문이다. 나는 그의 계획 개념을 받아들이지 않고, 국가에 관한 그의 견해도 받아들이지 않는다.

첫 번째 논점에 관해서는, 내가 경제학자를 자처하지 않으니 조심스럽게 말하고자 한다. 계획은, 자본주의나 사회주의처럼 분명히 몇몇 서로 다른 종種을 지니는 속屬이다. 폰 하이에크 교수는 내가 보기에 그것을 한 가지 종, 그것도 하나만 있는 종과, 게다가 내 생각으로는, 그 과科 중에서 가장 매력이 없는 구성원과 동일시한다.[12] 내가 그를 올바로 이해하는 것이라면, 그는 이 말로써 경제활동의 전 범위를 감싸 안는 포괄적 계획을 의미하기 때문에 그 아래에서는 철강 공장에서 핀에 이르는 모든 생산 물품의 양과 질, 그리고 모든 개인의 직업과 보수가 미리 몇 년 단위로 중앙 당국에 의해 정해지는데, 이 당국은 소비자와 생산자의 견해에 영향을 받지 않고, 대표자 회의에 대해 아무리 간접적인 것일지라도 어떤 책임도 인정하지 않으며, 위반하면 범죄 행위가 되는 명령의 발포에 의해 자기 일을 수행한다. 이러한 가정 하에서라면 전체주의라는 괴물이 그의 결론으로 등장하는 것이 놀랍지 않은데, 이 저자는 전체주의를 자신의 전제 가운데 포함하려고 애써왔기 때문이다. 계획에 대한 이러한 묘사가 과연, 그리고 어느 정도로 러시아나 독일의 현실(이 둘은 같지 않다)과 일치하는지 말할 만한 지식이 내게는 없다. 폰 하이에크 교수가 제시하는 계획의 형태는, 의심할 바 없이 있을 수 있는 하나의 형태이니 그의 독자들은 그가 이 계획의 함의를 전개한 것을 감사해야 한다. 하지만 그가 하는 작업으로 보이는 바와 같이 그가 묘사하는 것처럼 그러한 힘으로 무시무시한 결과를 낳는 수단만이 고찰될 필요가 있다고, 다시 말해 다른 모든 수단역시 필연적으로 그와 똑같은 치명적 목표로 이어진다고 암시하는 것은

---

12 [역주] 종(種), 속(屬), 과(科)는 자연계를 분류하는 단계를 말한다. 아래로부터 위로 올라가는 분류의 단계는 종(種, species), 속(屬, genus), 과(科, family), 목(目, order), 강(綱, class), 문(門, phylum), 계(界, kingdom)이다.

모든 의문을 회피하는 것이다. 이것은 의회 제도를 시도한 특정 국가들에서 의회 제도가 무용지물이었다고 해서 그것을 묵살하는 것, 또는 (그 자체가 대규모 계획의 예인) 공교육 체계는 몇몇 국가에서 부패의 도구로 삼았기 때문에 필연적으로 부패하고 있다고 주장하는 것만큼이나 비현실적이다.

계획은, 의회나 공교육과 마찬가지로 단순한 범주가 아니다. 그것의 결과는 그것에 붙은 꼬리표가 아니라 그것이 기여하도록 기획된 목적, 그 목적을 실현하기 위해 사용하는 방법, 그리고 이 양자의 선택을 결정하는 정신에 달려 있다. 예컨대 계획경제의 본질적 특징이 폰 하이에크 교수가 주장한다고 생각되는 것처럼 상세한 생산 예산안에 있지 않고, 더 높은 범위의 경제 전략에 대한 책임을, 이윤을 만드는 기업가로부터 국가 당국으로 옮겨놓는 데 있다면, 부당성에 관한 그의 수수께끼는 대수롭지 않은 것으로 약화될 것이고, 그가 말하는 피에 목마른 괴물Leviathan은 힘든 일을 묵묵히 하는 쓸 만한 일꾼이 될 것이다. 이러한 관점에서 보면, 단일한 중앙 조직이 반드시 경제생활의 구석구석에 개입해야 할 이유는 없다. 그 중앙 조직의 통제를 받는 부문이 충분히 중요해서 투자와 신용 정책과 고용 같은 보편적 복지가 의존하는 문제들에 대한 주요 결정을 국가가 맡거나 내리게 할 수 있는 것으로 족하다는 말이다. 국가가 반드시 생산의 모든 세부 사항을 결정해야 할 이유는 없다. 국가는 공익 기업이나 공익을 책임지는 다른 생산 단위들에, 예컨대 산출량, 비용, 가격, 새로운 공장 건립과 관련된, 그들이 추구해야 하는 일반 정책에 관한 지시를 내리고, 물론 그들의 자문을 거친 후에 만들어지고 공중의 비판을 수용하는 정책의 틀 안에서 작업을 수행하는 것으로 충분하다는 말이다. 국가가 반드시 노동자를 징집하고 그들에게 직업을 할당하고 움직임을 지시할 이유는 없다. 필요한 유인책을 제시함으로써 보통 때에는 국가가 노동자의 고용을 그것에 관심 있는 사람들에게 맡길 수 있다는 말이다. 국가는 사적 독점기업처럼 비용을 충당하는 데 필요한 것보다 높은 수준의 가격을 유지하려는 동기를 갖지 않을 것이고, 예컨대 건강 부문과 같은 특정 경우에는 손실을 보면서 판매하는 것을 손쉽게 할 수도 있다. 그러나 소비자는 오늘날처럼 자신의 취향대로 자유로이 생활할 것이다. 국가는 단지 협상력 덕분에 동료들을 희생시키면서 전진을 강요하는 강력한 전략적 입장을 지닌 노동자 집단을 묵인하는 일은 없을 것이다. 또한 노동조합운동은 자본주의의 특정 이점을 최대한 이용하기를 거부할 때 얻은 것보다 잃은 것이 더 많았는지 여부를 판단해야 할 것이다. 이 경우를 제외한다면, 일군의 거대한 사적 기업합동이나 엄청난 수의 작은 회사들을, 신중한 생산과 투자 정책을 추구하는 공공 기관으로 대체하는 것의 결과로 어떤 경제의 자유들이, 그런 것이 있다 할지라도 사라질지 구체적으로 말하기는 쉽지 않다. 경제의 자유가 실업에 대한 두려움의 제거, 공정한 보수의 기준, 인맥과 정실에 영향을 받지 않는 승진 기회, 사적 독점의 폐지, 그리고 전투가 강자들에 대해 이루어지는 생활 영역의 축소에 달려 있는 한, 경제의 자유는 실질적으로 증가하리라고 말하는 것이 합리적일 것 같다.

이러한 상태에 대한 관습적 응수는, 폰 하이에크 교수가 그렇다는 말은 아닌데, 이러한 상태를 만드는 사람들을 추악한 유물론자라고 비난하는 것이다. 노예가 되는 것은 덜 불편할 수 있지만, 한 분야에서 얻는 것이 다른 분야에서의 손실을 상쇄하고도 남는다고들 말한다. 독재국가의 비인간적 메커니즘 속에 있는 톱니바퀴들이 되어 그들은 시민과 인간으로서의 위엄을, 즉 그들의 주도권과 책임, 그들이 원하는 대로 자신들의 삶을 이끌어나가거나 결딴을 낼 수 있는 권리를, 영혼에 놓는 모르핀 한 방에 물물교환하듯 싸게 팔아넘길 것이라는 말이다. 전제적인 정부가 경제 문제에 대한 통제를 확대한다면, 자기가 이해하는 방법만을 사용하고, 경제문제를 전제 군주처럼 처리할 것이다. 그러나 왜 전제정치를 가정하는가? 그 명칭 덕분에 다양한 역사, 경제 환경, 헌정 제도, 법률 체계, 특정 상태의 사회심리와 무관하게 존재하는 단일한 특징들을 지니는 이른바 '국가the State'라는 실체가 있다는 관념, 그리고 이 특징들은 인간의 모습을 한 호랑이의 도덕을 지닌 일본 세관원의 관습과 필연적으로 결합한다는 관념은 순전한 미신이다. 이것은 어떤 신격화된 인간 앞에서 무릎을 꿇고 길러진 사람들의 경우에는 납득이 되지만, 그럼에도 허풍일 뿐인, 일종의 신비주의이다. 국가가 우리의 더 높은 자아를 상징한다고 한 헤겔에 의해 길러진 철학자들이 우리에게 알려진 40년 전에, 그것은 낙관주의적 허풍이었다. 국가가 프로이트가 말하는 추잡한 강박관념 중 하나의 산물이라는 말을 가끔씩 듣는 오늘날에는, 그것이 비관주의적 허풍이 되기가 쉽다. 그러나 어느 경우든 허풍이다. 국가는 중요한 한 가지 수단이다. 따라서 그것을 통제하고자 하는 투쟁 또한 중요하다. 그러나 그것은 수단일 뿐, 그 이상은 아니다. 어리석은 자들은 할 수 있다면 어리석은 목적을 위해 그것을 이용하고, 범죄자들은 범죄 목적을 위해 이용한다. 분별 있고 고상한 사람들은 고상하고 분별 있는 목적을 위해 그것을 이용하고, 어리석은 자들과 범죄자들을 제자리에 놓는 법을 알 것이다. 게다가 이 관계 속에서 국가에는 정확히 무엇이 포함될까? 런던 수도국Metropolitan Water Board과 런던 여객 운송 위원회London Passenger Board가 그 일부일까? 런던 수도국이 앞선 여덟 개의 수도 회사의 뒤를 잇고, 런던 여객 운송 위원회가 여객 서비스에 통합 조치를 도입하고, 이 양자가 그 업무에 적절한 부서들을 책임지게 되었을 때 공적 자유가 위험에 빠졌다고 주장하는 것인가? 그렇지 않다면 일군의 은행업, 운송, 탄광, 전력과 철강 사업이 이와 똑같은 방식으로 간다는 이유만으로, 다시 말해 이 모든 사업에서 그들이 추구해야 할 정책에 대해 지시하는 권한을 지닌 중앙 당국에 그들의 모든 활동을 설명하라는 요구를 받는다는 이유만으로, 왜 공적 자유가 위협받는다는 말인가?

사실은 시민적 자유와 정치적 자유라는 사안에서 진짜 문제는, 어쨌든 이 나라에서는 다가올 노예제에 관해 말하는 몇몇 예언자들이 문제를 찾곤 하는 차원과는 다른 차원에 있다. 시민적 자유는 말하기와 글쓰기의 자유, 예배의 자유, 집회의 자유, 직업 선택의 자유, 단결의 자유에 주로 달여 있다. 정치적 자유는 일부는 전자에, 일부는 책임 있는 대의 정부의 유지를 위한 헌정 제도의 존재에 달려 있다. 이 둘을 보존하는 유일한 보장책은 이 둘을 단호히 지키려는 여론이다. 특정 산업들이 공공 조직들에 의해 소유되고 관리되며, 국민이 필요로 하는 것에 관해 그 조직들 중 어느 하나보다도 더 포괄적인 시야를 가질 수 있는 그 이상의 조직에 의해 그 조직들이 활동 지침을 받는다는 이유만으로 그 보장책이 약화될 이유는 전혀 없다. 그와는 반대로 이러한 제도가 주어지면, 시민이 자신의 바람을 알리고 그의 비판이 오늘날 일반적으로 효과를 내는 것보다 훨씬 더 효과적이게 느껴지도록 하는 능력이 가능해질 수도, 바람직해질 수도 있을 것이다. 산업이 국유화되면 사적 독점기업이 현재는 영향 받지 않는, 조사와 비판과 홍보의 권한을 지니고 있고 그 기업 생산품을 사용하는 주요 소비자 집단의 협의회 대표자 각자에게 많은 발언권이 부여된다. 생산자 협회는 다양한 서비스를 지휘하는 단체들로 당연히 대표될 것이고, 그들이 현재 가지고 있는 보호 기능에다 노동자를 증원하는 일과 생산과

정을 개선하는 일에 대한 자문과 조언자의 기능을 더 갖게 될 것이다. 정기적인 보고를 통해 상식이 되어야 마땅한 수많은 경제문제들이 현재는 장막에 가리어져 있는 분위기를 일소할 것이다. 국가가 책임져야 했던 사업의 운영은 전쟁 기간 동안 그랬던 것처럼 의회가 지명한 위원회나 위원회들에 의해 주기적으로 검토될 것이다.

따라서 단순히 조직 문제에 관해서라면, 이 나라에서 가능한 사회주의의 어떤 형태에 의해서라도 정치적이고 시민적인 자유의 소멸을 예상하는 것에는, 내가 보기에 이성보다는 감정이 더 많이 담겨 있다. 심각한 위험은 그 반대이다. 민주주의는 경제의 자유의 무모한 추구에 희생당해도 좋은 것이 아니다. 그러한 자유의 조건들의 확립은 아주 오랫동안 지연될 수 있다는 것, 그리고 그러한 확립을 이루지 않는 것은 민주주의를 신용하지 않는 것일 수 있다는 말이다. 사회주의자는 이러한 위험의 실상을 인식하고, 그것을 예상하는 전략을 계획해야 한다. 경제의 자유란, 주요한 특정 경제활동을 계획하고 지휘하기 위해 필요한 권한을, 재산 소유자의 대리인으로부터 국민을 대표하여 활동하고 그 활동의 책임을 지는 기관으로 옮기는 것을 의미한다. 산업사회에서 경제의 자유는 이 방법으로 성취될 수 있고, 다른 방식으로는 성취될 수 없다. 따라서 바라건대 내가 사회주의 공공성의 더 큰 발전에 대한 열정이 부족하지 않다면, 나는 지금 시기에는 건강과 교육에 관련된 것은 제외하고, 경제 권력의 획득을 부차적인 것으로 본다.

내 의견으로는, 다음 노동당 정부는 개량 조치가 일부는 필요하지만 그것에 모든 에너지를 바치지 말고 경제체제의 요점들을 공적 통제하에 놓는 것을 중심 목표로 삼아야 하고, 그 목표를 공격하는 것에 맞서는 조치들을, 물론 이제까지 그랬던 것처럼 미리 준비해야 하며, 신망이 아직 높은 취임 첫 달에 당장 그 조치들을 시행해야 하고, 필요하다면 해체라고 할 정도의 전투에 대비해야 한다. 중요한 것은, 당이 모든 사람을 위한 약속을 담은 화려한 계획을 제시하는 것이 아니라 국민에게 패기를 불어넣어 주는 것이다. 제한된 수의 기본적인 일에 집중해야 하고, 왜 그것을 필수적인 일로 보는지를 대중에게 솔직하게 말해야 하며, 그것을 포기하느니 기꺼이 정권을 잃겠다는 자세를 보여줌으로써 그 확신의 진정성을 증명해야 한다. 선거에서 패배한다면 당이 일시적으로 권력을 빼앗길 테지만, 나중에 정권을 되찾으면 권위를 가지고 다시 당의 계획에 따라 활동할 수 있게 될 것이다. 만일 1929~31년에 그랬던 것처럼 당이 정권을 유지하기 위해 자신의 원칙을 희생시켜 스스로를 무너뜨린다면, 끊임없는 협박에 노출될 뿐만 아니라 지지자들의 **도덕**과 일반 대중의 신뢰 모두를 파괴하게 되고, 이 두 가지가 없으면 노동당 정부는 정권을 가지지 못한 것이나 마찬가지가 된다. 또한 우리는, 현재의 세계의 상태에서 위험에 처한 것은 한 나라의 미래만이 아니라는 사실을 잊어서는 안 된다. 영국에 사는 우리가 경제라는 정글에 정치를, 그리고 특정 이해관계를 넘어서는 보편적 이해관계의 주권을 도입하는 것이 가능하다는 사실을 보여줄 수 있다면, 다른 민족들도 자신들의 다양한 방법에 따라 이와 똑같은 길을 따를 것이다. 우리가 그렇게 할 수 없다면, 그 빈 권좌를 차지하려고 기다리고 있을, 사회주의 이외의 어떤 신조에라도 재량권을 넘겨주게 된다. 신조란 군사적 패배만으로 죽는 것이 아니다. 그러나 사업이 문제라면 우리는 그 일을 할 수 있다.

옮긴이 해제

R. H. 토니의 기독교 정신과
'도움 되기'의 사회경제 사상

1. 부자 되기와 사회에 도움 되는 일 하기

– "여러분, 부자 되세요!"

– '부자 되세요'

– 『존리의 부자되기 습관』, "대한민국 동학개미운동"

한국만큼 '부자 되기'의 강박감이 온 사회를 지배하는, 심지어 그 강박감을 느끼도록 강요하는 곳이 지구상에 또 있을까? 그 몇 가지 비근한 증거가 위의 '구호'들이다. 맨 위의 것은 아마도 모두가 기억하리라 생각되는데, 꽤 여러 해 전에 한 유명 여배우가 어느 신용카드 회사의 광고에서 귀엽게 외친 문구이다. 당시에 이 '구호'는 네티즌이 압도적으로 좋아하는 카피로 뽑히기도 했다. 두 번째 것은 현재의 한국 '금융감독원 금융상품통합비교공시'의 금융 상품 소개란의 제목이다. 맨 아래 것은 2020년 코로나 시국에 열풍을 불러일으킨 한 책의 제목과 이 책을 선전하는 광고 문구이다. 그런데 사실 이 구호들의 원조에 해당하는 것은 다름 아닌 1960~70년대 권위주의 정권 시절의 그 유명한 다섯 자짜리 구호였다. 정치적 폭압에 대한 심각한 저항에 늘 직면했으면서도 이 권위주의 정권이 어쨌든 장기간 유지될 수 있었던 것은, '잘 살아보세!'라는 지극히 단순한 구호의 강력한 중독성, 그리고 그것이 온 국민을 실제로 정신없이 몰아붙인 힘이 결정적이었다. 보릿고개라는 말이 비유가 아니었던 시절의 과거에서 국민소득 3만 달러를 넘겼다는 현재까지를 관통하여, 그야말로 관민官民의 차원을 막론하고, '부자 되기'는 다른 어느 것보다도 한국 사회를 압도하는 장기 지속의 캠페인이다.

그런데 그 캠페인의 2020년 변종은 어떠한가? **'동학(맙소사!!)개미운동의 구루, 존 리'**라는 이 책의 카피를 읽을 때 나는 아연실색하지 않을 수 없었다. 광고 문구는 붙이는 사람 마음대로라고 치부할 수 있는지 몰라도, 그는 이 '동학개미운동'에 동참한 한국의 젊은이들이 그가 주장하는 '대한민국 경제독립 액션 플랜'에 마음 깊이 공감하여 지금처럼 주식 투자에 열을 올리고 있다고 정말로 생각하는 것일까? 나는 이 책을 읽어보지 않았지만 그가 여기저기 방송 매체에 출연한 영상은 몇 번 보았기 때문에 그 주장의 핵심은 알고 있는데, 과연 지금 한국의 젊은이들이 그가 말하는 대로 사교육과 사치품 구입에 들일 돈을 아껴서 장기 투자 계획으로 주식 매입에 열을 올리고 있다고, 그는 정말로 알고 있는 것일까? 세계 최저 수준의 출산율이 말해주듯이 결혼을 할 만한 경제적 여유도 없는 한국의 젊은이들이 절망적 심리 상태에서 이른바 '영끌'까지 하여 너나없이 주식 투자에 목을 매는 것을, 정신과 물질생활의 혁명을 통해 외세의 침략과 수구 지배층의 폭정을 이겨내려 한 우리 조상의 동학운동에 비유하는 것이 정말로 타당하다고 그는 생각하는 것일까? OECD 국가 가운데 자살률 1위인 한국에서 사는 사람들이 우울증을 극복하고 행복해지는 방법이 '부자 되기'의 신념과 실천이라고 그는 진정 믿는 것일까?

한 사회를 지배하는 가치관이 중요한 것은, 그것이 그 사회의 대다수 사람들로 하여금 각자가 다른 사람들을, 그리고 나아가 자연을 어떤 눈으로 바라보고 어떤 관계를 맺을지, 한마디로 말해 어떤 삶을 살지를 결정하는 데 매우 중요한 요소이기 때문이다. '부자 되기'가 한국 사회를 지배하는 제일의 가치관이라는 것이 사실이라면, 대다수 한국인은 부의 획득을 목표로 삼으면서 그러한 눈으로 자연과 다른 사람을 보거나, 좋든 싫든 적어도 그러한 분위기에 영향 받지 않을 수 없다. '부자 되기 습관'이라는 제목의 책이 2020년 지금의 한국 사회에 큰 영향을 끼치고 있다는 것 자체가 그 유력한 증거 중 하나이다(사실 이 책 말고도 이런 '부자 되기' 담론을 담은 여러 가지 책이 이제까지 줄곧 베스트셀러가 되곤 했다). 이것은 앞서도 말했듯이 현금의 좋지 않은 경제 상황을 역으로 반영하는 현상이기도 하지만, 그보다 더 근본적으로는 경제개발 드라이브 시기 베이비붐세대의 부모 세대로부터 지금의 20~30대 젊은이 세대로 이어지는 '부자 되기 운동'의 면면함을 여실히 보여준다는 점에서 문제적이다. 그 본질이 '부의 획득'을 중심에 놓고 타인과 자연을 대하게 한다는 점에서 그야말로 문제적이다. 그것은 결국 사람과 자연을 '부자'의 눈으로 보(게 하)는 것이다.

그런데 생각해보면, '부자 되기'가 어찌 한국 사회만의 지배 담론일까? 한국에서처럼 온갖 계층의 남녀노소가 드러내놓고 유난을 떨며 말하지 않을 뿐이지, 돈 또는 자본이 지배하는 오늘날의 세계 전체가 정도 차이가 있을 뿐 '부자 되기'라는 가치관의 미증유의 강력한 자장 속에 놓여 있지 않은가? 그리고 그 정도라는 것도 오늘날의 자본주의를 손아귀에 넣고 주무르고 있는 나라와 사람들, 아니 정확히 말하자면, 그러한 위치에 있는 극소수 자본가들의 모습을 보면, 한국 사회 대중의 '부자 되기' 열망은 지극히 소박하고 애처로워 보일 정도가 아닌가? 이를테면 날마다 이른 아침부터 저녁 늦게까지 천 원짜리 김밥을 팔아서 생계를 이어가는 한국의 어떤 서민이 지닌 '부자 되기'의 소망과(내가 사는 동네의 재래시장에서 김밥집을 하는 어느 아주머니의 이야기인데, 그러나 이 아주머니는 뒤에서 살펴볼 토니의 핵심 개념인 '서비스'라는 기능을 지역사회에 매우 훌륭하게 제공하고 계시다), 아무런 현실감을 주지 못하는 천문학적 금액의 재산을 이 코로나 시국에 더욱 더 급속히 불리고 있는 몇몇 세계 최고 부자들의 모습을 함께 떠올리고 있자면[1] '부자 되기'라는 가치관의 전형을 한국 사회에

---

1 예컨대 지난해 3월 중순 이후 연말까지 코로나로 인한 봉쇄 정책을 시행한 이래로 미국에서는 억만 장자 650명의 재산이 1조 달러(한화로는 1,100조 원) 늘었다고 한다. "누가 이 모든 부를 창출하고 있는가? 많은 경우에 그 사람들은 일선의 소매업, 의료 서비스, 그리고 요식업에 종사하면서 저임금을 받으며 바이러스에 대해서는 잘 보호받지 못하는 노동자들이다(Who's generating all this wealth? In many cases, it's frontline retail, healthcare, and food workers who are underpaid and under-protected from the virus)."
Chuck Collins and Omar Ocampo, "Billionaires made $1tn since Covid-19. They can afford to protect their workers", *The Guardian*, 2020.12.9.
⟨https://www.theguardian.com/commentisfree/2020/dec/09/billionaires-ceos-essential-workers⟩(2020.12.21).

서 보는 것이 번지수를 완전히 잘못 짚은 것이라는 생각이 들기도 한다. 이들이야말로 그 자체가 '부자 되기'라는 가치관의 화신이기 때문이다(이에 대해 '빌&멜린다 재단'을 세운 빌 게이츠 같은 사람의 '공익사업'을 예로 들어 그들의 '부자 되기'가 궁극적으로는 '공익'을 위한 수단일 뿐이라고 반박하는 사람이 있는 것 같다. 그러나 그들의 그 재단 설립, 그리고 그 재단에서 한다는 '공익사업'의 근본 취지와 본질에 관해서는 아주 심각하고 근거가 없지 않은 '의심'이 있다. 아쉽지만 이 자리에서 그 '의심'에 관해 논할 여유는 없다. 그러나 여전히 명백한 사실은 세계 경제가, 그리고 천 원짜리 김밥을 파는 아주머니와 같은 세계 민중의 살림살이가 점점 더 혹독하게 힘들어져가는 가운데에도 그들의 부는 우리들의 상상을 초월할 만큼 불어나고 있다는 점이다).[2]

서설이 좀 길었지만, 이 글의 주제를 도입하는 데 불필요한 이야기는 아니었다고 생각한다. 오늘날 전 세계인을 직간접으로 사로잡고 있는 '부자 되기' 욕망의 실체와 본질을 똑똑히 보는 것이 리처드 헨리 토니의 사상을 이해하는 이제부터의 작업과 긴밀히 연관되어 있기 때문이다. 왜 그럴까? 1880년에 자본주의 종주국 영국의 국민으로 태어나(토니가 태어난 곳은 영국의 식민지였던 인도의 캘커타(지금의 콜카타)였다), 20세기가 시작될 때 성인이 된 이래로 1962년에 별세할 때까지 옥스퍼드대학 출신의 최고의

---

2 아래 기사에 따르면 지난해의 코로나 상황에서 예컨대 빌 게이츠의 재산은 200억 달러(22조 1,340억 원)가 늘었고, 역시 '빌&멜린다' 재단의 이사인 워런 버핏의 재산도 136억 달러(약 15조 원)가 늘었다.
"Jeff Bezos, Elon Musk among US billionaires getting richer during coronavirus pandemic", *USA TODAY*, 2020.12.1.
〈https://www.usatoday.com/story/money/2020/12/01/american-billionaires-that-got-richer-during-covid/43205617/?fbclid=IwAR1youLPkNH-mBtRB2Lc214MNOpyhNzgu8Ql0aH1kz13Q8brZoMzqiB4tOU〉(2020.12.22).

엘리트 지성이자 영국 노동당의 정신적 지주가 될 만큼의 실천적 정치 지도자로서, 부의 획득을 향한 탐욕을 본질적 동력으로 삼는 당대 영국 자본주의에 대해 그가 수행한 비판과 대안 제시는 오늘날의 '부자 되기' 캠페인 혹은 '부자 우러러보기'의 가치관에 대한 근본적 비판이자 그 대안으로서의 비전이 되기도 하기 때문이다. 앞으로 살펴보겠지만, 그 비판의 대상과 비전의 핵심어가 바로 '부에 대한 탐욕'과 '사회에 도움 되기'이다.

2. 토니의 생애와 사상, 그리고 이 책 구성의 의미

리처드 헨리 토니라는 20세기 영국의 사회경제 사상가가 태어난 해를 처음 확인한 순간, 내게는 같은 해에 한국(당시로서는 조선)에서 태어난 인물 하나가 곧바로 떠올랐다. 단재 신채호이다. 정확히 말하자면, 1880년이 단재 신채호가 태어난 해라는 것을 알고 있었기 때문에 이해에 태어난 리처드 헨리 토니가 더 특별한 의미로 다가왔다(토니의 생일은 11월 30일이고, 단재의 생일은 음력 11월 7일 또는 양력 12월 8일로 되어 있으니 두 사람은 지구 정반대 편에서 거의 동시에 태어난 셈이다). 부끄러운 일이지만 나는 토니의 이 저작을 번역하게 되면서 그의 이름을 처음 알게 되었기 때문에 이렇게 그와 단재를 연관 지어 생각하게 된 것이 그에 대한 관심이 각별해지는 계기였다.

번역을 진행하고 그와 그의 저작에 관한 참고 자료를 찾아보면서 그가 당대에 관심을 가졌던 바나 행한 일이 단재와 많이 달랐다는 것을 알게 되었으나, 두 사람의 연상 작용은 사라지지 않았다. 일제에 빼앗긴 나라를 되찾기 위한 투쟁과 사색의 과정에서 현실의 근본 모순을 타파하는 주체는 결국 국가도 아닌 민중 자신이 되어야 한다는 결론에 도달한 단재의 사상과, 기능 없는 불로소득을 통해 부를 축적해온 사람들이 계속해서 그렇게 할 수 있도록 내버려두어서는 안 될 뿐만 아니라 타인에게 실제로 도움이 되는 일을 하는 사람들이 국가와 사회를 이끌어야 하고, 국가도 결국은 공공의 목적을 위한 수단일 뿐이라는 토니의 사상은 큰 틀에서 같은 것이라고 생각했기 때문이다. 그리고 이보다 더 근본적으로는 일제에 빼앗긴 나라를 되찾기 전에는 허리를 굽히지 않겠다는 결의로 세수조차 늘 똑바로 서서 하는 바람에 옷을 물로 온통 적실 만큼 꼿꼿하고도 염결한 자존의 정신을 가졌던 단재와, 현대인의 삶에서 실제적이면서도 근본적인 변화는 결국 제도 그 자체보다도 그것을 지탱하는 사람들의 올바른 정신과 사고방식에 의해 가능하다는 일관된 신념을 글에서건 실제 행동에서건 흔들림 없이 보여준 토니의 인간 됨됨이가 매우 흡사하게 느껴졌기 때문이다.

1894년, 조선에서는 동학농민운동이 벌어지던 해에 토니는 영국의 명문 사립 중등학교인 럭비 스쿨에 입학하여 삶과 사상의 평생 친구이자 동지이고 훗날 영국 성공회의 최고 지도자인 캔터베리 대주교가 되는 윌리엄 템플을 만난다.[3] 토니와 템플은 옥스퍼드 베일리얼 칼리지Bailliol College에도 같이 입학하고, 졸업 후에는 '노동자교육협회Workingmen's Educational Association'를 비롯한 사회단체와 정당 등을 통해 자신들의 기독교 정신과 사회경제 사상을 함께 실천해나간다. 1942년에 출간된 템플의 저서 『기독교와 사회질서Christianity and Social Order』가 "R. H. 토니의

---

3 이하에서 토니의 생애와 관련된 내용은 별도의 표시가 없는 경우 다음의 책을 참조한 것이다.
고세훈, 『R. H. 토니 ─ 삶, 사상, 기독교』, 아카넷, 2019.

평등사상, 경제학자 케인즈의 이론과 기독신앙을 접목시키려 했던 하나의 시도"[4]였다는 데에서 알 수 있듯이, 특히 토니의 사상은 템플에게 큰 영향을 미친 것으로 보인다. 1899년에는 옥스퍼드 베일리얼 칼리지에 입학하여 평생지기인 윌리엄 베버리지를 만나는데, 훗날 그의 누이인 지넷 베버리지가 토니의 평생 반려자가 된다. 1902년에는 1893년에 창당된 독립노동당과 1889년에 창립된 기독교사회연맹CSU: Christian Social Union에 가입하는데, 기독교 원리에 따른 사회경제 사상을 핵심으로 한 CSU의 기본 원리가 그 후 토니의 삶에 근본적 영향을 미쳤다고 한다.

1903년에 옥스퍼드를 졸업한 토니는 1884년에 사회개혁가 아널드 토인비가 런던의 빈민가 이스트엔드에 세운 인보관[5]인 토인비 홀Toynbee Hall에 들어가서 빈곤과 노동운동을 체험했고, 1905년에는 1903년에 창설되어 옥스퍼드대학에서 활동을 시작한 '노동자교육협회'에 가입했다. 그 후 42년간 집행부원으로 일하고 1928~45년에는 회장으로 헌신했을 만큼 토니의 인생에서 이 단체는 가장 중요한 의미를 갖는 활동의 장이었다. 이 단체의 활동을 하면서 토니가 확고히 품게 된 생각은 대학이 노동자 교육을 자기 임무의 일부로 삼아야 한다는 것이었다. 그 일환으로서 1908년 이후 5년 동안은 옥스퍼드대학과 노동자교육협회의 후원으로 시작된 로치데일과 롱턴의 노동자 개인 지도 강좌tutorial classes를 맡아 노동자 교육의 일선에 서기도 했는데, 이때의 경험과 사색을 1912에

---

4 김형식, 「역자 서문: 현재와 미래를 향한 우리시대의 도전」, 윌리엄 템플, 『기독시민의 사회적 책임』, 김형식 옮김, 한반도국제대학원대학교 출판부, 2010, 8쪽.

5 인보관(隣保館): 인보 사업(복지 시설이 낙후된 일정 지역에 종교 단체나 공공 단체가 들어와 보건, 위생, 의료, 교육 따위의 다양한 활동을 통하여 주민들의 복지 향상을 돕는 사회사업)과 빈민 구제를 목적으로 세운 단체. 본문 11쪽의 각주 2번 참조.

서 1914년까지 일기 형식으로 기록한 것이 이 번역서의 맨 앞에 실은 비망록Commonplace Book이다(이 책은 토니 사후 10년 뒤인 1972년에야 출간되었다). 1912년에는 토니의 저작 가운데 최초의 본격 경제사 저서인 『16세기의 농업 문제The Agrarian Problem in the Sixteenth Century』를 출간하기도 했는데, 이 책은 엘리자베스 1세 시대의 인클로저 운동을 집중 분석한 것으로서, 이 책의 문제의식을 토대로 그는 훗날 그의 대표 3부작 가운데 두 번째 저술이 되는 『기독교와 자본주의의 발흥Religion and the Rise of Capitalism』(1926)을 썼다.

제1차 세계대전이 발발한 1914년에는 "사립고교와 대학 졸업생 주축의 장교단이 아닌 노동자들로 구성된 북부의 맨체스터 연대 소속 대대의 이등병으로 자원. 전쟁 기간 내내 친구들보다 계급이 낮은 34살의 늙은 일반병사로 남아 있기를 고집하며 보통사람과의 연대를 실천"[6]했다. 1916년에는 총 100만 명 이상의 사상자가 발생한 솜Somme 전투에 참가했다가 가슴·배·신장 일부 관통상을 입고 겨우 목숨을 건졌지만, 이후 몇 년간 후유증을 치르고 평생을 한쪽 신장이 없이 살아야 했다. 1918년에 노동당 후보로 첫 번째 총선 출마를 한 이래로 1922년과 1924년까지 모두 세 번에 걸쳐 의원 선거에 도전했으나 모두 실패했고, 1933년 램지 맥도널드 국민정부 총리의 상원의원 제의는 일언지하에 거절했다(또한 이 해에는 12년간 몸담았던 페이비언협회 집행부를 떠났다).

1919년에는 석탄 산업의 구조 개혁을 위해 조직된 '왕립석탄산업위원회'(일명 생키위원회)에 참여하여 석탄 산업 위기의 해법이 저임금이나 노동시장 연장이 아닌 광부들의 경영 참여 등 석탄 산업 재조직에 있다는

---

6 고세훈, 앞의 책, 429쪽.

최종 보고서를 작성, 의회로 하여금 채택하게 했다. 1921년에는 런던 정경대학LSE: London School of Economics에 취업하여 1949년 69세로 은퇴할 때까지 재직하면서 앞서 말한 『기독교와 자본주의의 발흥』을 비롯한 여러 문제작을 쓴다. 그중 첫 번째가 그의 대표 3부작의 첫 번째 저술이고 이 번역서의 두 번째 자리에 위치한 『탐욕사회The Acquisitive Society』(1921)이다. 그리고 그 10년 뒤인 1931년에는 3부작의 마지막 저술인 『평등Equality』을 출간했다. 이 책에서 그는 영국 사회 문제의 "핵심은 소득의 평등이 아닌 사회 엘리트가 누리는 이점과 특권의 종식에 있으며, 이를 위해 강력한 누진세, 의료, 교육 복지체제의 정비, 핵심 산업들의 국유화와 산업민주주의가 제도화"[7]되어야 함을 역설했다. 『평등』을 출간하기 한 해 전인 1930년에는 미국에서 탤컷 파슨스Talcott Parsons에 의해 영역 출간된 막스 베버의 『프로테스탄티즘의 윤리와 자본주의 정신』의 서문을 썼다. 이 서문이 이 번역서의 세 번째 자리에 위치한 글이다.

1937년에는 「기독교와 사회 질서에 관한 소고A Note on Christianity and Social Order」라는 글을 써서 기독교인들에게 "사회세력으로서 기독교를 다시 인식시키고 그들의 비전이 막대한 사회적 함의를 지닌 것임"을 환기하면서 "물리적 혁명이 아닌 도덕적 혁명은 기독교교의의 사회적 측면에 대한 크리스천의 각성을 통해서만 가능하다"[8]고 역설했다(윌리엄 템플의 저서 『기독교와 사회 질서』보다 이 글이 5년 앞서 발표되었음을 알 수 있다). 1939년 세 번째로 미국을 방문하여 시카고대학에서 강연을 한 후 정규직 교수 제의를 받았으나 거절하고 귀국했는데, 제2차 세계대전이 발발하

---

7 위의 책, 433쪽.

8 위의 책, 434쪽.

자 57세의 나이로 런던 방위군Home Guard에 합류했다. 이듬해에는 《뉴욕 타임스》에 영국 참전의 정당성을 역설하는 칼럼 「영국은 왜 싸우는가Why Britain Fights」에서 영국이 싸우는 것은 "무릎 꿇고 살기보다 서서 죽기 원하기" 때문이라고 쓰면서 "전쟁은 영국의 생존뿐 아니라 민주주의를 위한 것"[9]이라는 점을 강조했다. 1944년에는 "자유에 관한 토니의 가장 집중되고 효과적인 논의를 담은 에세이"[10] 「문제는 자유다We Mean Freedom」를 발표했고, 이것이 이 번역서의 마지막 자리에 실린 글이다.

1949년에 토니는 런던정경대학에서 은퇴했는데, 옥스퍼드의 학사 학위가 전부인 그에게 1930년 맨체스터대학을 시작으로 시카고, 파리, 옥스퍼드, 버밍엄, 런던, 셰필드, 멜버른, 글래스고 등 9개 대학에서 명예박사학위를 수여했다. 교수직에서 은퇴한 이후로도 왕성한 저술 활동을 이어갔으나, 1958년에 반세기 동안의 반려자였던 아내 지넷이 사망하자 말할 수 없는 공허감에 빠졌다. 그 뒤 3년 남짓의 시간이 흐른 1962년 1월 15일, 잠을 자고 있던 중에 별세하여 하이게이트 묘지에 묻혔다. 노동당 수 휴 게이츠컬은 "내가 만났던 최고의 사람"이라고 회고했고, "토니는 가정부 등 몇몇 어려운 사람들을 위한 작은 기부금을 제외하고, (자신의 재산-인용자) 7,096파운드 전부를 평생 헌신했던 WEA에 남겼다."[11]

기독교 본래의 사랑의 정신을 현실 사회의 경제에서 구현하고자 하는 일관된 사상과 의지를 지닌 토니라는 인물의 강직하고 성실하면서도 신심 깊은 성품과 삶의 역정이 이 약사略史를 통해 어느 만큼은 읽히고 느

---

9 위의 책, 435쪽.

10 위의 책, 436쪽.

11 위의 책, 84쪽.

껴질 수 있으리라 생각한다. 이 번역서는 30대에서 60대에 이르는 그의 인생 시기의 주요 지점에 쓰인 네 개의 주요한 글을 통해 그의 그러한 사상을 더 깊고 풍부하게 이해하는 데 '도움이 되기' 위해 기획되었다. '더'라는 말을 쓰는 것은 그의 대표 3부작 가운데 두 편인 『기독교와 자본주의의 발흥』과 『평등』은 이미 한국어로 번역되어 있는데(특히 『평등』은 오래전에 번역되었으나 절판되었다), 이 번역서에서는 이제까지 번역되지 않은 그의 저작 가운데 위에서 말한 각 시기별로 매우 중요한 의미를 갖는 네 편의 글을 소개하기 때문이다.

우선 비망록은 1910년대 초, 정확하게는 1912년에서 1914년까지 노동자 교육의 일선에서 현실의 모순을 생생히 체험하는 가운데 그 근본 원인과 타개책에 관해 고뇌하고 사색하는 30대 초반 청년 토니의 모습을 통해 이후 진화해나가게 될 토니 사상의 원형을 보여준다. 달리 말하자면, 대표 3부작을 비롯한 그의 모든 저술의 핵심을 이해하기 위해서는 비망록을 읽는 것이 필수이다. 40대에 접어들어 쓴 『탐욕사회』는 그의 대표 3부작 가운데 첫 번째 것이라는 점에서 짐작할 수 있듯이 토니의 사회경제 사상의 핵심에 해당한다. 그로부터 약 10년 뒤, 만 50세가 됐을 때 쓴 『프로테스탄트의 윤리와 자본주의 정신』 영역판 서문은 아주 짧은 글임에도 기독교와 자본주의 사이의 영향 관계를 막스 베버와 사실상 정반대로 본다는 점에서 매우 중요한 의미를 갖는 글이다. 마지막으로, 토니의 나이가 60대 중반이었던 시기이자 대공황에 대처하기 위해 만들어진 연립 국민정부National Government(1931-1940) 체제로부터 다시 정당 정치체제로 전환돼가던 시기에 쓴, 영국 노동당의 지침을 담고 있는 「문제는 자유다」는 현실 정치인으로서 토니가 제시하는 정책 방향의 근본 취지를 알려준다는 점에서 특별한 의미가 있다.

3. 청년 토니 사상의 순수성과 명료함, 또는 토니 사상의 원형: 비망록 (1912–1914)

"이 노트를 발견하신 분은 맨체스터 C-on-M 셰익스피어가 24번지, R. H. 토니에게 돌려주시기 바랍니다. 사적인 물건입니다."

토니의 비망록 맨 앞에는 이런 말이 쓰여 있다. 그러나 그의 이 '일기'에는 사적이거나 은밀한 내용이 전혀 없다. 그렇기는커녕 1912년 4월 19일에 시작하여 1914년 12월 28일까지 쓴 이 '일기'는(매일 쓴 것은 아니고, 중요한 일이나 생각을 기록해둘 필요가 있을 때마다 쓴 것인데) 30대 초반 나이의 청년 토니가 내면에 품은, 자본주의 종주국 영국에 내재한 사회 모순에 대한 통찰과 책임감, 그리고 그것을 타파할 근본 방책을 찾고자 하는 깊은 사색이 충만할 뿐이다. 앞서 말했듯이 비망록을 쓴 시기는 토니가 옥스퍼드대학과 노동자교육협회의 후원으로 로치데일과 롱턴이라는 지역에서 노동자 개인지도 강좌tutorial classes를 맡아 노동자 교육의 일선에서 일하고 있을 때였다. 토니는 경제사 공부가 노동자의 현실 인식과 미래의 희망에 가장 긴요하다고 생각하여 경제사를 집중적으로 가르쳤는데, 그의 학생들은 정원사, 배관공, 도자기 녹로공과 도장공, 바구니 제조공, 광부, 기계공, 제빵사, 서기, 도서관 사서, 가게 점원, 식료품상, 제분소 일꾼, 철도원, 의류상, 보험 징수원, 초등학교 교사 같은 다양한 직분을 가진 사람들이었다. "토니는 교사가 아니었고, 영혼을 지닌 인간이었다"[12]는 당시의 한 학생의 회상에서 그가 자신의 학생들을 어떻게 대했는지 짐작할 수 있다. 그는 9주로 구성된 1회기 중에 학생들이 쓴 500편 이상의 에

---

12 위의 책, 35쪽.

세이를 평가하고 꼼꼼히 의견을 달아줄 정도로 성실한 교사였지만[13] 그에게 이 강좌는 무엇보다도 "노동계급의 삶을 배우는 더할 수 없이 소중한 기회"[14]였다. 비망록은 그의 사회경제 사상의 원천이 바로 이때 노동자들과의 만남에서 얻은 생생한 현실 인식과 사회 모순의 통찰이라는 사실을 여실히 보여주는 대목이 아주 많다. 예컨대 1912년 기록 가운데에는 노동자들에게 들은 말을 그대로 옮긴 것이 있다.

7월 9일.
런던에서 온 어떤 기관사: "저는 지난여름 철도 파업에 열심히 참여했습니다. 파업을 시작했을 때, 우리는 이전과 같거나 이전보다 나쁘지 않은 일자리를 약속받았어요. 곧바로 저는 일자리로 돌아갔고, 다른 곳에 배치되었는데, (최고 등급, 특급인) 4호 기관차에서 쫓겨나서 3호 기관차를 배정받았고, 경영진은 그때부터 비조합원들을 훈련시켜서 그 자리에 다른 사람들을 앉혔어요. 그 변화 때문에 저는 주당 12에서 18실링을 덜 받습니다. 그런데 그게 '경영'의 문제여서, 조정위원회는 경영 문제를 다룰 수가 없게 되어 있고, 노동시간과 임금만을 다룰 수 있습니다. (…)"

7월 10일.
리버풀에서 온 식자공: "실직이 이루어지는 방식을 제가 겪은 두 가지 사례로 말씀드리겠습니다. 저는 두 번의 위기를 겪었어요. 첫 번째는 라이노타

---

13 배리 엘시, 「리차드 핸리 토니, '성인교육의 수호신'」, Peter Jarvis 편, 『20세기 성인교육철학』, 강선보·노경란·김희선·변정현 옮김, 동문사, 2018, 74쪽.

14 고세훈, 앞의 책, 34쪽.

이프[15]의 도입이었지요. 제가 일한 (신문) 회사에서는 기계 11대를 들여오고 30명(?)쯤 내보냈어요. 그중의 일부는 다른 곳에서 상근 일자리를 얻었고, 몇몇 사람은 임시직 노동자로 전락했습니다. 일전에 그중 한 사람을 만났지요. 그 사람은 그 뒤에 줄곧 한 신문사 사무실에서 자질구레한 인쇄 일을 해왔었지요. 두 번째 위기는 헤럴드와 (또 다른 신문사의) 합병 때문에 왔습니다. 합병 전에 헤럴드는 일하기에 아주 좋은 직장이었어요. 직원들은 주급 3파운드를 받았고, 스스로 알아서 일하면 되었지요. 합병이 이루어지자 약 100(?)명이 곧바로 짐을 쌌습니다. 주주들은 합병으로 아주 큰 이익을 보았지요. 이 신문사는 그 이후로 많은 배당금을 지불했어요. 쫓겨난 사람들 중 많은 이들이 신세를 망쳤고 임시직 노동자가 되었습니다. 나이가 많은 사람들 가운데 일부가 집으로 돌아가서 6개월 안에 죽었습니다. 의사들은 다양한 이유를 댔지요. 하지만 저는 그 이유를 알아요. 그건 '합병'이에요. 합병은 온 나라에서, 모든 직종에서 진행되고 있어요. 부는 집중되고 있고, 생산력은 증가했지만, 민중은 더 가난해지고 있습니다."

이렇게 노동자의 일상의 삶과 생생한 증언에서 얻은 현실 인식에 토대를 둔 토니의 사회경제 사상의 원천이 비망록에서 형성되고 있었다. 그러한 면모가 1912년 6월 10일 일기에서 특히 두드러지게 나타난다. 이날의 일기는 다른 날보다 길이도 훨씬 길 뿐만 아니라 당대 영국 사회의 모순에 대한 의미심장한 통찰이 집중적으로 나타난다. 토니가 보기에 영국 사회의 모순을 해결하는 일이 각별하게 중요한 것은 "자본주의 산업의 도덕적 미로로 세계를" 이끈 '원죄'가 영국에 있기 때문이다. **"산업 문제는 도**

---

15 [역주] 라이노타이프(linotype): 과거 신문 인쇄에 쓰이던 식자기.

덕 문제, 즉 하나의 공동체로서 일정한 행위의 방침들을 배척하고 다른 방침들을 찬성하는 법을 배우는 문제다."(강조는 인용자)라고 시작하는 이날 일기에서 토니는 "고용자들은 소처럼 집 안에 틀어박혀 있으면서 어린 아이들의 노동을 착취하고, 임금을 깎기 위해 미조직 노동자를 이용해먹고, 큰 이윤을 얻는 것이 수치스러운 일"이라고 느끼지 못하는 부도덕성이야말로 현대 산업의 가장 두드러진 특징이라고 규정하면서, 그것은 바로 사람을 목적이 아닌 수단 또는 사물로 대했던 노예제의 본질과 다르지 않은 것이라고 질타한다. 인간 삶의 다른 모든 문제와 마찬가지로 산업 문제 역시 도덕 문제라는 토니 사상의 배경에는 도덕만이 인간을 행복하게 만들 수 있다는 확고한 그의 신념이 있다. 즉, "가난한 사회도 아주 행복하고 만족스러운 사회가 될 수" 있고, "부유한 사회도 아주 불행하고 불만족스러운 사회가 될 수 있는데, 행복과 만족의 발생은 필요한 것을 만족시키는 인간의 힘에서가 아니라 도덕적으로 승인하거나 만족하면서 사회에서의 자신의 위치와 동료들의 위치를 바라볼 수 있는 인간의 힘에서 찾아볼 수 있기 때문"(1912.6.22)이라는 것이다.

토니가 보기에 이러한 도덕의식이 인간의 경제에서 실현되는 형태가 바로 '서비스', 즉 인간 상호 간에 '도움이 되는 일'을 하는 것이다. 토니는 "사회주의의 본질은 성공이라는 이상을 서비스라는 이상으로 대체하는 것"(1912.7.31~8.1)이라는 웹 부인의 말을 빌리고 있지만, 이 말은 사실상 이후 전개될 토니 사상의 핵심을 표현한 것이었다. 여기서 '성공'이란 '부의 획득의 성공' 또는 '부의 탐욕의 만족'을 뜻하는 것으로 볼 수 있고, 그것은 토니가 말하는 도덕의 경제적 구현 활동인 '서비스하기=도움 되는 일 하기'와 정면으로 배치되는 지향점이다. 이것은 또한 토니가 정의하는 사회주의가 무엇인지를 보여주는 언명이기도 했다. 이 점이 중요한 이유는 토니가 생각하는 사회주의란 마르크스주의에서 말하는 사회주의도, 페이비언협회의 집산주의도, 그리고 이후에 나타난 소련의 당과 관료 중심의 사회주의도 아닌 '서비스의 정신과 원리'에 근거한 '토니의 사회주의'이기 때문이다. 따라서 예컨대 뒤에서 보겠지만 토니가 보기에 하이에크처럼 소련의 사회주의를 근거로 사회주의를 논하거나 비판하는 것은 애초부터 사실 그에게는 반박할 필요조차 없는 것이 되어버린다. 어떤 사회주의냐가 중요하다는 생각은 토니의 사상에서 매우 중요한 요소이다.

토니에게 도덕은 산업뿐만 아니라 대학의 존립 토대이자 운영 원리이기도 하다. 그는 대학을 이러한 관점에서 보았기 때문에 대학에 한편으로 무한 책임 의식을 요구하면서 다른 한편으로는 무한한 기대감을 표출하기도 했다. "대학은 최고 성직자로서의 다리 놓는 사람들의 조직을 가지고 있어야 한다"(1912.11.3)는 말에서 그가 대학에 얼마나 높은 수준의 도덕을 요구하는지 알 수 있는데, 1912년 10월 30일의 일기에 그의 이러한 '대학론'이 집약되어 있다.

현대의 지역사회는 대학으로부터 무엇을 기대할 수 있을까? 세 가지를 기대할 수 있을 것이다. 첫째, 대학은 불요불굴의 엄격한 지식의 기준을 옹호해야 한다. 둘째, 대학은 교육을 통해 그 기준이 세상에서 보편적으로 효력을 발휘하게 만들어야 한다. 셋째, 대학은 지성과 인격이 대학에 장점을 부여하는 유일한 방법이 되도록 스스로를 조직해야 한다. 이 문제를 다른 방식으로 말해본다면, 대학이 할 일은 두 가지인데 **지적** 기준을 옹호하는 것과 **도덕적** 기준을 옹호하는 것이다. 지적 기준은 엄격한 지적 훈련을 유지함으로써 옹호한다. 도덕적 기준은 그 훈련을 감수하고자 하는 사람들 모두가 그 훈련을 받을 수 있게 함으로써, 그 훈련을 받는 사람들이 부유하거나 사회적 영향력이 있다는 이유만으로 그들에게는 그 훈련을 느슨하게 만들지 않음으로써, 훈련을 받는 사람들이 가난하거나 투박하거나 사회적으로 무능하다는 이유만으로 그들로부터 그 훈련의 기회를 빼앗지 않음으로써 옹호한다. 이렇게 하면 대학은 도덕적 권위의 중심이 될지도 모른다. 또한 영국인들이 현재 다른 어떤 것보다도 더 필요한 것이 바로 이러한 도덕적 권위이다. 우리는 (a) 거짓된 것과 참된 것 사이의 무한한 차이를 교육받고, (b) 종교와 마찬가지로 지식을 계급과 부의 모든 차이를 초월하는 것으로 생각하며, 학문의 눈으로 볼 때에는 신의 눈으로 볼 때와 마찬가지로 모든 사람이 한없이 작기 때문에 평등하다고 생각할 필요가 있다. 돈을 위해 교육을 파는 것은 돈을 위해 신의 선물을 파는 것과 거의 마찬가지다.

산업과 대학의 운영 원리로서 도덕을 내세우는 근본에는 위 인용문의 마지막 문장에도 나타나는 바와 같이 토니의 명료하고도 깊은 종교관과 기독교 신앙이 있다. 그에게 기독교의 사랑의 가르침이 지고의 가치가 있는 것은 그러한 가르침을 주는 기독교의 신이 사람들로 하여금 사회를 올바로 세우고 운영해나가는 도덕 원리에 실제로 힘을 주는 존재이기 때문이다. 다시 말해 그에게는 기독교 신앙과 도덕성과 산업과 대학의 올바른 운영 원리와 그것을 구현하는 제도는 모두 동일한 본질과 의미를 갖는 것이다.

내가 말하는 것은 이것이다. 나는 신이 존재한다는 지식이 인간에게 막대한 힘의 원천이라고 생각한다. 그러나 그것은 그 자체만으로는 아주 도움이 되지는 않는다. 우리가 알고 싶은 것은 그가 어떤 종류의 신인가, 그리고 그가 평범한 인간관계 속에서는 어떤 모습인가 하는 것이다. 이것이 바로 기독교가 우리에게 들려주는 것이다. (1914.7.12.)

비망록에는 토니가 생각하는 기독교 본래의 참된 신앙, 그리고 그 신앙을 바탕으로 한 당대 사회 모순의 통찰을 보여주는 토니식의 이런 '법어法語'가 아주 많다. 이러한 기독교관에 근거한 토니의 사회경제 사상 또한 노선이 명확한데, 이것은 자본주의에 내재하는 모순을 그와 똑같이 비판하지만 대안 면에서 본질적으로 그의 견해와 다른 당대의 경제 사상에 그가 분명한 거리는 두는 이유에서 확실히 알 수 있다. 토니는 대표 3부작을 쓰기 훨씬 전인 이때 비망록에서 당대의 유력한 경제 사상가인 힐레어 벨록과 페이비언협회 회원들, 벤담주의를 공유하는 영국의 사회주의자, 그리고 마르크스주의 사회주의자 모두를 비판하면서 자신의 독자적 사상을 이미 정립하고 있었다.

그 첫 번째 비판 대상이 힐레어 벨록이었다. 자본주의와 사회주의는 대다수의 사람들로부터 재산을 박탈함으로써 노예 상태에 묶어둔다는 점에서 본질적으로 똑같다고 비판하면서 재산의 고른 분산을 주장한 '분배주의' 또는 '분산주의'의 사상가가 바로 벨록이었는데, 토니는 자본주의 비판에서는 벨록에게 공감하면서도 벨록이 내세우는 대안의 문제점은 매우 간결하면서도 명쾌하게 비판한다. 벨록의 '분배주의' 또는 '분산주의'는 1912년 10월에 출간한 『노예국가The Servile State』에서 최초로 주장되었는데,[16] 토니는 바로 그다음 달인 11월 10일의 일기에서 그 비판을 수

---

16 힐레어 벨록, 『노예국가』, 성귀수 옮김, 루아크, 2019 참조.
　벨록의 '분배주의' 또는 '분산주의' 사상은 『헬렌을 위한 경제학』(1924)과 『재산 복구론』(1936)에서도 계속해서 주장되었다. 이 두 저서도 한국어로 번역되어 있다. 힐레어 벨록, 『헬렌을 위한 경제학』, 이희재 옮김, 교양인, 2019 참조.

행한다. 즉, 첫째, 대부분 소규모 재산 보유자로 구성된 사회에서는 중세 영국에서도 그랬듯이 재산이 전혀 없는 사람과 임금노동자는 대개 비참한 생활을 하기 때문에 '분배 국가'는 재산 보유자들에게만 좋다는 것, 둘째, '분배 국가'는 불평등과 경제적 지대economic rent라는 기초를 사적 개인에게 맡기는 데에서 분명히 나타나듯이 평등을 선호하지 않는다는 것이 그 비판의 내용이다.

1920년대 초부터 12년간 집행부에 몸담기도 한 영국의 지식인 사회주의의 대표 격인 단체 페이비언협회를 토니는 비망록에서 신랄하게 비판한다. 이것을 보면 그가 나중에 이 단체와 분명한 거리를 두게 되는 것이 필연이었음을 알 수 있다. 토니는 영국 지식인 사회주의의 노선이 집산주의[17] 라고 규정하면서 그것은 국가의 규제, 즉 웹 부부가 제창한 국민 최저 생활수준national minimum의 보장에 집중할 뿐 공동의 소유와 사용을 거의 포기했으며, 경제적 특권에 기초를 둔 불평등의 문제는 건드리지 않는데 이 문제는 빈곤보다도 훨씬 더 현대사회의 거대한 결함이라고 비판한다(1913.2.26.). 그러나 이러한 정책 방향의 문제 못지않게, 페이비언협회의 구성원들이 토니와 완전히 다른 본질을 보이는 것은 노동자를 대하는 그들의 근본 태도이다. "페이비언들이 과거의 사회주의 운동에서 그들이 누렸던 지적 리더십을 지속시키고자 한다면 (…) 문맹자들과 정치적 신참자들을 전향시키거나 그들에게 초보적인 사회주의 교육을 시키기 위해 시간을 할애할 정도로 한가해서는" 안 되고, "(노동자들과의-인용자) 문화적 격리는 불가결하며, 무분별한 친목을 강조하는 것은 치명적"[18]이라거나

---

17 집산주의(collectivism): 본문(비망록) 각주 6번 참조.

18 버나드 쇼, 「페이비언주의 60년」, 조지 버나드 쇼 외 편, 『페이비언 사회주의』, 고

자신들은 "'민주적 귀족정치Democratic Aristocracy'를 지향한다"[19]는 말에서 극명하게 드러나듯, 페이비언협회의 지식인 사회주의자들은 노동자를 대하는 토니의 지극히 소탈한 평등주의적 태도와는 정반대의 엘리트주의를 철저히 고수했다.

영국 사회주의자들이 벤담주의와 본질적으로 다르지 않다고 토니가 비판한 것은 어떤 맥락에서일까? 영국 사회주의자들이 "벤담으로부터 공공복지의 기준을 취해왔고, 근본주의적 개인주의자들에 관한 그들의 비판은 이 공식의 한계 내에서 이루어져왔으며 (…) 벤담이 주장한 **목적**을 성취하기 위해, 또는 벤담주의의 복지 기준을 충족하기 위해서는 벤담이 제안한 것과는 다른 수단이 실제로는 추구되어야 한다고 주장하는 것에 그들은 만족해왔다"는 것이 그 비판의 핵심이다. 그래서 결국 토니의 비판은 벤담의 공리주의 자체로 향하는데, 첫째, 최대 다수의 최대 행복을 위한 제도가 그 자체로 좋을 것일 수 없을뿐더러 벤담주의는 노동자에 대한 영구적 착취와 억압을 정당화하고, 둘째, 벤담주의는 단순함과 단호함의 외양을 가지고 있지만 사실은 완전히 환상에 불과하다는 것, 셋째, 이해관계의 영역에 머물러 있는 한 서로 갈등하는 요구들을 화해시키는 것은 불가능하다는 것이 그것이다(1913.7.29). 한마디로 벤담주의자나 벤담주의를 공유하는 영국의 사회주의자들 모두가 영국 사회에 내재한 모순의 본질을 제대로 지적하지 못하기 때문에 그 근본적 해결책을 내놓지 못한다는 것이다.

토니가 마르크스 사회주의자들을 비판하는 것 역시 매우 근본적인 차

세훈 옮김, 아카넷, 2006, 420쪽.

19 위의 글, 403쪽.

원에서 이루어지는데, 그들의 사고방식도 근본적으로는 자본주의의 본질에서 벗어나 있지 않다는 것이 토니의 통찰이다. 자본주의가 부의 획득을 위한 탐욕을 효과적으로 충족하기 위해 사람마다 돈으로 환산되는 값을 매기는 것과, 마르크스 사회주의자들 역시 노동의 가치를 가격으로만 보는 것이 물질주의를 본질로 한다는 점에서 똑같다는 것이다. 요컨대 돈으로 표시되는 숫자로 환산할 수 없는 개별 인간의 '비경제적' 가치를 보지 않는다는 점에서는 양자의 본질이 똑같다는 것이다.

> 마르크스주의 사회주의자들은 충분히 혁명적이지 않다. 그들은 노동자가 생산하는 것에 상응하는 것을 얻지 못하기 때문에 자본주의 사회가 비난받는다고 말한다. 그러나 노동자가 왜 그래야 할까? 자본주의 정신이 진정으로 비난받아야 하는 것은, 사람은 자신이 생산한 것만을 얻는다고 주장하는 데에 있다. 마치 우리가 보유한 주식에 따라서 대가를 받는 금광 주주인 것처럼 말이다! 그 주장은 불멸의 영혼들의 무게를 달아보고는 그것들이 경제적으로 쓸모가 없으니까 값을 낮추려 하는 야만적이고, 비인간적이며, 탐욕스러운 교리이다. 신은 사람들이 본래의 자기가 되라고 명한다! 그런데 이 교리는 부가 부 **이외에는** 아무것도 좋아하지 않는, 따라서 그것을 갖기에 가장 부적합한 사람들에게 가야 한다는 것을 의미한다. (1913.9.10.)

비망록에서 토니는 저서 집필 계획을 여러 군데에서 적고 있는데, 그 내용을 보면 그가 이후 수십 년 동안 그 집필 계획을 충실히 실행으로 옮겼음을 알 수 있다. 기독교와 도덕론에 근거한 토니의 사상은 이처럼 마르크스주의 사회주의자들에 대한 비판을 발판으로 하여 더욱더 근본적인 차원으로 전개되는데, 그것이 토니의 독자적이고 대안적인 비전을 제시하는 사회경제 사상으로 발전하는 데 핵심어가 되는 것이 바로 '기능'과 그 내용으로서의 '도움 되기(=서비스)'이다. 이것은 탐욕을 본질이자 원동력으로 삼는 자본주의 산업 체제의 대안으로 토니가 제시하는 새로운 사회의 핵심 원리이자 방법이다.

4. 탐욕과 불평등을 조장할 것인가, 도움 되기의 기능을 지향할 것인가: 『탐욕사회』(1921)

토니 3부작의 첫 번째 명저인 이 책은 이제까지 한국어로 번역되지 않았지만, 이 책의 제목만은 '취득형 사회',[20] '성취사회',[21] '탈취사회',[22] '획득사회',[23] '탐욕의 사회'[24] 등 여러 가지로 소개되었다. 이 모두가 일리 있는 제목이라고 생각되는데, 'The Acquisitive Society'라는 영어 제목에 이 제목들의 의미가 모두 포함되어 있고, 그 가운데 어떤 점을 강조하느냐에 따라 위와 같은 제목들을 쓸 수 있기 때문이다. 물론 이 번역서에서는 '탐욕사회'라는 제목이 가장 적절하다고 생각하기 때문에 이것을 쓴다. 경제적 이득을 인간 삶의 중심이자 목적으로 삼는 현대 자본주의의

20 R. H. 토니, 『기독교와 자본주의의 발흥』, 고세훈 옮김, 한길사, 2015의 저자 소개 참조.

21 윤용탁, 「페이비언 사회주의」, 이용필·윤용탁·진덕규, 『유럽 마르크스주의의 전개』, 서울대학교출판부, 1997, 108쪽.

22 고세훈, 『R. H. 토니 ─ 삶, 사상, 기독교』, 아카넷, 2019.

23 아사 브릭 외, 『사회복지의 사상 ─ 복지국가를 만든 사람들』, 한국복지연구회 옮김, 이론과실천, 1987, 142쪽.

24 김종철, 「토니의 생애와 평등사상」, R. H. 토니 『평등』, 김종철 옮김, 한길사, 1982, 304쪽.

원리뿐만 아니라 그 원리가 사람들에게 끼치는 심리적 효과까지 간파한 토니의 통찰이 담긴 이 책의 원 제목을 '탐욕사회'가 가장 근접하게 표현해준다고 생각하기 때문이다.

그런데 이 해제의 이제까지의 서술 내용과 이 장의 제목이 독자로 하여금 토니가 '경제에 대한 금욕주의자'일 것이라는 예단을 하게 만들지도 모를 것 같다. 만일 그런 예단을 한다면 그것은 오해에 기인한 것이다 (토니는 비망록의 1912년 9월 4일자 일기에서 이러한 오해의 가능성을 없애는 분명한 발언을 한다). 그 오해를 풀기 위해서뿐만 아니라 토니가 이 책을 통해 말하고자 하는 바의 전체적 윤곽과 핵심을 미리 알아보기 위해 지금부터 살펴볼『탐욕사회』의 서론 앞부분과 결론에 해당하는 맨 마지막 부분의 토니의 말을 들어보자.

국가가 오래갈 결단을 내리고자 한다면, **신문 소유자들이 일시적으로 좋아하는 철학을 넘어서야** 한다. 국가가 쳇바퀴 우리 안의 다람쥐처럼 정력적인 헛수고를 하고자 하지 않는다면, 현재 있는 것의 결함과 있어야 할 것의 성격을 모두 분명히 이해해야 한다. 또한 국가가 이러한 이해에 도달하기 위해서는 국가의 상업이나 산업이나 사회생활의 일시적 긴급 사태들보다 더 안정된 어떤 기준에 호소하고, 그것에 의해 그 긴급 사태들을 평가해야 한다. 요컨대 **국가는 원칙**Principles**에 의지해야 한다.**

사회는 **경제적 이해관계**를 삶의 전체가 아닌 하나의 요소로 보아야 한다. 사회는 그 구성원들에게 **어떤 상응하는 서비스도 제공하지 않는 채 얻는 이득**의 기회를 비난하도록 설득해야 하는데, 이러한 이득을 얻기 위한 투쟁이 공동체 전체를 계속해서 열병에 휩싸이도록 만들기 때문이다. 사회는 경제활동이 갖는 수단으로서의 성격이, **경제활동이 사회의 목적에 복무하는 것에 의해 강조되도록 산업을 조직해야 한다.** (강조는 인용자)

이 책의 마지막 몇 문장에서 보듯, 토니가 강조하고자 하는 것은 경제적 이해관계와 경제활동은 인간 삶의 한 부분일 뿐만 아니라 사회의 목적에 복무하는 수단이라는 점이지, 경제활동 또는 그 결과물인 돈이 중요치 않다는 뜻이 전혀 아니다. 1913년 9월 10일 일기의 마지막 부분에서 자본주의 사회에서는 "부가 부 **이외에는** 아무것도 좋아하지 않는, 따라서 그것을 갖기에 가장 부적합한 사람들에게" 간다고 말했듯이, 경제활동의 결과물인 돈이 사회에 서비스(=도움이 되는 일)라는 기능을 충실히 하는 사람들에게 제대로 돌아가지 않고, 경제적 이해관계를 삶의 모든 것으로 생각하지만 실제로 서비스라는 사회적 기능은 하지 않는 사람들에게 부당하게 집중되고, 이것이 바로 자본주의가 낳는 불평등의 근본 원인이며, 이것이 더더욱 나쁜 것은 그들의 탐욕이 뭇 사람들에게 그 탐욕의 심리를 조장하기 때문이라는 것이 토니가 강조하는 핵심 가운데 한 면이기 때문이다. 그런데 서론에서는 오늘날 한국 사회에서도 너무나 분명히 그러하듯이(물론 그렇지 않은 독립 언론도 있다), 당대 영국에서 그러한 탐욕을 부추기고 그것이 낳는 불평등을 일상적으로 정당화하는 대표적 분야가 바로 언론이라는 사실을 토니는 특별히 강조한다. 영국 사회가 이러한 상황에 놓여 있기에 사회생활 전반의 정책 방향을 주도적으로 책임지는 국가는 '경제적 이해관계'가 아닌 '원칙'에 따라 운영되어야 한다고 그는 특별히 역설하는 것이다(이 책의 절반은 그 '원칙'에 관한 내용이다).

동서고금을 막론하고 인간의 어리석음 가운데 가장 문제가 되는 경계 대상으로 보편적이면서도 상식적으로 인정되는 '탐욕'을, 토니가 왜 하필 영국으로 대표되는 현대 자본주의 산업 체제의 핵심 원리이자 사회심리로 새삼 지목하는 것인지 이제 분명해진다. 그의 의도는 '탐욕'을 우리가 그 반대말로 흔히 떠올릴 만한 말들인 '만족'이나 '절제'나 '금욕'과 대조하는 것이 아니라 그가 산업 본연의 기능으로 제시하는 '서비스', 즉 '사회에 도움이 되는 일'을 하는 것과 대조하는 데에서 명료하게 나타나는 것이다. 여기서 토니가 말하는 서비스가 '생산된 재화를 운반·배급하거나 생산·소비에 필요한 노무를 제공함'이라는 사전적 정의의 서비스, 즉 '3차 산업'을 정의할 때의 특수하고 좁은 의미의 서비스가 아닌 것은 말할 필요도 없다. 이것은 'service'의 본질적 의미인 '사회에 기여하는 일을 하는 것'을 말한다. 토니는 이 말을 분명히 이 의미로 쓴다. 따라서 현대 자본주의의 산업 체제가 산업 본래의 기능인 서비스를 목적으로 삼지 않고 탐욕을 조장한다고 말하는 것은 사회경제 사상가 토니로서는 현대 자본주의의 산업 체제에 대해 그가 할 수 있는 가장 근본적이면서도 구체적인 비판을 하는 것이다.

"모든 권리는 그 권리가 존재하는 사회의 목표 또는 목적에서 나오는 것"이기 때문에 국가의 권리이건 개인의 권리이건 절대적인 것이 아니라 조건적인 것이며, "사회가 건강하려면 인간이 스스로를 권리의 소유자가 아니라 기능 이행의 수탁자이자 사회의 목적의 도구로 생각해야 한다"는 것[25]도 산업이 본래의 목적인 기능(=서비스)에 충실해야 한다는 위의 주장과 정확히 같은 맥락의 말이고, 근본적으로는 그가 생각하는 기독

---

25 토니는 또한 "사람은 통제할 수 없는 권력에 의해 지배되지 말아야 한다는 것이 경제의 자유의 조건"이기 때문에 산업 문제는 "무엇보다 기능(Function)의 문제이고, 둘째로는 자유(Freedom)의 문제"라고 말하는데, 특히 이러한 '자유론'이 이 번역서의 마지막 글에서 집중적으로 개진된다.

교의 사랑의 정신을 사회경제의 차원으로 번역해서 표현한 것이다. 토니가 보기에 영국 사회에서 이러한 사고방식과 그것을 지탱하는 도덕 원칙이 본격적으로 무너지기 시작한 것은 사람들이 "사회제도와 경제행위가 개인의 행동과 마찬가지로 도덕규범을 따른다고 더는 생각하지" 않게 된 18세기 초인데, 이것은 역설적이게도 "교회를 세속 정부의 한 부처로" 만든 종교개혁 이후의 일이었고, 영국의 경우 그것은 17세기 후반에 발흥한 "현대적 경제 관계", 즉 자본주의 산업 체제 성립의 영향이었다. 그 이전 "역사의 대부분 시기 동안 인간은 종교의 보편적 목적과의 관계 속에서 사회질서의 의미를" 찾았다는 점이, 종교개혁 이후 기독교의 변화가 자본주의의 융성에 의한 것임을 주장할 때 토니가 제시하는 핵심 논거이다(바로 이 점이 종교개혁의 본질을 바라보는 막스 베버와 토니 사이의 중대한 차이인데, 이것은 이 번역서의 세 번째 글에서 좀 더 자세히 볼 수 있다).

토니에 의하면 영국 사회에서 위와 같은 사고방식의 변화를 철학자로서 처음 보인 사람이 존 로크(1632~1704)인데, "그의 주된 개념은 사적 권리와 공공복지 사이의 예정된 조화가 아니라 사적 권리의 파기 불가능성"이었기 때문이다. 개인의 '권리'를 이러한 관점으로 보면 개인의 재산권을 공공복지에 우선하는 것으로서 철저히 옹호할 수밖에 없는데, 로크가 태어나기 불과 몇 년 전에 별세한 로크의 선배 사상가 프랜시스 베이컨(1561~1626)의 경제사상과의 대조를 통해 개인의 재산권에 관한 로크 이래의 관점 변화의 본질이 극명하게 나타난다. 베이컨은 헨리 7세가 소농의 소작권을 보호했기 때문에 그를 칭송했고, 하원에서 더 철저한 토지 관련 입법을 해줄 것을 호소하면서 이런 말까지 했던 것이다. "부는 마소의 분뇨 같은 것이다. 뿌리지 않으면 좋지 않은 것이다."

이와 같은 토니의 관점이 근본의 차원에서 얼마나 철저하게 일관된 것인지는 프랑스혁명과 그것을 뒷받침한 사상적 배경에 대한 그의 비판을 통해서도 분명히 나타난다. 즉, 프랑스혁명의 사상적 근거를 제공한바 "권리의 신성함과, 사적 목적의 추구를 공익의 성취로 변화시키는 연금술의 무오류성을 그(로크-인용자)와 거의 똑같이 강조"한 프랑스의 계몽주의자들도 존 로크와 본질이 다른 사고방식을 가진 것이 아니었다. 토니가 보기에 양자 사이의 "차이는 원칙의 차이가 아닌 강조점과 표현의 차이"였는데, "사유권과 구속되지 않는 경제의 자유가 프랑스에서처럼 자연권으로 명시되었는지, 또는 영국에서처럼 완전히 편의적인 것으로 생각"되었는지는 사실 중요한 것이 아니었고, "두 경우에 모두 그것(사유권과 구속되지 않는 경제의 자유-인용자)은 사회조직이 기초를 두고 있고 그에 관해 더는 논쟁이 허용될 수 없는 기본 원칙으로 당연하게" 받아들여졌기 때문이다.

이렇게 사랑의 섭리 그 자체로서의 (기독교의)신이 인간의 삶의 현실에서 현격히 위축되거나 심각하게 왜곡되고, 그에 따라 산업 체제를 규제하는 도덕규범이 작동하지 않는 상황에서 사적 권리가 '신성불가침'의 자리를 대신하게 된 핵심 결과가 바로 재산(권)의 변화이다.

현대의 대부분의 재산과 산업 시대 이전의 재산을 구별해주고, 이전 시대에는 재산에 대해 뒷받침 논거가 되었던 것이 현재는 그것을 부정하는 것으로 만드는 특징적 사실은 현대의 경제 조건에서는 소유가 능동적이지 않고 수동적이며, **오늘날 재산을 소유하는 대부분의 사람들에게는 재산이 일을 하는 수단이 아니라 이익의 획득과 권력 행사의 수단**이라는 점, 그리고 **이득이 서비스와, 권력이 책임과 관련을 맺는다는 아무 보장이 없다**는 점이다. 장인의 도구나 농민의 경작지, 또는 건강하고 효율적인 생활에 기여하는 개인의 소유물처럼 기능의 실행 조건으로 간주될 수 있는 재산이, 그것의 가치와 관련되는 한 현재 존재하는 재산권에서는 보잘것없는 부분을 이루기 때문이다. **현대 산업사회에서는 재산의 대부분이** (…) **가정의 가구와 같은 개인의 획득물도 소유자의 장사 도구도 아닌, 사용료, 지대, 그리고 물론 무엇보다도 소유자가 행하는 어떤 개인적 서비스와도 무관한 수입을 만들어내는 기업의 사업 지분과 같은 다양한 종류의 권리로 이루어져 있다. 정상의 상태라면 소유와 사용은 분리되지 않는다.** (강조는 인용자)

토니가 역설하는바 '탐욕사회'로서의 현대 자본주의 사회의 본질은, 다른 무엇보다도 이처럼 개인의 재산이 더 많은 재산과 권력을 위한 수단일 뿐이며, 그 더 많은 재산과 그것을 통해 얻는 권력에 서비스와 책임이라는 조건이 전혀 전제되지 않는다는 데에 있다. 중요한 것은 이렇게 재산을 소유하는 것과 사용하는 것이 분리된 상태는 정상이 아니라는 점이다. 현대 산업 시대 이전의 장구한 인간 역사에서 재산은, 이렇게 아무런 사회적 의무나 책임 없이 더 많은 재산과 권력을 얻기 위한 수단이 아니라 '일을 하는 수단', 즉 서비스(=사회에 도움이 되는 일)를 하는 수단이었기 때문이다. 토니는 그러한 기능 없는 재산이 제자리를 찾을 때 어떤 공공의 목적에 사용될 수 있는지 구체적으로 명시하면서 그 재산(권)의 문제를 반복해서 강조한다.

기능 없는 주주들에게 배당금으로 분배되는 부의 반이 다른 방식으로 사용된다면, 모든 아이에게 18세가 될 때까지 좋은 교육을 보장할 수 있고, 영국의 모든 대학에 다시 기부를 할 수 있으며, (더 효율적인 생산이 중요하므로) 영국의 산업이 더 효율적인 생산을 할 수 있는 설비를 갖춰줄 수 있다.

지금 재산의 보호에 이용되는 창의력의 절반만으로도 가장 산업적인 질병들을 천연두만큼이나 적게 줄일 수 있었을 것이고, 가장 영국적인 도시들을 건강하면서 아름답기도 한 장소로 만들 수 있었을 것이다. 방해가 되는 것은 재산권이 그 소유자가 하는 어떤 사회적 기능과도 상관없이 절대적이라는 주의이다. 그래서 재산의 보호가 노동의 보호에 상응할 가능성이 전혀 없다 할지라도 가장 가혹하게 강제되는 법은 여전히 재산을 보호하는 법이고, 산업을 지배하고 사회문제에서 두드러지는 권리가 바로 재산권이다.

토니는 기능 없는 재산을 사용하여 영국의 모든 대학에 다시 기부를 할 수 있다는 것을 특별히 누리게 될 공공의 혜택 가운데 하나로 들고 있는데, 아이러니인 것은 당대에는 그가 군국주의 국가로 비판하면서 두 차례에 걸쳐 목숨을 걸고 싸우기도 한 적국 독일이 오늘날에는 자국의 대부분의 대학을 국립대학으로 만들어 외국인 유학생에게조차 학비를 받지 않는 '국제적 공공복지'를 실행하고 있다는 점이다. 영국 대학의 학비가 미국 못지않게 비싸고 그조차 외국인 유학생에게는 훨씬 더 비싸다는 것은 잘 알려진 사실이다. 또한 오늘날의 영국 대학이 토니가 역설해 마지않은 노동자 교육에서 어떤 역할을 하고 있는지는 구체적으로 확인하지는 못했으나, "사회복지의 한 형태인 성인교육은 토니의 사고방식을 더 이상 추구하지 않는다"[26]는 증언을 들으면 토니의 시대보다 적어도 정신적으로는 분명히 후퇴했을 것이라고 짐작하게 된다. 그가 오늘날의 영국과

---

26 배리 엘시, 앞의 글, 83쪽.

독일의 이러한 대조적 현실을 본다면 어떻게 생각할까?[27]

이처럼 토니가 현대 자본주의 사회, 특히 당대 영국 사회의 핵심 문제로 본 것이 '서비스라는 본연의 기능이 없는 재산'이다. 그러한 기능 없는 재산의 소유자, 즉 (토니 스스로 이 저서의 여러 군데에서 강조 표기를 한) **불로소득 생활자**가 폭발적으로 늘고 있는 것을 영국 사회의 핵심 병폐로 본 것이다. 토니가 제시하는 해결책은 무엇일까? 매우 간단하고 명쾌하다. "그것은 서비스에 대해, 그리고 서비스에 대해서만 대가를 지불하는 것이고, 자본을 사용할 때 반드시 그 자본이 가능한 가장 싼값으로 사용되게끔 하는 것이다." '불로소득은 없애고, 자본은 가능한 한 싼값으로 사용하는 것', 바로 이것이다. 또한 막스 베버의 저서 『직업으로서의 학문』을 패러디한 장 제목인 '(불로소득의 수단이 아닌-인용자) 직업으로서의 산업'은 이 두 가지 전제조건이 충족될 때 실현된다.

토니가 말하듯이 모든 산업이 서비스라는 기능을 수행하는 사람들이 주체가 되는 '직업으로서의 산업'이 되었을 때 눈에 띄게 달라질 것이 무엇일까? "도시의 지대와 사용료는 사실 (…) 몇몇 개인이 법에 의해 타인들의 근면에 부과할 수 있도록 허락받는 세금"이라는, 토니의 불로소득 정의에서 분명히 알 수 있듯이 이러한 기능 없는 재산이 획득해온 이득의 대부분이 사라지게 된다. 토니의 관점에서 보자면, 오늘날 조물주 위에 있다는 한국의 건물주들이 획득하는 부의 대부분은 당연히 사라져야 할 것이다(서비스 기능의 유무라는 기준에서 볼 때 부동산을 사고팔면서 생기는 이

---

27 김누리 교수에 의하면, 독일에서 대학을 비롯한 사회의 모든 분야에서 근본적 개혁이 이루어져 오늘날과 같은 복지 수준을 이룰 수 있었던 것은 '68혁명' 덕분이라고 하는데, 그렇다면 독일과 비교해볼 때 영국에서는 '68혁명'을 계기로 과연 어떤 변화가 있었는지를 살펴보는 것이 매우 중요한 연구 과제가 될 터이다.

득은 또 어떻게 보아야 할지 말할 필요가 있을까). 그렇다면 어느 정도가 그들이 취할 이득으로서 적당할까? 그것은 고용자가 "'효율성에 대한 우대책으로서 필수적인' 무제한 이윤 대신에" "경영자로서 자신의 서비스에 대한 봉급과, 고정되어 있을 뿐만 아니라 (그가 자신의 비효율성 때문에 벌지 못하지 않는 한) 보장받는 자신의 자본에 대한 이자율"을 받게 될 것이라는 토니의 설명에서 유추해볼 수 있을 것이다. 요컨대 노동자건 경영자건 그 사람이 제공하는 서비스 기능의 정도에 따라, 그리고 자본(재산)을 제공하는 경우에도 그것에 대해 되도록 싼 이자율에 따라 대가가 지불되어야 마땅한 것이다.

　사회주의자라는 딱지를 붙이면서 토니를 공격하는 것은 전혀 적절치 않다. 그는 스스로 사회주의자임을 분명하면서도 당당하게 밝히기 때문이다. 중요한 것은, 앞서도 말했듯이 그가 주장하는 사회주의의 본질이며, 그것이 중요하다는 것을 그 스스로 강조한다는 점이다. 그가 주장하는 사회주의는 산업 운영의 권한과 책임이 서비스의 기능이 없는 재산(권)을 더 많은 부와 권력의 획득을 위한 수단으로 행사하는 데에만 관심이 있는 개인들이 아닌, 서비스의 기능을 실제로 수행하는 노동자와 경영자에게 맡겨져야 한다는 의미 이상도 이하도 아니다. 따라서 그는 사유재산 자체를 전혀 부정하지 않는다. "전적으로 문제는 그것이 무슨 종류의 재산이냐, 그리고 그것이 무슨 목적을 위해 쓰이느냐는 것"이기 때문이다. "현명한 방책은 사유재산 일반을 공격하는 것도 아니고 사유재산 일반을 방어하는 것도 아니다. **어떤 것도 이름이 같다는 이유만으로 질이 비슷하지는 않기 때문이다.** 현명한 방책이란, 본래 결국은 추상적인 것에 지나지 않는 것이 다양한 모습으로 구현되어 있는 것들을 구별하는 일이다." (강조는 인용자) 따라서 그는 사유재산 자체를 부정하는 사회주의와 자신이 말하는 사회주의의 차이를 분명히 말한다.

이렇게 해서 어떤 분야에서 공공의 소유를 확대하게 되면, 다른 분야에서는 사유재산의 확대를 발전시킬 것이다. 근면이라는 원칙을 부패시키는 것은 사유 자체가 아니라 일과 분리된 사유이고, 토지나 자본의 사유재산은 필연적으로 해로운 것이라는 일부 사회주의자의 관념은 모든 재산에 일종의 신비한 존엄성을 부여하고자 하는 보수주의자의 관념만큼이나 티무니 없는 현학적 탁상공론이기 때문이다.

국유화를 사회주의에서 필연적으로 취해야 할 정책 요건으로 이해하면서 그것이 낳을 비효율성을 빌미로 사회주의를 비판하는 견해도 토니는 사유재산론을 펼칠 때와 마찬가지의 관점에서 반비판한다. 즉, 사유재산과 마찬가지로 국유화 역시 그 자체가 목적이 아니라 산업이 서비스라는 본연의 기능을 제대로 수행할 수 있도록 해주기 위한 유력한 수단 가운데 하나일 뿐이라는 것이다. 게다가 국유화는 다양한 형태를 띨 수 있을뿐더러 바람직한 방향으로 효과를 내기 위해서는 소비자의 요구를 수용하는 방식을 포함하여 그 업종의 기능에 요구되는 운영 방식상의 구체적 조건을 충족해야 한다. 국유화 그 자체는 '전가의 보도' 같은 정책이 아니다. 따라서 토니의 이러한 관점은 국유화를 무조건적으로 반대하는 쪽뿐만 아니라 무조건적으로 지지하는 쪽 또한 비판하는 의미가 있다. 이렇게 국유화론에서도 토니가 생각하는 사회주의는 분명한 관점에서 나오는 특유의 정체성을 지닌다.

그러므로 **국유화는 목적이 아니라 목적에 대한 수단이고, 소유의 문제가**

해결되더라도 경영의 문제는 여전히 해결책이 필요하다. 지주들이 취지에 호응하여 자기 재산을 자발적으로 내놓지 않으려 할 때 주 의회가 토지를 사들이는 것은 소규모 자작농 제도의 수립을 위해 필요한 제도인 것과 마찬가지로, 국가의 행동 없이는 사유재산권이 쉽게 변화될 수 없는 나라에서는 하나의 수단으로서 국유화는 없어서는 안 될 것 같다. 그러나 토지를 구입하는 목적은 소규모 자작농을 만들어내는 것이지, 국가 관리에 의해 관리되는 농장을 세우는 것이 아니다. 또한 광업이나 철도나 철강 생산을 국유화하는 목적은 특정 형태의 정부 경영을 수립하는 것이 아니라 건설적인 일을 하는 사람들이 자신의 에너지를 배당금의 제공이 아닌 서비스의 제공이라는 산업의 진정한 목적에 자유롭게 쓸 수 있게 하도록 금전상의 이득이 유일한 관심인 사람들의 통제로부터 그들을 풀어주는 것이어야 한다. 재산의 이동이 이루어지고 나면, 산업의 관리를 위한 필수적 준비에는 생산자가 생산하는 자유뿐만 아니라 생산한 것을 제공받는 소비자가 바람을 표현하고, 현재는 보통 그렇게 하지 못하는 것과는 달리 그 바람이 충족되는 방식을 비판할 수 있는 기구를 만드는 것 또한 포함될 것임을 아마도 알게 될 것이다. (강조는 인용자)

토니가 『탐욕사회』라는 책을 쓴 목적이자 토니 사상의 핵심이라 할 수 있는 것은, 인간 사이에 서로 도움이 되는 일(=서비스)이라는 기능이 아니라 더 많은 부와 권력 획득을 향한 탐욕이 산업을 지배하는 현대 자본주의 사회의 근본 문제를 고찰하고, 산업을 본연의 모습으로 되돌릴 절박한 필요성과 원칙을 공유하는 것이다. 이 책을 마무리하면서 토니는 현대 산업사회를 '탐욕사회'가 아닌 '기능사회'로 전환하는 데 필요한 그 원칙을 몇 가지로 명료히 제시한다. 그런데 여기서 더욱 주목되는 대목은 그

다음 내용인데, 그는 이러한 원칙의 관철을 통해 "체계나 기구를 어떻게 바꾸든 사회불안의 원인인 이기주의, 탐욕, 다투기 좋아하는 인간의 본성을 막지 못한다는" 것, 우리의 임무는 단지 인간의 이러한 부정적 본성을 북돋우지 않는 환경을 만드는 일이라는 것을 분명히 한다. 나아가 이렇게 사람들의 탐욕을 부추기고 그것이 제멋대로 발산할 만한 환경을 없앴을 때에만 바람직한 사회질서를 세울 수 있고, 그러한 사회질서를 세울 때 사람들의 마음과 행동 또한 변화된다는 단순 명쾌한 인과관계를 제시한다. 사람들이 공감하여 삶의 지침으로 공유할 수 있는 목적을 제시하는 것, 바로 이것이 토니의 사회학과 도덕론의 핵심이다.

> 그 변화가 사람들이 원칙을 지키며 살아가도록 보장할 수는 없다. 그 변화를 통해 할 수 있는 일이란, 사람들이 원한다면 깔아뭉개는 것이 아니라 지키며 살아가는 원칙 위에서 사회질서를 확고히 세우는 것이다. 그 변화를 통해 사람들의 행동을 통제할 수는 없다. 사람들이 전념할 수 있는 목적을 제공할 수 있을 뿐이다. 그래서 사람들의 정신이 변한다면, 예외는 있겠지만 결국에는 실제 행동도 변화할 것이다.

5. 종교개혁이 자본주의를 부추겼다는 '베버의 신화'에 관하여: 『프로테스탄티즘 윤리와 자본주의 정신』 영문판 서문(1930)

토니의 이 글은 『프로테스탄티즘 윤리와 자본주의 정신』의 저자가 살아 있었다면 매우 불편한 마음으로 읽었으리라고 짐작될 만큼, 이 저서에 바쳐지는 서문이라고 보기 힘들 정도의 매우 비판적인 관점으로 이 저서를 소개한다. 길지 않은 이 글의 반 이상은, 신중하고 온건한 태도와 문체를 취하고 있음에도 베버의 원저에 대한 분명하면서도 예리한 비판으로 일관되어 있다. 물론 그 비판의 배경에는 토니의 선행 저작들에 명료히 표명되었던바 기독교와 자본주의를 바라보는 일관된 관점이 있다.

베버의 『프로테스탄티즘 윤리와 자본주의 정신』이 주장하는 바의 핵심은 이 책의 이름만큼이나 사실은 매우 단순하다고 할 수 있다. 기독교의 종교개혁, 그 가운데에서도 칼뱅이 주도한 종교개혁 운동의 윤리가 자본주의 경제활동에 도덕적 정당성을 부여하여 현대 자본주의를 융성케 하는 '정신'의 역할을 했다는 것이 그 핵심이다. 여기서 베버가 자신의 주장을 매개하는 중심 개념으로 제시한 것이 '합리주의'이다. 즉 "내세를 지향하면서 세속적 생활양식을 **합리화**한 것이야말로 금욕주의적 프로테스탄티즘의 **직업 개념**이 낳은 결과였다"[28]는 것이다. 토니는 자신이 이해하는바 베버의 주장을 다음과 같이 정리한다.

'합리주의'라는 말은 베버에 의해 관습이나 전통이 아니라 금전상의 이윤을 낳는 대상을 획득하기 위한 경제 수단을 계획적이고 체계적으로 조절하는 데 기초한 경제체제를 설명하기 위한 학술 용어로 사용된다. 의문점은 이러한 풍조가 이익에 대한 무제한의 욕망appetitus divitiarum infinitus을 반사회적이고 비도덕적인 것으로 보았던 관습적 태도를 왜 이기게 되었느냐는 점이다. 그의 답변은 그것이 16세기의 종교 혁명에 근거를 둔 운동들의 결과였다는 것이다.

---

28 막스 베버, 『프로테스탄티즘의 윤리와 자본주의 정신』, 김덕영 옮김, 도서출판 길, 2013, 248쪽.

종교개혁과 자본주의 융성의 관계에 관한 베버의 이와 같은 설명과 주장을, 토니는 다음 몇 가지 면에서 비판한다.

첫째, 후발 자본주의 국가인 독일 또는 프랑스의 현대 자본주의 발전사를 가지고 보편적 자본주의 개념을 설정하는 베버 방법론의 출발점 자체에 문제가 있다. 즉, "영국에서는 200년이 걸린 발전을 1850년과 1900년 사이의 50년 동안 꿰뚫고 지나간 독일에서는, 자본주의 문명이 정도뿐만 아니라 종류 면에서 그에 앞선 사회체제와 다른 현상이라는 것을 의심할 만한 유혹을 거의 느끼지" 않은 것과 달리, "거대 산업이 수 세기 동안에 걸쳐 점진적 증대를 통해 성장했고, 영국의 계급 체계는 오랫동안 법적 신분이 아닌 부의 차이에 기초했었기 때문에" "영국에서는 자본주의라는 개념이 뚜렷이 구별되는 특정한 사회 발전의 국면으로 선뜻 받아들여지지 않았다"는 사실을 볼 때, 독일과 영국을 포함한 개별 국가의 자본주의 발전의 제 동력은 개별 국가의 역사 전개에 초점을 맞추어 고찰되어야 한다는 것이다. 이렇게 볼 때 자본주의의 원인과 특징이 독일과 프랑스에서 역사 연구의 중심 주제가 된 것도 우연이 아닐뿐더러 이 나라들의 자본주의 발달사의 특수성을 반영한다는 것, 그리고 사실 이 분야의 선구자도 베버가 아니라 마르크스와 좀바르트(『현대 자본주의』)라는 것이 토니의 설명이다. 토니는 이와 관련하여 "'자본주의' 자체는 없어서는 안 된다 할지라도 애매한 말인데, 이 말에 대한 베버의 해석은 그의 주장의 본질적 요건에 알맞도록 그 의미를 단순화하고 제한한다는 쎄Sée 교수의 비판"도 소개한다.

둘째, 칼뱅의 종교개혁이 자본주의 융성에 윤리적·정신적 기반 역할을 했다는 베버 학설의 중심 주장은 베버가 자신의 주장을 정당화하기 위해 역사적 사실을 아전인수 격으로 해석한 데 근거한 것이다. 즉, "그의 글은 새로운 유형의 경제 문명의 성장에 유리한 조건을 창출하는 데 종교 운동이 한 역할에 국한되어 있었고, 상업·금융·산업의 세계에서 그 종교 운동에 대응되는 발전의 중요성을 과소평가한다." 이 점에서도 베버의 설명과 주장은 보편적으로 들어맞지 않는 것이다.[29] 이와 관련해서도 토니는 여러 가지 역사적 근거를 제시한다. 예컨대 16세기 영국에서는 "금전과 가격과 외환에 대한 사업가와 경제 전문가들의 투기 행위가 베버가 전통주의라 부른 태도를 약화시키는 데 똑같이 영향을 미쳤다"는 것이다. 그뿐만 아니라 "칼뱅주의가 야기한 것으로 주장되는 경제 윤리에 관한 견해 변화가 칼뱅주의의 전유물이 전혀 아니었고, 프로테스탄트 저자

---

29 『프로테스탄티즘 윤리와 자본주의 정신』과 『사회경제사』에서 모두, 베버가 자본주의 발달사를 중심으로 하여 서구사를 보편사로 보면서 동양사에 대해 차별화하는 것은 토니의 관심사도 아니고, 나 역시 여기서 깊이 살펴볼 여유는 없다. 그러나 이러한 관점이, 동양사에 관한 얼마나 심각한 무지와 옅은 관심의 소치인지는 짚고 넘어갈 필요가 있다. 예컨대 그의 『사회경제사』에는 '전자본주의시대의 국가경제정책'이라는 제목으로 '동양'의 경제 미발달의 원인을 논하는 가운데 한국에 관해 매우 짧게 언급하는 대목이 나온다. "한국에서는 의례적인 이유가 쇄국에 대한 결정적인 의의를 갖는다. 만일 외국인이나 또는 부정한 자가 국내에 들어오면 신령이 격노할 우려가 있었던 것이다."(막스 베버, 『사회경제사』, 조기준 옮김, 삼성출판사, 1993, 343쪽) 이와 더불어 주목할 것은 1904년에 미국을 방문했을 때 "베버는 가는 곳마다 활기에 찬 미국 자본주의를 경탄해 마지않았다"(조기준, 「『사회경제사』 해제」, 위의 책, 27쪽)는 사실에서 단적으로 드러나듯이, 베버가 보편사로서의 자본주의 발달사에 확신을 갖게 된 결정적 계기가 다름 아닌 '신생국' 미국을 '자본주의 정신'을 제대로 구현한 나라로 본 것이라는 점이다. 이러한 점들을 종합해서 볼 때, 그의 '자본주의 보편사론'이 '동양문화 침체론'으로 비판받은 것은(위의 글, 26쪽) 근거가 없는 것이 아니다. 토니의 관점에서 추론할 수 있듯이, 미국을 자본주의 발달의 정점에 놓고 세계 국가들을 일렬로 세워 등급을 매기는 것은 각국의 '자본주의' 또 는 경제 발달의 '특수성'을 해명하지도 못할뿐더러 그 각각의 사회가 공동으로 지향하는 '목적'이 중요하다는 토니의 문제의식을 수용할 수 없음은 말할 필요도 없다.

뿐만 아니라 가톨릭 저자들의 세계관에도 반영되어 있었던 일반적인 지적 운동의 일부이기도 했다"는 것이다(토니는 이 밖에도 많은 비판 근거를 제시한다). 가톨릭 교리가 자본주의 정신에 끼친 영향에 관해서는 좀바르트가 토니보다 훨씬 먼저 논증한 바 있었다.[30] 이와 마찬가지 맥락의 비판으로서 참고할 만한 자료가 있는데, 종교개혁이 16세기에 발흥한 현대 개인주의와 아무 상관이 없었다는 주장을 담은 로드니 스타크의 저서에서도 "마르크스와 베버와 여타 학자들이 사용한 영국 개인주의의 모든 측정 잣대가 시기상 종교개혁을 수 세기나 선행함을 보여주는 태산같이 많은 데이터를 제시"했음을 말한다.[31]

셋째, 그가 이 글의 마지막 단락에서, 그중에서도 마지막 문장에서 강한 여운을 남기며 간단하게 제기하고 있으나, 사실은 이 글에서의 그의 베버 비판에서 가장 중요한 대목이라 볼 수 있는 것으로서, 베버가 종교개혁이 자본주의 융성에 끼친 영향은 말했지만 자본주의의 제도가 역으로 종교에 미친 영향은 주목하지 않았다는 것이다. 토니 사상의 핵심을 염두에 둘 때 이 비판은 매우 중요한 의미를 갖는데, 비망록과 『탐욕사회』에서 분명히 보았듯이 영국으로 대표되는 당대 자본주의 사회에서 토니가 주목하는 것은 자본주의의 '발전'이 아니라 불평등을 비롯한 심각한 병폐이고, 그 병폐를 낳는 '탐욕'을 종교(기독교)가 제어하지 못하는 것을 그는 그 병폐의 근본으로 보기 때문이다. 베버와는 정반대로, 자본주

30 베르너 좀바르트, 「자본주의 형성에서 종교의 역할」(1913), 로버트 그린 엮음, 『프로테스탄티즘과 자본주의: 베버 명제와 그 비판』, 이동하 옮김, 종로서적, 1981 참조.
31 로드니 스타크, 『우리는 종교개혁을 오해했다』, 손현선 옮김, 헤르몬, 2018, 172쪽.

의 융성으로 인한 변화가 종교개혁의 본질조차 변화시킨 점이 더 중요하다는 관점은 이미 『기독교와 자본주의의 발흥』에서 분명히 나타났다. 이 책에서 그는 "'자본주의 정신'은 역사만큼이나 오래됐고, 때때로 말해지는 것과 달리 청교도주의의 산물이 아니다"[32]라고 못 박으면서 청교도주의 내부의 자본주의 친화적 경향들이 "자신을 드러내 보인 것은 정치적·경제적 변화가 그것들의 성장에 우호적인 환경을 마련해준 이후였다"[33]는 점을 상세히 논증한다.

이 세 가지 비판 내용을 종합하여 추론할 수 있듯이, 그 근원에는 특히 『탐욕사회』에서 개진한바 자본주의 사회의 탐욕 심리에 대한 그의 근본적 비판이 있다. 즉, 그는 베버의 대표 저작에 부치는 서문에서 사실은 무엇보다도 베버 이론의 중심 개념 가운데 하나인바 '소명 의식'의 차원에서 "탐욕은 영혼에 위험한 것이라 할지라도 나태함보다는 덜 무서운 위협"으로 보는 '자본주의 정신'을 가치중립적으로 설명하고 승인하는 베버의 관점을 비판하고 있는 것이라고 해석된다.

6. 다시, 문제는 '어떤 사회주의인가'이다: 「문제는 자유다」(1944)

글의 제목이 매우 강렬한 인상과 함께 궁금증을 불러일으킨다. 이 글의 앞부분에서 토니 스스로 "내 글의 제목은 '문제는 자유다We Mean Freedom'이다. 의심할 필요 없이 우리는 진정 그렇게 생각한다"라고 선언하면서 '자유의 본질'을 이야기할 필요성을 말하기에 그것이 무엇인지 더 알

---

32 R. H. 토니, 『기독교와 자본주의의 발흥』, 고세훈 옮김, 한길사, 2015, 334쪽.
33 위의 책, 335쪽.

고 싶어진다. 그는 곧바로 그 정의를 밝히는데, "특정한 시간과 장소의 현실과 분리된 추상적 자유 같은 것은 없다"고 전제하면서, 자유란 "아주 실질적이고 실제적인 것"으로서 "일정한 순간에, 일정한 상황에서, 일정한 것을 하거나 하지 않는 능력"이라고 말한다. 그가 쓰는 영어 단어로 말하자면 'liberty'가 전자에 해당하고, 대문자로 시작되는 'Freedom'이 후자를 뜻하는 것이다. 토니가 말하는 자유는 두 가지 조건을 충족하는 것이어야 하는데, 첫째, 권리가 자유의 보장책으로 주어질 때 두려움과 비용 부담 없이 그 권리를 행사할 수 있어야 한다는 것, 둘째, 이때 권리는 소수에게만 주어지는 특권이 아니라 모든 사람에게 보장되는 것이어야 한다. 특히 자유의 가장 큰 적은 두려움이다. 이게 무슨 말이며, 왜 그럴까?

모든 감정 가운데 가장 모멸적이고 자유와 가장 양립할 수 없는 것이 바로 두려움이다. 잔혹한 사실은, 대다수 인간에 관한 한 희망에 의해서보다 두려움에 의해, 즉 실직의 두려움, 집을 잃을 두려움, 저축한 것을 잃어버릴 두려움, 아이들이 학교에서 쫓겨날 두려움, 이 유쾌한 사건들이 모두 한꺼번에 일어날 때 한 사람의 아내가 하게 될 말에 대한 두려움에 의해 이 경제체제가 계속해서 정상적으로 운영된다는 점이다. 사태가 실제로 어떻게 돌아가고 있는지 알고자 한다면, 언제 사람들을 몰아가기가 가장 쉬운지를 고용자에게 물어보라. 그는 그들이 경기가 좋을 때는 다루기가 힘들지만, 사업이 축소되어 그들의 생산물이 시장을 찾게 될지가 불확실한 순간에는 일자리를 잃을까봐 두려워하기 때문에 노예처럼 땀을 흘린다고 말할 것이다.

두려움이 자유의 가장 큰 적이라는 사실은 비단 경제체제의 영역에만 해당하는 것은 아니리라. 토니의 이 예리하고도 탁월한 비판적 통찰은 모든 인간사에 두루 적용될 만하다. 2020년 거의 한 해 전체를 지나 지금까지 코로나라는 정체불명의(!) 역병과 그 '확진자'가 됐을 때 닥칠 온갖 불이익에 대한 두려움이 우리의 자유를 거의 완전히 옭아매고 있는 사실을 직시하면서, 이러한 두려움이 소수의 전 세계적 엘리트 권력의 '이득'을 위해 악용될 수 있는 상황을 상상해본다면, 토니의 통찰이 얼마나 큰 의미를 갖는 것인지 절감하게 된다. 문제는 이러한 두려움의 지속(!)이 현대 자본주의 경제체제를 '정상적으로' 운영하는 기반이라는 토니의 지적이다. 그래서 이제 우리가 더 궁금해지는 것은 그가 이렇게 대다수 인간의 '구체적 자유'의 의미를 역설하는 것이 타당할 만큼 당대 영국의 경제체제가 소수만의 자유, 즉 특권을 위한 경제였던가 하는 점이다.

작은 회사를 위해 일하는 사람들의 생계는 그 회사가 시장market으로 삼는 큰 회사의 정책에 의존한다. 큰 회사는 자기가 속한 카르텔의 규칙을 따라야 한다. 그리고 이 삼자 모두는 탄광과 면직 공장을 본 적이 없고 본 적이 있다 하더라도 베틀과 물 방적기를 구별하지 못하는, 온화하고 말끔히 옷을 맞춰 입은 신사들에 의해 런던과 뉴욕에서 내려지는 결정에 따른다. 회사 하나가 통지도 없이 문을 닫고, 도시 절반이 폐허가 된다. 하나의 기업 합동체가 생산능력 축소라고 완곡하게 불리는 것을 결정하면, 북동 해안과 같은 한 구역 전체가 쓸모없게 된다. 자본시장은 현재 유행하는 어떤 투자에서 돈을 보기 때문에 석탄과 면직물은 현대화되지 않은 채로 남는다. 런던 중심부가 동의하면, 수많은 기업가들이 격분할지라도 영국 파운드화가 과대평가되고, 광부들의 조업 중단과 이른바 총파업이 있게 된다.

이것이 현실이라면 "이 경제체제는 대등한 관계에서 이루어지는 독립된 사업과 거래의 집합이 아니"라 "권력 체계"이고 "권한의 위계 체계"라는 토니의 단정은 전적으로 적절하다. 따라서 "자본주의 자체가 지녔다는 자유는 믿기 어려운 자랑"이라는 토니의 말처럼, 이것은 대다수 사람들의 '구체적 자유'가 보장되고 실현되는 상태가 전혀 아닌 것이다. "정치적이고 시민적인 자유에 대한 열정"이 아무리 발현된다 할지라도 이러한 "경제적 노예 상태"가 그와 동시에 계속된다면, 그 자체가 극히 모순된 상황이다. "사람들이 바라는 것은 헌법에 있는 문구가 아니라 문명화된 생존에 필수인 것을 보장하고 인간으로서 갖는 위엄에 적절한 존중을 보이는 제도의 형태로 이루어지는 결과물"이기 때문이다. 토니의 이러한 현실 진단과 자유에 대한 관점에서 볼 때, 오늘날 우리의 현실은 어떤가? 세부의 차이를 차치하고 당대 영국의 상황과 비교해볼 때, 한국을 대표하는 재벌[34]이 그야말로 막강한 경제 권력을 바탕으로 한국 사회의 모든 분야에서 얼마나 큰 지배력을 행사하고 있는지는 이 자리에서 상론할 필요가 없을 것이다.

앞서 비망록과 『탐욕사회』를 살펴보면서 토니가 생각하는 바람직한 사회주의가 무엇인지 이해할 수 있었던 것처럼, 자유의 문제에 관한 이 글의 논의 가운데에서도 '토니 사회주의'의 진의를 아주 분명히 알 수 있다. 그는 사회주의자들이 "자유를 지상으로 가지고 내려와야만 한다"고 하는

---

34 한국의 '재벌'이 세계의 일반적 대기업은 물론 일본의 '자이바츠'와도 다른 것이어서 자본주의 종주국 영국에서 펴낸 『옥스퍼드사전』에도 등재된 한국어 단어라는 것은 모두가 아는 사실이다. 즉, '재벌'은 세계 자본주의를 이끌어온 일반적 대기업과도 달리, 이른바 '문어발식'으로 온갖 분야의 사업에 손을 대고, 특정 집안에 의해 지배된다.

데, 이것은 "자유의 의미를, 방어되어야 하는 소유물로서가 아니라 성취되어야 할 목표로서, 현실적이고도 적극적인 용어로 말해야 한다"는 뜻이다. 다시 말해 소수의 특권층이 그 특권을 고수하기 위해 이념적으로 옹호하는 '추상적 자유'가 아니라 대다수 사람들의 두려움과 부담을 없애주어 그들에게 공공복지의 권리를 실질적으로 보장하는 '구체적 자유'가 바로 사회주의자들이 옹호하는 자유임을 밝히고 증명해야 한다는 것이다. 이를 위해서는 사적 이해관계가 국민 대다수의 이해관계에 종속되어야 하고, "국가는 경제발전을 보편적 복지의 노선으로 이끄는 데 필요한 권한과 기관을 갖추어야 한다." 그런데 이때 우리가 앞서 살펴본바 국유화 문제가 또다시 제기된다. 그러나 이 글에서도 국유화에 관한 그의 생각은 완전히 일관되어 있다. 즉, 국유화는 위와 같은 목적에 이르기 위한 한 가지 수단일 뿐이며, 문제의 핵심은 "경제체제의 요체와 전략적 위치가 사적 이해관계의 영역에서 떨어져 나오고 공공단체에 의해 유지"되어야 한다는 점이다.

이 글에서 토니의 사회주의 개념은 하이에크의 사회주의 비판을 비판하면서 더욱 명료해진다. 『노예의 길』이라는 대표 저서의 이름에서 알 수 있듯이, 하이에크는 사회주의를 자유가 박탈된 노예의 길로 비판하면서 그 반대 개념으로 자본주의가 아닌 '자유주의' 또는 '자유방임주의'를 내세운다. 토니는 「문제는 자유다」를 쓸 때와 같은 해에 출간된 하이에크의 저서를 곧바로 비판하면서 자신이 말하는 사회주의의 본질을 또 한 번 분명히 하는 것이다. 토니가 하이에크를 특정하여 이렇게 집중 비판하는 것은, 토니가 말하는바 '어떤 사회주의인가'의 문제를 하이에크가 얼버무리면서 사회주의를 자신이 말하는 개념으로 좁히고 일반화하여 싸잡아 비판하면서도 현대 자본주의 체제의 모순에 대한 토니의 지적은 완전히 회피하기 때문이다. 하이에크의 저서에서 특히 주목되는 것은, 그의 개인사에서 특별히 연관된 사연을 조사해보고 싶은 마음이 들 만큼 자신이 비판하는 모든 사악한 사회주의적 경향의 근본 원인을 좀바르트를 비롯한 독일 사상가(또는 독일 그 자체)의 영향으로 돌리며, 그 영향을 받은 페이비언협회 사상가들, 그리고 심지어 E. H. 카마저 비판하면서도 자신이 생각하는 사회주의를 분명하게 해설하고 주장하는 토니에 대해서는 이상하리만큼 일언반구도 언급하지 않는다는 점이다. 한편 『노예의 길』이라는 저서의 내용과 이름에 영감을 주었다면서 힐레어 벨록의 저서 『노예국가』를 빈번히 인용하는 것 또한 아전인수 자체이다. 그의 인용이 적절하고 정당한 것이라면 벨록은 자유방임주의를 핵심으로 하는 자본주의 체제의 옹호자여야 할 터인데, 벨록은 자본주의야말로 개인들로부터 재산을 박탈하여 소수에게 집중시키는 체제로 보면서 근본적으로 거부하기 때문이다.

토니가 하이에크를 비판하는 핵심 대상은 하이에크의 '계획'과 '국가' 개념이다. 토니는 하이에크의 '계획' 개념이 "모든 경제활동을 중앙에서 지시하는 체제", 정확하게 말하자면 전체주의 체제의 '계획' 개념임을 지적하면서, 이것이 자신의 '계획' 개념과 어떻게 다르고 잘못된 것인지를 논증한다. 여기서도 전제가 되는 것은 국유화와 마찬가지로 '계획'도 어떤 공공의 목적을 달성하기 위한 수단으로서의 제도일 뿐이라는 점이다. 이러한 관점에서 보자면, 중요한 것은 하이에크처럼 '계획'을 전체주의 체제의 전유물로 전제하여 그것으로부터 발생할 악폐 때문에 '계획' 자체를 악의 근원으로 보는 것이 아니라(이 대목에서 '구더기 무서워 장 못 담글까'라는 우리말 속담을 떠올리게 된다), 어떤(!) 계획을 통해 "현존하는 악의 지속"을 끝낼 것이냐이다. 요컨대 토니가 보는 '계획'은 이런 것이다.

계획은, 의회나 공교육과 마찬가지로 단순한 범주가 아니다. 그것의 결과는 그것에 붙은 꼬리표가 아니라 그것이 기여하도록 기획된 **목적**, 그것이 그 목적을 실현하기 위해 사용하는 **방법**, 그리고 이 양자의 선택을 결정하는 **정신**에 달려 있다. 예컨대 계획경제의 본질적 특징이 폰 하이에크 교수가 주장한다고 생각되는 것처럼 상세한 생산 예산안에 있지 않고, 더 높은 범위의 경제 전략에 대한 책임을, 이윤을 만드는 기업가로부터 국가 당국으로 옮겨놓는 데 있다면, 부당성에 관한 그의 수수께끼는 대수롭지 않은 것으로 약화될 것이고, 그가 말하는 피에 목마른 괴물Leviathan은 힘든 일을 묵묵히 하는 쓸 만한 일꾼이 될 것이다. 이러한 관점에서 보면, 단일한 중앙 조직이 반드시 경제생활의 구석구석에 개입해야 할 이유는 없다. (강조는 인용자)

공공의 목적과 그것에 복무해야 할 경제정책 수단을 혼동하지 말아야 한다는 쾌도난마의 질타는 하이에크의 국가 개념을 비판하는 데에서도 일관되게 이어진다. 토니에 의하면, 하이에크의 '계획' 개념은 "다양한 역사, 경제 환경, 헌정 제도, 법률 체계, 특정 상태의 사회심리와 무관하게 존재하는 단일한 특징들을 지니는 이른바 '국가the State'라는 실체가 있다는 관념", 그리고 국가의 이러한 특징들은 필연적으로 전제 정치를 낳는다는 관념과 결합되어 있다. 하이에크의 자유방임주의 사상에서 궁극적으로는 국가를 부정하거나 배제하는 것은 이런 이유 때문이다. 그러나 이것은 "순전한 미신이다." 토니의 일관된 관점에서는 계획과 마찬가지로 "국가는 중요한 한 가지 수단"일 뿐이기 때문에 하이에크의 국가 개념은 헤겔의 국가 개념이 "낙관주의적 허풍"이고 프로이트의 국가 관념이 "비관주의적 허풍"인 것과 마찬가지로 "일종의 신비주의"의 소산이다.

이 글의 제목을 다시 상기해보면, 하이에크 비판의 의도조차 자유의 진정한 의미를 설파하는 데 있음을 알게 된다. 이 글 마지막 부분에 나오는 '경제의 자유'의 정의에 토니의 '자유론'의 핵심이 간결하게 정의되어 있다. 즉, "경제의 자유란, 주요한 특정 경제활동을 계획하고 지휘하기 위해 필요한 권한을, 재산 소유자의 대리인으로부터 국민을 대표하여 활동하고 그 활동의 책임을 지는 기관으로 옮기는 것을 의미한다. 산업사회에서 경제의 자유는 이 방법으로 성취될 수 있고, 다른 방식으로는 성취될 수 없다."

그런데 이 글의 진정한 결론은 토니 자신의 소속 정당이자 그가 더없이 깊은 책임감을 가진 영국 노동당에 원칙적 지침을 주는 마지막 단락에 있다. 그의 지침은 이렇다. "다음 노동당 정부는 (…) 경제체제의 요점들을 공적 통제 하에 놓는 것을 중심 목표로" 삼되, "중요한 것은, 당이 모든 사람을 위한 약속을 담은 화려한 계획을 제시하는 것이 아니라 국민에게 패기를 불어넣어 주는 것"이며, 당이 집중해서 추진하는 일에 대한 "확신의 진정성을 증명해야 한다." 이보다 더 근본적인 지침은 그다음 문장에 담겨 있다.

당이 정권을 유지하기 위해 자신의 원칙을 희생시켜 스스로를 무너뜨린다면, 끊임없는 협박에 노출될 뿐만 아니라 지지자들의 **도덕**과 일반 대중의 신뢰 모두를 파괴하게 되고, 이 두 가지가 없으면 노동당 정부는 정권을 가지지 못한 것이나 마찬가지가 된다. (강조는 원문 그대로)

비망록에서 **"산업 문제는 도덕 문제"**라고 확신했던 30대 초반 나이의 청년 토니의 생각이 60대 중반의 노년 토니에게서도 정당 도덕론의 모습으로 일관되게 재현되고 있다. 또한 "만일 영국에 사는 우리가 경제라는 정글에 정치를, 그리고 특정 이해관계를 넘어서는 보편적 이해관계의 주권을 도입하는 것이 가능하다는 사실을 보여줄 수 있다면, 다른 민족들도 자신들의 다양한 방법에 따라 이와 똑같은 길을 따를 것"이라는 그의 큰 희망의 포부에서 현대 자본주의 산업사회를 바람직한 방향으로 변화시킬 수 있는 원동력을 도덕과, 그 근원의 기독교 본연의 사랑의 정신에서 구하는, 토니 사상의 일관성과 강직함과 순결성을 또 한 번 확인하게 된다.

7. 토니의 '서비스'와 무위당의 '모심', 그리고 다시, 문제는 교육이다

이런 토니가 왜 한국에서는 잘 알려지지 않았을까? 앞서도 말했듯이, 사실은 토니의 대표 저서 가운데 하나인 『평등』은 '잘 살아보세'라는 구호가 상징하는 '부의 획득' 욕망이 한국 사회에서 불타오르고 있을 때인 1970년대에 이미 번역, 소개되었다. 수단으로서의 경제와 완전히 차원을 달리하는, 목적으로서의 도덕과 기독교 본연의 사랑의 정신을 바탕으로 한 토니의 사상은 한국에 처음 소개될 때부터 '인기'를 누리기 힘들었을 것이다. 반면에 경제의 문제를 중심에 놓고 사회 전체의 문제를 보면서 나름의 비전을 제시하는 마르크스주의가, 자본주의에 적대하는 극히 불온한 외양 때문에 억압당했음에도 불구하고, 음성적으로나마 당시에 강력한 호응을 받은 것은 물질주의materialism(이 영어 단어는 '유물론'으로도 번역된다)라는 본질의 차원에서 그것이 '잘 살아보세'라는 '주의'와 역설적으로 일맥상통했기 때문은 아닐까(또한 이 점에서는 마르크스주의의 반대 극단에 서 있다고 자처하는 하이에크 또한 마찬가지가 아닐까).

그러나 토니가 한국에 소개되었을 때 그의 사상을 보고 내면에서 조용히 열광했을 것이라고 상상하게 되는 인물이 있다. 무위당 장일순 선생이다. 이러한 상상에는 유력한 근거가 있다. 우선 토니와 무위당은 모두 독실한 기독교인이다(토니의 기독교가 영국 성공회이고 무위당의 기독교가 가톨릭인 것은 물론 여기서 무의미하다). 게다가 토니가 윌리엄 템플이라는 영적·사상적 동무와, 정신적 교류뿐만 아니라 사회 변혁의 실천 작업을 평생 함께한 것과 매우 비슷하게도, 무위당과 지학순 주교 역시 그에 못지않은 관계를 유지하면서 영적 교류와 독재 권력에 대한 정치적 저항과 사회 변혁의 실천을 평생 함께했다. 그런데 이보다 더 결정적인 근거가 있다. 그것은 한국에 번역, 소개되어 큰 반향을 불러일으키고 베스트셀러가 되기도 한 E. F. 슈마허의 『작은 것이 아름답다』라는 책에서 찾을 수 있다. 이 책은 슈마허가 토니 사상의 직접적 영향을 받아서 쓴 책으로 그 증거가 여러 군데의 중요한 인용에 나타나는데, 무위당이 이 책에 심취하여 주변 지인들에게 재삼 강권할 만큼 이 책의 전도사 역할을 했다는 사실이 그것이다. 이런 점들로 미루어 무위당이 토니와 깊은 정신적 교감을 했으리라고 충분히 상상해볼 수 있다.

토니와 무위당이 각자의 사상을 표현하는 핵심어 사이에는 더욱더 놀라운 친연 관계가 보인다. 우리가 앞서 상세히 살펴본바 토니가 말하는 '서비스'의 정신과 무위당이 제자와 주변 사람들에게 입버릇처럼 항상 강조했다는 '모심'의 정신이 바로 그러하다. '모심'이라는 우리말에 들어맞는 영어 단어가 'service'가 될 수도 있지만, 경제는 사람이 기독교 본연의 사랑의 정신으로 서로를 존중하면서 서로에게 도움이 되는 일을 추구하는 것이 궁극의 목적이 되어야 한다는 취지로 말하는 토니의 '서비스'의 사상과, 동학의 '인내천人乃天' 사상에 닿아 있는바 사람은 하느님을 대하듯이 서로를 존중하고 섬겨야 한다는 무위당의 '모심'의 사상이 본질상 같은 것이라고 여겨지기 때문이다.

토니 사상의 정수를 담은 글들을 번역하고 나서 그 내용을 내 나름으로 정리 겸 해설하는 작업을 마무리하면서 반드시 짚고 싶은 점은 토니 당대 영국 사회의 불평등 수준을 완전히 무색케 하는 오늘날의 한국 사회를 비롯한 세계 자본주의 사회의 불평등, 그리고 그것을 낳는 불로소득, 즉 서비스라는 기능을 전혀 하지 않는 부의 정도를, 토니라면 어떻게 볼까 하는 것이다. 온갖 편법으로 60억 원을 9조 원으로 불리고, 회사의 편법 상장으로 4,000억 원을 챙기거나, 1년에 1분도 일을 안 하고도 70억 원의 연봉을 받고, 사망하기 전 3개월 8일에 해당하는 연봉으로 (죽은 사람이) 58억 원을, 퇴직금으로는 (그 가족이 대신해서) 700억 원을 받는 재벌 기업 총수들의 나라 한국의 현실과, 상위 20%의 상류층이 전체 부의 84.4%를 가지고 있는, 베버와 하이에크가 찬양해 마지않은 미국 자본주의 사회의 오늘날의 진상[35]을, 토니는 어떻게 보겠느냐는 것이다.

　　그러나 토니가 역설했듯이 근본적으로 중요한 것은 영국이든 한국이든 미국이든 다른 어떤 나라든 그 사회 구성원들을 지배하는 정신이 무엇이고, 그것에 중대한 영향을 끼치는 제도적 환경이 어떤 것이냐의 문제이다. 그렇기에 "승자독식은 사회문제로 볼 게 아니라 공정에 부합한다는 한 아이의 주장이 지금도 귓가에 맴돈다"[36]는 한국 사회의 한 고등학교

---

35 "[이완배 협동의 경제학] 우리는 얼마나 불평등한 세상에서 살고 있을까?", 〈민중의 소리〉, 2020.12.27.
　　〈https://www.vop.co.kr/A00001536669.html〉(2020.12.28).
36 ""승자독식은 공정에 부합한다"라는 아이들… 말문이 막혔다", 《오마이뉴스》, 2020.12.22.
　　〈http://www.ohmynews.com/NWS_Web/View/at_pg.aspx?CNTN_CD=A0002704065&PAGE_CD=ET001&BLCK_NO=1&CMPT_CD=T0016〉(2021.1.6).

교사의 탄식이 위와 같은 불평등과 불로소득의 실상보다도 더 무겁게 다가온다. 그 한 아이의 의식은 자신이 하고자 하는 일이 타인에게 진정으로 도움이 되는 일인지 여부를 기본으로 따져보면서 자신의 경제적 이득과 자아실현 또한 도모하겠다는 생각이 아니라, 타인과의 경쟁에서 이겨 자신의 이득을 취하는 것이 무조건적으로 정당하다는 생각에 지배당하고 있는 것으로 보이고, 그 교사 역시 그것을 보았을 것이기 때문이다. 그런데 그 한 아이의 의식이 한국 사회를 지배하는 탐욕의 사회심리를 정확히 반영한다는 점에 문제의 심각성이 있다.

토니 역시 한국 사회의 이러한 현실을 직접 본다면 그 고등학교 교사처럼 절망감을 느낄 것이다. 그러나 다른 무엇보다도 노동자를 비롯한 일반 민중의 의식을 각성케 하는 교육에 평생을 바쳤듯이, 토니는 그냥 좌절하는 것이 아니라 오히려 더 참된 교육의 중요성과 기능을 강조할 것이리라 (결국은 참된 교육만이 사람을 참되게 변화시킬 수 있다는 생각에서도 무위당은 토니와 똑같다). 극심한 불평등과 불로소득이 문제시되기는커녕 경쟁에서 승리하여 피라미드의 꼭대기에 올라앉은 사람들의 정당한 탐욕의 결과로 다수에게 승인되고 심지어 찬양받는 한국 사회의 현실을 바꿀 수 있는 것은 결국 참된 교육밖에 없다는 것이, 토니의 저작을 번역하면서 그의 사상을 공부하고 사색하는 지금 내 나름의 결론이다. 토니도 그렇게 생각했듯이, 사람들의 정신이 인간 본성의 나쁜 면에 지배당하지 않도록 돕는 바람직한 제도적 환경 또한 참된 교육을 받은 참된 사람만이 만들고 유지하거나 발전시킬 수 있기 때문이다.

ㄱ

344, 356

탐욕사회와 기독교정신

초판 인쇄 | 2021년 4월 26일
초판 발행 | 2021년 5월 6일

지은이 리처드 헨리 토니
옮긴이 정홍섭
기 획 정호영

펴낸이 최종기
펴낸곳 좁쌀한알
신고번호 제2015-000058호
주소 경기도 고양시 일산동구 장항로 139-19
전화 070-7794-4872
E-mail dunamu1@gmail.com

디자인 제이알컴

ISBN 979-11-89459-12-3 (03330)

판매·공급 | 푸른나무출판(주)
전화 | 031-927-9279
팩스 | 02-2179-8103